2013年度浙江省社科联省级社会科学学术著作
出版资金全额资助出版

浙江省社科规划一般课题（编号：13CBZZO4）
浙江省社科规划"之江青年学者研究"成果（编号：13ZJQN071YB

当代浙江学术文库

DANGDAI ZHEJIANG XUESHU WENKU

岭南武术文化研究

李吉远 著

中国社会科学出版社

图书在版编目（CIP）数据

岭南武术文化研究／李吉远著 . —北京：中国社会科学出版社，2015.9
（当代浙江学术文库）
ISBN 978 - 7 - 5161 - 6693 - 2

Ⅰ. ①岭…　Ⅱ. ①李…　Ⅲ. ①武术—文化研究—广东省　Ⅳ. ①G852

中国版本图书馆 CIP 数据核字（2015）第 166961 号

出 版 人	赵剑英	
责任编辑	田　文	
特约编辑	段　珩	
责任校对	梁旭旭	
责任印制	王　超	

出　　版	中国社会科学出版社	
社　　址	北京鼓楼西大街甲 158 号	
邮　　编	100720	
网　　址	http://www.csspw.cn	
发 行 部	010 - 84083685	
门 市 部	010 - 84029450	
经　　销	新华书店及其他书店	

印刷装订	北京君升印刷有限公司	
版　　次	2015 年 9 月第 1 版	
印　　次	2015 年 9 月第 1 次印刷	

开　　本	710×1000　1/16	
印　　张	25.75	
插　　页	2	
字　　数	436 千字	
定　　价	89.00 元	

凡购买中国社会科学出版社图书，如有质量问题请与本社营销中心联系调换
电话：010 - 84083683

总　序

浙江省社会科学界联合会党组书记　郑新浦

源远流长的浙江学术，蕴华含英，是今天浙江经济社会发展的"文化基因"；35 年的浙江改革发展，鲜活典型，是浙江人民创业创新的生动实践。无论是对优秀传统文化的传承弘扬，还是就波澜壮阔实践的概括提升，都是理论研究和理论创新的"富矿"，我省社科工作者可以而且应该在这里努力开凿挖掘，精心洗矿提炼，创造学术精品。

繁荣发展浙江学术，当代浙江学人使命光荣、责无旁贷。我们既要深入研究、深度开掘浙江学术思想的优良传统，肩负起继承、弘扬、发展的伟大使命；更要面向今天浙江经济社会的发展之要和人文社会科学建设的迫切需要，担当起促进学术繁荣的重大责任，创造具有时代特征和地方特色的当代浙江学术，打造当代浙江学术品牌，全力服务"两富"（物质富裕、精神富有）现代化浙江建设。

繁荣发展浙江学术，良好工作机制更具远见，殊为重要。我们要着力创新机制，树立品牌意识，构建良好载体，鼓励浙江学人，扶持优秀成果。"浙江省社科联省级社会科学学术著作出版资金资助项目"，就是一个坚持多年、富有成效、受学人欢迎的优质品牌和载体。2006 年开始，我们对年度全额资助书稿以"当代浙江学术论丛"（《光明文库》）系列丛书资助出版；2011 年，我们将当年获得全额重点资助和全额资助的书稿改为《当代浙江学术文库》系列加以出版。多年来，我们已资助出版共 553 部著作，对于扶持学术精品，推进学术创新，阐释浙江改革开放轨迹，提炼浙江经验，弘扬浙江精神，创新浙江模式，探索浙江发展路径，产生了良好的社会影响和积极的促进作用。

2013年入选资助出版的27部书稿，内容丰富，选题新颖，学术功底较深，创新视野广阔。有的集中关注现实社会问题，追踪热点，详论对策破解之道；有的深究传统历史文化，精心梳理，力呈推陈出新之意；有的收集整理民俗习尚，寻觅探究，深追民间社会记忆之迹；有的倾注研究人类共同面对的难题，潜心思考，苦求解决和谐发展之法。尤为可喜的是，资助成果的作者大部分是我省的中青年学者，我们的资助扶持，不唯解决了他们优秀成果的出版之困，更具有促进社科新才成长的奖掖之功。

我相信，"浙江省社科联省级社会科学学术著作出版资金资助项目"的继续实施，特别是《当代浙江学术文库》品牌的持续、系列化出版，必将推出更多的优秀浙江学人，涌现出更丰富的精品佳作，从而繁荣发展我省哲学社会科学，充分发挥"思想库"和"智囊团"的作用，有效助推物质富裕、精神富有现代化浙江的发展。

2013年12月

序

欣闻吉远博士的学位论文获得浙江省社会科学学术著作出版基金的全额重点资助，将由中国社会科学出版社出版，太为他高兴了！

吉远的学位论文题目是《岭南武术文化研究》，完成这篇论文他是下了大功夫的。早在考博前吉远就自费赴广东佛山考察，复试时因看重他事先有准备和主动深入基层调研的精神，使吉远终于实现了读博的愿望。后来他又两次前往广州、茂名、佛山、新会、顺德、汕头、揭阳、潮汕、梅州等地进行调研，拜访了当地的武术名师和专家，对岭南武术有了进一步了解，积累了较为丰富的资料。由于吉远的努力，在学期间他获得上海体育学院研究生教育创新基金的资助，完成了《中国南派功夫的国内外传播理论与实践研究——以珠三角地区为例》研究项目。随着深入的科学调研、不断的学术积淀和对岭南武术文化认识水平的提高，吉远撰写的毕业论文获得了 2011 年上海市优秀博士论文。

现在成书的《岭南武术文化研究》就是基于上述工作才得以面世的。我和吉远都晓得如若没有深入实地做考察调研，身在上海的我们根本就无法了解南派武术中的各种木人桩，也不可能听懂"吃夜粥"与武术有什么关系，更难以明白"功夫"叫响全球的渊源所在。每一个地域中的武术都有自己的风格特色，岭南武术的特色也是非常鲜明的。武术的第一要义是技击攻防，木人桩就是岭南人模拟两两对抗情景而创造出来的练功夫的器具。"吃夜粥"是岭南的一种民俗风情，当地人有吃夜宵的习俗。南方天气炎热，夜练结束后为了补充营养和水分，"吃夜粥"便成了特有的一道风景，其称呼久而久之也就成了练过功夫的独到表示。至于"功夫"，人们大多只知道香港功夫片《猛龙过江》中李小龙的搏击，《醉拳》中成龙的醉打等，以为这就是功夫的源头，殊不知带着浓重粤语乡音的"功夫"是源自华人华侨远涉重洋谋生过程中传播开来的，当然港澳是其前沿，遂波及南洋和世界各地。李小龙等武打巨星推波助澜，以至这一特殊的中国地域语音符号盛行全球。

《岭南武术文化研究》的拳种个案中有一个蔡李佛拳，它与许多南北拳种的相同之处是，它们的创造都是综合了多家拳术而成，然显著不同的是，蔡李佛拳的创造者却不以本人姓氏命名，而尊以为师者姓，三者合一冠其名。此举实为罕见，尤其对于处在封建时代的一个习武人来说极其可贵。尊师重道践于行，开风气之先，可以说是岭南武术界的一大进步。蔡李佛拳之所以取代岭南五大名拳成为一大流派，可能也与创拳人的德行有关吧。

读《岭南武术文化研究》还有一个体会很深：岭南地域的特殊环境造就了粤人"锐兵任死"之俗。早在秦始皇南平百越时就曾遭到过越人的顽强抵抗，致使秦人伏尸流血数十万，三年不敢解甲驰弩。百越先民英勇抗击外侵的传统绵延传承了两千多年。近代的三元里抗英、寸金桥阻击法军都显示出岭南人民运用武术保家卫国的爱国主义精神。这种精神还体现在明代广西的瓦氏夫人奉调率狼兵驰援吴越的金山、漕泾等地抗击倭寇，一·二八淞沪抗战时十九路军浴血沙场三十三天，那些牺牲在上海地区的粤籍将士及其爱国精神从小就深深烙印在我的心中。每当人们唱起《大刀进行曲》的时候，我仿佛又见到瓦氏夫人挥舞双刀往来冲杀、十九路军将士奋身毙敌的历史画面。

岭南人民不仅具有强烈的爱国主义精神，而且具有敢为天下先的英勇气概。"中国近代民主革命的伟大先行者"孙中山先生和反帝反封建的太平天国运动领袖洪秀全都是岭南人，这是非常值得岭南人自豪的。他们虽然不是武术家，但他们在这块近代波澜壮阔革命运动的策源地上演绎了许多与武术有关的故事。洪秀全出身于洪拳流行的广东花县，在广西金田起义前，洪秀全就已学练洪拳，并利用教习洪拳来组织民众。在他领导的起义队伍中有众多武术高手，其中广西贵县人石达开的连环鸳鸯步和拳能裂碑的佳话传颂至今。孙中山先生一生极为推崇武术，他在上海为精武体育会题词、作序，"尚武精神"是他留给后人的永久勉励和不朽遗产；在参加孙先生领导的推翻清朝统治的多次武装起义中，广州黄花岗死难烈士里就有十三位身怀武功投身革命者；孙先生身体力行，在上海、广州多次请教名师学练拳术和武当剑术，亲自为武术家颁奖，还让卫士上台给大家表演武术，利用各种场合为武术叫好。孙中山先生不仅是令海峡两岸的中国人都极为敬重的革命家，也是我所崇敬的英雄。孙先生诞生在广东省香山县（今中山市）翠亨村，我的祖籍就在这里，我一直以有孙先生这样热爱武术、倡导武术的先辈倍感亲切和自豪。孙中山先生反抗列强，追求平等待我，为中华民族屹立世界民族之林而奋斗终生的理想，大至可与实现中华民族伟大复兴的中国梦相融，小至武术走向世界实现奥运梦想，诚可谓都是一种精神力量的支撑。

《岭南武术文化研究》研究的是这块地域的武术文化，因此书稿中呈现了许多具有该地域特色的相关文化内容，如粤剧红船上的南派武功、南狮对舞时的南派武功、影视武打中的南派武功以及与壮拳有关的花山岩画、《清稗类钞》中岭南人物的武术逸闻等，虽然它们都不是直接反映武术拳种的系统技术，不像铁线拳、工字伏虎拳、虎鹤双形拳被称为"洪拳三宝"那样的本体文化，但是这些相关文化中却带有浓郁的岭南风味。书稿将它们精选收录其中，拓展和丰富了岭南武术文化，这是明显区别于单纯挖掘整理时期的成果的。这说明仅有以技术为本体的武术文化是不够的，特别是一个面向南海大洋的地域，其文化形态必然是一个能融入大文化的载体，也就是说，它势必会包容与当地武术相关的非技术文化事象，这样才更有地域特色，更能突显出社会变迁中如影随形的岭南武术。

书稿就像一份丰盛的岭南大餐，但又不失那份冀而求真的营养价值，其重要的理论发现可概括为：第一，居于东南一隅的岭南武术，处在中国版图的边缘地带，其地理位置和文化区位使它在历史上形成了"南不传北，面向海洋，播种世界"的惯性走向（不包括改革开放后的"南拳北传"）。第二，以珠三角广府腹地为核心区的岭南武术文化，由此逐渐发扬光大，向外扩散，走出国门，传播海外。第三，撒遍美洲大地、播种南洋各国的，经过综合创新而成的蔡李佛拳，和享誉世界的中西武技融于一体创立的截拳道，是岭南武术文化呈现给世人的典范。叙及此，我作为吉远曾经的导师，由衷地希望读者不要只顾浏览本书丰富的内容，还应关注一下他的理论贡献，注意多做一些深层次的思考，或许能从岭南地域的武术文化中得到某些珍贵的借鉴，这样吉远博士的这项研究才会焕发出更大的亮色。

郭志禹

2013 年 10 月 3 日

摘　要

　　岭南是古代百越民族聚居之所，因处于五岭之南而得名。"岭南"这个称谓，自然地理概念是指在南岭山系以南的地区。南岭自云南东来，经广西东北部，再横亘于粤北和湖南、江西两省之间。越城、都庞、萌渚、骑田、大庾五岭万山重叠，犹如一座天然屏障将广东（含海南及港、澳地区）、广西与中原分割开来，自汉以来将两广称为岭南、岭外、岭表。《岭南武术文化研究》就是以岭南地域内武术本体文化及相关的文化为研究对象。

　　岭南武术文化是岭南地域内习武者历史沿袭、积淀而形成的一切武术和与武术相关的物质、精神产品的有机复合体，是岭南地域内人们的一种生存和发展方式，它内涵于长期生活在岭南地域的习武者中凝聚起来的思维方式、行为方式、生活方式和文化心态、价值取向等精神成果，以及这些精神成果的物化部分。

　　本研究从地域历史文化的视角，借助中国文化、地域文化、武术文化等理论分析展开，结合岭南地区内与武术有关的历史文化发展脉络，通过分析岭南武术技术特征、文化内涵及心理特征形成和发展的地域文化影响，探索岭南武术文化形成的文化特征、理论及其背后蕴含的武术文化心态形成的文化内因，探求岭南武术的形成、发展、演变的内在规律，提炼岭南武术文化的精神内涵，总结岭南武术对外传播给予中国武术国际推广的启示，展示岭南武术丰富的历史文化，揭示岭南武术文化独特的地域特色，构建岭南武术文化的多元理论。

　　本论文以岭南地域内武术本体文化与相关文化为研究对象，沿着岭南地域内武术文化演进的历史轨迹，以"追根溯源"、"岭南武术文化形成的地域特征及其文化诠释"及"合乎逻辑的历史轨迹：岭南武术文化的当代发展"为研究主线，对岭南武术文化的历史发展作了尽可能的多方位、多角度及多层次的阐述，力求全面论述岭南武术文化形成的历史文化渊源。

　　岭南武术文化的追根溯源。蛮烟瘴雨、蛮夷宝地，相对封闭而又开放

的自然地理及化外之地相对安定、宽松的社会政治环境，是岭南武术文化
孕育的地域土壤，并造就了岭南先民锐兵任死的民性。岭南民间习俗、野
史、文物都保存着丰富的岭南武术文化武俗。史籍记载的吉光片羽的岭南
古代武将、建功立业的科举武将、岭海武林中巾帼不让须眉的女英雄，从
各方面展现了粤人好技击的特性。岭南的南狮武技、岭南粤剧、客家民俗
中的吃夜粥及宗族祭祀仪式、潮汕传统民俗中的英歌、壮族图腾崇拜蚂拐
等民俗、艺术及图腾崇拜都存留有丰富的岭南武术文化式样，并带有深厚
的地域文化特征与族群文化心理。穿越历史的烽烟，壮族武术及近代太平
天国农民战争的武术都经过军事战争的洗礼，岭南武术在其中作出了历史
贡献。岭南武术中的广府、客家及潮汕武术在移民及民族碰撞中经历着各
自的历史演进，在广府形成了岭南南派武术中兴之地的岭南武术文化核心
区。国家兴亡，武夫有责，在近代革命中的岭南武术展现了强烈的民族反抗
精神，同时在精武思潮下的北拳南传，开始了近代中国武术国际传播的进程。

　　本书对岭南武术典型拳种神秘的洪拳、刚猛的蔡李佛拳、深藏的咏
春拳、古朴的客家拳及岭南武术独特练功器具木人桩进行了技术、理论及
文化分析，揭示了岭南武术文化中的技术特征、套路蕴含的地域文化密
码，解读了岭南武术文化形成的深层文化心理，构建了岭南武术文化形
成、传承、传播的"中心/边缘圆周理论"、岭南武术文化结构"四层分"
等多元理论。

　　岭南武术文化在当代表现出合乎历史发展逻辑的轨迹。新中国成立后
武术观摩交流中的岭南民间高手，岭南竞技南拳的革新，捷足先登的广东
20世纪80年代武术挖掘整理，岭南出版的武术著作及报纸杂志，举办的
武术擂台等交流活动等都展示了当代岭南武术的革新与发展。

　　香港、澳门是岭南武术文化、中国武术文化走向世界的窗口，尤其是
香港在新中国成立初期及当今中国武术国际化推广中肩负更大的历史使命
与责任。香港具有的岭南及中国武术文化对外交流的天然地理区位优势及
海外群体文化心理基础应得到人们的重视。香港功夫电影在推动中国武术
文化走向世界上是功不可没的，应继续重视作为中国武术文化传播的艺术
天使"功夫电影"的研究并积极引导与推广。中国武术文化国际传播要
走一条综合创新的发展之路。

　　关键词：武术文化；岭南武术；地域；文化心理；传播

Abstract

South of the Five Ridges was once the living place of ancient Baiyue peo-
ple, because it was in the south of the Five Ridges, it was called South of the
Five Ridges. According to geography, south of the Five Ridges means the south
place of Nanling Ridge. Nanling Ridge comes from the east of Yunnan, to the
northeast of Guangxi, and lies in the northern part of Guangdong and Hunan,
and Jiangxi provinces. Five Ridges includes yuecheng, dupang, mengzhu, qi-
tian, and dayu, and joins with Nine Even Mountains in the east. Five Ridges o-
verlap with thousands of mountains, separate Guangdong (including Hainan
and Hong Kong and Macao regions), Guangxi from the Central Plains like a
natural barrier. Since the Han Dynasty, Guangdong and Guangxi has been
called the South of the Five Ridges, lingwai, and lingbiao. Martial Arts Cultur-
al Studies of South of the Five Ridges aims to research its ontology culture and
related cultural in its field.

Martial Arts Cultural Studies of South of the Five Ridges include all the ac-
cumulation of martial arts and with martial arts-related material and spiritual
products, it is the survival and developing way of the people in South of the
Five Ridges, it includes the local people's way of thinking, behavior, lifes-
tyle, culture, values and other spiritual results, as well as the material part of
the spiritual results.

From the perspective of regional history and culture, with Chinese culture,
local culture, martial arts and culture, and the historical and cultural develop-
ment context of South of the Five Ridges, by analyzing the technical character-
istics of martial arts, cultural connotation and psychological characteristics of
the formation and development of regional cultural influences, this theme aims
to explore the cultural identity, theory and its internal culture implication be-

hind the formation of the martial arts culture and mentality of the culture, explore the internal rules of it's formation, development, and evolution, refine the spiritual connation of martial arts of South of the Five Ridges, summary the experiences of martial arts of South of the Five Ridges external communication for the international promotion of Chinese martial arts inspiration, show the rich history and culture of South of the Five Ridges, reveal the unique geographical features of South of the Five Ridges, build diverse martial arts theory of South of the Five Ridges.

This theme aims to research its ontology culture and related cultural in-South of the Five Ridges, along the historical track of it's evolution, with the "Tracing the source", "the formation of the geographical features and its cultural interpretation of the South of the Five Ridges" and "logical historical trajectory: Contemporary martial arts development of South of the Five Ridges" as the main study line, the author made as much as possible multi-faceted, multi-angle and multi-level elaboration on the historical development of South of the Five Ridges, seek to elaborate the history and culture of martial origins of South of the Five Ridges.

Special weather and physical geography, relatively stable and relaxed social and political environment were the regional soil of South of the Five Ridges martial arts culture, and made the people like to join the arm and sacrifice for their country. The folk customs, unofficial history, some materials all preserved a rich heritage of martial arts weapons vulgar. South of the Five Ridges' ancient generals, imperial generals of great contributions to country, and some famous heroine all show the aspects of a good martial art of yue people. Southern Lion martial arts, opera, eating porridge in the night of Kakka's folk and the clan ceremonies, Chaoshan traditional folk songs and Zhuang' totem worship all perverted the rich culture style of martial arts, with strong geographical and cultural characteristics and ethnic culture psychology. South of the Five Ridges' martial arts has made a historic contribution in military war. Guangfu, Kakka, Chaoshan martial arts experienced their own evolution in immigration and ethnic collision. South of the Five Ridges' martial arts cultural core area formed in Guangfu. South of the Five Ridges' martial arts showed a strong spirit of national resistance in the modern revolution. With the northern boxing spreading to the south, modern Chinese martial arts began the process of international spread.

Through technical, theoretical and cultural analysis of some typical Quanzhongs such as mysterious Hung quan, tough Chai Li Fo, deep Yong Chun, plain Hakka quan, and the unique practicing apparatus blockhead pile, the author reveals the technical characteristics of South of the Five Ridges martial arts and the regional culture password of routine, explains the deep cultural psychology of the South of the Five Ridges martial arts' formation, constructs the South of the Five Ridges martial arts' formation, heritage, spread "center/edge of circle theory", South of the Five Ridges martial arts' culture structure "four layers" and other multiple theories.

South of the Five Ridges martial arts and culture show the logical history developing track. The folk masters in martial arts exchanges, innovation of competitive Nanquan, Guangdong eighties martial arts mining and arranging, the publish ion of martial arts books and journals, exchange activities such as martial arts ring all show the innovation and development of contemporary South of the Five Ridges martial arts.

Hong Kong and Macao were the windows of South of the Five Ridges martial arts and Chinese martial arts to the world, especial Hong Kong. It has the historic mission and responsibility in promoting Chinese martial arts internationalization. Hong Kong's natural geographic advantages, overseas groups cultural and psychological foundation should be given more attention. Hong Kong's "kung-fu movie" made great contribution in the promotion of Chinese martial arts culture to the world. We should continue to attach importance to China "kung-fu movie" research, guide and promotion. Chinese martial arts culture international communication should take a comprehensive and innovative developing road.

Key words: martial arts culture; South of the Five Ridges' martial arts; region; cultural psychology; communication.

目　　录

上篇　追根溯源

中篇　岭南武术文化形成的地域特征及其文化诠释

下篇　合乎逻辑的历史轨迹:岭南 武术文化的当代发展

导　论

一　研究缘起及其目的、意义

（一）问题的提出

我国历史悠久，地大物博，有着光辉灿烂的文化。倘若我们站在历史的制高点鸟瞰数千年中国文化发展的过程，寻觅历史文化形成的足迹，就会发现一个文化景观：这些文化的最初形成和表现，则是以地域为基点展开的。中国文化是由许多不同的地域文化区组成的，在中国文化版图上，恰似一幅绚烂的文化马赛克图景（图1）。早在春秋战国时期，随着氏族宗法制的彻底崩解，地域文化的格局在宗族藩篱的废墟之上显现出它早期的雏形。正是地理环境的差别，从经济上制约了文化的地域构成；诸侯纷争、邦国林立，从政治上强化了文化的地域分野；百家争鸣、大师并起，从学术上突出了文化的地域特色；加之上古时代丰富多彩的民风遗俗流播传扬，奠定了风格各异的地域文化氛围。[①] 中国地域广阔，不同的地区因其自然环境不同，居民的构成及其来源不同，人们在生产、生活习惯等方面存在着较大的差异，因而不同地区的风土、人情和文化传统会存在明显的差别。特别是在政治上的大一统局面被打破、诸侯国各自为政的历史条件下，具有鲜明地区特色的区域文化得以充分发展。中国地域文化格局正是在春秋战国时代逐渐彰显的，但是区域文化特色的形成却是一个漫长的历史过程。自春秋战国始逐渐形成了中原、齐鲁、三秦、燕赵、关东、陇右、吴越、巴蜀、荆楚、岭南等地域文化，并一直在各自的地域内沿袭下来。但随着历史变迁及王朝更迭的行政区变换，地域范围逐渐变得模糊而不是那么精确，现在只剩下大概的地区范围。

---

① 　冯天瑜、何晓明、周积明：《中华文化史》，上海人民出版社1997年版，第404页。

图 1　中国地域文化图示

早在远古时代，生活在我国境内各地域的先民们，就基于自身的生存环境和人文素质，创造了符合自身特性和环境特征的各类地域文化。因其不断改造和利用生存环境，就使文化带有强烈的地域性色彩；因其按照自己的文化素质去创造自己的生活，就使文化带有强烈的民族色彩。地域性表现为生存空间的固定，民族精神表现为历史演进长河中的凝聚。所以，文化的时间和空间是地域文化产生、发展的前提和必备条件。

中华主体文化的形成过程，既是各民族文化精华的荟萃过程，又是各地域文化不断扩展和融合的过程。而在一定地域内的文化，不是人为的强行划分，而是在历史上客观存在的文化实体现象。只是为了更深刻地认识它，科学地研究它，我们才展开了基于地域文化的客观研究和解读。

郭志禹教授在地域武术文化研究基本理论中指出："地域武术文化是指通常由古代沿袭或俗成的历史区域中带有明显的历史烙印和痕迹的武术文化……中国武术无愧于国之瑰宝，是由于中国版图上各个地域武术文化都具有鲜明的本地特色：中原大地孕育了少林武术、陈式太极拳、苌氏武技；巴山蜀水培育了五花八门的峨眉风格；吴越地区水网交织孕化出稀有的船拳文化；陇右高坡保留有千年敦煌才有的武术文明。华夏沃土，哪里没有武术珍品！对地域武术文化的研究就是要将这些宝贵的特色荟萃一堂，成为中国武术文化之精品。"①

在地域武术文化的研究上，从韩雪《中州武术文化研究》的开山之作，到陈振勇的《巴蜀武术文化探骊》、丁丽萍的《吴越武术文化研究》、郭守靖的《齐鲁武术文化研究》、申国卿的《燕赵武术文化研究》、张胜利的《陇右武术文化研究》、王家忠的《荆楚武术文化研究》等博士学位论文相继完成，地域武术文化研究由点及面铺开，逐步深入，取得了初步的地域武术文化研究成果。在这些研究的基础上，地域武术文化研究理论逐渐形成了基本的研究方法精要、理论原则，为今后的地域武术文化研究提供了坚实的理论支撑和依据，同时也为今后的地域武术文化研究提出了更高的要求和挑战，需要在研究方法及理论创新上不断探索。因此，为继续丰富地域武术文化研究，我将继续选择一个具体地域研究，这就是"岭南武术文化研究"，以完成中国武术文化整体系统工程中的一个子系统。

（二）本书研究对象、目的及意义

1. 研究对象

岭南是古代百越民族聚居之所，因处于五岭之南而得名。"岭南"这个称谓，自然地理概念是指在南岭山系以南的地区。② 站在中原地区看岭南，称这里为"岭外"，站在沿海地区看岭南，又可称这里为"岭表"，所以自汉以来古籍文献中，岭南又称为岭外、岭表。南岭自云南东来，经广西东北部，再横亘于粤北和湖南、江西两省之间。越城、都庞、萌渚、骑田、大庾合称五岭，东向与九连山脉衔接。五岭万山重叠，犹如一座天然屏障把广东（含海南省及港、澳地区）、广西与中原分割开来。自汉以来将两广称为岭南、岭外、岭表，这是岭南自然地理得名的由来。

据文献记载，最早统一岭南的是我国封建社会两位著名法家人物——吴起和秦始皇。战国初期吴起辅助楚悼王变法期间，曾发兵"南平百越"③，这时楚的势力已到达两广。吴起治楚的时间很短，悼王一死，他

① 郭志禹：《武术文哲子集》，现代教育出版社 2010 年版，第 190—192 页。
② 宁可：《岭南文化志》（中华文化通志·地域文化典），上海人民出版社 1998 年版，第1 页。
③ 司马迁：《史记·孙子吴起列传》，太白文艺出版社 2005 年版，第 334 页。

图2　秦始皇发兵统一了南岭

就被楚国贵族奴隶主射杀了。因此，吴起在岭南的治理如何，文献无从考证。战国末年，秦始皇兼并六国后，接着发兵统一了岭南，在岭南地区设置桂林、象、南海三郡。岭南这一概念在历史文献上，主要有三种不同的含义①：

第一，地区名。在中国史书上，最早记录岭南这块土地的是《史记·五帝本纪第一》和《尚书·尧典》。《史记·五帝本纪第一》记载："帝颛顼（公元前2514年即位，《太平调览·帝王世纪》说在位78年）时，南至交趾。"《尚书·尧典》有："尧命羲叔宅交。"这里讲的交趾，在空间概念上没有指出它的具体位置和轮廓，但指出了中国最南方的领域直到交趾，即今越南红河三角洲一带。学术界对岭南的地域范围有不同见解，但根据大多数学者的观点，多认同在行政区域上大致包括今广东省（含港、澳地区）、海南省和广西大部分地区。

第二，道名。唐贞观十道、开元十五道之一。治所在广州，范围大约包括当今广东、海南、广西大部和越南北部地区。

第三，唐方镇名。开元二十一年（公元733年）置岭南五府经略讨

---

①　李权时：《岭南文化》，广东人民出版社1993年版，第3—4页。

击使，为玄宗时边防十节度经略使之一，至德元年（公元756年）升为岭南节度使，治所在广州，直辖广管诸州，约相当于今广东钦山港以东大部分地区，兼领桂、邕、容、安南四管。咸通三年（公元862年）分为东西两道：以广管为岭南东道节度使；邕管为岭南西道节度使，兼领桂、容、安南三管。

岭南文化是在岭南这一地理单元内孕育的地域文化，岭南北枕五岭，南临南海，东接福建，西连云贵，是一个相对独立的地理单元，在相对封闭和独立的地理区位下，极利于民族、文化生存发展以及富有地域特色的文化形成。历史的发展和演进说明，岭南在文化区域涵盖上主要指当今的广东（含港、澳）、海南以及广西的东部地区。现在习惯上把广东称为岭南。地域文化学是以广义的文化领域为研究对象，因此，本研究所指的岭南，即广义的岭南，在行政区域上涵盖广东（含港、澳）、广西大部及海南，研究的重点放在广东（含港、澳）地区。本书的研究对象是岭南地域内的武术本体及相关的文化。

2. 研究目的

本研究从地域历史文化的视角，借助中国文化、地域文化、武术文化等理论分析展开，结合岭南地区内与武术有关的历史文化发展脉络，通过分析岭南武术技术特征、文化内涵及心理特征形成和发展的地域文化影响，探索岭南武术文化形成的文化特征、理论及其背后蕴含的武术文化心态形成的文化内因，探求岭南武术的形成、发展、演变的内在规律，提炼岭南武术文化的精神内涵，总结岭南武术对外传播给予中国武术国际推广的启示，展示岭南丰富的武术历史文化，揭示岭南武术文化独特的地域特色，构建岭南武术文化的理论框架，完成中国地域武术文化系统的一个子系统研究。

中国武术作为中国传统文化自成体系的子系统，深受中国文化的影响，也带有明显的地域特征。在不同地域内孕育而成的武术因受不同地理环境、历史、文化等影响，天然形成了不同风格、不同内容体系的众多流派，中国武术自古就有"南拳北腿，东枪西棍，北弓南弩"之说。在岭南地域内孕育的广东、广西南拳是中国南派拳术的重要分布地。尤其是广东，是南派拳术的中兴之地，许多外地传入的拳种在这里生枝结蔓、发扬光大，走向世界。这里曾孕育有被称为五大名拳的洪、刘、蔡、李、莫；清末刚猛的蔡李佛拳崛起，在近代反帝反封建的斗争中到处都有蔡李佛拳传人的影子；在世界各地广为流传的深藏咏春拳，以其具有极强的实战性而备受世界各国的青睐；岭南武术还是最早进行国外传播的南派拳术，这使得曾为珠江三角洲习武群体对武术俗称的"功夫"，在海内外几乎成为中国武术的代名词。进行岭南武术文化研究就是对中国武术南派拳术流行的这一重要地域进行深入的探究，以追寻地域武术文化形成的轨迹，深入解读岭南武术文化内涵及其对中国武术文化形成的历史贡献，挖掘岭南武术文化对岭南社会、政治、经济、文化多方位的影响与作用。

3. 研究意义

岭南武术文化是一种地域内的社会现象，对岭南武术文化现象的研究、认识实际上折射了岭南地域内习武群落的社会观、历史观和文化心态，透过武术文化现象，可以映射出该地域的深层社会历史文化信息。没有对武术文化深层心态的理论分析和阐释，岭南武术文化的纵深研究与理论突破必然受挫。

（1）岭南曾经在历史上是"蛮夷之地"，由于其独特的地理、政治、历史文化环境影响，在这里孕育的南派拳系成为中国南派武术的代表，存留了许多中国南派武术的传统特色。研究岭南武术产生、发展及演变的过程，分析其技术风格特征中的地域文化痕迹，可以再现中国武术文化形成历史中的真实和精彩。

（2）岭南的大批学者对岭南文化的研究涵盖岭南的历史、政治、社会文化和人物传记等多方面，但涉及岭南武术文化的较少，岭南武术文化的研究将为岭南文化研究文库填补一项空白，同时也作为岭南文化宝库中的一份文化成果。

（3）由于远离政治统治，岭南武术与秘密会社、会党、暴动、起义常联系在一起，其中岭南武术曾有过一些消极负面和正面积极的作用，至今在广大习武群落中有着广泛的影响，但更多的是在近代中国反帝反封建的革命斗争中所起过的正面积极作用，这是其他地区的武术所不可比拟的。对岭南武术深层文化心态的理论分析与提炼，对于我们深刻认识岭南武术文化有着重要的理论与现实意义。深入探究岭南武术在历史文化舞台上发挥的积极作用，消除其负面影响，将为弘扬武术的民族精神及发展、传播中国武术文化有着重大的理论意义，也为岭南武术文化在今后的发展提供历史的前车之鉴。

（4）岭南武术中的南派拳系在中国武术中占有重要的地位，对岭南武术的产生、形成、发展的地域文化影响进行探究，可为研究中国武术形成的文化内因提供思路。

（5）岭南武术中的许多拳种是最早走出国门进行国际传播的武术，在国外具有很高的影响力和知名度，岭南武术也积累了许多国际武术传播的实践经验，探索岭南武术在国际上传播的成功经验，将会为中国武术的国际化传播提供许多有益的借鉴。

二　已有的学术启示

中国武术作为中国传统文化一个自成体系的子系统，同样具有悠久的历史和广阔的地域。中国武术形成历史悠久，拳种、流派繁多，除历史原因外，其地域性可谓一个重要因素。即在历史的长河中，中国广大疆域中的居民都有其传统武术创造——因为他们有自己的生活，就会有自己的造物，因而自然形成和构建了与其他地域武术拳种、流派不同的地域性特色。从拳种的形成历史看，不同地域内形成的拳种如同地域的自然物产一样具有一种自然性或天然性，这是不同地域的民族、历史、文化、自然、经济诸因素所使然。钱穆先生认为中国几千年的历史文化，需要分区来研究，每一地区，从其历史演变中，自上而下，溯源究流去探讨、去追求，如忽略这一点，只像一条线般，由上而下讲中国史，则将失去许多精华和真实。①

岭南由于南临南海，对外通商早，华侨多，这使岭南武术较早地向外传播。当今在世界广为流传的"功夫"一词，即是广东珠江三角洲地区对武术的习惯称谓，可见岭南南拳对中国武术在世界的传播和影响的贡献。早期岭南广东武馆中的弟子学有所成后，多到海外传艺谋生。如蔡李佛拳的始祖陈享在太平天国失败后到美国三藩市华侨"陈氏联谊会"授拳多年，使蔡李佛拳远播海外，并在国际上得到广泛传播。现在，全世界有 35 个国家的 300 多万人习练蔡李佛武术。

武术研究近二十年来受到越来越多学者的关注，尤其是近十年来，随着民族传统体育学科的建立，作为民族传统体育学科主干的武术更是得到了不同学科学者的关注，武术文化研究从宏观研究开始进入微观研究。当

① 钱穆：《中国历史研究法·序》，三联书店 2001 年版，第 1 页。

今的地域武术文化研究开始深入到特定的文化区域甚至到城市、村落，这有助于更深入地探讨中国武术文化的内涵，揭示中国武术文化演进发展中的真实和精彩。众多学者对武术文化的不同角度、不同层次的研究，也为本研究提供了诸多有益的学术启示，对加深岭南武术文化的认识具有积极的意义。

（一）20 世纪 80 年代武术资料挖掘整理时期关于某一地区（省、市）的武术史料、拳种的汇编

主要是 20 世纪 80 年代武术资料挖掘整理工作的成果，有的作为内部资料，有的已经出版，如《中国武术拳械录》、《浙江武术拳械录》、《四川武术大全》、《湖北武术史》、《沧州武术志》、《淄博武术志》、《广东武术史》等，有的省挖掘整理出版了单项拳种书籍，如广东出版的《洪拳》、《南拳棍耙刀》、《广东南拳》、《黄啸侠拳法》等。各省的文史办不定期地出版了一些体育史料，其中有一些武术史料，如《广东体育史料》、《广西体育史料》、《浙江体育史料》、《安徽体育史料》等。另外开始出现了武术杂志，如广东的《武林》（1981 年 7 月创刊），是新中国成立后最早创办的武术杂志。

（二）20 世纪 80 年代后期武术文化研究的兴起

随着 20 世纪 80 年代文化研究掀起的热潮，许多武术工作者开始借用中国传统文化研究武术。这一时期主要是对武术文化的宏观研究，出版了一些武术文化论文集、个人专著及论文。武术文化研究主要体现在以下几个方面：

1. 关于武术文化结构的研究

李成银《试论中国武术文化的结构》（《体育科学》1992 年第 1 期）认为："武术文化是个完整的文化体系，具有稳定的结构。这个结构主要包括三方面的内容：武术技击观、武术伦理观以及武术价值观"；《武术理论基础》（人民体育出版社 1997 年版）把武术的文化形态结构分为"器物技术层"、"制度习俗层"、"心理价值层"三个层次。康戈武的《古代武术演进的文化结构研究》（《体育文史》1998 年第 3 期），从文化学角度，借鉴文化结构研究方法，考察古代武术演进的历程，把武术结构划分为"表层、中层和深层。表层是武术的运动形式，包括武术功法、套路、格斗；中层是武术动作（武术基质）；深层是武术的价值观念、思维方式等指导动作和运动形式的武术意识的总和"。

2. 关于武术文化的形成及特征研究

郑旭旭的《武术文化刍论》(《武汉体育学院学报》1992 年第 2 期)，认为"武术文化的产生是生存的需要，有顽强的生命力；武术文化作为一种文化实体延续，必须坚持打练一体的模式；武术推向国际必须坚持民族的特质和保留自己的民族形式"；周伟良《传统武术俗文化特征散论》(《天津体育学院学报》1992 年第 3 期) 认为："传统武术应归属于俗文化的范畴，把握武术文化的特质不应忽视对它俗文化特征的研究"，并从"传统武术中主要的活动载体是广大下层民众"、"传统武术中反映的民间宗教意识"、"传统武术武德中体现的下层民众日常道德伦理观"、"下层民众的文化素质构成与传统武术的拳种名称及其传闻" 等方面作了深入阐述。王军《关于中国武术文化形态及演变的研究》(《北京体育大学学报》2006 年第 9 期) 一文认为："中国武术具有哲理性、技击性、健身性、娱乐性等文化特征并与世界体育文化有着密切的联系。同时，它还具有丰富的文化内涵，对大众体育、哲学、美学、医学、语言、文化艺术等世界体育文化已产生了深远的影响，并已逐步形成独立的、庞大的文化体系——武术文化。"

3. 武术文化学研究

较早的武术历史与文化的研究著作，有旷文楠主编的《中国武术文化概论》(四川教育出版社 1990 年版) 及程大力的《中国武术——历史与文化》(四川大学出版社 1995 年版)，徐才主编的《武术学概论》(人民体育出版社 1996 年版)。学术论文如周伟良在《试论现代武术理论体系及其研究范畴》(《体育科学》1993 年第 3 期) 一文中提出了"武术文化学的概念和研究的方向"。

4. 武术文化教育研究

郭志禹《论开展与奥林匹克精神相融合的武术文化教育》(《上海体育学院学报》2004 年第 1 期) 一文阐释了武术文化教育的理论："一是古今武术之文化过程有其发展规律和趋势，现正处于跃迁阶段，即由国际化的武术竞技上升为奥运会的武术竞技；二是这种升华具有中西体育文化融合的特殊内容，它包括技术伦理化、规则化、高难化、艺术化和理论化，此内容构成武术奥运文化教育的基本理论框架；三是要使竞技武术套路运动的理论成为社会的广泛共识，并内化为人们积极参与的奥运武术意识和情怀"；邱丕相、马文国《武术文化研究和教育研究的当代意义》(《体育

文化导刊》2005 年第 4 期）一文认为武术文化研究和教育研究是关系到
弘扬民族精神和继承传统文化的战略问题，并且只有与国家的利益和民族
的兴衰相联系，站在全人类发展的角度去研究，才会大气磅礴，生机无
限，跨文化、跨学科的研究将成为武术文化发展的动力。倪依克、邱丕相
的《社会学视域下传承武术文化的教育研究》（《体育科学》2007 年第 11
期）一文提出："武术文化教育不等同于现代学校体育教育；武术文化教
育不仅是传统文化教育，也包括文化传统的教育；武术文化教育是动态
的、多层次的"等理念。

5. 武术文化的传播研究

郭玉成《武术传播的文化自觉：从走出传统到发现传统》（《中国体
育科技》2007 年第 1 期）一文提出武术文化传播"走出传统"到"发现
传统"的规律性特征及其合理性、武术文化传播的"软力量"与民族凝
聚力功能等，提出了传统武术的"原生态"与"活态"传播；另外还出
版了《中国武术传播引论》（2006 年）及《中国武术传播论》（2008
年）。

6. 武术文化的变迁研究

温力《不断变化着的中国传统文化的文化生态和武术运动的发展》
一文认为："文化存在和发展的'文化生态'主要是社会环境，社会环境
随着历史的发展不断发展，所以传统文化必然在不断地发展。"龚茂富
《近代中国武术文化变迁的文化人类学——从文化适应到文化自觉》（《成
都体育学院学报》2008 年第 4 期）一文指出："中国武术文化变迁的深层
根源是民族主义与现代化的双向诉求，其直接动力来自东西方文化的冲
突。"杨建营、邱丕相《武术的文化进程探析》（《上海体育学院学报》
2008 年第 4 期）一文认为中国武术先秦时初具文化特色，而宋明理学使
中国武术走向世俗化，随着近代以来西方文化的引进，武术文化的层次有
所降低。

（三）地域武术文化研究的发轫和开拓

中国地域武术文化研究是在对中国武术多年的研究实践中提出的，是
深入研究武术文化的现实需要、阐释中国武术文化博大精深的时代需要以
及弘扬民族传统文化的发展需要而应运而成。中国武术素以"博大"著
称，20 世纪 80 年代挖掘整理的渊源有序的拳种有 129 种，分布在辽阔的
中国地域版图上。这也给中国武术文化研究带来了很大的困难，于是导师

郭志禹教授高屋建瓴地提出了"中国武术地域文化"的理论构想①，开创了武术文化研究的新天地，是中国武术文化理论研究的一大突破，并具有方法论指导意义，初步研究成果证明中国武术文化研究可以从不同地域做起。

2003 年，郭志禹教授在"传统武术历史与文化信息内容构架的研究"课题中提出以传统武术的历史与文化实际和地域武术基本理论为研究起点，结合当前中国武术发展的现状，提出传统武术历史与文化的新时期发展理论，即地域武术文化多元模式理论，提出了"地域文化—武术文化—地域武术文化"的理论构架，为开展地域武术文化的可持续研究奠定了理论基础，也预示着中国武术文化开始深入到地域武术文化研究层面。他在给地域武术文化研究开山之作——韩雪的《中州武术文化研究》（人民体育出版社 2006 年版）的序言中总结了地域武术文化的理论框架和研究基本内容。近几年随着在地域武术文化研究方向上博士生的不断开拓，相继完成了巴蜀（陈振勇《巴蜀武术文化探骊》）、吴越（丁丽萍的《吴越武术文化研究》）、齐鲁（郭守靖的《齐鲁武术文化研究》）、燕赵（申国卿的《燕赵武术文化研究》）、陇右（张胜利的《陇右武术文化研究》）、荆楚（王家忠的《荆楚武术文化研究》）等地域武术文化研究博士学位论文，使地域武术文化研究向纵深发展。随着地域武术文化研究理论的逐渐成熟，对研究方法及理论创新上也提出了越来越高的要求。通过深入挖掘地域武术文化内涵，进行地域武术文化的特色理论提炼，以形成中国地域武术文化理论，是今后地域武术文化研究的重点和突破口，也是地域武术文化研究的必然要求。

随着地域武术文化理论的提出，近年来许多学者已开始涉足这一研究领域，显示了地域武术文化研究的学术价值和现实意义。马敏卿、张艳霞《地域文化对武术拳种产生和发展的影响——以齐鲁文化为例》（《北京体育大学学报》2006 年第 10 期）一文从齐鲁文化的人文条件和自然条件出发，论述了齐鲁文化对武术拳种产生和发展的影响。汪俊祺在《徽州地域武术：一种民间文化现象综述》（《黄山学院学报》2006 年第 6 期）中指出："产生于徽州特定地理自然环境和历史文化氛围中的徽州民间武术

---

① 有关"地域武术文化研究的基本理论"，参见郭志禹《武术文哲子集——基本理论与思维的探新》，现代教育出版社 2010 年版，第 190—204 页。

文化源远流长。习武风气盛行的古徽州地域武术，与徽帮商业及戏曲均有不同程度的相互促进。"韩雪《中州武术文化研究》(《体育科学》2006年第8期)以中州武术为研究对象，以区域文化为视角，借鉴人类学、民俗学、历史学、社会学等诸多学科的研究方法及相关研究成果，从文化空间特征及其联系的角度对中州武术文化形态进行系统研究，认为中州武术丰厚多样，其形成和发展是与中州地域的特定地理环境、政治和经济的影响以及社会习武风尚的作用密切相关的。中州武术文化的主体性、兼容性、辐射性和创新性构成了中州武术文化最为明显的地域文化特征；中州武术客体文化呈现出多元的武术文化模式。陆草《论中原武术文化》(《中州学刊》2007年第1期)一文指出：地域武术是一种纯粹的民间文化形态，它保留着曾经原始古朴的地域风貌和浓郁的地域特色。陈永辉、陈勤《对一个地域村落乡土武术的考察与分析》(《中国体育科技》2007年第4期)一文对流传于湖南新化梅山武功的文化特征、历史文化功能及影响其活动开展的因素进行研究，表明梅山武功具有典型的地域文化特征和较强的历史文化功能，其活动开展受到物质生产条件、人们观念等因素的影响。申国卿《地域武术文化研究初探》(《武汉体育学院学报》2008年第4期)一文在总结地域武术文化研究发展概况的基础上，认为地域武术文化研究以"发展"为主题的方向特点，并突出"抽象"和"创造"在地域武术文化研究中的重要性。

(四) 岭南文化研究

20世纪90年代，先后有广东人民出版社出版了一套学术性的《岭南文库》，其中有《岭南文化》(李权时主编，1993年)，其主要是广东文化；辽宁教育出版社(1991—1998年)出版了中国地域文化丛书，其中有袁钟仁著《岭南文化》(主要是广东)、盘福东著《八桂文化》(主要是广西)；上海人民出版社(1998年)出版的《中华文化通志·地域文化典》，其中有宁可主编《岭南文化志》。近两年广东人民出版社出版了一套普及读物《岭南文化知识书系》，采用通俗读物的形式，选题广泛，覆盖面广，如《潮汕文化》、《客家》，还包括了一些岭南历史人物传，如《孙中山》、《冼夫人文化》、《袁崇焕》等，还有关于历史古迹的，如《海幢寺》、《黄花岗》等。

岭南学者也发表了一些有关岭南文化各方面的论文，从不同角度和层次阐述了岭南文化的构成、性质和特质。①在岭南地域的范围界定上，司徒尚纪认为:"岭南(含粤、琼、桂)是我国汉民系分布最广、情况最复杂的地区,包括广府系全部、客家系和福佬系的大部,都以岭南为主要居住地。这些民系与北方中原和岭南土族有着浓厚的族缘、血缘和文化渊源关系,在历史的发展长河中创造了独具一格的岭南文化和它的各个组成部分,即广府文化、客家文化和福佬文化"①;在岭南文化研究的学术及文化定位上,有学者也指出,要警惕因关注即时效应或某种现实需要而忽略学理根据、忽视长久价值的观点或主张,此种以学术之名冲淡学术之实的做法极不可取,有人提出并一再申论的"珠江文化"大于、新于"岭南文化"之说即一显例,试图以"珠江"取代原本明晰且久被认可的历史地理概念"岭南"②。②关于岭南文化的特征及其精神,张磊认为,在远古时期岭南文化是比较初级、比较原始的,它有自己的本根文化,后来演化为平民倾向的世俗文化、市民文化、商品文化,既是平民的、市民的、商品的,又带有多元性、感性化、非正统的世俗文化③;刘益把岭南文化的特点概括为重商性、开放性、兼容性、远儒性,认为文化作为一个复杂的物质和精神财富体系,它是由自然、政治、历史、技术、经济、心理等多种因素长期作用而形成的。但任何文化类型都是在一定的地理环境中产生、发展起来的,并受其影响和制约,岭南文化在这一点上,则表现得更加明显,考察岭南文化的历史,地理环境在其发展过程中起了重要的作用④;汪松涛认为岭南文化的特质表现为勇敢强悍、不屈不挠、勇于冒险的精神特质,富有变革进取、向往自由的潜在意识,民性刚烈,文化的兼容和开放性、商业性和平民性⑤;刘斯奋、谭运长认为岭南文化是"杂交"的产物,这也正是岭南文化的生命力所在。务实的个性决定其竞争力,进取的个性决定其创造力,包容的个性决定其亲和力。岭南文化的形成是一个"杂交"的过程,主要有三个源头:第一个源头是古代百越族,即当地土著居民创造的原生态文化。第二个源头就是中原文化的决定性影

---

① 司徒尚纪:《岭南历史人文地理》,中山大学出版社 2001 年版,第 2 页。

② 左鹏军:《岭南文化研究的立场与方法》,《华南师范大学学报》(社会科学版)2007 年第 5 期,第 13 页。

③ 张磊:《岭南文化的演变走向及其基本特征》,《史学集刊》1994 年第 4 期,第 50 页。

④ 刘益:《岭南文化的特点及其形成的地理因素》,《人文地理》1997 年第 1 期,第 44—45 页。

⑤ 汪松涛:《试论岭南文化特质》,《学术研究》1994 年第 3 期,第 94—98 页。

响，由历史上几次大规模移民所形成，这是我们今天所说岭南文化的根源和主体部分，岭南文化对于中国传统文化的贡献，也主要体现在这里。第三个源头，就是来自西洋、南洋甚至包括非洲、美洲等地的异域文化影响。其实这里也包含着接受影响与融合的内涵，各种不同性质、不同形态的异域文化因素，成为岭南文化的有机构成。这是决定岭南文化鲜明个性的非常重要的因素，而岭南文化对于中国传统文化现代化进程的特殊贡献，很大程度上应归功于此。岭南文化由这三个源头"杂交"形成，是非常独特的，也为其他地域文化所少有。① ③岭南文化的本质。叶岱夫认为：岭南文化的本质，作为一种文化精神、心理素质、行为依据以及情感认同的标尺，"它是长期在历史中形成，在经过陶冶和锤炼之后的固定心态，是……不会发生突变的精神意识倾向和心理层次，它往往表现为人们文化行为潜移默化的法则性……它是一种文化潜在意识，是个体心理无形汇成的集体心理。在日常社会生活中，往往表现为'集体无意识'的自然行为属性，是比个人意识更能决定人的意识活动的精神力量，体现在文化实际上，则是人的价值观念、素质、思维、水准以及创造力。这个层次的文化直接渗透和影响到各个文化部类，对每个层次的文化都有支配意义，它是推动文化前进和发展的最基本要素"②。④岭南文化研究的走向。柯汉琳指出："广东学界对岭南文化的开掘、整理和研究可谓硕果累累，成绩斐然，如近年出版的《岭南文库》、《岭南文化知识书系》等系列成果和各种单项研究成果，都产生了广泛的社会影响。特别是建设文化大省的目标被提出之后，广东学术界、文化界对岭南文化的研究正在进一步开拓和深化。回顾岭南文化研究的历史和现状，要开创研究的新局面，以下几个方面应当加强：第一，加强理论阐释与升华；第二，加强习俗研究和拓展；第三，加强对岭南文化当代形态的研究。"③

"从过程的意义上看，文化不仅是一种在人本身自然和身外自然的基础上不断创造的过程，而且是一种对人本身的自然和身外自然不断加以改造，使人不断从动物状态中提升出来的过程。在这个无限的过程中，作为

---

① 刘斯奋、谭运长：《岭南文化的独特价值在哪里》，《同舟共进》2007 年第 6 期，第6 页。

② 叶岱夫：《岭南文化区域系统分析》，《人文地理》2000 年第 10 期，第 5—9 页。

③ 柯汉琳：《岭南文化研究的三个问题》，《华南师范大学学报》（社会科学版）2007 年第 5 期，第 8—11 页。

基础的人本身的自然和身外自然也在不断地得到改造。"① 在这种双向的变化契合过程中岭南文化逐渐有了集中的凸现。

古代岭南由于五岭形成的天然屏障，隔绝了古代中原地区和岭南的正常交往，形成了一个相对封闭的自然环境和文化发展区域。早期的土族先民在岭南创造了自己的土族文化，而且具有极强的独立性。另一方面，岭南有很长的海岸线，它的文化呈现向海外开放和发展的态势。海洋文化使这个对内封闭的地区对外特别开放。因此，岭南文化的产生和形成是中原文化进入后，与土族文化交汇而缔结成的文化类型，这种文化在海洋文化的影响下，构成了岭南文化的主要基础和基本特色。正是中原文化的移入对岭南文化的撞击和生存选择，使岭南文化具有旺盛的活力，由于地理环境、交通条件的影响，岭南文化虽然与中原文化不断融合，吸收了中原文化的大量精华，但岭南文化仍具有其独特性，其非正统性和务实性、开放性表现特别强烈。相对于中原的传统文化，岭南文化中较少保守、泥古和因循守旧的因素。在岭南文化百花园中，形成了广府文化、潮汕文化、客家文化三个各具特色的文化区。广府文化具有江河水乡文化特色，并兼有海洋文化特色，广府人重商贸交易，善于接受新事物和开拓创新；客家文化具有山区文化特色，具有中原文化的遗风，重传统文化教育，民风淳朴，客家人多吃苦耐劳，至今仍顽强地保持着许多古代中原的传统习俗风范；潮汕文化具有海洋文化特色，潮汕人多强悍实干，性格豪爽，且"好勇斗狠之人"大有人在。这三个文化区大多都具有岭南文化的共同特质，而广府文化是岭南文化的主体文化区，岭南文化的基本精神在这里形成，潮汕文化、客家文化对岭南文化的整体形成提供了具有各自特点的补充。

综上所述，岭南文化具有文化的兼容性和开放性，非正统的远儒性和务实性，重商性、平民性、开放性，兼容并蓄、勇敢强悍、不屈不挠、勇于冒险的精神特质，富有变革进取、向往自由的潜在意识，民性刚烈等文化特质。

岭南文化是中国文化的一部分，是汉族地域文化之一。钱穆先生认为"文化是全部历史之整体"。钱穆先生所言的中国文化，是以中原汉族儒家文化为代表的。在中国文化中，除中原汉族儒家文化以外的汉族

---

① 张岱年、程益山：《中国文化论争》，中国人民大学出版社 2006 年版，第 3 页。

地域文化，如吴越文化、荆楚文化、巴蜀文化、岭南文化等，在汉族地域文化确立以前，均经历过与中原汉文化不同的土著民族文化时代，这是当今汉族地域文化之间特色不同，特别是其中的民俗文化特色不同的历史根源。

（五）岭南武术相关研究

1. 岭南武术概述

岭南自古以来，自然条件优越，物产丰富，孕育了自己独特而灿烂的文化，包括武术文化，武艺高强、智勇过人的武将辈出。秦始皇统一六国后，派屠睢率兵 50 万攻越（岭南），越人拥杰骏为首领，一夜间杀秦军数十万，并杀死屠睢。《淮南子·人间训》记载："越人皆入丛薄中，与禽兽处，莫肯为秦虏……杰骏以为将，而夜攻秦人，大破之，杀尉屠睢，伏尸流血数十万。"足见南越民性强悍及其作战骁勇异常。南越山高林密，民性强悍。当时南越少数民族基本以部落为单位，部落出现矛盾，往往以兵戎相见。《汉书》记载："越人好相攻击。"时任龙川县令的赵佗把越人崇尚武艺、互相攻击的习俗引入正轨。西汉末年，粤将梅睢、胡亥、摇母武艺超群，随刘邦破秦入关，被封为列侯。汉武帝时，武力鼎盛，岭南地区的百越武士，凡精于骑射者都有大显身手的机会，从军且位登侯爵、手握兵符并有史籍记载的将军有郑严、田甲、何遗。据《广东通志·列传》记载："郑严、田甲皆南海人。武帝欲伐南越，郑严、田甲二人首以越人归汉。帝令越人善射驰马者为越骑，使二将之，并封归义侯"，"何遗南海人，元兴归汉，受诏别，将巴蜀罪人发夜郎兵，下牂牁江，会番禺，为且兰隔滇道，故兵未下南越已平"。一生历经梁、陈和隋朝的南越巾帼英雄冼夫人，被周恩来誉为"中国巾帼英雄第一人"，生于冼姓大族，自小见识卓超、胆识过人，精武艺，能骑马冲锋掠阵，一生为平定南越、平息纷争、维护国家统一作出了杰出贡献。隋朝的柱国大将军麦铁杖，骁勇有膂力，善使一根沉重的铁杖为兵器，人们便以"麦铁杖"称之。据《岭表录异》载："麦铁杖，韶州翁源人氏，有勇力……"《隋书》记载了麦铁杖率军北征突厥，骁勇善战，攻城陷阵，锐不可当，以战功被封为车骑将军。隋朝大业年中（公元 611—614 年）隋炀帝出兵东征高丽国（今朝鲜北部），麦铁杖作前部先锋战死沙场，隋炀帝嘉奖其勇，谥号为武烈将军。唐玄宗时，南粤出现了何昌期和李玉圭两名虎将，二人均膂力过人，武艺高强，据屈大均《广东通志·列传》记载，二人在全国招募武士中脱颖而出，何昌期因作战勇敢，勇冠三军，提升为千牛卫上将军，军队中将士称其为"何十万"，足见其武艺高强；李玉圭因武艺出众，被分配在名满天下的汾阳王郭子仪帐前，为平息安史之乱立下了汗马功劳。

岭南武科显武功。开设武科，选拔将才，是从唐朝开始的。广东、广西历代武状元，见诸史册的甚少，有史书可考的，广东有5名武状元，即明代顺德的朱可贞，清代有揭阳的林德镛、潮州的黄仁勇、长乐的李威光、南海的姚大宁；广西有太平天国时武宣的覃贵福。其他的武榜眼、武进士也为数不少：威震山海关的袁崇焕，万历时的武举，后中武进士；阳春榜眼李惟扬，乃清康熙壬辰年（公元1712年）的殿试第二名；能文能武的徐庆超，是乾隆六十年（公元1795年）的武进士，后官至福建建宁总兵。另外，在各地县志中也有关于武科的零星记载，如以清代道光《高要县志》和宣统《高要县志》为主要依据，高要（今肇庆）明代有武举人5名；清代有武进士3名，武解元1名，武举人62名。

南拳是中国武术的一支重要流派，中国武术中有"南拳"、"北腿"之称。清代郭希汾指出："技击之南北二派，实由于天时地利之关系，出诸天演之自然，非人力之所能为也。"南拳历史源远流长，明郑若曾在《江南经略》（卷八上）中记载："南拳，似风似蔽似进似退，凡四路"；《小知录》记载，在明代有"使拳之家十一"，其拳有"南拳"……其中所记的"南拳"，当是流行于广东、广西、湖南、湖北和福建等地的拳术总称。由此可见，岭南南拳在400多年前已被载入史册。尤其在清代，岭南的广东成为南拳的中兴之地，并逐渐成为南派武术的代表。如清初的广东"洪、刘、蔡、李、莫"五大名拳，清末的咏春拳、蔡李佛等，在中国武术中都享有很高的声誉。岭南南拳的流派虽多，但其都具有共同的技术特征：上肢运动较多，劲力突出；下肢强调稳固，要求四平八稳，阔幅扎马，落地生根；含胸拔背，吸蓄闭气，呼发开声，发声以助发力，气势沉雄。注重桥手（即手臂）的运用，强调桥手的硬度和灵活运用，下肢马步沉稳，动作刚猛，少跳跃，腿法较少，动作朴实无华，刚健有力，实战性强。岭南的武术器械种类独具一格，大多器械不是位列十八般兵器之内的器械，而是岭南人日常使用的生活、生产器械演变而来，如条凳、大耙、马刀、锄头等。这些武术器械随手可及，在中国武术器械百花园中很有特色，一些武术器械，如单头棍、双头棍、八斩刀及藤牌刀等，均为岭南地域独具特色的武术器械。

2. 岭南武术研究

一是岭南地域内的拳种研究。

主要有陈昌棉的《简易南拳》（1976年）、《综合南拳》（1983年），黄鉴衡的《黄啸侠拳法》（1983年），邓锦涛、邓镇江的《侠拳》（1985年），曾广锷、张侃的《洪拳》（1985年），林仲伟的《莫拳》（1994年），潘顺遂、梁达的《陈氏嫡传蔡李佛五轮马》（1996年）。这些著作主要介绍拳种的风格、特点及其代表套路，其中也包括一些拳种历史渊源介绍。

二是有关岭南武术的历史研究。

著作有曾昭胜、董德强等的《广东武术史》，黄鉴衡的《粤海武林春秋》，马志斌的《岭海武林》等；另外在地方志中也有一些夹杂在民族传统体育中的武术内容，如《广东省志·体育志》、《广西通志·体育志》；在一些体育史料及武术报纸杂志中也有一些有关岭南武术的史料，如《广东体育史料》、《广西体育史料》，杂志如《武林》等。这些报纸杂志中的史料多为口头史料，虽多缺乏严格必要的史料考证，但仍可为我们研究岭南武术提供一些宝贵的史料研究线索。

三是学术期刊中涉及岭南武术的研究。

在期刊中涉及岭南武术的学术研究较少，如陈昌棉的《对广东南拳的变革与创新的探讨》（《广东体育史料》1991年第2期）；林南贵、关文明的《浅析广东南拳的起源与发展》（《广东体育史料》2001年第1期）；戴胜德的《岭南文化奇葩——南派功夫》（《岭南文史》2001年第4期），其中对南派功夫有概略描述；黄敏的《罗浮山与岭南文化》（《社会科学家》2003年9月，总第103期）一文论及与罗浮山有渊源的武术历史，如蔡李佛的始祖陈享，曾师从罗浮山和尚蔡福，享有"东江老虎"美誉的林耀桂亦师从罗浮山大玉禅师学习龙形拳等；汪叔子的《岭南武术历史发展的若干反思——读〈（光绪丙申）大清晋绅全书·御前侍卫〉札记》一文分析了晚清岭南籍的清廷"御前侍卫"人数及岭南珠江三角洲地区浓厚的尚武、习武习俗等。

有关岭南武术中的客家武术研究，如宋德剑《历史人类学视野下的客家武术文化》（《中南民族大学学报》2005年第3期）一文运用历史文献与田野材料相结合的研究方法，对客家地区武术文化的表现形式及其成因进行分析，认为客家地区独特的自然环境和社会环境及文化传统，导致了客家地区武术活动多元形式的呈现，形成了客家武术文化的自身特色；伍天慧等《客家武术的社会文化透视——张家"枪棍"引发的思考》（《嘉应学院学报》2006 年第 4 期）一文指出："客家武术中的张家'枪棍'是与其所处的社会环境和自然环境的适应过程中逐渐发展和成熟的，社会文化对其有深刻的影响"；曾桓辉一文《客家武术传播与发展刍议》一文认为在漫长的历史进程中，客家武术受客家文化影响，形成了以家庭传播、区域传播、口传身授、耳提面命等途径为主的传播方式，体现了明显的区域性特点和客家文化烙印。

（六）以往研究的不足及本课题拟采取的措施

以往对岭南武术文化的研究主要集中在文献资料的整理上，缺乏必要的历史考证和文化阐释，多侧重于文献资料法；在研究内容上主要是对武术拳种、人物事迹等武术本体研究较多，对与武术有关的民俗、文艺等涉及较少，对武术中拳种、流派的传说及形成，无法作出合理的解释，对岭南武术文化中折射的岭南地域内人们的深层社会文化心理没有深入研究，对岭南武术在国际上的广泛传播经验，也缺乏深入的理论总结。

本研究希望通过借助历史文化学、文化社会学、民俗学、人类学、文化心理学等多学科，透过岭南武术文化本体，深入分析映射在岭南武术文化中的岭南文化内涵，提炼岭南武术文化的基本精神及地域特征。对岭南武术文化中的一些传说，既要尽力从历史史料上争取突破，复原其历史真相，也设法从文化心理的角度对这些特殊现象作出尽可能合理的阐释。

（七）岭南武术相关文献综述

1. 古代文献典籍中有关岭南武术记载的吉光片羽

岭南古时居住的越人是百越的一支，古籍对越人的描述是："锐兵任死，越之常性也。"《汉书·高帝纪》中有关于古粤人喜好相互攻击的习俗的描述。

《隋书》（卷六十四）的《麦铁杖传》记载有："麦铁杖，始兴人（今广东韶关）也。骁勇有膂力，日行五百里，走及奔马。"他随隋炀帝征战高丽国时"……桥未成，去东岸尚数丈，贼大至，铁杖跳上岸，与贼战，死"（《北史》卷七十八，列传第六十六）。可见麦铁杖善快跑、跳跃，武艺高强。

唐、宋两代，由于战事频繁，民间练武之风益盛。唐李贺的《黄家洞》描述西原（广西）起义军的诗云："雀步蹙沙声促促，四尺角弓青石镞。黑幡三点铜鼓鸣，高作猿啼摇箭箙……"宋朝周去非《岭外代答》记载有当时广西邕州一带的溪峒壮族人精于刀弩枪牌，"建炎初，诸峒丁壮，常团结训练"。

《明史》（卷一百三十）的《何真传》记载："何真，字邦佐，东莞人。少英伟，好书剑。至正初，为何源县务副使，转淡水场管勾，弃官归。元末盗起，真聚众保乡众里……时中原大乱，岭表隔绝，有劝真效尉佗故事者，不听。屡遣使由海道贡方物于朝。累进资德大夫、行省左丞。"

清初吴殳在其《手臂录》附卷《峨眉枪法》中记载：程真如，明代海阳人（今广东潮安人），擅枪法，师事峨眉僧普恩禅师，受枪法一十八扎，十二倒手，并习动静进止之机，疾迟攻守之妙。

2. 地方志中记载的岭南武术

《广州府志·杂录一》及《南海志》记载："明至正间（公元1341—1368年），程国，南海大桐乡人，有大力。至正间，邵宗愚之党窃据广州，肆虐里间。国当时十余岁，他肩挑牛一头，酒一巨缸，说是犒贼，实际吓人，贼怕而去。"

《广州府志》（卷一百六十三）有："李文茂者，优人也。素骁勇，善击剑，日习焉。咸丰四年（公元1854年）竟率其党倡乱。"

《广州府志》（卷一百六十一）记载："清末张世扬，一名丕显，新会北街人，字玉美，武艺绝伦。"

3. 历代笔记野史中关于岭南武术的记载

清人檀萃说："文烈（张家玉，反清英雄）好击剑任侠。"《楚庭稗珠录》"文烈遗迹"条记载，顺治四年（公元1647年）张家玉兵败走龙门。广东诗人屈大均有《龙门健儿行》云："龙门健儿身手强，棉木为枪三丈长。三人持一木棉枪，风旋电转谁能当？"《海雪多奇》条记："海雪（邝露，南海人）多奇，于六壬奇门，兵钤剑术，无不通。年二十年能诗击剑。"

杨炳兰《海录》"息力大山诸国"条记载："昆甸国……乾隆中有粤人罗方伯者贸易于此。其人豪侠，善技击，颇得众心。是时，尝有吐蕃窃发，商贾不安其生，方伯屡率众平之。"

徐珂《清稗类钞·技勇类》记载有关岭南的 8 个武术人物的事迹：李有山（广东新会人）用枣木棍；石达开（广西贵县人）碎碑；大头检点与塔齐布徒搏；杨二姑（广西桂平人）为飞刀手；刘汶（岭南人）用二剑；石六郎（广州人）刀法；张氏女（广州人）用铁棒；曾如飞（粤人）杀蟒。

4. 岭南考古发现及文献记载的古代岭南兵器

据《广东体育史料》（1985 年第 3 期）记载：广东揭阳县出土有明代的钩镰枪，枪刃一支直伸，一支斜伸，可刺可钩。

清人陆凤藻《小知录》卷三记载了清代瑶人的刀，"其刃，儿时炼精铁为之，软可为带"，表明这是瑶族的一种可弯曲的软刀。

5. 岭南历史上的巾帼英雄

《南汉书》（卷十四）记载，雷州都"有一女子，勇敢强力，众皆信服，相与铸城以御寇，而女子为之帅"。这个女子名武婆，曾铸城御贼，该城即武婆城。

1569 年（明隆庆三年）强盗冲入广东省恩平县歇马村，年仅 18 岁的村姑梁胜祖挺身而出带领乡民与强盗搏斗，寡不敌众被杀害。梁胜祖武艺超群，气力超人。后人在该村立碑，铭曰"皇明烈女之墓"。

三元里抗英时，义军首领周春（太平天国的怀王）的妻子阿凤，幼年时便学得多种武艺，尤其善使飞铊，人们称她为"飞铊凤"。在三元里作战时，她手舞飞铊如流星闪电，打得敌人头破血流。1983 年在该村发现周春的练功石两块、练功石锁两把和"飞铊凤"的石飞铊一个。

在清吴殳的《手臂录》的《双刀歌》中，"女将亲战挥双刀，成团雪片初圆月"的女将即是指明代广西归顺州（今靖西）的抗倭巾帼英雄瓦氏夫人，从中我们可以窥见瓦氏夫人的刀法。吴殳的双刀得自有"天都侠少"之称的项元池，而项元池的双刀是瓦氏亲授，吴殳可以算是瓦氏夫人的再传弟子。①

太平天国中的女将有洪宣娇、李陈娘、杨二姑及萧朝贵的胞妹萧三娘等。洪宣娇作战时，纵马于清军中，刀法精妙，令清军战士眼花缭乱。李陈娘则"空闲下来练刀枪"，打仗时手提一把钢刀在阵中纵横驰骋，往来

---

① 马明达：《说剑丛稿》，兰州大学出版社 2000 年版，第 86 页。

冲突，骁勇异常。她在南京栖霞山战斗中立下了奇功。有人写诗赞她："女大帅，李陈娘，出兵栖霞动刀枪。大火烧红半边天，栖霞妖兵发了慌。死的死，伤的伤，杀得妖兵精打光，李陈娘当上女大帅，带领包头众儿郎。"当时上海有家外国报纸不得不承认："这是世界上得未曾见之奇观，即人类幻想亦未能形状之伟大。"① 杨二姑能于马上掷刀刺人，百发百中……

6. 岭南民俗中的武术

在清朝李调元著的《南越笔记》（卷一）中，有关于广东番禺县"打仔"的记载，原作云："下番禺诸乡，每正月初，儿童集山间以拳棒相角，曰打仔。"它记述在清初，广东省下番禺各乡，在农历正月初，儿童以"拳棒相角"，叫做"打仔"。所谓"拳棒相角"绝不是胡乱的动手动棒的蛮斗，而是经过训练的有套路的武打"对练"。

清人李声振的《百戏竹枝词》有一首《角触》诗，描写一百多年前的短打，原诗如下："北腿南拳两擅名，健儿格斗敢横行。年来短打空无敌，亡命向人抱不平。"原诗注云："角触，即格斗戏，有'南拳北腿'之称，亦名短打。"

广东"潮汕英歌"是深受南方民众喜爱的一种民俗艺术，它的产生和发展也与武术有着密切联系。每年正月都要热闹多日，以男性表演，多装扮成梁山泊英雄形象，戏装画脸谱，每人胸前挂着梁山好汉的名字，多则108人，少则十几人，各执短棒击打前进。这种流传数百年、至今不衰的民俗文化活动，与武术的发展更为相近。

舞狮以南派武功为基础，舞狮者最基本的功夫是腰马、气力及技巧，因此，精于舞狮者必是腰马沉雄、中气充足、臂力过人之辈，也必是经过长期习练南拳锻炼的高手。一代洪拳大师黄飞鸿不但精通舞狮，还有飞铊采青②之绝技。

7. 岭南艺术之中的武术——"武、戏结合的粤剧"

名盛百年的粤剧南派武技，至清末民初一直保持开台演戏前真刀真枪

---

① 徐珂：《清稗类钞》，中华书局1996年版，第2937页。
② "采青"是舞狮的一个固定环节。在舞狮过程中，通过一系列的套路表演，猎取悬于高处或置于盆中的"利是"，因"利是"往往伴以青菜（以生菜为多），故名"采青"。"青"分高青、低青、水青等多种不同难度的。黄飞鸿的绝技"飞铊采青"是在舞狮过程中从狮口中发飞铊而准确采下高处的"青"。

对打一场，名曰"打真军"。南派武技直接来源于少林拳术，关于少林弟子隐身粤剧红船，传播少林武艺，促进了戏曲南派武打艺术形成的故事，至今在岭南和南洋各地广为流传。郭沫若曾赋诗吟咏此事："昔有名伶傩手五，佛山镇上立戏班，至今革命唱传统，少林武艺传红船。"

粤剧武技的特点："一是重功夫、讲实用，一是重阵势、用力气。因此硬功多，打起来猛过于威，气重于势。"（林里《试说南派武功戏》）演员持棍对打要打击出强烈的声响。粤剧红船上的木人桩功，更是传统武功中的梅花桩、七星桩等功夫的发展和妙用。粤剧对南拳的发展也有贡献，据老艺人讲，仅拳花就有 108 种之多。当年许多演员是上台演戏剧，下台卖武艺，为武术在南国水乡的普及和发展作出了重要贡献。

被称为咏春拳中兴之人的梁赞，人称"佛山赞先生"，其师梁二娣即是粤剧中的梨园弟子，梁二娣的咏春拳得自戏班好友黄华宝，日后梁赞又曾在黄华宝门下续技。1854 年，广东红巾军起义的领袖之一李文茂，就是粤剧武行中的头面人物。他本人是饰二花面的，在红巾军起义后，他把武艺高强的梨园子弟编为三军，作为义军的主力。另一位著名的广东武术家王观士也在戏班中当过小武。由此可见，在戏剧界武功精湛的人是为数不少的。当代著名武术家李小龙的父亲李海泉也是擅长武打的粤剧名伶，在李小龙幼年时曾传授过一些武术，对李小龙的成长是有一定影响的。

8. 岭南的民间武术团体及其活动

岭南民间武坛的集会结社，曾是中国历史上会党教门产生的渊薮，在中国的不同历史时期曾起到了不同的历史作用，尤其是在近代革命中，岭南武坛在革命中所作出的历史贡献是其他地区的武术所无法相比的。自宋代我国就有弓箭社这样的保家卫国武术组织。清朝初期，明遗臣以"反清复明"为目的，借武术活动发起洪门天地会等秘密结社。清廷为了防止汉人反抗、结党集会及造反暴动，曾多次下令制止民间习武活动，并派人纵火焚烧藏匿有明臣遗老的寺院。这也迫使一些身怀武技的武僧流落四方。他们在民间广传武艺，使武术得到了广泛传播。

鸦片战争后，有识之士对早期的社学加以改造，此时朝廷也有"强民防夷"的思想，因此从政府方面放纵了一些集会结社的成立，先后有新会蔡李佛、佛山鸿胜武馆相继出现，但数量较少。辛亥革命后，由于武术曾在历次反帝反封建的革命斗争中起过积极的作用，加之革命先行者孙中山先生的积极倡导，岭南的武术结社、武馆得到蓬勃发展，如雨后春笋遍布岭南城乡。

（1）早期的社学及秘密结社

①社学——特殊形式的武术馆社

社学始设于明洪武八年（公元 1375 年），其任务是"廷师儒以教民间子弟"①。从明初到清初这段时期内，社学是封建统治阶级的文教机构，它的作用主要在于培养忠于封建统治阶级的"人才"。清乾隆至嘉庆年间，随着阶级矛盾日趋激烈和社学的普遍建立，它的职能和作用也在不断增加，除了"兴学育才"和宣传封建礼教外，一定程度上增加了"抗盗贼"、"备非常"的职能。鸦片战争之后，社学在抗英斗争的宣传及组织方面做了大量工作，在三元里抗英斗争中起了宣告爆发、联络诸村的宣传组织作用，使三元里运动成为一百零三乡、数万人参加的大规模抗英斗争，在中国近代史上写下了光辉的一页。

三元里斗争胜利后，清政府和广东衙门奖励团练，批准社学团练，以练武为主要内容的新社学相继崛起。新社学成立的目的是"防夷"，它的内容已从"课艺"、"讲读"、"敦教化"、"宣风俗"的文教机构变成了"习戎"、"讲武"的团练。社学虽不是正式的武术馆社，但它推动了武术的传授和普及，可以说是一种特殊形式的武术馆社。所以说反帝斗争促进了岭南武术的发展。

②秘密结社——洪门会

洪门会是以拉起练武的大旗，旨在"反清复明"为目的的政治集团，是个秘密组织。其时代背景，起源于满清入关、明朝覆灭，明代遗臣义士不甘心当奴隶，建立"汉留"组织，潜伏于"海湖"之间，等待时机恢复明朝江山。

洪门会练习的拳术，名为"洪拳"。据《天铎报》副主编陈铁笙所说："《少林宗法·图象手法》纯是广东之洪拳。洪拳是洪门假托少林传习的一种拳术。"洪拳在岭南拳派中有着广泛的影响，许多拳种均与其有或多或少的牵连，其文化符号意义对岭南拳种产生了很广的辐射。

---

① 曾昭胜、黄鉴衡、董德强：《广东武术史》，广东人民出版社 1989 年版，第 65 页。

（2）清末年间的武术馆社

①蔡李佛拳馆

蔡李佛拳馆成立于清朝道光二十九年（公元 1849 年），创建者为蔡李佛始祖陈享。他除了在自己家乡新会京梅乡设立玄祖师堂外，还在广东各地设立了分馆。此外，陈享还派陈大威、陈典胜、陈谋荣、陈典洪等在新会的崖西 26 个乡开设分馆，并派首徒龙子才赴广西浔州（桂平）设馆。一年之间，分馆广泛散布于 2 省、10 县、3 市、26 乡，发展神速。它之所以能迅速发展，是因为当时清廷慑外压内，国内阶级矛盾日益尖锐，农民革命运动风起云涌。特别是太平军高举义旗，建都南京，清政府自顾无暇，对民间练武已疏于防范；而人民大众练武之后，进能参加义师，退可强身自卫，故对练武有迫切的要求。

蔡李佛拳馆以继承和发扬中国传统武术为宗旨。他们的信仰是以"洪武至圣，英雄永胜"为守则，即"奉朱洪武（元璋）为圣上"，"少林英雄的拳棒永远获得胜利"之意。它和洪门会的反清复明是一脉相承的。在祖师堂（即总馆）门前挂有一副对联："蔡李佛门源自此，少林嫡派是真传。"各地分馆的门联是："英棍飞腾龙摆尾，雄拳放出虎昂头。"蔡李佛拳馆对反清的农民起义持同情态度。

100 多年来，蔡李佛拳流行于广东的广州、佛山、肇庆、番禺、南海各地，风行全省，并远播香港、澳门、南洋、菲律宾、美国和加拿大一带，历久不衰。蔡李佛拳馆源远流长，根深叶茂，为继承、发展中国武术作出了卓越的贡献。

②佛山鸿胜馆

佛山鸿胜馆创建于清咸丰元年（公元 1851 年），创始人张炎。张炎是广东新会人，为蔡李佛始祖陈享的及门弟子。该馆自建立起至 1949 年结束馆务止，长达 98 年，是近代广东较具规模和有影响的武术馆社。

鸿胜馆鼎盛时期（公元 1921 年左右）设有 13 个分馆，会员 3000 多人。鸿胜馆招收会员非常严格，要求不得滥收，必须由会员介绍、主持人批准才能入会。鸿胜馆的不少成员积极投身于广东的革命风暴之中。在辛亥革命、历次国内革命战争和抗日战争各个时期都作出过贡献。鸿胜馆历代有许多传人在中国香港、新加坡和加拿大等国家和地区开馆授徒，影响很大。

其他较有影响的武馆如惠东林家武馆、徐闻东关武馆、徐闻英武堂等，也是这一时期较有影响的武馆。

（3）民国时期的武术馆社

①广东精武体育会

广东精武体育会是一个以武术为主要活动内容，同时辅以其他体育项目和文艺活动的爱国民间体育组织，成立于1919年4月，是上海精武体育会在外省设立的第二个精武体育会分会（1918年汉口精武体育会为第一个分会）。其宗旨与上海精武体育会一脉相承，均提倡体育救国、振兴中华，雪洗"东亚病夫"之耻辱。该会自1919年5月1日正式接纳会员起，至1938年日本侵略军攻陷广州，会务停顿时止，历时19年，培养了大批武术人才，对广东地区的体育运动，特别是武术运动的开展，起到了积极的推动作用，是广东近代武术史上第一次大规模的北拳南传和南北拳术交流的盛事。

②佛山精武体育会

佛山精武体育会是继广东精武体育会之后于1920年成立的，会址最初设在佛山镇西街，后迁往莲花祠，再迁往长兴街莲峰纸行大楼。佛山精武体育会是由地方爱好武术的人士任孝安、钟妙真、蔡勉卿、肖剑农、霍维民、黎鸣楷、罗达卿等人参照广东精武体育会章程创建的，广东精武体育会曾派人到佛山指导开办。为了遵照精武体育会"唯精唯一，乃武乃文"的宗旨，对青少年进行正规教育，佛山精武体育会创办了元甲小学。1946年，还办过一所中学，但存在时间甚短。

③北拳南传的两广国术馆

两广国术馆成立于1929年3月，馆址设在广州市东郊场马房附近。馆长万籁声，教务主任李先五，教练顾汝章、傅振嵩、林耀桂等。5月底解散，存在仅两个月，虽然时间很短，但对两广，特别是对广东武术的发展却起了很大的作用。

两广国术馆以提倡中国武术、增进民族健康、普及两广国术为宗旨，办理两广国术事务。该馆先后聘请南北名师傅振嵩、顾汝章、王少周、任生魁、李运恒、许锡国、林耀桂、林萌堂、张礼泉、黄啸侠、刘继封、黄俊新等教官，荟萃各路武林精英于一馆，阵容鼎盛，人才济济，形成了广州近代武术的一个兴旺局面。

两广国术馆不仅为广东培养了一批武术人才，更重要的是聘请了万籁声、李先五、傅振嵩、顾汝章、王少周等北派名师（即广东武林所称的

"五虎下江南"），使少林拳、太极拳、八卦掌、查拳等北派拳术得以传入广东，生根开花。这是广东近代武术史上继广东精武会成立之后又一次较具规模的北拳南传和南北拳术交流盛举。

另外还有广州的河南精武体育会、汕头精武体育会、春汉雄体育会及顾汝章办的广州国术社、赖成已办的珠光国术社、傅振嵩办的广东太极联谊社等。

（4）岭南武术在近代反帝反封建斗争中的历史功绩

中国近代的历史是半封建半殖民地社会的历史，也是广大人民反帝反封建的历史。一百多年来，灾难深重的中国人民为了国家独立、民族解放和民主自由进行了前赴后继的英勇斗争，而岭南正是近代民主革命的前沿阵地。仅在广东一地，就爆发了多次波澜壮阔、声势浩大的农民起义和反侵略斗争。在这些频繁而大规模的斗争中，民间武术起了得力的助手作用，岭南武术在反帝反封建斗争中所起的作用是其他地区武术所无法比的，它为中国的民主和革命作出了巨大贡献，值得深入研究。

岭南武术，无论是三元里抗英、寸金桥抗法，还是洪秀全领导的太平天国运动、反清七十二烈士血洒黄花岗；无论是在抗日战争中挥舞大刀向鬼子们头上砍去之际，还是在历次国内革命期间拿起刀枪干革命之时，武术都是革命者的得力助手。许多革命组织直接采用了民间的武术组织来积聚和训练革命力量，有些武术社团成了革命的场所，许多武林高手成了革命志士。在每一次大规模的农民起义和反侵略斗争中，在没有火器的情况下，武林志士手持长矛大刀等冷兵器甚至是赤手空拳同敌人进行顽强的斗争，视死如归，谱写了可歌可泣的历史画卷。

（5）新中国成立前后岭南的武术活动

民国二十四年（公元 1935 年），在广州东校场举办了广东省第一次国术表演，设拳、刀、枪、剑、棍五个项目；民国二十五年（公元 19 三十六年）举办了省第二次国术表演；民国三十六年（公元 1947 年）广州举办了国术搏斗大会，分拳斗、击剑、摔跤三项。

1957 年广东举办了首次武术观摩会，也是新中国成立后第一次具有一定规模的武术观摩会；1959 年广东省第二届省运会把武术作为正式比赛项目；1964 年广东省第三届省运会设武术表演赛；从 1979 年起，为参加全国武术观摩交流大会，广东均在全国武术观摩交流大会前举办全省的武术观摩交流大会；1979 至 1988 年，广东 8 次参加全国武术观摩交流大会，获优秀奖 24 个。1984 年 7 月、9 月在香港举行了省港武术大会演、省港澳搏击大赛；1985 年在深圳举行了省港澳深武术界交流会。

1981 年 7 月《武林》杂志创刊，这是新中国成立后全国最早的武术期刊，曾经创下单期发行量多达 340 万份的纪录。另外《真功夫》画刊于 1986 年创刊，由岭南美术出版社出版。

（6）岭南武术概况：岭南地区主要拳种、创始人（代表人物）及流传地区，见表 1、表 2

表1　广东主要拳种流派共有 21 种（△ 表示本地拳种，* 表示外地传入拳种）

拳种名称	创始人（代表人物）	流传地区
1 洪家拳 △	铁桥三（梁坤）、黄飞鸿	广东全省、香港、澳门
2 刘家拳 △	刘三眼、黄友鸿	中山、钦州、廉江、高州
3 蔡家拳 △	蔡展光	湛江、茂名、化州、高州
4 李家拳 △	李友山（新会）、李存义（惠州）	新会、惠州
5 莫家拳 △	莫蔗蛟、林萌堂、林仲伟	惠州（东莞）、广州、佛山、顺德
6 蔡李佛拳 △	陈享、张炎	广州、佛山、江门
7 咏春拳 *	严咏春、梁赞	佛山、肇庆、广州、香港、澳门
8 侠家拳 *	李胡子、王隐林	广州
9 龙形拳 △	林耀桂	佛山、惠州、广州、香港
10 白眉拳 △	林合、张礼泉	惠阳、肇庆、云浮、新兴、佛山、广州
11 佛家拳 △	陈远护	韶关、新会、封开、广州、罗定、新兴
12 岳家教 *	黄春楼	梅县
13 刁家教 *	刁龙康、刁火龙	兴宁、梅县
14 李家教 △	李铁牛、李光壬	五华、兴宁、丰顺、平远、汕头、香港
15 朱家教 *	陈洪师、柯彩堂、赖名彪	五华、兴宁、梅县
16 钟家教 *	钟佑古	兴宁

拳种名称	创始人（代表人物）	流传地区
17 昆仑拳 *	黄飞龙	丰顺、揭阳、揭西、深圳、珠海
18 南枝拳 △	陈南枝	潮汕地区、香港、澳门
19 刘凤山派 △	刘凤山	潮州、澄海、丰顺
20 儒家拳 *	余洪海	湛江、韶关
21 黄啸侠拳 △	黄啸侠、陈昌棉	广州、番禺、香港

本地拳种计有 13 种，外地传入拳种 8 种。

表 2　广西主要拳种流派共有 61 种（△ 表示本地拳种，* 表示外地传入拳种）

拳种名称	创始人（代表人物）	流传地区
1 壮拳 △	侬智高	桂西南
2 瑶拳 △	盘王	贺县、金秀
3 苗拳 △	梁怀显	三江等苗、侗族居住区
4 侗拳 △	杨朝英	三江侗族居住区
5 梁家拳 △	梁绍基	柳州地区鹿寨
6 洪拳 *	洪熙官	广西全区
7 刘家拳 *	农荣保、韦献坤	柳州市
8 蔡家拳 *	蔡福	柳州、陆川
9 李家拳 *	李有山	广西合浦
10 佛家拳	何明坤	广西南宁、百色
11 蔡李佛 *	陈享、张炎	南宁、贺县
12 咏春拳 *	严咏春	梧州
13 洪兼蔡拳	林振荣、林永江	恭城
14 周家拳 △	玉冰	广西鹿寨
15 陈拳 △	梁文兴	邕（yong）宁
16 杨家拳 *	杨继兴、林举开	南宁地区（天等）
17 狮形拳 *	范晓东	梧州
18 八扣拳 △	余升甫、黄源	南宁、合浦
19 小马梅花拳 *	周五	柳州

拳种名称	创始人（代表人物）	流传地区
20 南八卦拳*	兰度高、韦永华	平国
21 查拳*	查菲尔、王少周	柳州
22 花拳*	吴葆材	广西象州
23 鹰爪翻子拳*	刘仕俊、徐静波、周树生	南宁、横县、荔浦
24 八极拳*	马英国、赵鹏	南宁、容县
25 太极（杨、吴式）*	金承珍、郭良佐	南宁、桂林
26 华拳*	周石清、冼树容	南宁
27 王家齐式拳*	王真、陈平	柳州
28 红拳*	廖跃林、彭昌修	武宣
29 太祖拳*	王少周、刘仕秀、陈苏平	柳州
30 形意拳*	姬隆丰、赵鹏、郭良佐	南宁、桂林
31 八卦*	黄辉龙、黄子龙、叶盛林	武宣、合浦
32 通背拳*	张连俊	柳州
33 鸡心锤 △	唐德旺	柳州
34 罗汉拳*	徐静波、曾拍居	南宁、靖西
35 潭腿*	徐静波、刘续封、王兰英	南宁、容县
36 虎彪拳 △	朱国基	临桂、灵川
37 七星螳螂门*	王朗、邹喜功	广西各地
38 峨眉门*	宋耀山、陈阳炳	柳州、马山
39 少林拳*	范振华、佟家祥	广西各地
40 广西南拳*	莫少能、赖成记	广西各地
41 画眉拳*	刘才	贺县、荔浦
42 南蛇过洞*	赖成已、陈同痒	合浦
43 八宝拳*	力茂清	南丹、宜山
44 鹤拳*	孙彬	合浦、博白
45 白眉潭腿拳*	刘太伟	合浦
46 扦拳*	王兰英	广西灌阳
47 北流拳*	赵大鹏、兰正支	资源县
48 中华新武术*	郭良佐	桂林
49 功力拳*	徐静波	南宁、梧州、桂林、柳州
50 练步拳*	刘崇俊	南宁、宾阳

续表

拳种名称	创始人（代表人物）	流传地区
51 满江红*	王少周	柳州
52 哈萨克拳*	张清居、赵鹏	南宁、武鸣县
53 白马露蹄△	莫让豪	荔浦
54 神佛掌*	白云禅、黄海斌	阳朔县
55 伏犬拳*	尼姑	合浦
56 炮拳*	胡悍东	柳州
57 梳桩拳*	姜可志	广西横县、横州镇、那阳、南乡、校椅
58 形意猫拳△	冯兴、林举开、左绍基	广西天等县、德保县、靖西县、大新县
59 虎步拳*	黎世尧	广西河池
60 飞龙爪（青龙爪）*	张辉	北海
61 岳家拳*	唐斌	兴安

本地拳种计有 12 种，外地传入拳种 49 种。

三　研究思路

（一）概念界定

第一，岭南

　　岭南是古代百越民族聚居之所，因处于五岭之南而得名。"岭南"这个称谓，自然地理概念是指在南岭山系以南的地区。南岭自云南东来，经广西东北部，再横亘于粤北和湖南、江西两省之间。五岭万山重叠，犹如一座天然屏障把广东（含海南及港、澳地区）、广西与中原分割开来，自汉以来将两广称为岭南、岭外、岭表，这是岭南自然地理得名的由来。

　　历史的发展和演进说明，岭南在文化区域涵盖上主要指当今的广东（含港、澳）、海南以及广西的东部地区。现在习惯上把广东称为岭南。地域文化学是以广义的文化领域为研究对象，因此，本研究的岭南，即广义的岭南，在行政区上大致盖及广东（含港、澳）、广西大部及海南，研究的重点放在广东（含港、澳）地区。

第二，岭南武术文化

岭南武术文化是岭南地域内习武者历史沿袭、积淀而形成的一切与武术有关或相关的物质、精神产品的有机复合体，它是岭南地域内人们的一种生存和发展方式，它内涵在长期生活在岭南地域习武者中凝聚起来的思维方式、行为方式、生活方式、文化心态、价值取向等精神成果中，并且是这些精神成果的物化部分。

（二）研究思路

第一，从构成武术文化的物器技术层、制度习俗层、心理价值层及心态文化层对岭南武术文化进行探究，尤其在对岭南武术文化的表层物器技术层、制度习俗层的分析上，深入挖掘其深层的心理价值层及岭南武术文化积淀的相关心态文化，这些才是岭南武术文化的内涵。

第二，以文化、地域文化、岭南武术文化为历史逻辑背景，即特殊的岭南地理环境、政治环境——独具特色的岭南文化、民族文化心态——各具特色的文化区（广府、客家、潮汕）——形成具有各文化区特点的武术文化（广府武术、客家武术、潮汕武术）——与中原文化、古越文化及海外文化交流——岭南武术文化。

第三，只从现实的岭南武术特征及其技术风格比较中并不能得到良好的解释，真正揭示这种区别不能离开一种历史的尺度。因此，对岭南正史文献、地方志书、笔记、民俗、秘密会党等相关史料的搜寻及梳理，将对深入探究岭南武术文化的形成有重要意义，这是一项艰巨的基础任务。

第四，岭南由于其独特的地理自然环境及远离国家政治文化中心，武术曾作为防盗保家、御辱卫国、起义反叛、秘密会党、农民暴动、民主革命的有力武器，给岭南武术的起源蒙上了一层神秘面纱，并在岭南人们心中形成了一种稳定的心理文化。草根族们对武术到底崇拜什么？他们的崇拜表达的又是一种什么情感？岭南武术崇拜现象中隐伏着什么样的文化符号？对于这些岭南武术相关的传说、历史人物，我们既要从历史事实出发复原真相，又要从社会文化心理的角度对这种特殊现象作出合理的文化阐释，希望从这些现象的阐释中，寻找到岭南武术在近代反帝反封建革命斗争中的真正文化内因，并总结岭南武术对社会发展的正、反两方面的作用，这是研究当代岭南武术文化的重大文化意义所在。

第五，岭南南临海，岭南很多拳种流派很早就走出国门，在海外广泛传播，香港的武打功夫电影对中国武术在海内外传播具有重要影响，香港、澳门是岭南武术对外交流的平台，深入探讨岭南武术海外传播对中国武术的国际推广具有重要的实践和现实意义。

四　研究方法

（一）文献资料法和人类学社会、田野调查相结合

文献资料整理是通过对本研究相关资料的收集、整理、分析，并进行加工、筛选、使用，以直接、间接获得与研究相关的信息和他人的研究成果。充分利用图书馆、网络，收集与岭南武术文化研究相关的各种资料，查阅上海体育学院图书馆现存的各种体育期刊、博士论文，上海图书馆及广东中山图书馆、广州图书馆的相关资料及民间武林人士提供的个人拳谱、抄本等。

人类学的社会、田野调查就是深入社会，走进田野，对与武术有关的拳种、流派代表人物进行访谈，深入地区进行社会事实信息资料、文物遗迹等调查，并对收集到的材料进行整理、描述和解读。岭南武术可信资料较少，有关武术拳种流派起源、武术历史人物等多有附会，这给资料收集及甄别带来很大困难，需要将文献资料与社会、田野调查相结合，尽可能勾勒出岭南武术文化的特征。

（二）历史地理学方法

地域武术文化的研究方向是在历史沿袭的特定地域内与武术相关的历史、文化，其时间、空间、人物的三维演绎都是历史的结果，因此历史地理学方法是必需的。人、时、空关系是历史地理学的核心内容，岭南武术文化的不断演进的历史过程，也是若干自然因子和人文因子不断参与进来并有机结合和优化的过程。

许多历史上的事情，单独地看似乎无意义或无结果，但是纵向、横向及纵横交叉比较，把细细的历史长河中的信息由点及线至面通盘联络起来，就会发现其意义和结果。岭南武术文化中的刚烈之气，发而为起义、暴动、反抗外辱、争取民族独立的反抗精神是岭南地域内长期历史文化心态的积淀。只有沿着岭南历史发展的轨迹，才可以洞悉这一岭南武术的深层文化。

（三）文化社会学方法

文化是人的创造，文化会长期影响人的思想、感情、心理、性格，而

这些都是一定社会文化环境的产物。文化社会学就是研究文化产生、发展的规律及其社会性质与功能的科学。文化社会学总是试图从某一种文化事象与其他社会现象的联系上去把握。只有将岭南武术文化放在一定的历史、社会政治环境中加以审视，再进行文化社会学上的"生存土壤分析"，才可以揭示岭南武术文化形成的文化密码。

（四）文化心理学方法

文化心理学是研究人的文化心理或文化行为的学科。揭示岭南武术文化事象及行为方式背后的文化心理是岭南武术文化研究的重要任务，只有阐释岭南武术文化深层的文化心理，才能真正把握岭南武术文化历史发展的脉搏。

（五）逻辑学方法

逻辑学方法是一种理论思维方法，要揭示岭南武术文化的特色，必须辨析考证事物发展变化中的一般规律和特殊规律，重点是针对岭南武术文化中各方面的相互联系和作用，从大量的与武术有关的岭南历史材料中归纳、提炼出岭南武术文化的内在规律及其总体特征，因而逻辑学方法是岭南武术文化理论提炼的思维工具。

（六）个案研究法

对岭南地域内特色鲜明的典型拳种如洪拳、客家拳等进行个案研究，通过对这些体现区域历史文化特色的拳种历史文化的形成、技术特点、套路、器械、功法等进行个案分析，以求"窥一斑而知全貌"，更清晰地认识岭南武术文化总体特征。

五　理论假设

第一，岭南特定的地理环境对岭南南拳技术特征的原始形成、发展具有决定作用，主要侧重在岭南南拳技术特征形成初始化阶段。考察岭南武术文化的性质和特征须顾及岭南南拳赖以生存的地域环境，它奠定了岭南南拳今后技术特征的发展和文化内涵。

第二，岭南文化具有的开拓创新、务实、兼容并蓄、刚烈等文化特质，这对岭南武术文化总体特征的形成有很深的影响，岭南武术在近代反帝反封建斗争的一次又一次爆发中成为革命的得力工具，这是岭南武术长期历史积淀的深层民族文化心态的正面的、积极的释放。

第三，岭南五大名拳之首的洪拳产生的历史文化渊源及技术特点对岭南其他拳派有着很深的文化符号辐射意义和技术影响，岭南目前民间流传广泛的象形拳多为洪拳的一种，是洪拳中象形拳的分支，可以认为这是清末朝廷势力高压下洪拳向岭南地区各地扩散、迁移过程中的遗留。

第四，岭南古越"好相攻击"的民风习俗、宗族械斗及民间防盗保家的习武需求，对促进岭南地域武术文化形成具有重要影响，并形成其简洁、实用的技术特点。

第五，岭南背岭面海的特殊地理条件，使岭南武术较早地进行海外传播，这种长期的武术国际传播的经验积累，可为中国武术进行国际推广提供借鉴。

鉴于以上理论假设，本书力图实现以下研究主旨：

第一，本书对岭南武术文化形成的地域特征、历史文化心理的探究，对岭南武术文化的理论构建，对岭南武术在近代反帝反封建斗争中的重大文化意义及其背后隐含的岭南文化的民族心态的探索，可能是对岭南文化研究的一种填补。

第二，研究对洪拳产生的渊源历史文化阐释及其对岭南各拳种文化符号意义及技术的影响，可能为我们解开洪拳产生的迷雾提供启示。

第三，推进对岭南南派技术特征的地域文化阐释，加强对客家武术形成的历史文化探究及其阐释。

第四，对岭南武术早期海外传播经验的分析将给今后中国武术国际化推广提供借鉴。

六　调研准备工作

本人在攻读博士学位入学前，便开始了有关地域武术文化研究的相关书籍阅读、资料收集整理，确定了"岭南武术文化研究"方向后，积极向有关专家学习，尤其是注意借鉴复旦大学历史地理学、文化地理学的研究进展和研究方法，并积极向有关地域文化专家进行理论咨询，为地域武术文化研究的理论提供新的思路和方法。

为对岭南这一地域内的武术进行较好的了解，收集岭南地域内有关岭南文化、武术的文献史料、口述史等，本人于2008年7月17日—8月14日暑假期间，对岭南地域内的广州、茂名、佛山、顺德、新会、汕头、揭阳等地进行初步预调研，拜访了广东一些武术前辈、文史专家及民间武术人士。这期间正值广东省传统武术比赛，共有四个赛区（茂名、顺德、汕头、广州）。在此期间，本人拜访了一些代表拳种的民间老拳师，其中年龄最大的 98 岁（茂名电白蔡拳传人），拍摄了一些广东特色拳种、器械资料，对岭南（主要是广东）南派的武术有了一些更深入的直观认识。

2009 年 5 月底至 6 月初，本人又深入岭南粤东客家地区调研，了解客家武术的发展状况，对客家拳李家教进行了重点调研，并拍摄技术录像。6 月初又在广州拜访了岭南南拳大师陈昌棉先生，拍摄了洪拳早期传统套路三展拳技术录像。

上 篇

追 根 溯 源

第 一 章
岭南地域界定及其地理环境与民性

第一节　岭南疆域及其历史沿革

　　岭南是古代百越民族聚居之所，其中越城岭、都庞岭、萌渚岭大体位于广西境内，骑田岭、大庾岭大体位于广东境内。[1] 南岭自云南东来，经广西东北部，再横亘于粤北和湖南、江西两省之间。岭南在历史上大致相当于两广地区，在今天行政区划上包括广东、广西、海南、香港及澳门。

图 1-1　五岭

------

　　[1]《广西通志卷十三·山川》记载："百粤阻五岭而粤西擅五之三：曰骑田，曰萌渚，曰越城。"

岭南在传说中的尧、舜、禹时期即有古文献追述记载。《尚书·尧典》有"申命羲叔，宅南交"的记载。这里的南交即指南方交趾之地，周时岭南通称交趾、南海或南越。《墨子·节用》及《韩非子·十过》等篇中均有"尧治天下，南抚交趾"的记载。《史记·五帝本纪》中亦有禹"……至于荒服，南抚交趾"的记载。鉴于尧、舜、禹只是传说中的时期，古文献的记载也属于后世追述，实难以作为信史，推测在夏、商、周时期的岭南已经归属于中原统治是不可靠的，但这些古文献记载及传说的历史文化信息透露出岭南的历史相当久远，并且很早就与中原文化有所交流，反映了我国南方少数民族越族地区与中原地区的早期相互往来，很早就可能进行过经济与文化交流，先秦文献典籍记载的交趾对岭南地区的称谓也为后世一直沿用下来。

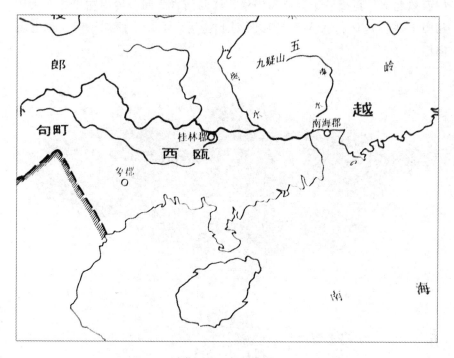

图1—2 秦时岭南

岭南地区正式归入中原版图的历史，应该追溯到秦始皇灭六国之后，接着发兵统一岭南地区。秦始皇二十六年（公元前221年）秦灭六国

"初定天下"后，开始统一原来"臣服于楚"[1]的岭南地区，至始皇三十三年（公元前214年）统一岭南[2]，在岭南设置桂林、象、南海三郡。桂林郡大部分为今广西，包括粤西部分；象郡管辖今广东南路一带及海南岛；南海郡治在番禺（今广州），下设番禺、四会、龙川、博罗四县，约占今广东省大部。[3]

秦统一岭南后，任嚣为南海郡尉（最高长官），赵佗为龙川县令。1962年考古工作者在广州黄花岗附近的区庄，清理一座两千多年前的木椁墓时，发现了一把刻有秦始皇纪年的青铜戈。这是秦统一岭南的一件重要历史物证。戈面清润光泽，完整无缺，铜戈的内部錾刻有"十四年属邦工□□戴丞□□□"的铭文，字刻画细如发丝。由于使用过程中的磨蚀及长期埋入地下受土质酸性侵蚀，有五个字已经磨蚀不清，无法辨认。经考古学家鉴定这是秦始皇时期的物品。[4] 铜戈上的纪年刻铭"十四年"就是秦始皇十四年，即公元前233年，距今已有两千多年了。这是岭南地区首次发现的有秦始皇纪年的文物。这把铜戈锻铸于秦灭六国（公元前221年）之前十二年，铜戈刻铭上的"属邦"字样表明是在秦地内铸造，这一发现表明铜戈与秦统一岭南这一历史事件的直接关联。这把铜戈，是公元前214年秦始皇统一岭南时的沉沙堕戟，是秦军南平百越的武器，它也是秦朝废除奴隶制度，建立封建制度，设置郡县，开创了岭南历史发展新时代的见证。挥戈舞剑，跃马横戟，这把秦戈打开了人们尘封两千多年的历史记忆，唤起了世人对两千多年前百越人民与秦军激战的无限遐想。

秦末农民起义爆发，秦灭亡之后的楚汉纷争期间，岭南地区由于关山阻隔，时为龙川县令的赵佗听取了病重的南海郡尉任嚣分析当时的"番禺负山险阻，南北东西数千里，颇有中国人相辅，此亦一州之主，可为国"的局势，"即被佗书，行南海尉事"[5]，先接替去世的任嚣为南海郡尉，接着封锁了五岭通道，处置了秦的官吏，并乘机兼并桂林、象郡，于

---

① 战国末期吴起辅佐楚悼王变法期间，曾发兵"南平百越"。（《史记·孙子吴起列传》）

② 林剑鸣：《秦汉史》，上海人民出版社2003年版，第57—64页。

③ 宁可：《岭南文化志》（《中华文化通志·地域文化典》），上海人民出版社1998年版，第8页。

④ 梁国光、麦英豪：《秦始皇统一岭南地区的历史作用》，《考古》1975年第4期，第205—206页。

⑤ 《汉书·两粤传》。

高帝三年（公元前204年）建立南越国。①

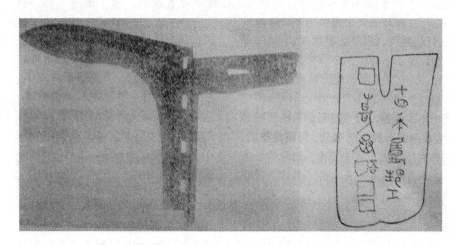

图1-3　广州东郊罗岗4号墓出土铜戈（4：10）及戈上铭文拓本

汉武帝时岭南设十三部州，其中交趾郡改为交州，交州刺史设在苍梧广信，广信的含义为"广布恩信"，即后来广东的封川县，封川是广东和广西交界的地方。由于广信是交州刺史的治地，广东的"广"便由此而来。②

三国时吴孙权占领岭南，步骘为交州刺史，交州之所由广信迁移至番禺，将南海、苍梧、郁林、高凉划为广州，这就是今天广州的由来。

司马氏统一中原后，西晋初岭南仍设交、广二州，之后东晋、宋、齐、梁、陈南朝建制很乱。迄至唐朝，将岭南地区设为岭南道，其疆域东南至海，西接云贵，北抵五岭，包括今广东、广西、海南及越南北部。懿宗咸通三年（公元862年）将岭南道分为东、西两道，以广信为界，东道治广州，西道治邕州。宋朝时置岭南路，分为广南东、广南西两路，即沿袭唐代以广信以东称广东，广信以西称广西，这便是今天广东、广西两

---

① 宁可主编的《岭南文化志》（第8页）及李权时主编的《岭南文化》（第152页），均称"公元前206年建立南越国"有误。赵佗建立南越国的时间，史籍未记载，只能从有关文献推测。按《史记·南越列传》及《汉书·西南夷两粤朝鲜传》记载："汉武帝元鼎六年（公元前111年）平南越国"，"自尉佗初王后，五世九十三岁而国亡焉"。据此推算，则赵佗建立南越国应在高帝三年（公元前204年）。

② 徐续：《岭南古今谈》，广东人民出版社1992年版，第4—5页。

省的雏形。元、明、清三朝基本沿袭不变，明朝时广东为行省，广东省的名称自此确立下来。①

以上是岭南地区的疆域沿革，对岭南这一地域的疆域我们作一考察，有利于我们在以后的章节讨论所涉及的历史文化问题。

第二节　岭南历史地理人文环境

《礼记·王制》中有"广谷大川异制，民生其间者异俗，刚柔迟速异齐，五味异和，器械异制"；《汉书·地理志》卷二十八下："凡民函五常之性，而其刚柔缓急，音声不同，系水土之风气，故谓之风；好恶取舍，动静亡常，随君上之情欲，故谓之俗。"② 司马迁在《史记》中曾对不同地域的地理环境与文化特性作过生动精辟的描述，他认为关中一带居民"犹有先王之遗风，好稼穑，殖五谷，地重，重为邪"；中山一带"地薄人众，犹有沙丘纣淫地余民，民俗懁急，仰机利而食"，"丈夫相聚游戏，悲歌慷慨"，"女子则鼓鸣瑟，跕屣，游媚富贵"；邹鲁一带"犹有周公遗风，俗好儒，备于礼"；越、楚则"其俗剽轻，易发怒，地薄，寡于积聚"。这些描述为我们提供了早期的不同地域内由于地理环境等因素形成的文化差异，民性及民俗，也为我们展现了一幅汉代地域文化差异的历史画图。

文化孕育之初，地理环境对于处于原始混沌状态下的生存是起着重大作用乃至决定性作用的。地域对文化更大的意义是在文化的产生这一关口，也就是说，从文化发生的角度来看，地域的因素是不可或缺的。特定的自然生存条件往往决定一个独立文化体系的最根本性质和特征，这是各呈特色的多元文化形成的一个客观前提。那么，考察一个文化体系的性质和特征就不能不顾及这一文化体系赖以生存的地理环境，不能割断历史，更不能离开特定的历史地理背景。因此，作为与岭南武术文化起源和发展空间基础的岭南地理环境即是一个不可或缺的概述。

---

① 宁可：《岭南文化志》（《中华文化通志·地域文化典》），上海人民出版社 1998 年版，第 9 页。

② 班固：《汉书·地理志》（卷二十八下），颜师古注，中华书局 1975 年版，第 1640 页。

一　蛮烟瘴雨，蛮夷宝地——相对封闭而又开放的自然地理

（一）蛮烟瘴雨，蛮夷宝地

岭南位于中国的最南部，地处我国南疆边陲。由于南岭万山重叠，使岭南一带处于与中原隔绝的状态。在古代交通十分落后的条件下，要跨越五岭绝非易事，这就使得中原人难以了解岭南的真面目，也严重影响了岭南社会经济的发展。直到唐代，由于湿热的气候，多"瘴疠病毒"，岭南还被看作化外之地，被称为瘴疠之乡，人也被列为"蛮夷"。所以岭南在中原王朝的心目中，是一片模模糊糊的"恶淫瘴毒聚"①的化外之地，是不可知的"荒服"。淮南王刘安谏汉武帝远征岭南时说："南方暑湿，近夏瘴热，暴露人居，蝮蛇蠚生，疾疠多作，兵未刃血，而病死者十之二三。"②虽然早在古史传说的尧舜时代，岭南就已经被认识到了，但先进的中原文化并没有穿过那巍巍的崇山峻岭而渗入岭南，当中原文化已进入"百家争鸣"繁荣活跃的时期、经济高水平发展的时代，岭南却依然是那么沉静安详，还在父系氏族公社阶段踟蹰徘徊。一直到秦代之前，岭南与中原王朝的关系，也只是向中原进贡一些珍稀贡品而已。③

岭南的位置介于北纬 8°86′—25°31′，东经 108°37′—117°45′之间，北回归线横贯广东省中部，属于热带、亚热带季风气候，年平均气温 19℃—20℃，日照长，阳光足，太阳辐射热量大，受海洋暖湿气流的影响，气候温暖，夏长冬短，雨量充沛，年平均雨量在 1500 毫米以上，宜于农作物生长。远古的岭南，原始森林茂密，蚊虫成群飞舞，毒蛇猛兽横行，疟疾、伤寒、皮肤病等疾病成为地方性的流行病、多发病。瘴，又称"瘴毒"，指南方山林间湿热蒸郁而生的一种病，类似于自然疫源的性质，通常指的多是疟疾，中原人称之为"瘴疠病毒"。但这里却充满生机与活力，这里是生命之源——阳光充足，面临南海，长期受海洋暖湿气流影响，高温多雨是岭南地区的主要气候特征，使得这里森林密布、万木葱茏，生机盎然。生活在这里的人们也如同万物一样具有极强的生存力，纵

---

① 胡兆亮、阿尔斯郎、琼达等：《中国文化地理概述》，北京大学出版社 2006 年版，第 300 页。

② 司徒尚纪：《广东文化地理》，广东人民出版社 1993 年版，第 3 页。

③ 李权时：《岭南文化》，广东人民出版社 1993 年版，第 4—6 页。

然蛮烟瘴雨、瘴疠横行，十室九空，然而，生长于斯的先人不可能有别的
选择，只能在这种蛮烟瘴雨、毒虫猛兽、风涛险恶的自然环境里艰难生
活，拼搏求存，他们仍然可以在这片土地上繁衍生息，可谓"视死如
归"。这种习以为常的生死观分明与这里旺盛的生命奇迹息息相关，如同
这里生长的万物一样，刺激着人们旺盛的生命意识，孕育成了岭南民性的
一种勇敢强悍、不屈不挠、勇于冒险的精神特质。

图 1－4　岭南独特的地貌

岭南雨量充沛，地下水位高，水源充足，河流纵横，岭南最大的河
流——珠江是我国的第五长河，发源于云南东北部乌蒙山地，经贵州、广
西，进入广东，称为西江，与东江、北江既合又分，形成纵横交错的珠江
水系，下游形成河网稠密的富饶的珠江三角洲。水网密布，基堤纵横，耕
三渔七、桑基雨田是珠江三角洲典型的农业生产方式。在这种农业生产方
式土地上孕育的岭南武术与人们的生存、生活、生产方式有着密切的关
系，武术是与岭南人们的日常生产、生活方式相联系的，因此，岭南的这
种南方农业生产方式是今后我们分析岭南武术文化的一个出发点，也是一
个逻辑起点，岭南南拳的一些最初的特点与这种早期的生活方式是有着一
定的联系的。

岭南自古就是一个盛产水果及奇珍异宝的"蛮夷"宝地。据《淮南

子·人间训》记载："秦人利越之犀角、象牙、翡翠、珠玑，乃使尉屠睢发卒五十万，分为五军"，进攻岭南。诚然，秦始皇绝不是贪图岭南的犀角、象牙等珍珠宝贝之小利，却表明岭南在很早就盛产犀角、象牙、翡翠、珠玑等珍异罕物，为中原人所羡慕。《汉书·地理志》也称"处近海，多犀、毒冒（即玳瑁）、珠玑、银、铜、果、布之凑，中国（指中原地区）往商贾者多取富焉"。《晋书·吴隐之传》称"广州包带山海，珍异所出，一箧之宝，可资数世"。《新唐书·卢焕传》则称广州是"兼水陆都会，物产瑰怪"。《大唐六典》记载岭南向朝廷缴纳的贡赋有：蕉、纻、络麻、金银、沉香、水马、翡翠、孔雀、象牙、犀角等，岭南特产可见一斑。① 地理、气候等适宜的自然环境，使得岭南四季花果不断，海洋产品丰富。

（二）相对封闭的地理环境——五岭及其岭南古道

岭南地区一方面北有五岭阻隔，与中原地区形成相对封闭的地理环境。"五岭"一词最早可以追溯到文献记载如《史记·张耳陈余列传》中有"（秦）北有长城之役，南有五岭之戍"；《淮南衡山列传》中有"（秦始皇）使尉佗踰（同'逾'）五岭攻百越"；《汉书·五行志》记载有"南戍五岭，北筑长城，以备胡越"。在这些历史文献中虽然提及"五岭"一词，但具体的五岭位置却没有指明，历代文献对五岭的名称也有不同指代，因此有必要对"五岭"这一重要的概念加以考释，以利于我们对岭南古代的地理交通条件作一深入的认识，也有利于我们理解岭南在古代与中原隔绝而相对封闭的环境。

五岭在秦代以前的文献中的具体所指范围及位置不具体和较为模糊，以致在后世文献中记载的五岭有的以五岭所处的县地治所来指代。据《元和郡县图志》卷三十五记载："秦有五岭之戍，谓大庾、始安、临贺、桂阳、揭阳县也。"② 而大庾县是隋朝才设立的，这表明其记载的秦戍之五岭只有大庾为山岭名，其余四岭并没有具体指明，而是以四岭所在县地大体统称。另一种可能是这四县治地有同名的四岭，在设置县时以岭命

① 宁可：《岭南文化志》（《中华文化通志·地域文化典》），上海人民出版社1998年版，第10页。

② 参见李吉甫《元和郡县图志》卷三十五之"岭南道"条，文渊阁四库全书电子版，上海人民出版社和迪志文化出版社1999年版。

名。这表明秦时五岭的范围已经东至闽粤交界的南岭南端余脉揭阳岭了。汉代时的五岭指始安的越城岭道、临贺的萌渚岭道、桂阳的都庞岭道、骑田岭道以及原有的大庾岭道。五岭至少在汉代终于名副其实，固定了下来，因而，文献上至汉代以后将南岭以南地区称岭南。今日的"五岭"是沿袭了汉代以来的五岭说法。

"五岭"为什么会在历史不同时期指代有所不同呢？由于古代岭南与中原有五岭阻隔，交通不便，因而五岭之间的交通就显得非常重要。因此，在文献中记载的"五岭"就与这些过岭道名有着密切的联系。据宋代周去非的《岭南代答》卷一"五岭"条载：

> 自秦世有五岭之说，皆指山名之。考之，乃入岭之途五耳，非必山也。自福建之汀，入广东之循、梅，一也；自江西之南安，踰大庾入南雄，二也；自湖南之郴入连，三也；自道入广西之贺，四也；自全入静江，五也。[①]

在这里，对五岭的名称是用过岭通道来解释的。同样在《晋书·地理志》卷十五也有类似的解释："自北徂来，入越之道，必由岭峤，时有五处，故曰五岭。"唐杜佑撰《通典》卷一百八十四对"五岭"的解释大致相同。这些均出自唐人笔下的文献对"五岭"记载与解释也许只是唐人的两种看法，我们无法证实五岭是不是全都指的是"入岭之途"，但文献显示出古代的五岭与出入五岭的通道有着密切的关系。正是通过这些山岭之间的通道，中原文化、荆楚文化、吴越文化等外来文化才可能与岭南土著文化交流、融合，从而在一个相对封闭的地理环境下形成具有共同特质的岭南文化，也正是这些过岭的通道可以和不同的地域相连，也使得南下迁入岭南的移民来源不一，带来了不同的文化、民俗、技艺，当然这其中不乏深怀各种流派武术绝技的人来到岭南，如客家拳多数是从外地带进岭南的，梅县的刁家教从江西传来，岳家教从湖南传来，汕头的南枝拳、广州的咏春拳源自福建，昆仑拳来自河南，白眉拳和侠拳从四川传入，等等。这些拳传入岭南有的保持着原来的技术风格，有的在技术风格方面发生了变化，形成了具有岭南地域风格的拳派，这其中当然离不开人文地理

---

① 周去非：《岭南代答》，杨武泉校注，中华书局 2006 年版，第 11 页。

环境的熏染。

南岭山脉东西横亘于今湖南、江西及两广的交界处，向东延伸至闽南。在群山峻岭之中，间或形成低谷、断裂盆地、分水岭等，有的低矮易于翻越，这些遂成为早期沟通岭内外交往的天然岭道，过岭通道四周的山岭也因此被以通道之名为世人及文献所记载，秦汉时的"时有五处"的通道，五岭因此而得名，自汉代以后，才有了岭南的称谓。

穿越五岭沟通岭南的道路最早始于秦始皇三十三年（公元前 214 年）为统一岭南而开辟的通道。《淮南子·人间训》记载："使尉屠睢发卒五十万为五军，一军塞镡城之岭；一军守九疑之塞；一军处番禺之都；一军守南野之界；一军结余干之水。"镡城，秦县，位于今湖南靖州境内，镡城之岭即指今广西桂林处的越城岭，其位于五岭最西边；九疑，即"九嶷山"，位于今广东连县北境，西边连接萌渚岭；番禺，即指今广州；南野，秦县，位于今江西南康县境内，南临大庾岭；余干，秦县，今江西余干县。可见当时秦为平南越，整修了五条过岭通道。这五条通道并不全是后世的"五岭"通道，经汉、唐、宋、明不同时期多次整修才形成了"五岭"通道。其一，越城岭道。《岭南代答》卷一《地理门》"五岭"条载："桂林城北二里，有一坛，高数尺，植碑其上曰'桂岭'。及访其实，乃贺州实有桂岭县，正为入岭之驿。全、桂之间，皆是平陆，初无所谓岭者，正秦汉用师南越所由之道。桂岭当在临贺，而全、桂之间，实五岭之一途也。"同书卷十《古迹门》"秦城"条载："湘水之南，灵渠之口，大融江、小融江之间，有遗堞存焉，名曰秦城，实始皇发谪戍五岭之地。"① 越城岭道是秦汉以来湖广与广西相连的南北过岭通道干线，并有灵渠水路，是五岭西路交通之要道。其二，萌渚岭道。萌渚岭，又名桂岭，南越国赵佗曾在此设防，汉高祖刘邦派陆贾出使南越说服赵佗归顺汉朝时即从此取道进入岭南。汉武帝平定南越后为了控制此通道，在萌渚岭与都庞岭之间设置谢沐县，后称"谢沐关"。北宋时潘美伐南汉，岳飞镇压广西少数民族起义时均经此道入岭南，此道一向被视为"岭口要道"②。其三，骑田岭道。《淮南子·人间训》载秦"一军守九疑之塞"，即指此道，西汉初年这里是过岭交通要道之一，唐朝时进行过多次修建。其四，

① 周去非：《岭南代答》，杨武泉校注，中华书局 2006 年版，第 11、400 页。
② 李孝聪：《中国区域历史地理》，北京大学出版社 2004 年版，第 371 页。

零陵，桂阳峤道。东汉时的大司农郑弘奏请修"零陵，桂阳峤道。于是夷通，至今遂成常路"①。此道为后世湖南与广东之间的常用通道。其五，大庾岭道。《淮南子·人间训》载秦"一军守南野之界"，即指大庾岭道，唐、宋时广州为开放口岸，此道成为赣粤最重要的过岭通道。

过岭通道并不是某朝某代一次就开通的，也并非仅有这五条通道，而是经过各个朝代，随着历史的进程逐渐被开辟、拓展的，由于各个朝代的目的不同，政治、经济、文化交流不同，因此这些过岭通道在不同历史时期其地位的轻重也不同。在此探究五岭过道不同历史时期位置的变化，是出于从五岭通道地位及名称变化的联系出发，考察五岭通道在不同历史时期受到所处政治管辖地及北方政权中心位置的影响，同时在不同历史时期，岭内外的人员来往、文化交流亦有变化，这些将为我们以后分析移民迁移、拳种传入和传播等问题提供参考。正是五岭在不同历史时期的过道的重要性有远近、轻重之别，频繁程度不同，才使得在不同的历史时期岭南与周围文化区有着不同的文化交流，岭南的北有五岭阻隔也是在不同历史时期的相对封闭。

（三）易得风气之先的开放地理区位——古代海上丝绸之路

岭南南临南海，濒临大洋，大陆大部分被南海包围，海岸线之长居全国省份之最，多天然良港（如澳门、香港），使得岭南与周边乃至大洋彼岸世界隔离开来，也具有得天独厚的与海外交流的条件，并正好处于南海航运枢纽位置上，生活在岭南这片土地上的古越人很早就开始开发利用海洋，古代的"海上丝绸之路"即从这里开始。狭义的"海上丝绸之路"是我国通向西亚的贸易航道的通称，即凡与东南亚、印度半岛（包括斯里兰卡）、阿拉伯沿海岸地方的海路交通，都纳入"海上丝绸之路"范围。因为这条海上贸易大道与"路上丝绸之路"性质相同，都是我国主要的外贸路线。②元代陈大震在《南海志》卷七中论述岭南（广东）的地理区位时说："广东南边大海，控引诸蕃，西通牂牁，接连巴蜀，北限庾岭，东界闽瓯；或产于风土之宜，或来自异国之远；皆聚于广州。"岭南正是南临南海，使其可以走出国门，较早地与外国进行贸易、文化交流，得风气之先。而广州即是"海上丝绸之路"的

① 《后汉书·郑弘传》卷六十三，列传二十三。
② 曾昭璇：《岭南史地与民俗》，广东人民出版社1994年版，第47页。

起点。

广州古称"番禺"，在秦始皇统一岭南设立南海郡之前即为一南方都会。岭南早期先民很早就掌握了驾驭舟楫的本领，《越绝书》中记载："水行而山处，以船为车，以楫为马，往若飘风，去则难从。"① 西汉时淮南王刘安称"胡人便于马，越人便于舟"②。这些文献记载表明岭南早期越族有着较高的航船技术，也可能很早就有与海外的贸易往来。在《史记》及《汉书》中都有记载番禺为当时的一都会，并且商贾云集，表明广州为汉时"海上丝绸之路"的基地。③"海上丝绸之路"可以说孕育于先秦，形成于西汉，鼎盛于唐代，发展于宋元时代，是我国早期主要的对外贸易地。明清时期的澳门、香港相继成为重要的对外贸易交换地，④ 海外的技术、文化较早从这里流入，岭南的很多拳种也是最早从这里漂洋过海，走出国门，远播海外。

二　化外之地——相对安定、宽松的社会政治环境

岭南这块土地，是一个充满艰险与荒凉的地域，也是一个让所有的文人和为官为宦者心胆破碎的地方，更是一个充满抗争与不屈的激情之地。

古代岭南一直远离中国封建社会的政治中心，加上相对封闭的自然环境，使得岭南开发较迟，社会经济落后，被中原王朝视为化外之地。经历了秦汉时期汉文化的融合，岭南已然是华夏文明不可分割的存在，但当中原大地在乱世弥漫的硝烟纷争与秦皇汉武的文治武功中日渐强大，唐宋文明也在千年延续中成就辉煌的时候，岭南大地虽然也在经历着自己的文明演进，但仍旧没有摆脱充满瘴疠与蛮荒的粗陋。南越百族的土著们依旧不得不在艰苦的自然条件下求取生存，也不得不与此起彼伏的天灾人祸奋力抗争。南越百族先民在岭南这块充满神秘奇幻色彩的土地上，却有着自己

---

① 袁康：《越绝书》卷八。
② 刘安：《淮南子·齐训俗》。
③ 杨万秀、钟卓安：《广州简史》，广东人民出版社1996年版，第46页。
④ 澳门、香港从开埠（开辟为商埠的意思）后，才开始进行正式的对外贸易。澳门与香港先后开辟为商埠的时间为：绝大部分中国史学家都主张，1573年即明朝万历元年，居澳葡人正式向中国政府缴纳地租银，由香山县政府负责征收，在每年冬至前后一次性缴纳完毕，且列入地丁银收解，这一年由此被认为是明政府对葡人租居澳门的正式确认，也是澳门正式开埠的重要标志；香港在1841年开埠。

最初的荒凉与艰涩。也正是岭南一直远离中原政治中心，封建王朝大有鞭长莫及之感，也由于中原大地上此起彼伏的政治斗争而成就了自己，使得岭南在较长时期保持政治上的相对独立性和稳定性，人们生活在一个相对安定、宽松的社会政治环境里，在历史文化的点滴积淀中成就了自己特有的文化。

对于岭南的社会政治环境，历史上的学者、枭雄都曾看重岭南这方面的政治地理环境。司马迁在《史记·南越列传》中说："番禺（泛指岭南）负山险，阻南海，东西数千里，颇有中国人相辅，此亦一州之主也，可以立国"；南汉时黄损曾对南汉主刘龑说："陛下之国，盖五岭而表之，所谓金城汤池，用武之地也。"① 岭南历史上建立过南越国和南汉国，另外历史上的一些枭雄也想利用岭南的政治地理优势割据一方，成就一世霸业，如东晋的卢循、南梁的萧勃、南陈的欧阳纥、隋末的萧铣、唐末的黄巢等。

岭南与中原地区相比，历史上的战乱较少，社会相对安定，这与中原朝代更迭、战乱纷争形成了鲜明的对比。一方面，岭南受中原文化的影响，但又表现出对中原文化，如儒家传统文化的游离性，即远儒性；另一方面，由于岭南未被中原强大的儒家文化同化，从而具有一种不断变革创新的特质，也容易受到外来文化的冲击并接受影响，表现为积极的一面就是容易接受新思想，勇于开拓创新。这一点，在近代表现得尤为突出。无论是太平天国运动，康梁的变法，孙中山的革命，国共两党合作及北伐，均从岭南出发，当代更是我国对外开放的窗口。

中国古代封建社会时期阶级斗争激烈，民族矛盾复杂，战乱频频发生，而岭南由于地处偏远，一方面成为朝廷流放、贬斥官宦的首选之地。唐宋的经济繁荣与政治体制的完备给文人带来了无数的机遇，这也使得唐王朝对文人的重视与宋王朝对文人生命的尊重，促使中原大地上单纯而直接对文人的杀戮逐渐消失。但官场宦海中钩心斗角的斗争此起彼伏，朝廷的喜怒哀乐也不可避免地此消彼长，伴随着宠辱得失，便是这些文人墨客与封疆大吏、官场大员们屡遭贬斥的厄运，在贬斥最为严厉也是最为常见的理想之地便是这"化外之地"的两广与海南。自三国以来，流寓岭南的显宦不胜枚举。其著名者如三国吴经学家虞翻因忤

---

① 《南汉书·黄损传》。

孙权而谪戍岭南，唐李邕贬钦州，韩愈贬连州、潮州，刘禹锡贬连州，牛僧儒贬循州，李德裕贬潮州、崖州；宋寇准贬雷州，郑侠谪英州，秦观徙雷州，姚铉徙连州，苏东坡贬惠州、琼州，苏辙贬雷州，李纲徙雷州，张浚贬连州，赵鼎贬潮州，岳飞遗属徙岭南；明高攀龙谪揭阳，汤若士贬徐闻等等，皆所谓冠带之伦。① 正是无数文人墨客、政界大员们在岭南宦海起伏、人生跌宕中积聚了独有的力量，以历史文化的点滴积淀在岭南文化中，并深深地积淀在岭南人们内心深处，潜移默化地成为岭南人民的一种文化心理，并和后世的亡国、暴动、起义等一起成为深深影响岭南文化心理的历史因素。当将岭南历史上这一个个的事件串联起来，我们也许会从这些方面深刻理解岭南民族心理为什么如此刚烈。另一方面，由于地处统治中心的"庙堂"较远，政治环境相对安定，加上岭南社会经济落后，移居开发潜力大，因而岭南也为了历史上北方移民逃避战乱的理想场所。历史上共有四次大规模的人口南迁高潮：秦汉时期、两晋南北朝时期、两宋时期和明末时期。除了秦汉时期移民是因军事需要而有组织地移民外，其余三次移民高潮均是因北方战乱而引起的。尤其是历史上距离当今稍近的两宋及明末两次历史移民对岭南影响较大，南宋以来的移民在粤北形成了一个汉族民系。② 客家拳即是移民带来的。大规模的移民南迁进入岭南，为中原文化与岭南土族文化传播、交流、融合作出了最直接、最重要的贡献，也为中原地区拳种与岭南拳种交流、传播创造了条件。

第三节　"锐兵任死"——岭南百越先民及其民性

一　岭南百越先民

岭南地区古称百越，"百越"的名称最早可以追溯到史籍记载的战国时期。《吕氏春秋·恃君览》有："扬汉之南，百越之际，敝凯诸、夫风、余靡之地；缚娄、阳禺、马韬兜之国，多无君。"这大概是"百越"一词

① 汪松涛：《试论岭南文化特质》，《学术研究》1994年第3期，第96页。
② 20世纪以前，关于汉族差异性的研究非常少。直到20世纪30年代，广东学者罗香林意识到，汉族等庞大的民族，会因为时代和环境的变迁，逐渐分化，形成微有不同的亚文化群体。为了描述这些亚文化群体，罗香林首创了"民系"这个词。罗先生使用"民系"这个词主要是为了研究客家人的来源和属性。

见之于史籍的最早记载。后来，"百越"就成为对岭南地区的习惯称谓，如《史记·孙子吴起列传》中有吴起"南平百越"；《汉书·地理志》师古注引臣瓒曰："自交趾至会稽七八千里，百越（通'粤'）杂处，各有种姓，不得尽云少康之后也。"古越语"百"与"卜"、"濮"、"白"同音，意即"人"，即越语解为"人越"，越语用倒装，也即"越人"之意。① "百越"意思为很多越人，后来百越专指岭南地区土族"越人"。

先秦时期，生活在岭南地区的越人主要有西瓯、苍梧及骆越人。其中西瓯、骆越是构成今天壮族的两大支系。《汉书·西南夷两粤朝鲜传》称："蛮夷中，西有西瓯，其众半赢，南面称王。"近人刘师培《古代南方建国考》认为："故凡山林险阻之地，均谓之瓯。南方多林木，故古人均谓之瓯，因名其人为瓯人，瓯因地多山林险阻而得名。"② 明欧大任在《百越先贤传·自序》指出："泽吁宋旧壤，湘漓而南，故西瓯也。"据此大概可以推测西瓯人多分布在桂江和浔江流域，即今两广交界地区。西瓯人多以龙、蛇、牛等作为图腾，与水网环境密不可分，在西江流域大小河川多龙母庙，龙母其实是西瓯人母系氏族首领的化身，结合早期的地理环境，龙母崇拜是西瓯人水文化在今世的一种折射。在两广交界地区还生活着苍梧人，古时为"仓吾"，是以仓黑的独角牛和猪混合作为图腾的氏族，过去两广地区多牛王庙，奉祀这种独角牛，表明在早期西瓯人及苍梧人共同生活在西江地区。③《史记·赵世家》中赵武灵王说："夫剪发文身，错臂左衽，瓯越之民也。"这里的"瓯越"即指岭南百越一支。

骆越人也是生活在岭南的一个氏族，在汉初的一些文献中均有记载。《史记·南越列传》中有赵佗"以兵威边，财物赂遗闽越、西瓯、骆，役属焉"，后来又出现了"骆越相击，南越动摇"的局面。贾据之对汉武帝说："骆越之人，父子同川而浴，相习以鼻饮"④，表明骆越人为水居民族。直到明末清初，学者顾炎武还在《天下郡国利病书》中指出："今邕州与思明府凭祥县接界，入交趾海（北部湾），皆骆越地也"，表明骆越人大致分布在西江流域、桂南、雷州半岛和海南岛。这些岭南先民分布的

---

① 曾昭璇：《岭南史地与民俗》，广东人民出版社 1994 年版，第 20 页。
② 黄现璠、黄增庆：《壮族通史》，广西民族出版社 1988 年版，第 36 页。
③ 刘伟铿：《西瓯史考》，《岭南文史》1996 年第 4 期，第 47—48 页。
④ 班固：《汉书》（卷六十四下），颜师古注，中华书局 1975 年版，第 2809 页。

地域相互交错，今天生活在岭南的许多民族均与这些早期先民有着深厚的族源关系，如广西的壮族、海南的黎族、广东的畲族等。在这些民族的血统中，仍然潜藏着古老百越先民的遗传因子，他们身上也继承着古越先民的一些民性，在今天仍可依稀辨别。

二　"锐兵任死"的百越民性

为了能历史地看待当今岭南地区的武风民俗，我们试图从岭南早期先民那里窥探一些岭南早期先民的民性，以更好地理解在以后篇章中涉及的岭南武风民俗。今天岭南民性中有遗存的先民们的血性，"好相攻击"之俗至今在岭南一些地区有遗存。就让我们回溯到先秦时期，一睹百越先民们那"锐兵任死"的气概。

秦始皇南平百越时，即遭遇到了越人顽强的抵抗，从一些文献记载中，我们可以略微了解到百越先民的勇猛顽强。《淮南子·人间训》中有"越人皆入丛薄之中，莫肯归秦。置杰骏以为将而夜袭秦人，大破之，杀尉屠睢，伏尸流血数十万"。越人的顽强抵抗，致使秦人"三年不解甲驰弩"（《淮南子·人间训》）。这些记述正是当时先民越人与秦军战斗的真实写照。先秦时的岭南南越少数民族大多以部落为单位，部落之间时有矛盾，往往以兵戎相见解决，因此，越人有尚武、好斗、互相攻击之俗。《汉书·高帝纪》中有"粤人之俗好相攻击"之说，《汉书·地理志》有越人喜"剽杀人"。《岭外代答》卷十云："蛮夷人物强悍，风俗荒怪，中国姑羁縻之而已。其人往往劲捷，能辛苦，穿皮履上下山如飞。"① 《越绝书》卷八有"锐兵任死，越之常性也"。"锐兵任死"可以比较鲜明地概括岭南百越先民的民性，这也是由当时的自然地理及社会环境等因素造成的，部落之间经常生死相击，加之自然环境的恶劣及人与动物弱肉强食的生存搏斗，养成了百越先民好勇斗击之俗，在各个历史时期的岭南大地上，这种民性造成的人与人之间的好斗之俗也可见一斑，其中清咸丰同治年间的土客械斗及粤东一代宗族械斗之风，这其中既有社会因素，也与民性的好斗有较深的渊源。因此，认识岭南百越先民的这些民性对于我们看待历史上发生的一些问题是有启示的，也有着深远的影响。这种民性深深地影响了一代代的岭南人民，并内化为一种深藏的民族社会心理文化，潜

---

① 　周去非：《岭南代答》，杨武泉校注，中华书局 2006 年版，第 413 页。

藏在岭南人民心中，它往往由于外部的刺激而爆发，不同的社会疏导会产生不同的社会影响，也许是正面的，也许是负面的。

第四节　岭南地理环境的内部差异比较

岭南地理环境虽然总体上是北有五岭阻隔，南临南海，形成了岭南北部相对封闭，南面有大洋隔开，即因封闭而得以与海外交流，但其内部的地理环境差异也因各自地理条件各异而形成不同的文化样式，并在与周边文化交流方面有所不同，并逐渐形成了客家、潮汕、广府三大民系。这其中与各地区初民面临的不同生态地理环境有密切关联，也奠定了他们创造不同文化类型的地理环境基础，同时也是各自地区拳种技术风格得以形成的地域因素之一。

岭南内部的地理条件大致可分为三大区域：一是北部山地丘陵，包括广东北部及东北部、广西东北部；二是中部河网密集的平原及冲击而成的三角洲，其中包括部分丘陵；三是南部沿海平原及近海岛屿，包括潮汕平原、雷州半岛、海南岛、广西北部湾。北部居民以耕山地为主，早期时"居民不多，而俚獠猥杂"，民风"强悍，好勇斗狠"①。后来由中原进入该封闭山区的移民形成了客家人，其中有些拳种由岭外进入，但其拳种技术风格因地制宜地发生了变化，形成了短打、快灵的客家拳。中部的地理环境优越，水网密布，桑基鱼塘，既有利于农耕，又有利于对外贸易，"人多务贾以时逐"，故而具有商业文化优势。此外，这里是古越人早期生活之地，秦汉以来北方移民多移居于此，并且历史上的军事要地、对外贸易中心多在中部，这里形成了岭南文化腹地，形成了岭南最早的广府民系。这里也是岭南武术文化的中兴之地，佛山、新会、广州等地是历史上的武术重镇，许多拳种在此发扬光大，如从福建进入的咏春拳，岭南名拳洪拳、蔡李佛等，并借助对外贸易之便，很早就走出国门，成为较早进行武术海外传播的拳种，至今在海外具有很高的知名度。珠江三角洲地区对武术的俗称"功夫"一词，如今成为武术在国际上的代名词，"功夫"一词在国际上具有很广的文化符号影响力。南部沿海地区，"人多以舟楫为

---

① 司徒尚纪：《岭南历史人文地理：广府、客家、福佬民系比较研究》，中山大学出版社2001年版，第11页。

食"，"逐海洋之利"，其人"习海竞渡角旺"，"粤东滨海地区，耕三渔七"①。由于临近海洋，长期与海浪波涛打交道，形成了一种积极向外开拓的进取精神，并由于很早就走出国门，和海外联系较多，易于接受新鲜文化思想，少于思想保守及传统文化的束缚。因此这里成为中国许多农民起义或秘密结社、暴动的发源地，如洪门、太平天国起义、辛亥革命等，岭南武术在其中扮演着很重要的角色，起过举足轻重的作用。岭南的一些拳种也因此而传播到海外，如太平天国失败后，曾作为石达开幕僚的蔡李佛始祖陈享就被迫流往美国，把蔡李佛拳传播到美洲。一些深怀岭南武术绝技的志士也多流往东南亚各国，为我国武术早期国际传播及推广作出了很大贡献。许多海外华侨把习练岭南武术作为防身保家立命的技能，也有的把岭南武术作为谋生的手段，岭南武术在华侨华人当中逐渐成为联系祖国的心灵纽带。

本章小结

岭南是指五岭以南地区，是一个自然地理概念。同时，我们在这里讨论的岭南又是一个地域概念，"岭南"是古代沿袭或俗称的历史区域，自汉以来，始有"岭南"之称，大致包括今广东、广西、海南及香港、澳门。

古时的五岭就如同一座天然屏障把两广与中原地区隔开，形成了一个相对封闭的自然环境和文化区域。站在中原地区看岭南，称其为"岭外"，站在沿海地区看岭南，又称其为"岭表"，故而在有关岭南的古籍文献里，岭南又被称为岭外或岭表。正是在一个相对封闭而又开放的文化区域里，由于在岭南早期独特的自然地理环境——蛮烟瘴雨，相对安定、宽松的社会政治环境——化外之地，孕育了岭南先民勇于开拓、思想开放、积极进取的精神，继承了古越先民"锐兵任死"的民性，并由于古越先民的"好相攻击"之俗演进为岭南早期的"好武之俗"。文化孕育之初，地理环境对于处于原始混沌状态下的生存是起着重大作用乃至决定性作用的。地域对文化更大的意义是在文化的产生这一关口，也就是说，从

---

① 司徒尚纪:《岭南历史人文地理：广府、客家、福佬民系比较研究》，中山大学出版社2001年版，第11页。

文化发生的角度来看，地域的因素是不可或缺的。特定的自然生存条件往往决定一个独立文化体系的最根本性质和特征，这是各呈特色的多元文化形成的一个客观前提。作为岭南文化之一的岭南武术文化同样也离不开岭南早期的地理环境影响，岭南地域环境对岭南武术的影响也主要体现在拳种产生之初，对拳种技术风格的影响最深，这可以从外地拳种流入岭南后发生的技术变化得到很好的解释，岭南武术是在岭南这一地域环境中产生的，其必带有岭南地域环境的烙印，这是岭南武术对岭南自然、历史人文环境的适应，也是岭南地理环境在武术文化上的折射。

　　岭南在其内部由于地理条件不同而有所差异，在岭南的北部、中部及南部因形成不同的地形特征，形成了客家、广府、潮汕三大民系，其各区的拳术风格也不同，对外交流也各异。中部及南部有地理之便，得以和海外联系较多，拳术的流传面广泛，在海外传播较广，北部客家拳由于地理因素及其文化传统，向外传播较少。岭南武术以珠江三角洲地区俗称的"功夫"一词随着早期岭南武术人士带出而在世界上传播开来，并随着香港的"功夫电影"而在世界上广泛传播。

第 二 章
粤人好技击

第一节　岭南民间武风民俗

岭南早期的古越先民由于长期处于氏族部落时期，人们有"好相攻击"之俗，因此，岭南民间风俗中遗留了一些武术风俗，我们通过窥探岭南民间的武风民俗，可以了解到岭南武术的早期发展。

一　岭南民间"武"俗

在清朝李调元著的《南越笔记》（卷一）中，有关于广东番禺县"打仔"的记载，原文云："下番禺诸乡，每正月初，儿童集山间以拳棒相角，曰打仔。"① 它记述在清初，广东省下番禺各乡，在农历正月初，儿童以"拳棒相角"，叫做"打仔"。所谓"拳棒相角"绝不是胡乱的动手动棒的蛮斗，而是经过训练的有套路的武打"对练"。李调元是清乾隆时的进士，他记载的"打仔"风俗当在清初已经盛行岭南民间。清人屈大均在《广东新语》卷九事语中也提到"打仔"：

> 下番禺诸乡，岁正月初旬，儿童先集山野间，以拳棒相角，谓之打仔。已而壮者蜂拥至助之，以胜负卜其乡一岁之兴衰。阳江县西有厮打冈，岁五月五日，乡人无老少咸集奋斗，谓胜则一方吉利，此亦武俗斗力之戏。各料强弱相敌，事类讲武，然非礼让之风也，宜禁。

在武术界很早就有"南拳北腿"之说，它表明北方大多重腿击，而南方多重拳斗，至于其究竟起于何时何地，多难以考究。但在清人李声振

---

① 吴绮：《清代广东笔记五种》，林子雄点校，广东人民出版社 2006 年版，第 193 页。

的《百戏竹枝词》中有一首《角觗》诗，描写一百多年前的短打，原诗如下："北腿南拳两擅名，健儿格斗敢横行。年来短打空无敌，亡命向人抱不平。"原诗注云："角觗，即格斗戏，有'南拳北腿'之称，亦名短打"①。

广东中山的鹤舞。鹤舞，又叫出鹤，是中山隆都的"特产"。它是隆都申明亭乡的民间艺术活动，源远流长，始于明，盛于清。数百年来，逢民间节日、国家庆典，都举行出鹤活动。明、清两朝，申明亭乡杨姓先民崇尚习武得"功名"者多，有提举学士、奉直大夫，乃隆都名门望族。为奖掖后进，发扬光大，族中有识之士取乡间某地方"鹤地"与"学"字谐音之意，兴起丁鹤舞。舞鹤者，非有相当国技功底兼身壮力健者不能胜任。东莞大朗大井头村有悠久的习武风俗。其先祖叶永青是一位抗元的民族英雄，他练得一身超群的武艺，于南宋末年辅助熊飞在东莞铜岭抗元，后在会昌与元军对垒，阵上牺牲。其子叶明宝、叶明善追随父亲遗风，于是在大井头村组织麒麟武术馆，有意传授武艺、反元复宋。从此代代相传，全村居民除妇女之外，人人皆习武术②。

广东"潮汕英歌"是深受南方民众喜爱的一种民俗艺术，它的产生和发展也与武术有着密切联系。每年正月都要热闹多日，以男性表演，演员多装扮成梁山泊英雄形象，穿戏装画脸谱，每人胸前挂着梁山好汉的名字，多则 108 人，少则十几人，各执短棒击打前进。这种流传数百年、至今不衰的民俗文化活动，与武术的发展更为相近。

舞狮是岭南一项很有特色的民俗，南狮是一门武功、舞蹈和技巧相结合的综合艺术。它以南派武功为基础，舞狮者最基本的功夫是腰马、气力及技巧，因此，精于舞狮者必是腰马沉雄、中气充足、膂力过人之辈，也必是经过长期习练南拳的高手。一代洪拳大师黄飞鸿就不但精通舞狮，还有飞铙采青之成名绝技。

二 野史透露的岭南"武"林

在徐珂所撰的《清稗类钞》技勇类中记载了一些有关岭南武术的人

---

① 郑树荣：《"南拳北腿"小考》，《广东体育史料》1985 年第 1 期，第 38 页。
② 刘志文：《广东民俗大观》（下），广东旅游出版社 1993 年版，第 199—201 页。

物故事，这些史料有的在历史上有所记载，但大多为野史，虽不足以作为准确的史料使用，却可以补正史之不足。《清稗类钞》由清末民初人徐珂（1869—1928）编撰，书中涉及内容极其广泛，上起顺治、康熙，下迄光绪、宣统，全书分 92 类，13500 多条，从军国大事、典章制度，到盗贼流氓、民情风俗，无所不记，可以说是清代掌故遗闻的汇编总集。虽然《清稗类钞》不是正统史书，但徐珂的编撰态度比较严肃，许多资料完全可补正史之不足，对于研究清代社会历史很有参考价值。我们也可以从中了解一些岭南武术的情况。

在《清稗类钞》技勇类中共记载了有关岭南人物的武术故事七起：李有山用枣木棍，石达开碎碑，杨二姑为飞刀手，刘汶用二剑，石六郎刀法，张氏女用铁棒，曾如飞杀蟒。其中涉及的武术文化信息是很丰富的，在此我们稍加以分析。

1. 李有山用枣木棍

　　新会李有山习拳棒，少林派也。游都门，在豫邸数年。有某师者，禅杖重数十斤，有山持枣木棍，与较胜负，竟败之，名噪甚。[①]

2. 石达开碎碑

　　道光中，石达开（广西贵县人）游衡阳，以拳术教授弟子数百人。其拳术，高曰弓箭装，低曰悬狮装，九面应敌。每决斗，矗立敌前，骈五指蔽其眼，即反跳百步外，俟敌踵至，疾转踢其脐下，如敌劲，则数转环踢之，敌随足飞起，跌出数丈外，甚有跌出数十丈外者，曰连环鸳鸯步，少林寺、武当山两派所无也……邦森拳石，石腹软如棉，邦森拳如著碑，拳启而腹平。石还击邦森，邦森知不可敌，侧身避，石拳下，碑裂为数段。[②]

①　徐珂：《清稗类钞》，中华书局 1996 年版，第 2910 页。
②　同上书，第 2921 页。

3. 杨二姑为飞刀手

杨二姑，粤寇杨辅清之妹也，勇敢果决。夫江得胜，为辅清部下都指挥，亦甚骁勇。每战，二姑辄以黄巾裹首，系大红战袍，与其夫并辔而出，冲锋陷阵，人莫敢敌。能于马上掷飞刀刺人，百发百中，中者无不立倒。刀长七寸，锋利无比，临阵时，胸前垂一皮囊，囊中累累者，皆利刃也，自称为飞刀神手。①

4. 刘汶用二剑

李楳（同梅），岭南人，所用名刺则题曰李某，勇力武技冠一时。其徒刘汶，称曰先锋，佩二剑，长四尺许，运转如飞雪，数十人莫近。作横于番禺、香山诸县，刼掠无虚日。②

5. 石六郎刀法

广州石翁产六子，皆英英壮人也。翁家富而患盗，则欲使六子皆武以备盗，延聘四方拳勇者主其家，分授六子艺……老夫今授汝趣登疾退之法，见新超而登瓦，汝则伪作声势，欲从之登者。新备汝，必疾以刀下，汝已狙伏。新不中，且更上，汝则鼓勇以刀锋上翘，中其股，新坠矣。六郎习刀法可十日，遂从叟捕新，国遇之村店，六郎如叟言，新中创坠，卒捕得之，伏诛。③

6. 张氏女用铁棒

广州张氏女，家贫，年二十许，佣城中某富家，操杂役。一日，自市购物归，道经米市口，市数十户，皆米肆。舂米者多无赖少年，约三百余人，中有某，尤佻，见女色美，戏之。女正色曰："幸勿

① 徐珂：《清稗类钞》，中华书局 1996 年版，第 2937 页。
② 同上书，第 2938 页。
③ 同上书，第 2948 页。

尔，复尔者，将不利于子。"某不听，时女持一伞，即以伞尖挑其腹，甲果应手倒，于是舂米者群哄至，谓女白昼杀人，欲甘心焉，各持短挺还攻。女略无惧色，但以伞护其身，上下飞舞，众皆辟易。女从容退，归诉之主人。主人惊叹，忽门外哗声大震，阍者入报，知舂米者欲复仇，前后门皆有伏，言必得张氏女自出与斗。主人调停之，不获免，且谓再迟者将火尔居。主人无奈，商之女，女坦然曰："吾视此辈如犬羊，无足污吾刃。在势可不遗一矢脱之厄也。"言已，携一铁棒出，顾谓众曰："欲何为者，便何为，何猖狂焉？"众见其铁棒略如酒杯大，而女乃绝不费力，运用如拾芥然，知非所敌，乃不斗而走①……

7. 曾如飞杀蟒

曾如飞，粤人，善跳跃，高十丈，横十丈，腾踔如飞，人遂呼为曾如飞。如飞少孤，遇异人挟之入山，授以铁棍，重逾五百斤，昕夕练习……师曰："汝技精矣，善用之，衣食可无虑。"资遣以归。

如飞既归，略展其技，而名震里巷，子弟咸师事之。一日，入山猎，跃马行数十里，重峦叠嶂，崎岖不能进，旁有洞，下马就洞边休息，忽见巨蟒长十余丈……如飞腾跃迎之，劈其首，蟒负痛蜿蜒跳掷，山谷震撼，历数时死。如飞上马归，述其事于邻人，邻人惊喜，谓一岁中牛羊鸡犬死于蟒者不可以数计，如飞除之，比之周处战蛟龙也。②

在《清稗类钞》中记载的有关岭南武术的这几则故事中，我们大体可以分为三类：一为个人武艺的记载，如李有山用枣木棍，石达开碎碑，杨二姑为飞刀手。李有山，其实应为李友山，他是蔡李佛始祖陈享的三位师傅之一，为新会人。石达开为太平天国的著名将领，由于正史少有记载其武术真相，我们从此可以得知石达开力能碎碑的由来。杨二姑为杨秀清

---

① 徐珂：《清稗类钞》，中华书局1996年版，第2959页。

② 同上书，第3007页。

之妹，是太平天国中有名的女将，武艺高强，在一些史料中也可知其作战勇敢，善用飞刀，从这则野史中，我们还可知杨二姑还粗知文墨，也可以说是一位文武双全的巾帼英雄，至于说其"自命通才，意味不必有人相助也，凡被掳之能文者辄杀之"，需要我们历史地看待，我们只是从这些记载中寻找到有关其武艺的描述。二为涉及岭南武术中的武德故事，如刘汶用二剑，石六郎刀法，尤其在"石六郎刀法"这则故事中体现得最贴切。同跟师傅学艺，王新本为一名刻苦学艺的弟子，后来艺成后为盗，就连师傅都奈何他不得，但毕竟是师傅的徒弟，师傅知道其武艺的弱点，最后师傅指导石六郎将其"清理门户"。三为民间武术高手，这里有张氏女用铁棒，曾如飞杀蟒。张氏女及曾如飞均为岭南民间深怀武技的人，如张氏女，显示了在岭南这块土地上即使是女子也有武术高手，可谓勇力不让须眉。曾如飞，也是一位岭南武术高手，刻苦学艺，并靠传艺为生，并在偶然时杀蟒为民除害。

三 少数民族之"武"俗

岭南地区是南越少数民族地区，在早期居住着许多少数民族，特别是在粤西及海南一代，即今广西、海南岛，居住着今壮族及黎族的祖先，这些少数民族因民性及生存环境造成了尚武习俗，而且其武技、武器也与中原大不相同，具有鲜明的岭南地域特色，所谓"北弓南弩"，即为一种在早期弓弩地域特色。

唐、宋两代，由于战事频繁，民间练武之风益盛。唐李贺有一首描述西原起义军的诗为《黄家洞》：

黄家洞

李贺

雀步蹙沙声促促，四尺角弓青石镞。

黑幡三点铜鼓鸣，高作猿啼摇箭箙。

彩巾缠蹲幅半斜，溪头簇队映葛花。

山潭晚雾吟白鼍，竹蛇飞蠹射金沙。

闲驱竹马缓归家，官军自杀容州槎。①

---

① 参见《全唐诗》（卷391—9），中华传世藏书，北京银冠电子出版有限公司出版。

宋周去非的《岭外代答》有："邕州溪峒之民，无不习战，刀弩枪牌，用之颇精。""道间麋兴于前，能合而取之；鸢飞于天，能仰而落之。""建炎初，诸峒丁壮，常团结训练。"① 这些峒民，也称峒丁、溪洞壮丁，是当时一种乡兵，是溪峒酋领家奴中之强壮者，强武可用。

明朝时在广西的南丹、那地、东兰、归顺诸土司还有一种土兵，称为"狼兵"，明邝露《赤雅·狼兵》记载有"狼兵鸷悍，天下称最"②。狼兵从小就开始接受武艺训练，明代林富在《广西通志》中记载，要练到"儿能骑犬，引弓射雉兔"的程度。他们还擅用弓弩，在元马瑞临《文献通考》（卷三百三十）中的《四裔考·南》中记载："其械器有桶子甲、长枪、手标、偏刀、山弩、竹箭、桄榔箭之属"，又"以劲木为弩，聚毒传矢，中人立死"。壮族及黎族先民使用弓弩、药箭，宋代发展到一定程度，当时有竹弓、黎弓、黎刀、蛮弩、瑶弩。宋范成大在《桂海虞衡志·志器》中记载：

竹弓，以熏竹为之，筋胶之制，一如角弓，惟揭箭不甚力。

黎弓，海南黎人所用，长梢木弓也，以藤为弦，箭长三尺，无羽镞，长五寸，如茨菰，以无羽故射不远三四丈，然中者必死。

黎刀，海南黎人所作，刀长不过一二尺，靶乃三四寸织细藤缠来之，靶端插白角片，长尺许，如鸱鸮尾以为饰。

蛮弩，诸洞瑶及西南诸蕃，其造作略同，以硬木为弓，桩甚短，似中国猎人射生弩，但差大耳。

瑶人弩，又名偏架弩，无箭槽，编架而射也。

药箭，化外诸蛮所用，弩虽小弱，而以毒箭濡箭锋，中者立死。药以蛇毒草为之。③

又称"南丹弓弩最精，其弓上等为加木，次为石木，又次之为黄速

---

① 周去非：《岭南代答》，杨武泉校注，中华书局2006年版，第135页。
② 邝露：《赤雅》（丛书集成初编），商务印书馆1936年版，第2页。
③ 范成大：《桂海虞衡志》，严沛校注，广西人民出版社1986年版，第39页。

木，最差为燕脂木。箭木浸药，见血必死"。关于毒矢，《赤雅·毒矢》记述："射鸟捕蛇，以合百草。炼时日，作毒矢。仰射飞走，透肤及骨，百不失一。"文献记载曰："短兵相接，倭贼甚精，进能制之者，惟湖（南）广（西）兵的钩镰枪弩之技。"在明代抗倭中，广西的狼兵曾令倭寇闻风丧胆，足见狼兵的勇猛和武技超人。

在广西钦州生活的黎族后来由于种族压迫等历史原因迁移到海南，黎族人民长期以来生活在崇山峻岭中，常有多种野生动物栖息、出没，加上自然灾害的影响，所以他们生活的条件十分恶劣。黎族人民为了生存与自身的发展，就必须获得生活资料，弓箭渔猎就成为黎族人民谋生的重要手段。清人张庆长的《黎岐纪闻》载："黎岐无不能射者，射必中，中可立死。每于溪边伺鱼之出入，射而取之，以为食。"在历史上，黎族人民曾饱受统治阶级的压迫和欺凌，为了求生存、反压迫，举行过多次的反抗斗争，弓箭、弩则成为锐利的武器。钱铃双刀为海南黎族传统特色武术，为古老黎族传承下来的对练套路，演练时节奏明快，动作勇猛剽悍，具有黎族传统武术风格。①

四　文物映射的岭南"武"风

岭南远古时期是为蛮夷化外之地，近古时期则为偏于东南一隅的闭塞之地南越。与中原大地文化有浩瀚的史籍可以考据相比，有关岭南早期的武术发展的史料极为贫乏，出土的有关武术的文物也相对较少，但从这些少量出土的有关武术兵器和文物上，我们多少可以了解岭南早期武术的一鳞半爪。

诚如中国古代兵器研究的先驱周纬先生所言："一民族固有之兵器，实与其人种、文化、历史、科学、美术、技艺，及其民族之消长生息强弱盛衰，有密切之关系。"② 在历史发展的长河中，一些有关武术的早期萌芽也许正是隐藏在这些石刀、铜剑上，镶嵌在出土的陶罐图像上，雕刻在原始的古朴石壁岩画里。兵器的使用与武术是有着密切联系的。《史记·范雎蔡泽列传》有"（秦）昭王曰：'吾闻楚之铁剑利，今夫剑

---

① 王翠娥：《试谈海南黎族传统体育》，《南方文物》2005 年第 1 期，第 106 页。
② 周纬：《中国兵器史稿·导言》，百花文艺出版社 2006 年版，第 1 页。

利则士勇。'"尤其是在早期,兵器的优劣在一定程度上关系着战场上的生死存亡,人与兽的生死相搏,氏族之间的残酷竞争,都促进了武术的早期萌芽和发展,故而古籍《兵迹》有"民物相攫而有武"之说。因此,岭南早期的兵器与岭南早期的武术便有着必然的关系,透过这些兵器的进化,反映了岭南先民使用这些古兵器战胜外界环境的不断进步,从石刀、石矛到青铜戈、铁剑,兵器的进化也在一定程度上反映了岭南先民掌握这些兵器技术的演进过程,也显示着武术由萌芽到发展的进程了。从考古兵器的分布,我们也大致可知岭南地域武术的早期演进。

（一）隐藏在石刀、铜剑上的岭南武术遗迹

岭南古代兵器最早可以追溯到新石器时代。在广东省博物馆展品中,我们看到了岭南考古发现的这一时期的石箭镞、石矛、石戈等,出土地点大多分布在封开、恩平、广州等古广信河两岸及珠三角流域。这些地域是岭南先民早期活动的地区,是岭南文明的发源地。从战国以后,开始发现有青铜兵器出土,在广东清远、四会、广州、肇庆等地出土了大量铜戈、铜剑、铜钺、铜矛等青铜兵器,反映了这些地区已使用青铜兵器。另据《岭南地区出土青铜器研究》① 一书记述:近年岭南地区出土的青铜兵器主要有戈、矛、剑、钺、镞、弩等,出土的数量较多,多为春秋战国时期。青铜剑在春秋晚期至战国时期得到空前发展,在岭南发现的青铜剑长短不一,形制各异,这与这一时期剑成为表示身份等级的佩带物有关,这也与南方相邻强国吴越的步兵多使用轻便锋利的剑有关。岭南地区秦汉时期也曾受中原文化影响广泛使用青铜剑,因此,考古发掘显示一般稍有规模的墓葬必定有剑随葬。秦汉以后,由于铁制刀、剑的流行,青铜剑逐渐退出了历史舞台。汉代是铁兵器的全盛时期,此时剑已被"汉刀"所替代。岭南出土的铁兵器最早的有广东始兴出土的晋朝铁剑,至于这把剑是否在广东铸造,目前还难以考证。但据《晋书·庾亮传》记载:"广州刺史邓岳大开鼓铸,诸夷因此制造兵器。"这段记载表明自晋代开始,广州已经有铸造铁器的工场,并铸造兵器,包括刀、剑等一些武术兵器。

---

① 参见李龙章《岭南地区出土青铜器研究》,文物出版社 2006 年版。

表 2 - 1　　　　　　　　　　岭南出土武术兵器

序号	武术兵器文物	文物所属朝代	出土时间、地点	出处
1	石箭镞	新石器时代	1956 年广州市飞鹅岭	胡马《广州出土文物》p. 1—p. 2
2	石箭镞		香港大湾	丁又《香港初期史话》p. 7
3	骨镞		广东佛山	广东省博物馆展品
4	戈、矛、石镞		1957 年秋和 1983 年春，恩平县	《恩平文史》创刊号 p. 40
5	戈、矛、石镞		封开县古广信河两岸的新石器时代遗址	陈乃良《岭南古代一奇葩》p. 17
6	石镞、石钺		广东省曲红石峡	《文物》1978 年第 7 期 p. 4
7	石矛、石斧		1985 年，恩平县	《恩平报》1985 年 5 月 27 日
8	骨镞		增城金兰寺	广东省博物馆展品
9	石矛		高要茅冈和全省各地	
10	石矛、石镞、石刀		广东潮安县、东莞县	黄鉴衡《粤海武林春秋》p. 3
11	石矛	商代（公元前 1600 年—前 1100 年）	增城县	
12	石矛	西周（公元前 1100 年—前 771 年）	博罗	广东省博物馆展出
13	石戈、石矛		封开（石矛）、饶平（石戈、石矛）、潮安（石戈）	
14	青铜戈		饶平	
15	铜戈、铜钺、铜箭镞和铜匕首	春秋时代（公元前 770 年—前 476 年）	清远县	黄鉴衡《粤海武林春秋》p. 3

续表

序号	武术兵器文物	文物所属朝代	出土时间、地点	出处
16	铜剑	战国时期（公元前375年—前221年）	四会县	黄鉴衡《粤海武林春秋》p. 3
17	铜戈	战国	1982年8月，大梅沙	1984年5月25日《深圳特区报》
18	铜矛、铜钺、铜镞	战国	肇庆市松山、罗定太平、清远、曲红、广宁	广东省博物馆展出
19	铜镞	战国	四会	广东省博物馆展出
20	铜剑	战国	广宁	广东省博物馆展出
21	铜钺	战国	清远	广东省博物馆展出
22	剑、矛、镞	战国	1972年广东德庆县马虚	《文物》1973年第9期p. 18
23	青铜戈	秦朝（公元前221年—前207年）	1962年广州市区	1962年1月24日《羊城晚报》
24	铜戈		四会、广州东郊罗岗	广东省博物馆展出
25	铜剑	秦末、汉初	1972年广州市三元里	1972年3月16日《南方日报》
26	剑	汉代（公元前206年—公元24年）西汉初期	南越王赵眜墓	《岭南文史》1983年第2期p. 80
27	多件铁质的剑、矛、戟、铠甲	西汉初期	南越王赵眜墓	《历史大观园》1985年8月号
28	铜剑	东汉	德庆	广东省博物馆展出
29	铜器环首刀、矛、箭镞	西汉时代	广州	《羊城晚报》1988年11月1日《广州发现大型汉代建筑遗址》
30	铜戈、铜弩机、铁剑	晋代（公元265年—420年）	始兴县	广东省博物馆展出

续表

序号	武术兵器文物	文物所属朝代	出土时间、地点	出处
31	铁剑	隋朝（公元 582 年—618 年）	解放后梅县畲江区	《岭南文史》1984 年第 2 期 p. 28
32	铁匕首	唐代（公元 618 年—907 年）	解放后梅县畲江区	《岭南文史》1984 年第 2 期 p. 29
33	铁剑	唐代	增城	广东省博物馆展出
34	土陶罈（中间围龙，龙下有人，为舞龙之象）	唐代	新会	广东省博物馆展出
35	标枪、铁镞	宋代（公元 960 年—1297 年）	顺德	广东省博物馆展出

资料来源：根据广东省博物馆展品及《广东体育史料》1988 年第 4—5 期；1989 年第 1、2 期；1989 年第 1、2 期；《广西体育史料》整理。

在岭南地区出土的先秦各类青铜器物近千件青铜武器中，数量较多的是青铜斧、钺、剑、刀、匕首、矛、戈、箭镞等武器。从它们的铸造中，既可以看出有大量的接受中原文化、楚文化影响的痕迹，又可以发现不少岭南的地区特点，如越式匕首、靴形钺、扁茎剑（图2－1、图2－2）①，体积较薄，或比较小型。这都反映出当时岭南的武器制作，既是古代中国物质文明整体发展的一个有机部分，始终与我国其他地区频繁不断地进行着工艺技术的交流与融合，又在交融中逐渐发展形成自己薄小轻

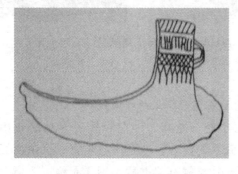

图 2－1　靴形钺

图 2－2　扁茎剑

① 李龙章：《岭南地区出土青铜器研究》，文物出版社 2006 年版，第 151、167 页。

巧的地域特色。同时，也透露出古代岭南的武术演变，既与中华武术历史
发展长河源流交融密不可分，又在自己的区域时空的具体奔流中，形成了
岭南地域灵动劲捷的地方风格。

（二）镶嵌在陶罐上的岭南武术活动

除了岭南这些出土的石刀、石剑、矛、戈、青铜兵器、铁兵器外，还
在岭南出土的个别文物器皿上发现有描绘武术活动内容的漆画，代表性
的有：

1976 年广西壮族自治区贵县罗泊湾 1 号汉墓出土的西汉时期的技击
图漆画铜鉴，该铜鉴高 13.5 厘米，口径 50 厘米。鉴为平口，宽唇沿外
折，浅直腹，腹侧有一对铺首衔环。漆画主要见于其口沿和腹壁内外。其
中腹外壁所饰是以技击为主要内容的漆画，绘有 4 组共 18 个技击的人物
形象，包括有徒手搏击、器械交锋，徒手对打、持器械相击等形式，再现
了当时武艺活动的精彩场景，形象地反映了当时战国末期至汉初广西的武
术活动情况。此铜盘可能是汉初流传至瓯骆，从一个侧面也反映了瓯骆民
族与中原的文化包括武术的交流。

图 2 - 3　技击图漆画铜鉴　西汉时期（高 13.5 厘米　口径 50 厘米）

资料来源：崔乐泉《中国古代体育文物图录》，中华书局 2000 年版，第 66 页。

（三）雕刻在粗犷、古朴原始石壁岩画上的岭南武踪

位于今广西壮族自治区的宁明、龙州、崇左和扶绥等县的花山岩
画，反映有先秦时期有关壮族武术的内容。壁画内容丰富，反映出当时
壮族先民瓯骆民族的武艺活动，其器械有刀、盾、剑、矛枪、手镖及弓
箭等，人物动作近似武术姿态，如呈马步桩，腰佩短剑，双手上举，或

平伸如展翅。① 据专家考证，这些战国至东汉时期绘制在天然崖壁上的图画，距今已有2000多年的历史。岩画刻画在宁明、龙州、崇左和扶绥等县境内的左江、明江两岸的花山、珠山、龙峡等地临江的石灰岩峭壁上，共保留有60多幅古代壮族先民的艺术杰作，绘有人1770余个。因为宁明县的花山壁画发现得最早、图像最多、画幅最大，故通称为"花山岩画"。关于花山岩画的最早记载，出现在明代张穆的《异闻录》中，文中这样描述："广西太平府有高崖数里，现兵马执刀杖，或有无首者。"据光绪九年出版的《宁明州志》记载："花山距城五十里，峭壁中有生成赤色人形，皆裸体，或大或小，或执干戈，或骑马。"

图2-4　广西宁明花山岩画

花山，在当地壮语中意思为"画有图画的大山"，它位于广西宁明城北50里的明江东岸。② 岩画以赤铁矿和动物胶、血混合调制的颜料绘制，呈赭红色，绘有1900多幅，其中小人像有1300多幅，另外还有刀、剑及铜鼓等图形。颜色历千年而不褪，崖壁岩画造型粗犷、古朴，整个花山岩画场面恢宏，气势粗犷雄伟，形象地再现了壮族古老悠久的历史文化。站在花山的绝壁下翘首注目山崖撞击心灵的是壮族先民强烈的生命意识，让人为之震撼，岩画以拙朴的线条勾勒出这些栩栩如生的形象。这些人物画

---

① 国家体委武术院编纂：《中国武术史》，人民体育出版社2006年版，第54—55页。
② 苏韶芬：《八桂边塞的民俗与旅游》，旅游教育出版社1996年版，第17—18页。

像有的正面，有的侧身，其姿势大多为：双手上举，双脚叉开，粗壮高大，好像是武士形象，就像一个"蛙"形人。人像有大有小，最大的为3米，最小的为3厘米。据《广西武术》（内部资料）中关于"花山岩画与壮拳"一文介绍：岩画中的人物形态与壮拳基本功动作完全相同，如岩画中大量的正面人像：两脚分开，屈膝下蹲，两手屈肘上举，五指分开这个形状，即是壮拳基本套路"七步铁线桩功"中的基本动作"马步磨掌"，及壮拳负重练功法的"马步石功"；岩画中大量的侧身人像：屈膝前后站立，两手微屈肘前伸的形态，与壮拳基本功中的"虚步撑掌"完全相同。另外壮拳中的"提膝独立"、"跪步沉桥"等动作也与岩画中人物形态类似。虽然这些也不能完全说明岩画上的武术动作都为壮拳，但岩画上所绘的人无疑是壮族的先民，这些形态各异的动作有些确实反映了壮族先民瓯越民族的武术技击形态，它为我们今天了解壮族文化（包括武术文化）提供了宝贵的素材，这些类似武术动作的人像在一定程度上向我们展示了早期武术的形态，显示了岭南具有悠久的武术文化。虽然，花山岩画还有许多未解之谜，这些类似壮拳的人物形态还有待于深入研究，毕竟，花山崖壁画是壮族古代灿烂文化遗产，它在历史文化各方面具有极为珍贵的研究价值。

第二节　吉光片羽中的岭南古代武将

武术和早期军事武艺有着密切的联系，虽然军阵杀敌的武艺和武术有着很大的区别，毕竟战场杀敌冲锋需要过人的武艺，因此，古代的武将便可以成为我们了解早期岭南武术发展的一个历史片断。中原之地文化发达，史籍浩瀚，武术发展可以从一些史籍中得以考据和证实，而岭南早期为蛮夷化外之邦，地处边缘闭塞之地，文化相对不发达，用于考据古代岭南武术的史料极为缺乏，但我们仍然可以透过史籍中吉光片羽的记载了解到一些零星的岭南古代武将的武艺概貌。

一　勇抗秦戈的译吁宋、杰骏[①]

先秦时期岭南还处于氏族部落时期，古越人有着"好相攻击"之俗，

①　参阅曾昭胜《广东武术史》，广东人民出版社1989年版，第21—28页。

因此民性强悍，富有天然的反抗精神和很强的搏杀技能，这使得秦始皇南平南越遭遇到了古越人顽强的抵抗，使得秦军"三年不解甲驰弩"，损兵折将。在史籍的记载中提到古越人的部落首领译吁宋、杰骏。

据《淮南子·人间训》记载："秦人利越之犀角、象牙、翡翠、珠玑，乃使尉屠睢发卒五十万，分为五军。一军塞镡城之岭，一军守九嶷之塞，一军处番禺之都，一军守南野之界，一军结余江之水。三年不解甲、驰弩，使监禄积饷，一军凿渠以通粮道，以与越人战，杀西瓯君译吁宋。而越人皆入丛薄之中，莫肯归秦。置杰骏以为将而夜袭秦人，大破之，杀尉屠睢，伏尸流血数十万。"其意为秦始皇贪图南越的犀角、象牙、翡翠而南侵古越族人。译吁宋是当时南越的部落首领，他率众越人抗秦。在与秦军对阵时，译吁宋不幸阵亡，后又拥杰骏为首领，其机智过人，勇悍异常，曾一夜之间打败秦军，伏尸流血数十万人之多，并杀死尉屠睢。

秦军南征的士兵配备有当时中原最先进的武器装备，以秦戈劲弩平定了六国的秦军，其战斗力应该说是非常强的，但在征服南越的过程中仍付出了相当的代价：主帅不幸战死，数十万秦兵裹尸沙场，且耗时达四五年之久。由此我们可以从侧面看出岭南古越族的战斗实力，人民何等强悍，其部落首领及其越人的武技之高，这些反映出岭南早期越族先民已经具有较为成熟的搏击技巧，这与氏族部落之间的经常冲突、越人练就的搏杀技能有密切的关系，也促进了岭南古代早期武术的萌芽。

二　和辑汉越的赵佗

在秦派尉屠睢进军失败后，秦始皇又派任嚣和赵佗进兵岭南。在史籍中虽未提及赵佗的武艺表现，但作为临危受命平定民性强悍的南越的秦军军事将领，可以推测他也应为一名武将，正是任嚣和赵佗凭借其军事谋略以"和辑汉越"平定了南越后，任嚣官居南海尉（地方最高军事长官），赵佗为龙川县令。后来陈胜、吴广起义时，赵佗趁秦朝大乱建立"南越国"。

赵佗治粤的一大功绩就是将越人崇尚武艺、互相攻击的习俗引入正轨。汉高帝十一年（公元前196年）五月，刘邦曾有诏令称赞赵佗治理岭南之功。①

　　此诏书尽管不免带有刘邦为笼络赵佗而有意赞誉之嫌，但所论显然还是有一定事实依据的，那就是赵佗引导粤人互相攻击之俗而大有改善，使得南越的社会得到发展，这些刘邦应该是有所耳闻的。赵佗治理南越时极大地促进了汉越文化的交流。

三　破秦封侯的梅𫓶

　　据《广东武术史》说："秦汉后南粤英雄辈出，屡见于史籍。西汉时期南越人喜练武功，有的奉诏入伍，挟技从戎，在汉军中受到越骑士的待遇；有的武艺精湛，智勇双全，被拔擢为校尉，甚至被提升为将军。"按照粤人较早地习练攻击之术，民性强悍，西汉时期南越已经归附于中原统一王朝的这一推测，拥有武艺者进入军队建功立业是符合情理的，在史籍中也可找到片言记载，梅𫓶即为其中的一位。在《史记·项羽本纪》中有"番君将梅𫓶功多，故封十万户侯"，《史记·高祖本纪》中有"番君之将梅𫓶有功，从下武关，故德番君"。《百越先贤志》中也记载了"梅𫓶芮将功最多，封十万户为列侯"。另外，还有"胡害、母余二人皆为沛公都尉，从破秦及楚汉相王"等记载。从这些零星的文字记载中，我们可以得知，粤人梅𫓶及胡害、母余，追随刘邦，破秦附汉，为有名的武将，必有过人武技，否则也不可能因功而被封为"十万户侯"，刘邦称帝后，对一些战功赫赫的大将论功行赏、封官晋爵时，他们都位列王侯之位。

四　隋朝麦铁杖

　　麦铁杖不是其姓名，《广东武术史》说他"骁勇有膂力，善使一根沉重的铁杖为兵器，人们便以'麦铁杖'称之，真名反而埋没不彰"。《岭表录异》记载"麦铁杖，韶州翁源人氏，有勇力"，但在正史中记载的麦铁杖为始兴人。在《隋书》卷六十四，列传第二十九有《麦铁杖传》：

---

　　①　"粤人之俗，好相攻击，前时秦徙中县之民南方三郡，使与百粤杂处。会天下诛秦，南海尉佗居南方长治之，甚有文理，中县人以故不耗减，粤人相攻击之俗益止，俱赖其力。今立他为南粤王。"引自黄留珠《秦汉历史文化论稿》，三秦出版社2003年版，第268页。

"麦铁杖，始兴人也。骁勇有膂力，日行五百里，走及奔马。性疏诞使酒，好交游，重信义，每以渔猎为事，不治产业。"

麦铁杖是先事陈朝，后来又归顺隋朝，在杨素手下。在跟随杨素时，他立过一次战功，《隋书》记载：

> 陈亡后，徙居清流县。遇江东反，杨素遣铁杖头戴草束，夜浮渡江，觇贼中消息，具知还报。后复更往，为贼所擒。逆帅李棱遣兵仗三十人卫之，缚送高智慧。行至庆亭，卫者憩食，哀其馁，解手以给其餐。铁杖取贼刀，乱斩卫者，杀之皆尽，悉割其鼻，怀之以归。素大奇之。后叙战勋，不及铁杖，遇素驰驿归于京师，铁杖步追之，每夜则同宿。

在《隋书》卷四，帝纪第四之炀帝下中记载了麦铁杖死于隋炀帝征高句丽（今朝鲜）时：

> "右屯卫大将军、左光禄大夫麦铁杖……皆死之"。

麦铁杖死时的情况为（《隋书》卷六十四，列传第二十九记载《麦铁杖传》）：

> 铁杖自以荷恩深重，每怀竭命之志。及辽东之役，请为前锋……桥未成，去东岸尚数丈，贼大至。铁杖跳上岸，与贼战，死。
> 帝为之流涕，购得其尸，下诏曰："铁杖志气骁果，夙著勋庸，陪麾问罪，先登陷阵，节高义烈，身殒功存。兴言至诚，追怀伤悼，宜赉殊荣。用彰饰德。可赠光禄大夫、宿国公。谥曰武烈。"

在一些笔记小说中也有关于麦铁杖的记载，如《清异录》的"一丈威"条：

> 隋炀帝将征辽，将军麦铁杖见帝，慷慨誓死悍敌，帝赐副枪一

丈威。①

从这些关于麦铁杖的记述中，可以大略知道他是个快跑手，跳跃能力也超出常人，是一位屡立战功的武将，官至右屯卫大将军、左光禄大夫，死后被封谥号为"武烈"。

五　唐朝阳山两虎将②

唐朝时南粤有两位虎将，一为何昌期，一为李玉圭。在《广东通志》（卷四十四）的《人物志》中分别记载了两位虎将：

> 何昌期：连山（阳山县）人，幼健捷，力制奔牛群，儿畏之，及长能挽二石弓，以是知名。天宝十四年诏郡邑征武士，昌期应募，郡守试其能，奇之，遂隶元戎帐下。时贼帅高秀岩来侵，河北震动，昌期时为裨将，与众谋曰："秀岩故哥舒翰将，骁勇有谋，阵一成，难与争锋，不如乘其未阵击之"，乃大呼陷阵，贼众披靡，遂败之。秀岩退走，时承平日久，气驰靡，禄山叛逆郡邑望风奔溃之，昌期以勇敢倡，诸将相谓曰："南人孱劣犹尔，吾曹可居其下乎"，竞踊跃自效，禄山之破自秀岩之败始也。有司上其功，帝甚嘉之，累迁千牛卫上将军，封宁国伯。昌期于兵书不甚读，然能仗忠义，奋威武，气盖三军，军中目为何十万，言其材勇敌十万云。
>
> 李玉圭，连州（阳山县）人，少以义勇闻，身长八尺五寸，手垂过膝，声如洪钟。天宝之乱与何昌期同应募，赴义后为郭子仪部将，子仪每爱其胆力，尝置左右，平安史，复两京，与有力焉，冲锋陷阵，所向无前，人服其勇。比卒，乡人庙祀之。

在《广东通志》（卷五十五）之《茔墓志》中记载了何昌期、李玉圭的墓：

① 上海古籍出版社编：《宋元笔记小说大观》，上海古籍出版社 2001 年版，第 111 页。

② 参阅屈大均《广东通志》，文渊阁四库全书电子版，上海人民出版社和迪志文化出版社 1999 年版。

宁国伯何昌期墓：在通儒乡七拱桥

唐将军李玉圭墓：在县（阳山县）西分手岭

从文献记载，我们可以知道何昌期、李玉圭均为靠个人的武勇应募成为武将，并凭借其在征战沙场中的出色表现，不断提拔为高级将领，这可以看出两人的武艺精湛，尤其是何昌期，被军中人称"何十万"，足见其武功之强。

六　南汉智勇双全的良将苏章

南汉是在岭南建立的第二个王朝，在史籍记载中我们发现了一位武将，那就是苏章。在《新五代史》（卷六十五），南汉世家第五中记载：

> 四年，楚人以舟师攻封州，封州兵败于贺江，龚惧，以《周易》筮之，遇大有，遂赦境内，改元曰大有。遣将苏章以神弩军三千救封州，章以两铁索沈贺江中，为巨轮于岸上，驻堤以隐之，因轻舟迎战，阳败而奔，楚人逐之，章举巨轮挽索楚舟，以强弩夹江射之，尽杀楚人。

《广西通志》卷六十二记载大体相同。

七　明朝东莞"好书剑"的何真

在《元史》（卷一百三十一）、《明史》（卷二百八十五），《列传》（第一百七十三卷）中均有《何真传》，在《广东通志》（卷四十五），《人物志》中也有有关何真的记载：

> 何真，字邦佐，东莞人，少英伟，好书剑。元至正初，为河源县务副使，转淡水场管勾，弃官归。元末盗起，真聚众保乡里……时中原大乱，岭表隔绝，有劝真效尉佗故事者，不听，屡遣使由海道贡方物于朝。累进资德大夫、行省左丞。[①]

从以上记载我们知道何真是位武勇之士，以武保家，何真历经元、明

———————

① 张廷玉：《明史》，中华书局1974年版，第3834页。

两朝，拥护国家统一。何真在明初历任广东分省参政，左丞，封东莞伯，明洪武二十年（公元 1387 年）去世。

明清以后，尤其是清代，岭南武术的发展与整个中国武术的发展一样，进入成熟期，一些知名的武术家开始被记载于史册，并在民间广为流传，岭南的五大名拳洪、刘、蔡、李、莫即在此时期形成。由于清代民族矛盾一直比较激烈，起义、暴动云起，在这些起义、暴动及革命中，涌现出了许多深怀武功绝技的武将及武术家，谱写了一曲曲可歌可泣的壮美史篇。这些武将及武术家将在以后涉及的篇章中详细论述。

第三节　建功立业的科举武将

秦汉以前有一技之勇的人可以通过选拔而成为武将，但这种选拔没有形成一定的国家制度，一般在国家军事需要时才选拔，各国都有一定的选拔标准。然而这一情形在隋唐得以改变，有武勇之人可以通过武举考试得以入仕。武举科考创始于唐武则天长安二年（公元 702 年），至清光绪二十七年（公元 1901 年）皇帝颁布谕旨正式废止武举制，武举制在我国历史上实行了 1200 年，历经唐、宋、金、明、清（五代及元朝没有设立武举考试），如再加上大西国、太平天国的武举科考，有案可稽者共有 281 位武状元，平均每不到五年才会有一位武状元。① 虽然，古代武举科考的内容不完全与武术吻合，但作为古代军事需要选拔的武举，对弓马及勇力等武艺的要求是非常高的，尤其是经过层层选拔，最后得中"武状元"者凤毛麟角，更是武艺超群。一般认为通过武举入仕为武生正途，武举促进了民间习武风气的形成，武举制在民间武俗中也留下了许多遗迹，对当地武风民俗的形成具有一定的影响，它不但为普通人家中具有技勇的平民之辈提供了一条仕途之路，同时也为民间有武艺志愿保家卫国者提供了一个机会。

一　岭南武举科考史上的武状元

中国历史上长期的重文轻武思想，使得武举资料记载极少，除非个别武将如郭子仪具有"再造唐室"之功者可以为史册所载而彪炳史册，大多数学者认为"武举不足道也"。加之武将多长期生活在生死之地的边疆

---

① 王鸿鹏：《中国武状元》，解放军出版社 2002 年版，第 5—14 页。

战场，很少能衣锦还乡，而他们马革裹尸、战死沙场的英雄故事却受到家乡人民的崇拜，有的成为佳话在故乡广为流传。据查王鸿鹏等著的《中国武状元》所载，属于岭南籍的武状元有六位：明代的朱可贞，清代的林德镛、黄仁勇、李威光和姚大宁，另外还有太平天国时的覃贵福（见表2-2）。

表2-2 历代岭南武状元

序号	姓名	籍贯	考取朝代	及第时间	官职
1	朱可贞	广东顺德	明代	崇祯元年（公元1628年）戊辰	守备
2	林德镛	广东揭阳	清代	康熙六十年（公元1721年）辛丑	头等侍卫
3	李威光	广东长乐	清代	乾隆三十七年（公元1772年）壬辰	总兵
4	黄仁勇	广东潮州	清代	嘉庆元年（公元1796年）丙辰	武功将军（副将）
5	姚大宁	广东南海	清代	嘉庆六年（公元1801年）辛酉	一等侍卫
6	覃贵福	广西武宣	太平天国	太平天国十年（公元1860年）庚申	同指挥（天国职官6级）

资料来源：王鸿鹏：《中国武状元》，解放军出版社2002年版，第453—458页。

明代武状元朱可贞，字占遇，号子庵，广东顺德县龙江人，南海籍，生卒年不详。《广州府志》卷四十七选举表上关于其记载："朱可贞，崇祯元年戊辰科状元，留守守备。天启四年（公元1624年）甲子科武举人。"其中状元后的生平事迹难见史载①。

清代的四位武状元的事迹多见于县志，有关他们的一些民间故事多在其家乡流传。林德镛，字、号及生卒年不详，广东揭西（今揭阳）棉湖镇人，自幼好武，臂力过人，康熙五十六年乡试（公元1717年）中武举

① 王鸿鹏：《中国武状元》，解放军出版社2002年版，第233—234页。

人第二名。康熙六十年（公元 1721 年）中会试第九名，殿试第一名，即武状元。康熙六十一年（公元 1722 年）冬，康熙皇帝驾幸热河，林德镛以侍卫伴驾随往，不幸因患风寒而逝。有关林德镛的传说至今仍在揭阳民间流传甚广，如"寿至林德镛"、"状元巷"、"状元府马场门"、"状元踏头"等。新、旧《揭阳县志》及新《汕头市志》皆有略传。①

李威光（公元 1735—1793 年），字作楫，号稻序，出生在崇文尚武的客家习武风气颇盛的五华地区，系五华县华城镇黄埔村人。客家人十分重视文武兼备的人才，流传着"书要读，打要练，老婆不娶都随便"的俗话。② 乾隆二十五年（公元 1760 年）考中恩科武举人，乾隆三十七年（公元 1772 年）壬辰会试武进士，殿试钦点武状元，授予头等侍卫，他是客家人中的唯一武状元。李威光殿试时的"狮子滚球"的故事至今在乡梓传为美谈：殿试时有技勇之一的"掇石"，分别有石重 200 斤、250 斤、300 斤，李威光选择了 300 斤的石，当把石举起托稳行走后，在准备放下时，不料出现意外，手中一滑，石条侧翻下落，李威光急中生智，随即一脚踢向侧翻下落的石条，将石条踢了出去，动作干净利落，一气呵成，手脚连贯，丝毫不露失手痕迹，大受监考官赞赏，名其为"狮子滚球"。乾隆四十二年（公元 1777 年），李威光调任广西提标左营游击。后因为他比较熟悉沿海情形，改任为浙江黄岩镇标水师中军游击，再升为福建烽火门参将。在《钦定平定台湾纪略》（卷二十九）中有记载："……又据烽火门参将李威光于牛萀洋面追获匪船一只，内搜出私磺一百七十余斤"，同书卷四十记载："……召集漳州乡勇百余人，以泯形迹，但该乡勇义民等虽属健壮，究不能谙晓纪律，复檄调熟悉情形，通晓闽音之副将李威光并。"李威光生前用过的全长 250 厘米、重 64 公斤的铁柄关刀一把，及清廷授予"武状元及第"的镀金木质匾一块，至今仍保留在其家乡。李威光任闽安水师副将时乾隆皇帝加封其父母的圣旨原件，2001 年也在当地被发现，新修《五华县志》、《梅州市志》均有略传。③

黄仁勇，字智斋，学名良越，广东潮安古苍镇海阳县（今潮州市）孚中村人，生于清乾隆二十七年（公元 1762 年），卒于清嘉庆二十二年

① 马廉祯：《广东的四大武状元》，《中华武术》2006 年第 12 期，第 44—45 页。
② 李宗英：《忆文武双全的武状元李威光》，《广东体育史料》1986 年第 3 期，第 17 页。
③ 马廉祯：《广东的四大武状元》，《中华武术》2006 年第 12 期，第 44—45 页。

（公元 1817 年）。他先学文，于乾隆四十六年（公元 1781 年）得中文秀才，后娶妻受其岳父引导学武。其岳父为远近闻名的武师，黄仁勇本来身材魁梧，膂力过人，天生练武的好材料，经其岳父指导，刻苦习练，乾隆五十七年（公元 1792 年）壬子，赴省参加乡试得中武举人，同年赴京兵部秋闱会试未能登上科甲。嘉庆元年（公元 1796 年）丙辰，为庆祝嘉庆皇帝登基而举行恩科，黄仁勇再度赴试，遂得二甲第二名武进士，殿试时嘉庆皇帝钦赐黄仁勇为丙辰恩科会魁状元，授头等侍卫。上海体育学院中国武术博物馆收藏有黄仁勇"武状元及第"的牌匾。

图 2-5　中国武术博物馆收藏的黄仁勇"武状元及第"牌匾

　　黄仁勇还有一段民间流传的"魁星踢斗"的佳话：殿试时，在舞 120 斤大刀做胸前后舞花时，当做胸后舞花时不慎一时失手，刀脱手悬空，黄仁勇情急生智，后脚一踢，将百斤的大刀顺势踢向空中，转身将刀轻轻接住，由于其应变干净利落，赢得在场的君臣赞不绝口，众多将士也是瞠目结舌，后问及这是什么武功，他命其为"魁星踢斗"。黄仁勇中武状元之后即授予福建金门镇中军游击之职，在职期间，保卫黎民，加强沿海边防，抵御外辱，尽心竭力，皇帝恩赐诰封四世武功将军（从二品）。据说在黄仁勇以往练功处遗有练武石一块，上有"三百一斤"字样。① 新修《潮州市志》和《汕头市志》均有略传。

姚大宁，字允盛，广东南海县白石堡人，生于清乾隆三十七年（公元 1772 年），卒于清嘉庆十二年（公元 1807 年）。清嘉庆六年（公元 1801 年）辛酉科武状元，授予一等侍卫，正三品官衔。嘉庆十二年（公元 1807 年），姚大宁扈从圣驾秋狩猎，外出古北口，因中风寒得病后身亡。难得的是他的殿试策对试卷保存至今。②

覃贵福，字、号不详，广西武宣东乡福隆村人，生年不详，卒于中华民国二年（公元 1913 年）。太平天国十年（公元 1860 年）庚申科天试武科举一甲第一名进士及第武状元，太平天国的武举文献记载极少。覃贵福的家乡广西武宣东乡福隆村就离太平天国起义地金田村数十里外，他勇武有力，精通武术，力大无穷，当地人称"铁牛"。太平天国十年天试时，他将天王宫外两个大石狮举起，天王洪秀全惊叹其神力，钦点为武状元。覃贵福晚年挂甲归田，常为人表演武艺，臂力惊人，用两指夹三寸高的铜钱，稍用力可将铜钱挤扁。据说 20 世纪 30 年代，简又文先生避难桂林曾将其故事收录于《太平天国典制通考》。③

岭南历史上的武状元与同时期的中原其他地方相比，数量较少，但与相邻地区相比却略占上风（以清代为例），见表 2 - 3。

表 2 - 3　　　　　　　清代广东及相邻地与中原武状元分布比较

省份	广东	福建	江西	浙江	江苏	河北	山东
武状元数量	4	3	3	8	6	23	14

① 王鸿鹏：《中国武状元》，解放军出版社 2002 年版，第 266—270 页。
② 同上。
③ 同上书，第 444—445 页。

当然这种比较只是粗略地看，岭南地域内部差异也是很大的，广西籍在清代无武状元产生。武状元的数量只能从一个角度窥探该地域的武风，不能绝对说明问题，这是因为武状元的产生除一地域的武风外，还与人文社会、政治环境等多种因素相关。由于岭南长期地处中原统治的南端，因此与中原早期联系较少，明代才开始出现了一位武状元，到清代数量逐渐增多；另外由于岭南受中原文化的熏染少，文化相对落后，虽有武勇，但武举考试还有内场的文试，故而数量相对较少，但与邻近地域相比，可略见其武风。下面还将武举制影响下的岭南武术的另一个侧面作讨论，以期发现岭南武风民俗中映射的武举遗存。

二　从民间遗存的清代练武石看武举对民间武风的影响

在 20 世纪 80 年代广东进行文物普查及武术资料挖掘整理时，在广东发现一些县市中的不少地方遗存有古代练功用的练武石（当地人俗称为"练武墩"），如在恩平（今恩平市）、饶平县（今属潮州市）发现了十六块清代先辈习练武功用过的练武石，其中大的重五百斤左右，小的也有二百斤左右，其中一些就是曾经考取武秀才、武进士的先辈们曾经使用过的。连山壮族瑶族自治县也在永丰、福堂、上帅、沙田等地发现清代的练武石十余块，其中一块是吉田沙田井头寨乾隆年间武秀才聂斌曾经使用过的，重三百二十斤。① 在饶平县的饶洋区、建饶区及浮山区也发现有清代练武石②：饶洋区石中乡刘大楼村有清代雍正年武进士刘大力（图 2-7）习武使用过的练武石（图 2-8）；建饶区饶东乡和里洞村有两块练武石，是清代光绪年间武秀才江兴（字登山）习武使用过的练武石（图 2-9），石上所刻的继昌公为江兴之祖；浮山区东宫乡有四块练武石，为该乡清代侍卫王三命、王三重、王三锡兄弟使用过的练武石（图 2-10）。这些练武石大多为大方块的石条凿成的长方形，两侧都有直径 10 多厘米的半圆凹形石孔，用以抓握，还有的练武石是经过精工雕刻的，表面磨制得较为光滑，上面雕刻有各种凸卷云状的图案，看起来很精美。

---

① 蔡泽文：《古代练武石的作用》，《广东体育史料》1988 年第 2—3 期，第 23 页。
② 参阅余添泉、程卫平《饶平县的清代练武石》，《广东体育史料》1985 年第 3 期，第42—43 页。

图 2 - 6　清代恩平歇马村梁日爵练武所遗练武石

图 2 - 7　清代雍正年武进士
刘大力

图 2 - 8　刘大力使用过的练武石
（半圆凹形手抓孔）

据饶洋区石中乡刘大楼村刘氏族谱记载："祯善公十二世孙名大力清雍正乙酉科中式第八名武举人，祭丑科中式第五名武进士；十三世孙名士

图2-9　清代光绪年间武秀才江兴　　　图2-10　清侍卫王氏三兄弟
使用的练武石　　　　　　　使用的练武石

惶，乾隆己亥恩科由拔贡中式第四十九名武举人，任安徽蒙城县知县署凤阳府同知；十三世孙名廷祯，乾隆辛卯科中式第六十五名武举人；十四世孙名国标，乾隆壬子科中式第八名武举人；十五世孙名映春，嘉庆戊午科中式第六十名武举人，任贵州普安、安平、安南等知县；十五世孙名映华嘉庆戊午科中式第二名武举人，道光壬午科中式第一百二十一名武进士，任广州儒学教授。浮山区东宫乡王三命、王三重、王三锡三兄弟同时习武练功，考取功名，后官至御前侍卫，朝廷曾表彰三兄弟功绩特赐'兄弟同科、金殿传胪'、'御前侍卫'、'盛世英才'等匾额。"①

　　岭南民间武林前辈们把练武石俗称"练武墩"，据一些民间老拳师介绍说，练武墩是先辈们考取武举功名必备的练武器具，也是平时习武者练习力量（臂力）及身体经常使用的辅助器具，在一些具有武术传统的乡村遗留有不少练武墩。练武墩的练习方法大概有两种：一是练习时扎八字大马步，双手抓住练武墩的凹形手抓石孔，在胯下来回摆动，然后顺势将

----

　　① 余添泉、程卫平：《饶平县的清代练武石》，《广东体育史料》1985年第3期，第42—43页。

石向头挺举，并用双手伸直手臂将石墩托举于头顶；一种是练习时丁字弓马步，双手抓住练武墩的凹形手抓石孔用力将石提起，置于前弓步大腿上，并利用大腿辅助用力将石向头顶上方挺举，也要双手同时伸直手臂托举住练武墩。

那么在岭南地区遗存着数量不少的练武石，应该如何看待这种武俗文化现象呢？练武石在古时习武到底起到什么作用呢？作为古时武举制的遗俗在民间习武的留存，其必与武举制有着密切的联系，这需要我们对武举制有关武艺考试的内容作一历史回视，亦有助于我们更好地解释民间这些练武石背后隐藏的历史文化信息。

武举制始于唐代武则天长安二年（公元 702 年），其考试内容由最初的长垛、马射、步射、平射、翘关、负重及身材言语，至清代时内容不断改进。清代是武科鼎盛时期，武举会试达 109 次，录取武进士多达 8000 余人，且从未间断，满清是以弓马利得天下，其崇尚武功是根深蒂固的，另外满清为异族入关建国，民族矛盾、内外战事不断，长期征战导致武官武将需要补充，迫使清朝也不能不重视武备。武科与文科一样，也分为童试、乡试、会试和殿试四级，一般三年举行一次，新帝即位、皇帝或太后寿庆时加设恩科，考中者有武生、武举、武进士之名。以清代为例，武童试分三场：头场马射，二场步射，合格者再试硬弓、舞刀、掇石。顺治二年（公元 1645 年）规定：头场试马射，二场试步箭，再开弓、舞刀、掇石以试技勇。乾隆二十五年（公元 1760 年）规定：弓必三次开满，刀必前后胸舞花，掇石必去地一尺，三项必有一、二项合格方可入三场（内场，策论）。殿试虽先试策论，后试技勇，然录取名次却以技勇为准，道光十三年（公元 1832 年）宣宗诏曰："武科之设，以外场为主，其弓马强弱，尤足定其优劣，至马、步射本有一日之长短，第能合式，即可命中。"[①] 在技勇测试的硬弓、舞刀、掇石均有不同的弓力及重量，如刀有 60 斤、80 斤、120 斤强弱不等，石有 200 斤、300 斤轻重之别，清代历科一甲武进士（武状元），均从能开 12 力强弓的中式武举中挑选。从武举考试的内容看，硬弓、舞刀、掇石均与力量有关，没有过人的力量恐怕就连入围都很难，考中武状元、武进士者必有深厚的力量作为后盾。因此，想考取武举功名的习武之人必要长期坚持力量练习，又要结合武举考试的

---

① 王鸿鹏：《中国武状元》，解放军出版社 2002 年版，第 10—12 页。

内容，这样练武石就成为习武者必备之物，而且便于就地取材，易于制作，即使最后没能考取武举功名的人，也可以用练武石锻炼力量及身体。在早期的武艺发展阶段，武艺高低多以力争高下。我们也可以从一些史料记载中印证这一点。据连山文史资料第四辑提供的材料：最近在吉田、沙田井头寨聂姓人士处收集到一本清康熙庚午年（公元 1690 年）二月义庄校录出版《科场射击指南》一书。该书是该寨乾隆年间武秀才聂斌等所用过的攻读科举书籍，也就是今天我们所谓的武举"红宝书"，考武举的必读教材。从这本书中我们对练武石的作用又得到印证，在古代科举的兵器大致有两大类：一是舞刀，二是弓箭，这两大项是武科必考的内容，而且刀的重量有 80 斤、120 斤轻重之分，弓的弓力有 80、100、120 强弱之别，考试时选择的不同直接导致成败，武科的马上、步下都需要力量，因此，平时经常练习练武石就是适应舞刀、开硬弓所需要，故而在这本书中记有"强弱不等亦视人力如何耳"[①]，可谓一语道破武科天机，没有超群的力量是无法经受武举科考中持续的考试过程，练武石即是针对考试而进行的力量练习，这些为我们今天认识练武石有不少启示。

作为长达 1200 年的武举制，自上而下，为入仕之正途，为习武者报效国家、实现个人理想敞开了一扇得以步入仕途的机遇之门。武举制作为一种正统的自上而下的上层政治制度施行，这无疑大大促进了广大民间习武之风，其产生的社会影响力是非常深远的，已经渗透到乡间村落，它对广大民间习武者具有很大的诱惑力，引导着一代代习武人为之折腰夙求，带动了民间深厚的习武之风绵延不绝。这些至今遗存下来的数量不少的练武石，散落在岭南大地的各个乡村之中，今天已化为乡村武俗的文物遗迹，有的陈列在博物馆里，有的作为祭祀祖先得以保存在家族祠堂里供奉，有的散落在乡村民间的院户里，作为人们茶余饭后的谈资，成为乡人一辈辈口耳相传的民间故事传说在流传。这些练武石伴随着使用过的先辈们的故事，已成为岭南武术文化的一部分，作为民俗在民间广为流传。今天我们看到这些练武石，仍然能勾起很多记忆，只要石在，伴随着它们的故事就永远流淌在人们心间，也许最后它可能化为一种心理，沉淀在人们内心深处，一旦触动这些潜藏在人们内心深处的那根弦，它仍然会发出悦耳的声音，唤起人们对那个时代的无限遐想。

---

① 蔡泽文：《古代练武石的作用》，《广东体育史料》1988 年第 2—3 期，第 23 页。

三 晚清"大内高手"的辉煌历史显现的岭南武术根基

汪叔子研究员对清光绪丙申（光绪二十二年，公元 1896 年）夏季版的《大清搢绅全书》中的《御前侍卫》的研究，为我们从另一个侧面揭示了武举对岭南武术的深远影响，也让我们对岭南武术在晚清的发展有一个更深切的认识。

《大清搢绅全书》，或谓《搢绅录》，是载录清代全国在职官员的名册。因为官场人事变动经常发生，所以一年半载甚或隔一个季节，便需要改版重印，汪叔子研究员选取的是晚清时期由京师"荣禄堂"书铺刻印，清光绪丙申（光绪二十二年，公元 1896 年）夏季版的《大清搢绅全书》中的《御前侍卫》一章，并参考其他史料，制作了两张表（表 2 - 4、表 2 - 5）[①]：

表 2 - 4 清光绪二十二年（公元 1896 年）夏季清宫侍卫籍贯分省统计表

籍贯		头等侍卫	二等侍卫	花翎侍卫	蓝翎侍卫	总人数	%
岭南	广东		1	25	27	53	14.6
	广西			3	6	9	2.47
直隶		1	4	25	30	60	16.52
河南			1	17	19	37	10.19
山东		2		9	18	29	7.98
福建			2	12	14	28	7.71
江苏		1	1	12	12	26	7.16
东北	满洲			4	5	9	2.47
	汉军			6	3	9	2.47
	奉天				1	1	0.27
四川			3	4	11	18	4.95
顺天				7	10	17	4.68
浙江				5	9	14	3.85
湖南				3	7	10	2.75

────────────

[①] 汪叔子：《岭南武术历史发展的若干反思——读〈（光绪丙申）大清搢绅全书·御前侍卫〉札记》，《岭南文化研究》2002 年第 5 期，第 97—98 页。

续表

籍贯	头等侍卫	二等侍卫	花翎侍卫	蓝翎侍卫	总人数	%
安徽			4	6	10	2.75
江西	1		2	5	8	2.20
云南			3	4	7	1.92
陕西			1	5	6	1.65
山西			2	3	5	1.37
甘肃				4	4	1.10
湖北			2	1	3	0.82
总计	5	12	146	200	363	100

表2-5清光绪二十二年（公元1896年）夏季清宫侍卫处岭南籍侍卫名录

籍贯			姓名	武会试中式进士		授任官职
省	府（直隶州）	县（州）		科	甲	
广东	广州府	南海	刘凤翔	甲午（光绪二十年）	二甲	花翎侍卫
		番禺县	陈元威	甲戌（同治十三年）	二甲	花翎侍卫
			陈国超	丁丑（光绪三年）	三甲	蓝翎侍卫
			黄瑞祺	己丑（光绪十五年）	三甲	蓝翎侍卫
		东莞县	杜龙光	辛未（同治十年）	二甲	花翎侍卫
			叶镜海	丁丑（光绪三年）	二甲	花翎侍卫
			郑辅良	丁丑（光绪三年）	二甲	花翎侍卫
			卢栋森	丙戌（光绪十二年）	二甲	花翎侍卫
			叶添孙	乙未（光绪二十一年）	二甲	花翎侍卫
			宁遇吉	甲戌（同治十三年）	三甲	蓝翎侍卫
			罗龙骧	癸未（光绪九年）	三甲	蓝翎侍卫
			方以衡	癸未（光绪九年）	三甲	蓝翎侍卫
			尹燮培	甲午（光绪二十年）	三甲	蓝翎侍卫
			刘应森	乙未（光绪二十一年）	三甲	蓝翎侍卫
			王朝柱	乙未（光绪二十一年）	三甲	蓝翎侍卫
			杜逢春	乙未（光绪二十一年）	三甲	蓝翎侍卫
		新宁县	李家俊	壬辰（光绪十八年）	二甲	花翎侍卫
			李膺扬	庚寅（光绪十六年）	三甲	蓝翎侍卫
		增城县	汤定祥	丙子（光绪二年）	二甲	花翎侍卫

籍贯			姓 名	武会试中式进士		授任官职
省	府（直隶州）	县（州）		科	甲	
广东	广州府	香山县	何乃斌	丙戌（光绪十二年）	一甲第三名 探花	二等侍卫
			邝瑞龙	辛未（同治十年）	二甲	花翎侍卫
			杨殿璋	甲戌（同治十三年）	二甲	花翎侍卫
			杨树康	庚辰（光绪六年）	三甲	蓝翎侍卫
			高寿祺	癸未（光绪九年）	三甲	蓝翎侍卫
			黄占元	己丑（光绪十五年）	三甲	蓝翎侍卫
			李平西	己丑（光绪十五年）	三甲	蓝翎侍卫
		新会县	李荣标	庚寅（光绪十六年）	三甲	蓝翎侍卫
			林国俊	辛未（同治十年）	二甲	花翎侍卫
			陈英棡	丙子（光绪二年）	二甲	花翎侍卫
		三水县	陈光燕	甲午（光绪二十年）	二甲	花翎侍卫
		新安县	麦鸿威	乙未（光绪二十一年）	二甲	花翎侍卫
	肇庆府	高要县	麦曜杨	甲戌（同治十三年）	二甲	花翎侍卫
		新兴县	林焕忠	丙戌（同治十二年）	三甲	蓝翎侍卫
			陈荣康	乙未（光绪二十一年）	二甲	花翎侍卫
		开平县	顾增康	己丑（光绪十五年）	三甲	蓝翎侍卫
		鹤山县	谢鸿元	乙未（光绪二十一年）	三甲	蓝翎侍卫
	罗定直隶州	罗定州	李殿雄	乙未（光绪二十一年）	二甲	花翎侍卫
			陈连虞	乙未（光绪二十一年）	二甲	花翎侍卫
		西宁县	邓正彪	壬辰（光绪十八年）	三甲	蓝翎侍卫
	惠州府	归善县	邓卓藩	乙未（光绪二十一年）	二甲	花翎侍卫
			罗家杰	壬辰（光绪十八年）	二甲	花翎侍卫
		博罗县	陈鸿章	己丑（光绪十五年）	三甲	蓝翎侍卫
			姚朝英	己丑（光绪十五年）	二甲	花翎侍卫
	潮州府	潮阳县	李国标	庚寅（光绪十六年）	三甲	蓝翎侍卫
			郑炳高	丁丑（光绪三年）	二甲	花翎侍卫
		惠来县	马鸿飞	己丑（光绪十五年）	三甲	蓝翎侍卫
	嘉应直隶州	嘉应州	陈浩	壬辰（光绪十八年）	三甲	蓝翎侍卫

续表

籍贯			姓 名	武会试中式进士		授任官职
省	府（直隶州）	县（州）		科	甲	
广东	高州府	茂名县	梁廷□	壬辰（光绪十八年）	三甲	蓝翎侍卫
		信宜县	邹荣标	乙未（光绪二十一年）	三甲	蓝翎侍卫
	雷州府	海康县	吴国栋	癸未（光绪九年）	二甲	花翎侍卫
		遂溪县	金乃烈	庚辰（光绪六年）	三甲	蓝翎侍卫
	阳江直隶州	阳江州	陈运超	庚寅（光绪十六年）	三甲	蓝翎侍卫
广西	桂林府	临桂县	程葵	丙戌（光绪十二年）	二甲	花翎侍卫
		灵川县	唐国璋	己丑（光绪十五年）	三甲	蓝翎侍卫
	南宁府	宣化县	周瑞森	丙戌（光绪十二年）	二甲	花翎侍卫
			黎瑞纲	己丑（光绪十五年）	三甲	蓝翎侍卫
			周钦元	甲午（光绪二十年）	三甲	蓝翎侍卫
	思恩府	思州	韦文尉	庚寅（光绪十六年）	三甲	蓝翎侍卫
	梧州府	滕县	周熊飞	甲午（光绪二十年）	二甲	花翎侍卫
	郁林直隶州	博白县	秦永年	丁丑（光绪三年）	二甲	花翎侍卫
			刘汝梅	甲午（光绪二十年）	三甲	蓝翎侍卫

"御前侍卫"即武侠小说里屡屡称道的"大内高手"，是皇宫里的宫廷侍卫。要对这两张表作进一步的分析，我们需要了解"御前侍卫"的选拔标准及其产生过程。按照满清初始的规定，宫廷侍卫均为满人才可以担任，是从"上三旗"（即镶黄、正黄、正白）中挑选出来的武艺精湛且忠勇双全者，并每五年从满族大臣子弟中挑选一次。自康熙始也从武举考试中的武举人擢拔，至雍正四年（公元1726年）形成制度：武进士一甲第一名（武状元），授头等（一等）侍卫（正三品）；一甲第二名（武榜眼）、第三名（武探花），授二等侍卫（正四品）；二甲拣选若干名为三等（花翎）侍卫（正五品）；三甲拣选若干为蓝翎侍卫（正六品）。因此，清代前期到中期，宫廷侍卫来源，形成了两条途径：一是满族大员子弟五

年一挑，这是主要渠道；一是兼从武进士中择优拣选少数，作为补充。①
清朝后期，情况起了变化。当初进关时，确乎金戈铁马的八旗子弟，经过
一二百年的养尊处优，越来越变成纨绔子弟了。道光二十二年（公元
1842 年），清政府对挑选皇家侍卫的旧规开始作出更改："嗣后如遇挑取
侍卫年份，所有大员子弟，著毋庸挑列。"十年之后，咸丰元年（公元
1851 年）的上谕，说得更明白："惟思该大员子弟内，或身体软弱，马上
平常，或自幼读书，未能及时学习骑射，此辈即使挑为侍卫，又焉望其得
力耶？自应量为通融办理。嗣后，情愿挑取者仍照从前呈报汇奏；倘有身
弱残疾，抑或骑射平常，不能挑取侍卫，著据实呈明，听其自便。"所以
道光、咸丰以后，原本着重在满大臣子弟中挑取侍卫的制度，趋向衰微，
而原先属次要途径的武科举，逐渐变成皇家侍卫来源的主要渠道，汉员的
人数所占比重也日益增大。②

对这些被称为"大内高手"的御前侍卫的选拔标准及产生有了了解
后，再来审视这两张表。从表 2 - 4 可以发现，当时岭南籍的"大内高
手"达 62 名（广东 53 名，广西 9 名），占所记载的清宫侍卫 363 名的
17.07%，超过 1/6，其比例高于所有的其他省区，位居全国之冠。岭南
内部的差异也很大，广东明显优于广西。从表 2 - 5 可以看出，广东以广
州府占多数，而广州府内又以番禺、东莞、香山、新会四县为多，而这四
县均处于珠三角地区，武术发展历史悠久，具有很深的武术群众基础，是
广府人集聚之地，也是岭南武术在清代发展的中兴之地，很多外地传入的
拳种如咏春拳，本土拳种如洪拳、蔡李佛拳在这里得到迅速发展。从这些
被称为"大内高手"如此多的出生于岭南，多分布在广府人的珠三角地
区，我们可以进一步理解珠三角地区悠久而广泛的尚武、习武风俗。能被
选拔为御前侍卫均为武举人中的佼佼者，在武艺及人品方面均有过人之
处，是值得皇帝赏识和信任的，用我们今天的武德标准衡量的话，那就是
既要有精湛的武艺，忠于国家的高尚爱国精神，又要有过人的人品武德，
得到大家的一致认可，艺德双全之辈方可入选御前侍卫。而且这种选拔数
量不多，每科考中武进士少则上百，多则几百人，一般仅挑选至多 30 人

---

① 汪叔子：《岭南武术历史发展的若干反思——读〈（光绪丙申）大清搢绅全书·御前侍
卫〉札记》，《岭南文化研究》2002 年第 5 期，第 97—98 页。

② 同上书，第 99 页。

作为补充进入御前侍卫行列，如武状元为头等侍卫；武榜眼、武探花为二等侍卫；二甲武进士中挑选约 10 名为花翎侍卫；三甲武进士挑选约 15 人为蓝翎侍卫。清代对各省的乡试武举名额是有"指标"的，各省的乡试产生的数量是定量的（表 2 - 6），从表 2 - 6 中，我们发现广东（54 人）、广西（36 人）的乡试武举数量并不占优势，从全国看只能算中下等水平，在乡试武举人不占优势的情况下，却选拔出数量上占优势的武进士成为皇家的"大内高手"，这不言而喻，岭南武艺精湛，得到皇帝赏识的艺德兼修的忠勇之士居多，这也从另一个侧面反映出晚清岭南武术发展的基础是何等的雄厚，与岭南悠久的民间习武之俗密不可分，也是武举科考对岭南武术影响的又一个侧面反映。

表 2 - 6　　　　　　　　清咸丰同治时期各省武乡试中举名额

试区	顺天	汉军	奉天	江南	福建	浙江	四川	陕西	河南	江西
中举名额	110	40	3	81	63	60	60	59	55	54
试区	广东	甘肃	山西	山东	云南	广西	湖北	湖南	贵州	
中举名额	54	54	50	48	42	36	35	34	25	

资料来源：汪叔子《岭南武术历史发展的若干反思——读〈（光绪丙申）大清搢绅全书·御前侍卫〉札记》，《岭南文化研究》2002 年第 5 期，第 99 页。

晚清呈现的这种岭南籍"大内高手"云集的武术文化现象是岭南武术文化的一个组成部分，它是长达千年的武举制这一上层政治制度对岭南武术文化的强有力的反映，作为一种国家意志的自上而下的传播，它的影响是深远的、广泛的。武举制对岭南武术文化的影响，表现在政治上层为武状元、武举人、武进士及这些"大内高手"的数量及分布，表现在下层民间就是习武人群的广泛，深入到乡村各家各户，练武石广泛散落在民间村户即是一明证。如果我们把武举制看作早期的自上而下的"国家意识的武术传播"，其对各地的武术影响之广、之深、之远的话，其影响也是因地而异，产生于自己那块土壤的武术始终会带有本土的气息、特色和烙印，那么当我们把目光投向今天的同样作为国家意识推广的竞技武术，也许会给我们多方面的启示。作为国家推广的竞技武术必会融入各地域的武术中，并成为当地武术文化的一部分，当我们把历史的时空延长，千百年之后的岭南武术文化，后人也会如同今天的我们看待竞技武术影响下的现代岭南武术一样。作为一种文化，我们不能割断历史，也需要用历史唯物主义认识这些文化现象。

四　其他县志中散记的武科举及武将

武举制存在的时间虽然很长，但一些武科举人及武将得以被正史记载的却毕竟是极少数，大量的武科举人及武将散记在县志中。据《广东武术史》记载，自清同治十年（公元1871年）到光绪二十一年（公元1895年），广东中式武进士共166人，其中武榜眼、武探花各一人。①

从一些县志中我们也可以发现有关武科举人的记载：清代道光《高要县志》及宣统《高要县志》记载：明代高要县的武科举情况资料不全，在明代二百七十多年的历史中，仅见5名武举人；清代武举人资料相对较完整，计有武进士3人，武解元1人，武举人62人。元、明、清三代在肇庆、高要任武职的有：元代2人，明代22人，清代308人，武职有提督、总兵、副将、参将、游击、守备、都司、千总、把总等，清代308人中记载有原籍乡村的有72人，属于今肇庆的有26人，约占36.1%。②据《封开县志》记载，清康熙二十年（公元1681年）封川府、开建府经武举考试得以任命的武职人员40多人，以守备、把总、千总等武官衔居多。③《新兴县志》记载，清代有武解元1人，武进士11人，武举人73人。④

这仅仅从一些县志中了解到个别县的武举、武官职情况，若以广东、广西两省计算，武进士、武举人则多达千人以上，武秀才估计逾越万计。

历经千年的武举科考开拓了广收俊杰魁伟之士的新局面，是中国在军事武官选拔上的一个创举。武举制随封建社会的需要"应运而生"，伴随着成为历史前进发展的桎梏而被废止，离开了武举制产生、发展的历史文化时代背景，武状元、武举人等武举制的产物就没有了赖以存在的社会基础。从"一登龙门"的武进士，到"独占鳌头"的武状元；从平民布衣，到得以进入紫禁城的头等侍卫、御前侍卫，武举制产生的桂冠荣耀、地位

---

① 曾昭胜：《广东武术史》，广东人民出版社1989年版，第86页。

② 尹河森：《肇庆武术历史概况》，《广东体育史料》1988年第2—3期，第82—83页。

③ 陈学均：《封开县古代武术》，《广东体育史料》1988年第1期，第53页。

④ 黄鉴衡、莫冠海：《新兴县武科举名单及其调查方法》，《广东体育史料》1986年第3期，第46页。

显赫极具诱惑力，极大地刺激了广大民间习武者，把武举作为一种仕宦正途，同时也激发了广大乡村民间习武群体的积极性，促进了原本就民性强悍，具有深厚习武风俗的岭南武术发展。武举制产生的影响至今遗存在民间乡村院落的练武石上，成为流传在民间茶余饭后兴趣盎然的谈资，化作岭南民间广为传颂的武科佳话及传说，得以摆放在为人们永远铭记的家族祠堂里，化作岭南武术文化的一部分，影响着后人。

第四节　巾帼不让须眉——岭海武林中的女英雄

岭南历史上长期处于中原统治的地区边缘、政治边缘及文化边缘，加之南越少数民族强悍民俗盛行，曾在历史发展时期长期处于母系氏族部落阶段，这些文化因子在岭南武术文化上也有所反映，那就是巾帼不让须眉的武林女中豪杰也不乏其人，从这些岭海武林女中豪杰身上我们可以从另一个侧面感受岭南的武风之盛。

一　中国巾帼英雄第一人——冼夫人

冼夫人，生于梁武帝三年（公元 522 年），卒于隋文帝仁寿二年（公元 602 年），"高凉冼氏女也"，今广东茂名电白人。① 一生历经梁、陈、隋三朝，为历史上出色的政治家、军事家，是岭南历史上备受赞誉的巾帼英雄，周恩来总理曾称赞她为"中国巾帼英雄第一人"。

冼夫人为古时岭南俚人杰出的女首领，虽然史书并没有直接记载冼夫人武艺的文字，但我们从史书及后人对冼夫人的描述中，结合其生活的古岭南俚族环境，仍然可以将冼夫人作为我们窥探岭南巾帼英雄的一个侧面，况且，冼夫人在岭南文化中已经成了一种多元符号，她曾经受到三朝帝王的册封及新中国国家领导人对其的高度评价，冼夫人已经变为一个"精英文化"和"草根文化"交融的文化符号，她对我们在后面理解岭南武术文化中的"精英文化"及"草根文化"有很多的启示。

冼夫人是一位深怀武艺的武将。我们先看史籍对冼夫人只言片语的记

---

① 吴兆奇、李爵勋：《冼夫人文化》，广东人民出版社 2006 年版，第 21—24 页。《广东武术史》记载冼夫人的生卒年为公元 502—549 年，出生地也不准确，只说为广东高凉（今恩平、两阳一带）人，根据学者最新研究考证，为目前较公认说法。

述：唐朝初年，名臣魏征等撰写的《隋书》卷八十有《烈女·谯国夫人》，记述有冼夫人的历史功绩及其道德风范，此时距冼夫人去世大约三十余年，魏征与冼夫人之孙冯盎是好友，与冯盎的亲家中书侍郎、右丞相许敬宗为同僚，共事太宗，由此可见魏征对冼夫人的记载应较为客观、真实，为历代学者研究冼夫人最早、最具体、最可靠、最权威的资料。① 其中有："谯国夫人者，高凉冼氏之女也。世为南越首领，跨据山洞，部落十余万。夫人幼贤明，多筹略，在父母家，能行军用师，压服诸越。"②《北史》卷九十一的《谯国夫人冼氏》记述的内容大同小异。我们从"行军用师，压服诸越"一语，可以推测冼夫人应该有武艺。我们可以从冼夫人当时所处的岭南部落时期的环境推测一二：当时岭南地处偏远，交通闭塞，朝廷对这里是鞭长莫及，即使派来的官吏也是"他乡羁旅，号令不行"，部落之间可以"恃其富强，侵略旁郡"，"越人之俗，好相攻击"依然很盛，文化低下且民性强悍，"无事带刀，持矛执剑"，"俗好相杀，多构仇怨"等等社会现实的诸多写照，表明能"压服诸越"不是光靠威信的，它需要有足够的实力才可以镇服部落，尤其作为一名女子，更需要有过人的技勇才能压服"好斗"的越人部族。还有下面记述"夫人亲披甲，乘介马，张锦伞，领毂骑，其苍梧首领……等皆来参谒"③。冼夫人也是一副武将打扮，没有实力，首领是不可能俯首称臣的。对冼夫人的记述，在一些古人的传记中也有具体所指，典型的有明万历经魁、化州才子陈鉴的《蒋节母吴硕人传》中有"（冼夫人）文谋武略，总管数十州，历事三朝，无二心，为古今女将第一"④。明冯梦龙在《太平广记钞》卷四十四中对冼夫人有"夫人身长七尺，有三人之力"的描述。⑤

　　冼夫人一生历梁、陈、隋三代，毕生为朝廷维护岭南的统一、稳定，反对地方割据，可谓功绩彪炳，受到三朝多次册封。她曾经在梁太清二年（公元548年）平定侯景叛乱，解救两朝于危亡之际；陈太建元年（公元569年）摧毁了广州刺史欧阳纥声势浩大之反叛；隋开皇九年（公元589年）击溃徐璒抗隋，为隋统一大业作出了贡献；隋开皇十年（公元590

---

① 吴兆奇、李爵勋：《冼夫人文化》，广东人民出版社2006年版，第2页。
② 魏征：《隋书》，中华书局1973年版，第1800—1802页。
③ 同上。
④ 吴兆奇、李爵勋：《冼夫人文化》，广东人民出版社2006年版，第19页。
⑤ 冯梦龙：《太平广记钞》，团结出版社1996年版，第643页。

年）又击败王仲宣反叛，并在耄耋之年披甲戴盔巡抚岭南各州，稳定岭南。正因为冼夫人一生为国家统一作出了卓越贡献，历代王朝对冼夫人多次册封：梁时封为"保护侯夫人"；陈朝为"中郎将"、"石龙太夫人"；隋时为"宋康郡夫人"、"谯国夫人"（统领六州兵马），谥号"诚敬夫人"①。后朝也对冼夫人多次追封，如五代十国南汉追封为"清福夫人"，明朝追封为"高凉郡夫人"，清朝追封为"慈佑"。近代及当代人也对冼夫人进行高度评价，如民国时期冼玉清的《民族女英雄冼夫人》，评价冼夫人为"妇女为国立德立功之第一人，妇女开幕府建牙悬肘之第一人，妇女任使者宣谕国家德意之第一人，妇女享万民祭祀之第一人"。江泽民同志评价冼夫人"坚持维护国家统一，增进民族团结"，是"我辈永远学习的楷模"。

这些历朝历代的册封、后朝的追封及后人对冼夫人的评价主要从其维护国家统一，反对割据，促进了汉、俚文化交流等"精英文化"的角度审视冼夫人，而民间把冼夫人的巾帼英雄形象经过长期的历史沉淀，化作了一种民间信仰分布在岭南广泛的地区，逐渐成为人们一种心灵的寄托，这又成为一种"草根文化"。冼夫人是一个在岭南大地上具有"精英文化"与"草根文化"融合的文化符号。

二　威震倭胆的壮族巾帼英雄——瓦氏夫人

瓦氏夫人是明代壮族抗倭巾帼英雄，她生于明孝宗弘治十一年（公元1498年），是广西顺州（今靖西县）土官岑璋的女儿，后嫁给田州（今田阴一带）土官岑猛为妻，为避同姓相婚之嫌，改姓瓦氏，史称"瓦氏夫人"②。也有学者认为瓦氏夫人生于何时，书阙难证，只能据史书记载索骥：与瓦氏同时代的郑若曾在《江南经略》（卷八下）中的《调狼兵记》中说嘉靖三十三年（公元1554年）七月抗倭总督张经调取田州"狼兵"时瓦氏"年逾六十"推论，瓦氏夫人约生于弘治六年（公元1493年）至弘治八年（公元1495年）间，瓦氏夫人为田州（今田阴一带）土

---

① 罗远玲：《主客位视野中的冼夫人文化及其符号意义》，《学术研究》2005年第8期，第122页。

② 马明达：《瓦氏夫人》，《中国体育报》，1989年6月18日。

官岑猛之妾而非为之妻。① 据民间传说，瓦氏夫人生长于世袭土官之家，自小受到包括汉文教育和武艺训练在内的良好教育。瓦氏夫人是一位精通双刀的武术家，我们从明末遗民吴殳的名著《手臂录》（卷四）的《双刀歌》得以窥探一点儿瓦氏夫人的刀法，也从吴越（今苏州、上海、嘉兴一带）的史籍、民间记载中寻觅一些有关瓦氏高超武技的记述。本节主要涉及瓦氏夫人的武艺，而有关她在抗倭过程中促进壮族与中原文化交流及抗倭护国的民族精神将在后面有关章节中论述。

图 2-11　瓦氏夫人

瓦氏夫人是壮族历史上乃至我国历史上罕见的实际人物而不是意象或多元复合而成的巾帼英雄。在以冷兵器为主的明代，在与倭寇刀兵相见、生死搏杀中，她以"年逾六十"的花甲之躯，纵马驰骋挥舞双刀往来于倭寇中间如入无人之境，令倭寇心惊胆战，她生动活现了历史上有关佘太

① 白耀天：《瓦氏夫人述论》，《广西民族研究》1995 年第 4 期，第 33、39 页。

君挂帅这类传说的历史画卷。

瓦氏夫人自幼生长在武风颇盛的壮族土官家，自小习武练艺，《瓦氏夫人论集》记载其少时"见拳师授徒，心羡而立良久，父呼始觉。归制长矛，重十斤，昏旦雨晴，于月下草坪或灯前空地，悉仿操练，虽困不辍。拳师知之，亲临点授，并晓以兵法。越数年，造诣精湛，青壮威佩"。至明嘉靖三十四年（公元 1555 年）奉诏调往吴越地区，今苏州、上海、嘉兴一带抗倭时，年逾六十，习武近五十年，她的精湛武艺我们可以在史籍中得以窥探。《明世宗实录》（卷四百二十一）有"二十一日，贼一支约二三千南来金山，白都司（法）率兵迎击。白被围数重。瓦氏奋身独援，纵马冲击，破重围，白乃得脱"。我们从文中的"独"、"纵"、"破"字可见，瓦氏夫人独胆巾帼英雄的本色、武艺超群的形象，让人仿佛目睹瓦氏夫人纵横于倭寇之中拼杀的雄姿；可倭寇万万不会想到这位独自解救明军将领于重围中的骁勇之将，乃是一位花甲之躯的老妪！另据《吴淞甲乙倭变志》卷下《十节传》记述漕泾一战时写道："群倭围瓦氏数匝，杀其家丁数人及头目钟富。瓦氏披发舞刀，往来冲突阵中，所乘马尾鬃，为倭拔几尽。"[①] 在这些野史和地方志中记述了瓦氏夫人在敌人的重重围困中"披发舞刀，往来突阵"、"浴血夺关"的英勇气势，如果瓦氏夫人没有高强的武艺，恐怕早已葬身倭寇刀下。从上面文字的描述中我们深深感受到，瓦氏夫人在与倭寇生死拼杀中的武艺绝非虚言，而是在实践中得到血的检验的武技，从而在江浙民间有广为流传的民谣"花家瓦，能杀倭"。在瓦氏夫人的家乡桂西也有民间歌谣：

> 阿哥出门去远征，阿妹在家尽放心。
> 瓦氏叫人把被盖，日里又叫扎头巾。[②]

明人谢肇淛在《五杂俎》（卷八）所说的"国朝土官妻瓦氏者，勇鸷善战"、"舞戟如飞，倭奴畏之。使其得人驾驭，亦一名将也"，绝非虚誉浮词。

瓦氏夫人赖有明末清初江苏娄江县武术大师吴殳《手臂录》中的一

---

① 白耀天：《瓦氏夫人述论》，《广西民族研究》1995 年第 4 期，第 33、39 页。

② 李辉南、黄家源：《瓦氏夫人的武术、兵法、功绩》，《广西武术》（内部资料）。

首《双刀歌》，使我们对瓦氏夫人的刀法略有了解①。下面将《手臂录》（卷四）的《双刀歌》摘录如下②：

双刀歌

（清）吴殳

岛夷缘海作三窟，十万官军皆暴骨。

石砬瓦氏女将军，数千战士援吴越。

纪律可比戚重熙，勇气虚江同奋发。

女将亲战挥双刀，成团雪片初圆月。

麾下健儿二十四，雁翎五十齐翕忽。

岛夷杀尽江海清，南纪至今推战伐。

天都侠少项元池，刀法女将手援之。

乙亥春杪遇湖上，霜髯伟干殊恢奇。

谓余长矛疏远利，彼已填密须短器。

绕翠堂中说秘传，朔风六月生双臂。

侠士不久归天都，余手精熟如鼓桴。

犹意左右用如一，每当碓斗多齷齪。

眼前两臂相缭绕，殊觉神思非清虚。

后于渔阳得孤剑，只手独运捷如电。

唯过拍位已入门，颇恨不如双器侧。

乃知昔刀未全可，左右并用故琐琐。

今以剑法用右刀，得过拍位乃用左。

手眼清快身脚轻，出峡流泉风撼火。

始恨我不见古人，亦恨古人不见我。

吴殳把瓦氏夫人称为"石砬女将军"，并将其与明代著名抗倭的民族英雄戚继光（重熙）、俞大猷（虚江）作比照，足见吴殳对瓦氏夫人抗倭功绩的高度评价。从一句"女将亲战挥双刀，成团雪片初圆月"的描写

---

①　马明达：《说剑丛稿》，兰州大学出版社 2000 年版，第 86—87 页。

②　吴殳：《手臂录》，参阅马明达主编《中国古代武艺珍本丛编》（上辑录），齐鲁书社 2015 年版，第 3681—3683 页。

中，我们可以想象瓦氏夫人的双刀舞动起来密不透风，不见人影，大有泼水难进的高超境界。我们从前面提到的瓦氏误中狡倭奸计时"披发舞刀，往来冲突阵中，所乘马尾鬃，为倭拔几尽"可以知道，这绝非仅是艺术性的升华，而是瓦氏夫人刀法在实战中的真实写照。瓦氏夫人在倭寇群中即使处境恶劣，误中埋伏，迭遭困厄，仍能临危不乱，纵马冲击，披发舞刀，就是凭着高强的武艺才得以突出生死重围，刀锋所指倭寇即为所向为之披靡，威震倭胆。"天都侠少项元池，刀法女将手援之。乙亥春杪遇湖上，霜髯伟干殊恢奇"一句叙述了吴殳师承了瓦氏夫人的双刀绝技。乙亥春杪即指崇祯八年（公元1635年）春，时年二十五岁的吴殳（生于明万历三十九年即公元1611年，卒于清康熙三十四年即公元1695年）在今浙江湖州遇见了有"天都侠少"之称的项元池，那时这位早年的"侠少"已经须髯苍苍，但仍然身材伟岸，相貌超人，武艺精湛。吴殳拜在项元池门下，向其学习了双刀法，应该这时项元池在向吴殳传授双刀绝技的同时，也向他讲述了有关瓦氏夫人武艺及其有关事迹，才有后来这首《双刀歌》的传世。正是这首诗，才使后人记住了瓦氏夫人这位中国历史上少见的巾帼民族英雄，我们记住了这位虽已花甲之躯，却仍驰骋沙场，抱着一颗"誓不与倭贼俱生"的执着民族信念，不远万里奔赴抗倭之地，威震倭寇敌胆，令气焰嚣张、不可一世的倭寇望之而却步。"绕翠堂中说秘传，朔风六月生双臂"一句叙述的是项元池向吴殳传授瓦氏夫人的"双刀秘诀"。当时项元池在湖州的绕翠堂中向吴殳传授瓦氏夫人的双刀绝技，吴殳深刻领略了瓦氏夫人双刀绝技的功力深厚和刀法之精妙，感觉到"朔风六月生双臂"。在恩师项元池走后不久，吴殳苦练双刀，已经达到了"精熟如鼓枹，左右如一"的境界，意为就像"鼓师双臂运用鼓槌，左右如一"[1]。另外，对枪法有着深厚研究的吴殳还将瓦氏夫人的双刀绝技迁移到枪法之中，可以说吴殳在枪法研究中借鉴了瓦氏夫人的双刀技法，因此吴殳在其枪法著作《手臂录》中对此专门作了论述，即卷之一《短降长说》[2]，其中"迫近彼枪，乃田州土司瓦氏女将双刀降枪之法，而余移之于枪者也"一语，即表明吴殳在此专门论述瓦氏双刀的特点及其

① 马明达：《说剑丛稿》，兰州大学出版社2000年版，第86—87页。

② 吴殳：《手臂录》，参阅马明达主编《中国古代珍本丛编》（上车年录），齐音书社2015年报，第3681—3683页。

临战应用，并把此法称之为"瓦氏双刀降枪法"。

瓦氏夫人是我国历史上不可多见的巾帼民族英雄，她的英雄事迹和武艺在中国民族史及武术史上，都是值得书写一笔的。她的抗倭事迹，不仅促进了壮族和汉族的文化交流，也为中国武术百花园增添了一朵奇葩。瓦氏夫人从广西万里抗倭之行，具有非常深远的历史意义。虽然瓦氏夫人的事迹正史记载不多，但其中有许多历史文化信息大有值得我们深入研究的必要，她对我国东南沿海后期的抗倭大业有着许多不可替代的作用，这将在后面有关章节中作进一步的深入探讨。

洗夫人及瓦氏夫人是岭南历史上的两位巾帼民族英雄，她们的英雄事迹为岭南人们所铭记，她们的事迹在岭南民间广为流传，为人民津津乐道。对她们的英雄事迹，后世学者也多有评述，正如天启元年（公元1621年），这时大约距瓦氏夫人去世六十多年，时任广西布政使的福建人谢肇淛说："高凉洗氏以一蛮女而能抚循部落，统驭三军，怀辑百越，奠安黎僚，身蒙异数，庙食千年，其才智功勋有马援、韦皋所不敢望者，娘子军夫人①城视之当退十舍；而征侧、赵妪辈无论已。国朝土官妻瓦氏者，勇鸷善战。嘉靖末年倭患，尝调其兵入援浙直，戎装跨介驷，舞戟如飞，倭奴畏之。使其得人驾驭，亦一名将也！②"对洗夫人和瓦氏夫人在岭南作出的功绩给予了高度概括和恰如其分的评价。

本章小结

本章从岭南民间武风民俗、吉光片羽中的岭南古代武将、建功立业的科举武将、巾帼不让须眉的岭海武林女将等方面论述"粤人好技击"。从民间"武"俗、野史、少数民族的武风论及岭南早期武术发展的民间根基，深埋地下的兵器文物，描绘在陶器、塑像上的岭南早期武术萌芽，镶嵌在石壁上的有关岭南武术岩画，向我们展开了岭南武术文化发展的历史画卷。吉光片羽中的岭南古代武将，有勇抗秦戈的译吁宋、杰骏，破秦封侯的梅鋗，隋朝的麦铁杖，唐朝的两虎将等，勾勒出了岭南古代武将的风

---

① 娘子军夫人指唐高祖第三女阳平公主，嫁柴绍。唐高祖举兵反隋，她起兵响应，与其夫分置幕府，率军自随，军中称"娘子军"。

② 谢肇淛：《五杂俎》，上海书店出版社2009年版，第154页。

采。建功立业的科举武人中，既有一跃龙门的武状元，还有名不见经传的县志中记载的武秀才、武举人、武进士，也有步入清王朝的御前侍卫的众多令人仰慕的"大内高手"，包括遗留在岭南广大民间数量不少的练武石。可见，长达 1200 多年的武举制对岭南武术有着深远的影响，并在岭南民间武术中的不同器物、民间故事、民俗中多有遗存。另外，从巾帼不让须眉的女将中也能领略岭南武术文化发展的一个侧面。从不同的方面和角度，向人们展示了岭南武术文化的发展历程，印证了"粤人好技击"的民俗。

第 三 章
岭南武狮、武戏、武踪[①]

第一节 "武狮合一"的南狮武技

一 南狮（又称"醒狮"）的起源

舞狮根据地域不同，自古就有北狮和南狮之别。北狮重形似，属艺术类型；南狮重神似与南派武功相结合，属武功类型[②]。北狮的外形构造是以真狮为模型的，略加些艺术夸张装饰，主要是狮头造型略有夸张，浑身以金黄色艳美狮被覆盖，四腿覆以斑驳的狮毛。北狮舞动的动作多以模仿狮子的形象和举止，加一些跌扑滚翻等动作，夹杂一些滚绣球、跳板、上台等杂技性动作表演，伴奏乐器以京锣、京鼓、京拨等击打乐为主；南狮的外形有点儿不像"狮"：高耸的额头，巨大的眼睛，血盆大口且下唇张得很大，最奇怪的是头顶上生有一支角，其实它是不像狮子，不像犀牛，不像麒麟，不像虎豹的"四不像"，是一个凝聚了岭南地域许多历史崇拜的图腾。狮被颜色艳丽，南狮的动作多以高昂突兀的姿态展现，加之各种翻转的动作，伴奏的乐器为大锣、大鼓，声音震耳，气势威猛。

广东舞狮起源于佛山。据说明朝时佛山出现过一头怪兽，眼睛巨大，大口血盆，而且头上生长着一支角，口里发出"年年"的叫声，人们把这怪兽称为"年兽"。每逢年岁将尽怪兽便出现在佛山，所到之处，伤害牲畜，践踏庄稼，人们对它又怕又恨，又恐怪兽为"神物"而不敢伤害它，便用扎成狮头形状，披上布满花纹的狮身，当怪兽出现时，舞动狮头，敲打锣鼓，吓跑了怪兽。因此，人们认为舞狮驱赶不祥，有吉祥之意。因"年兽"喜欢吃蔬菜，于是家家户户都在门前放置蔬菜，一般青

---

① 此处所指"武狮、武戏、武踪"，是以"武"贯穿的南狮、粤剧及其他岭南武术文化式样。
② 马志斌：《岭海武林》，广东人民出版社 2000 年版，第 151 页。

菜中都扎有一封利是，迎接舞狮来驱赶"年兽"。为了让舞狮者看见"青①"而采，常将"青"在门前挂得高高的，并附"红包"一封表示酬谢。舞狮者采到"青"后（必须顺利地一次采到），将"青""食"下，然后再把"青"吐出来抛给主人，主人接"青"后，表示接到福，无比高兴。岭南民间群体的文化心理认同是，舞狮可以驱邪避灾，吉祥如意。岭南传统民俗中，每当开业重张、逢年过节、喜庆典礼时，一般都要请舞狮表演以示庆祝。

二 南派武术与舞狮的"武狮合一"

南狮和南派武术在各个方面都有着密切的联系，可以说习练南派功夫必学习舞狮，而舞狮者也必学习南派功夫，两者缺一不可。

大凡在南派武功上有相当造诣的武术大家多为舞狮高手，如岭南南拳的中兴之人黄飞鸿，不但精通洪拳及其器械，而其舞狮也是一绝，长于采高青、飞铊采青、采蟹青，尤其是他拿手绝技——飞铊采青，已经达到举重若轻的出神入化之境界。一般凡是精于舞狮的高手也同时是一位南拳高手，因为舞狮最基本的功夫是腰马、气力和技巧，精于此道者，必中气充足，臂力过人，而腰马功夫和臂力为南拳的基本功，舞狮时为了表现狮子的喜、怒、哀、乐，要配合身法和步法，运用不同的手法，而南拳中步法稳固，桥法多变，因此舞狮高手多采用本门派的步法，配合桥法，展现狮子的各种形态，武功的高低也可以通过舞狮来展现。

南狮表演时注重形象神似的表现，这使得需要舞动狮头的"桥手"要变化多端，而且要有极好的臂力，因为传统南狮头轻者七八斤，重者十多斤，有的为了增加攻击性，头上的角为铁角，则重量更是不轻，且要做各种动作表现狮子表情，时间也较长，因此对臂力有很高的要求，非武功深厚者不能胜任。南狮注重表现的各种形象是通过双手举着狮头，运用各种"桥法"，配合腰马、步法来展现的，而且舞狮富有情节，如狮子出洞时刚睡醒的慵懒，探洞出外时的多疑性格，登山开始时在宽阔的草原昂首漫步的神态，后来的勇猛前行的神情，过桥时看见水中倒影的愤怒，戏水

---

① "青"即指舞狮中的重要环节"采青"，"青"是悬挂于高处或盆中的"利是"，因"利是"往往以青（生）菜为多，因而舞狮通过一系列的动作表演而猎取"利是"称为"采青"，一般"利是"越重，其猎取的难度越大，这正是舞狮中的高潮部分。

时的欢跃情绪，采食时的思疑贪馋表情，吞食时的回味，呕吐时的颓丧，月夜吐球时的谨慎，戏球时的乐趣，要把狮子的这些"动、静、惊、移、猛、喜、怒、醉、乐、醒"①的十大神态表现得淋漓尽致，是南狮的精华所在。为了表现这些神情和性格，需要配合步型、步法，如马步有：四平马、左子午马、右子午马、丁子步、金鸡独立等；步法有：前进、后退、左转、右转、左旋、右旋、跳跃、踢脚、魁星踢斗、麒麟步、剪马步、螃蟹步、虾形步、跑马步、盘马步、仆步、双蹄步等。②在调研中，广州体育学院国际龙狮总会国际级裁判陈耀佳先生认为："步型、步法是南狮中最基本和最主要的基本功，它对舞狮的整体形态起着重要的作用。"表演者舞狮的身形、手势和步法，必配合自己一派的武功举狮而舞。

舞狮的采青更是需要高超的武功技能，尤其是各种不同难度的"青"，更需要过人的武功。舞狮采青从驱赶"年兽"的风俗不断演进，人们为了能够观赏到不同舞狮表演展现出超凡的武功和技能，将"青"附带的"红包"制造出各种难度的"青"，当然"青"的难度越大，其"红包"也越丰厚，人们对能采到"青"的舞狮者也就越赞赏，舞狮者得到人们的欢迎程度就越高，那么舞狮者就会越来越有影响了。"高青"是指把青挂得高高的，如挂在门头上，以至二楼、三楼高处；"地青"是指把青放在设置了重重障碍的地上；"低青"，如桥底青，是指用长凳多张叠成桥形，把青吊在凳子下面；"水青"，是指把青放在碗里浮在水缸里，舞狮者在缸沿上舞狮，并边舞边伺机采青，来考验舞狮者的高超武功和技能表演，需要有较高的轻功和技巧。随着青的不同放置，难度也越来越高，舞狮采青既要展现狮的各种形态，表演出狮的各种活灵活现的神态，还要采到各种难度不同的"青"。因此，需要根据"青"放置的不同运用不同的武功手段，如采高青要爬上高杆或者通过叠罗汉的人梯，这需要人梯过硬的下盘功夫支撑和攀爬人梯时的轻功技巧。叠罗汉有 5—3—2—1（人）或 3—2—1（人）叠起来，"青"越高，叠罗汉需要的人和高度就越多、越高，对武功的要求也就越高，采"青"的难度也就越高。当然，采高青也可以运用器械采，像黄飞鸿的飞铊采高青，但那种难度更大，对武功的要求更高，那需要边舞狮，边从狮口中发出飞铊采中青，非一般武

---

① 马梓能主编：《佛山武术文化》（内部资料），2001 年，第 36—37 页。

② 同上。

功者能够做到。而采设置了各种障碍的"地青"、"桥底青"、"水青"等更是需要运用各种不同的武功和配合才可以采到"青"而得到"红包"。各种难度的"青",刺激了舞狮者运用各种武功,使得舞狮既具有精彩纷呈的表演刺激,也促进了舞狮者不断提高各自的武功水平。

由于舞狮者需要武功,这使得武馆和舞狮有着天然的结合,一般武馆中武师较多,武功底子好正好适合舞狮,因此,大多数武馆都有舞狮。据《佛山武术文化》一书记载,清代至民国期间佛山的武馆,除咏春派梁赞武馆和少林派梁世苏武馆两家没有舞狮外,其他如蔡李佛张鸿胜(张炎)、陈盛(牛盛)武馆,少林派陈安(高老安)悦安堂武馆,少林派招锡(打更锡)、梁三本武馆,咏春派陈汝锦、区康武馆,少林派区耀南、林作集贤别墅武馆等,都设有舞狮的狮会①。另外,舞狮也是展示本馆武功的好机会,这使得舞狮成为武馆变相展示本门武功高低的一种手段,舞狮与武馆的利益联系在一起,这使得舞狮变成各个武馆之间的武功比试,有时只是比试舞狮,有时甚至变成直接的武功比试,这便出现了如同电影《狮王争霸》中的情形,为了采到青,证明武馆的实力甚至造成武馆之间的相互残杀。粤俗好斗,在早期民间传统舞狮中也得到淋漓的体现,那就是舞狮在岭南民间广泛流行,在武馆中更是有武馆必有舞狮,有多少武馆就有多少舞狮门派,直接导致了舞狮中引发冲突时有发生,狮头撞狮头的激烈冲突,在许多舞狮冲突的场面中屡见不鲜。笔者在调研中听到当代洪拳泰斗黄达生先生说过这么一句话:"南狮的头上有一个角,早些时候还有的是用铁造的呢!在舞狮中可以攻击对手。"我们从这一描述中,可以了解到舞狮中冲突的惨烈,舞狮和南派武功的结合,是粤人好斗之风的又一民俗反映。可见,舞狮与南派武功的结合,与岭南人们的民性有着莫大的关系,是岭南民性的好斗,促进了舞狮中的冲突时有发生,这种冲突的时常发生,又促进了舞狮中融入了南派武功,使得武狮合一,舞狮艺术中展现了岭南武功的各个方面,从南派武功的步型、步法及腰马,到南派武功中的各种桥法,相互促进,使得舞狮也与南派武功一样,从开始二者就密切结合,水乳交融,难以分开。

---

① 马梓能主编:《佛山武术文化》(内部资料),2001年,第36—37页。

三　"武狮合一"是南狮武技蕴含的文化信息

（一）"武狮合一"作为岭南武术融入人们生活方式的一种体现

岭南武术融入了岭南的日常生活，是岭南生活方式的一种体现。"武狮合一"的南狮武技即是岭南武术和民俗舞狮的结合，粤人好相攻击之俗，虽经历代文化孕育教化，但仍然融汇于民间舞狮民俗之中，我们从南狮的各个方面仍然可以察觉出南狮中蕴含的岭南的那种好武之风与好斗习俗。从南狮的外形看，高额、大鼻、明牙、劣唇，头顶有独角，形态威猛，突出百兽之王者的风范；从色彩上看，南狮多以黄、白、黑三色为主，取意刘、关、张桃园三结义，黄脸白须的狮子，虽步法幅度不大，花样较少，但沉着刚健，威严有力，民间俗称为"刘备狮"，红面黑须狮，舞动时勇猛而豪放，气宇非凡，俗称为"关羽狮"，黑脸黑须狮，舞动时气势逼人，动作粗犷，有武士之风，蠢蠢欲动，民间俗称为"张飞狮"[1]；从南狮的动作看，南狮的上肢多以各派南拳的桥手手法为主，步法多以南派拳种中的步法为主，如四平马步、麒麟步、插步、拐步等；从南狮的难度看，无论是早期的民间舞狮，还是现代的南狮，其难度都需要很高的腰马功夫，早期的采高青时的爬杆、叠罗汉都运用了一些南拳中的基本功，需要较深厚的南派武功功底，在采青时，还运用了南派武功的飞铊，更使得南狮的"武狮合一"的地域特色凸现出鲜明的岭南武术特色；由于南狮与武功的结合，使得大多数武馆都有舞狮，这加剧了舞狮活动中常有冲突对抗发生，成了今天我们认识岭南武术文化的一道民俗风景线。舞狮本为岭南日常生活的一个民俗现象，节庆时人们借助舞狮助兴，表达一种祈祷与祝福，而岭南武术却得以融入其中，可以看出，岭南武术已经成为岭南人们一种生活方式而融入了人们生活的各个方面，并成为人们喜闻乐见的一种艺术形式，得以在民间广泛流行，二者相互融合，相互促进，舞狮也成为保存岭南南派武功的一个良好载体，舞狮中挟带着岭南南派武术的练功方法、技法得以在民间世代流传，岭南武功也增添了舞狮的精彩表演，得以在祭祀、节庆等民俗活动中为人们所铭记在心，并借助舞狮这种民俗活动传播到海内外。

---

[1]　陈耀佳、林友标：《南狮》，广东科技出版社 2007 年版，第 28 页。

（二）南狮武技及其"采青"裹挟的历史文化烙印

南狮，在岭南又称为"醒狮"，这一称谓相传起源于清代。岭南自古远离统治中心地处边缘，统治势力鞭长莫及，因此岭南历来成为统治的薄弱之地，起义和反抗暴动风起云涌，尤其是清代以来，岭南的反清民族情绪此起彼伏，一直延续到近代，并成为近代反抗外敌入侵和民族革命的发源地，其中有其一脉相传的文化内因，非一言可以盖及，需要逐步深入分析，但清代岭南人们的反清情绪高涨，并使得整个清代统治者为之伤透脑筋是符合历史事实的。清代是满族统治，为了统治运用多种手段镇压反抗，大兴文字狱。满族为了建立统治血腥屠城，滥杀无辜，激起了群众的极大义愤，岭南地域内的反清活动异常活跃，反清志士与武林人士秘密集聚于此，创立了以反清复明为宗旨的"洪门"（又称"天地会"）秘密会党，几乎活跃在整个清朝统治过程。他们高举反清大旗，到处揭竿起义，不少明末遗臣及末路英雄也藏身于岭南大地的各个角落，进行反清活动。"醒狮"的称谓相传源于清代，就含有暗示人们觉醒，反抗异族统治之意，而在舞狮的高潮部分的采青也被赋予了"踩清"的含义，即暗含推翻清朝的统治。

"醒狮"的含义在岭南近代反帝反封建的革命运动中也发生了变异，但其中仍可以视为有暗示人们觉醒之意，但这种含义却出现于艺术形式中，如粤港澳功夫电影、电视剧中的舞狮，甚至在电影、电视歌曲中也有所显现，如1983年由香港嘉禾电影公司拍摄的电视连续剧《霍元甲》主题歌所唱的那样：

> 万里长城永不倒，千里黄河水滔滔，这里是全国皆兵，历来强盗要侵入，最终必送命。
>
> 江山秀丽叠彩峰岭，问我国家哪像染病！冲开血路，挥手上吧，要致力国家中兴！岂让国土再遭践踏，个个负起使命。啊，啊，这睡狮渐已醒。[1]

而当年这首粤语主题歌在珠江两岸唱起，并逐渐唱遍中国大江南北，

---

① 刘习良：《歌声中的20世纪——百年中国歌曲精选》，中国国际广播出版社1999年版，第544—545页。

至今我们聆听这首歌，依然令人心潮澎湃，心中激起一股股暖流。而演唱主题歌的徐小明（图3-1）不仅是香港著名的功夫影视演员，也是一位真正的武术高手，是一位蔡李佛拳的正宗传人。

图3-1　香港功夫电影演员徐小明

可见"醒狮"的寓意已经深入人心，成为岭南人雅俗共赏的文化之一，虽然随着时代的变迁，其含义发生了一定的形式变化，但仍然具有一定的本质稳定性并在民俗、文艺中有所体现，那就是唤起人们觉醒，即使在新的历史时代里，它仍然具有历史文化烙印，可见一种历史文化具有延续性与遗传性，可谓历史文化的一脉相承。

（三）粤港澳功夫影视中舞狮透露的岭南民俗心理

舞狮是岭南人民一种喜闻乐见的民间习俗，人们在节日或庆祝某种特殊事情时，多以舞狮助兴，因此，作为反映岭南人民的生产生活方式、思维方式及心态的一种集武功、艺术等于一身的民间活动，在粤港澳功夫影视中非常多见，在以黄飞鸿为题材的100多部电影中，直接或间接以舞狮为片名的就有9部（表3-1）。

表3-1　　　　　1949年以来以舞狮为片名的黄飞鸿题材电影

序号	电影名称	首映日期
1	黄飞鸿七狮会金龙	1956年3月4日
2	黄飞鸿七斗火麒麟	1956年4月25日
3	黄飞鸿怒吞十二狮	1956年4月29日
4	黄飞鸿醒狮会麒麟	1956年5月16日
5	黄飞鸿狮王争霸	1957年4月7日
6	黄飞鸿醒狮独霸梅花桩	1968年4月2日
7	黄飞鸿巧夺鲨鱼青	1969年2月23日
8	黄飞鸿之狮王争霸	1993年2月11日
9	黄飞鸿之西域雄狮	1997年2月1日

资料来源：邓富泉《黄飞鸿传略》，宁夏人民出版社2007年版，第130—134页。

通过粤港澳功夫电影我们可以了解到舞狮中岭南人民的一些民俗心理，较为突出的表现为祖先崇拜与宗族意识很浓。岭南人民舞狮中反映的祖先崇拜主要表现在一般祖先祠堂中都设有舞狮，民间有"只要有祠堂，便有舞狮和洪拳"之说，洪拳是岭南著名拳种，它具有的文化意义和影响力需要我们在以后篇章中再深入探讨，这里主要表明岭南凡是设立祠堂的地方，一般都有舞狮活动开展，舞狮成为岭南人民祭祀祖先的一种活动，舞狮也成为一种崇高的祭祀活动形式之一，受到人民的普遍关注，因此，舞狮活动也得以广泛流行。在功夫电影中出现在祠堂祭祀活动中的场景，也正是舞狮和先祖崇拜联系在一起，一旦有舞狮发生矛盾，也多引起群体争斗，甚至整个族群的群体械斗，在舞狮中表现出的英雄人物被公认为族群的英雄而受到整个族群的推崇，而要在舞狮中表现突出，必须具有精湛的南派武功,祠堂中的舞狮和练习南派武功是一体的,密切联系的。祖先崇拜与宗族意识可以说是一脉相承的,不同的祖先自然有不同的祠堂,而即使是同一祖先,宗族分支也有不同,即在同宗中也有不同的宗派,有所谓大宗强族和小宗弱族之分,而为了壮大本宗族,在舞狮中不被压倒,就需要有武功者担当本宗族的领袖。宗族中大多请一些武功高强的武师给本宗族的年轻人教习舞狮及武功,以壮大本宗族的实力,而在节庆或祭祀祖先的大型活动中,舞狮就成为传达各宗族大小强弱的一种符号,"采青"成了各宗族激烈争夺的对象,这涉及本宗族的荣辱得失。粤港澳功夫电影中的舞狮大多伴随了激烈的身体冲突,表现英雄的功夫超群,为本宗族夺得象征至高荣誉的"青",以示本宗族今后的兴盛发达。而功夫电影中所表现的如黄飞鸿英雄形象寄托了岭南人民的一种民间心理,渴望拥有超人的武功和狮技,可以抱打不平,为本宗族、平民申冤的市民心理,反映了一种下层市民的普遍心态,也正迎合了岭南广大民众的心理需求,让人们通过电影中舞狮和功夫的表现,得到心理上的宣泄和满足。这些舞狮场景经久不衰,成为粤港澳功夫影视中不可缺少的素材,就是今天,或许以后,舞狮中反映的岭南民间心理仍然会继续存在于岭南人民心中,仍然会唤起人们的心灵共鸣,这是粤港澳功夫电影在海内外华人华侨以及人民大众中得到响应的原因。

(四)南狮武技远播海外,成为联系海内外华侨华人民族情感的纽带

岭南地处南海,很早就与海外有商贸往来及文化交流,这使得岭南先民很早就走出国门,到东南亚一些国家(俗称"南洋")及美洲等地谋生,在海外华人聚集之地,也将南狮武技带到了海外,在异国他乡,盖有岭南人居住之处,逢年节庆,多有舞狮活动,舞狮、打功夫成了海外华人的象征。随着时代的发展,舞狮和打功夫在外国人眼里,也化作了中国文化的一种符号,成了华人与中国文化的代表。在海外的华人华侨,一见到舞狮子和打功夫,便可以说有"他乡遇故知"的思乡念国的民族情感,内心会悠然升起一种强烈的中华民族情感,一种自豪感,并由此把海外游子与祖国的兴衰联系在一起。舞狮武技成为联系海外华人华侨的一条情感纽带,虽远隔千山万水也难以割断他们与祖国的血脉相连,他们也会不远万里而来为国家贡献他们的点滴力量。南狮武技随着岭南人到海外谋生,尤其在海外华人华侨聚集的地方广泛流传,成为广大华人华侨等海外同胞认祖归宗的文化桥梁和海外华人与祖国联系的一条精神纽带,其文化意义

与价值影响深远。

历史的文化烙印总会镶嵌在曾经经历过的地域土壤上，我们总会在这一地域发现它曾经留下的历史文化痕迹，以及留在人们日常所见的民俗事务中。通过南狮蕴藏的这些历史文化信息，我们不仅看到的是岭南武术与狮艺的结合，还可以通过南狮相关的文化点滴，映射出岭南历史上发生的重大历史事件，及其潜藏的岭南民族文化心态，这种深层的文化心态才是岭南武术文化的核心，它伴随着岭南武术不断演进，在不同的历史时期继续承担起反抗外族入侵，维护国家统一的历史责任。深入挖掘岭南武术与南狮武技蕴含的文化，才能使其背后依附的深层心态文化得以弘扬，否则，"皮之不存，毛将焉附"。

第二节　"武、戏结合的梨园子弟"——岭南粤剧艺术之中的武术

一　粤剧的历史沿革

（一）孕育：外江班入粤

粤剧又称广东大戏、广府戏等，它继承了古代歌舞、百戏、元明南戏、明清传奇等优秀传统艺术，经过数百余年的兼收并蓄，已成为流行于广东、广西、香港、澳门等粤语方言地区的一大剧种，影响遍及五大洲，为岭南四大剧种粤剧、潮剧、琼剧及广东汉剧之首，曾被周恩来总理誉为"南国红豆"，是世界上流传最广的地方剧种之一，既与传统的中华文化一脉相承，又具有浓郁的岭南文化特色，著名剧作家田汉将粤剧表演艺术概括为"热情如火，缠绵悱恻"。

佛山是粤剧的主要发源地，目前虽然对粤剧的起源时间说法不一：有人认为粤剧起源于明代万历年间（公元 1573 年—1620 年），以佛山"琼花会馆"的建立作为粤剧形成的最早的行会组织；有人则认为粤剧始于雍正年间（公元 1723 年—1735 年），以张五（摊手五）自北京逃亡至佛山，将外省的戏剧艺术带来广东，逐渐形成粤剧；还有人认为，应从咸丰四年（公元 1854 年），佛山粤剧艺人李文茂率红船子弟头裹红巾反清起义时（红巾军起义），开始计算粤剧的历史，但考察粤剧起源地多离不开佛山。[①] 据

---

①　马梓能、汪佐中：《佛山粤剧文化》，广东经济出版社 2005 年版，第 6—7 页。

广东粤剧博物馆介绍，其实早在汉代，佛山已有歌舞表演，明代正统年间，佛山人以演戏助威，曾阻止了黄萧养①对佛山的进攻，保住了佛山免受战争洗劫之灾。

佛山的粤剧活动最早可以追溯到明代。明清之际，佛山"地合西北二江之流，从外省来者，皆问途于此"②，为南北水陆交通的重要枢纽，陶瓷、纺织、铸造等工商业、手工业十分兴盛，经济繁荣，百货山积，商贾云集，会馆林立，位居全国"四大名镇"（佛山、汉口、景德镇、朱仙镇）之首和南北商贸中心市场"四大聚"中京师之外的第二聚③，当时众多的行会、会馆几乎逢节令、神诞、行业祖师诞均邀请外江戏班来演戏以作娱乐。钉行、颜料行会馆以及福建、江西、潮梅等会馆都建有戏台，一些手工业行会还规定：若有学徒出师，都要请戏来敬神谢师。佛山受外地戏班诱发，本地戏班相继而起，成为粤剧的大本营。据明代成化十七年（公元1487年），佛山石湾太原霍氏族谱记载："七月七之演戏，世俗相尚，难于禁革。"乾隆《佛山忠义乡志》记述："六月初六日，普君神诞，凡列肆于普君者，以次率资演戏，凡一月乃毕。""三月三日，灵应祠神诞，乡人士赴祠肃拜，各坊结彩演戏，曰'重三会'，鼓吹数十部，喧腾十余里。""十月，晚谷毕收，自是月至腊尽，乡士各演剧以酬北帝，万福台中鲜不歌舞之日矣。"此外，四月初八金花诞、六月十九观音诞、九月二十八华光诞等演戏活动亦相当频繁④。康、雍、乾时期，佛山镇户口超过10万户，常住人口达到50万人。镇内建有各省会馆37所之多，可见侨寓人口之众，大多数是经商的。乾隆时期大量外省戏班涌入岭南，主要是这一时期乾隆下令仅允许广州为唯一通商口岸，广州于是成为唯一中外贸易集散地，导致大量外省商贾云集广州，如安徽、江西、湖南、江苏、浙江、福建等大量商人云集广州，其中有的商人还斥巨资邀请外省戏班随来。当时广州的戏班大致分为三类：一是纯粹外江班；二是本地外江班（广东子弟学外江后组班）；三是本地班。而以外江班力量最雄。据清

---

① 黄萧养为明代广东农民起义首领，他于明正统十四年（公元1449年）率众起义，围攻广州时分兵进攻佛山。

② （同治）《南海县志》，第19卷。

③ 李燕：《港澳与珠三角文化透析》，中央编译出版社2006年版，第160页。

④ 佛山市地方志编纂委员会办公室编：《佛山史话》，中山大学出版社1990年版，第164—165页。

人丁仁长说："……凡城中宫宴赛神,皆系外江班承值。其中粤中曲师所教,而多在郡邑落乡演剧者,调之本地班,专工乱弹,秦腔及角抵之戏。"[1] 来自荆楚(湖北)、徽(安徽)、晋(山西)等地的富商,腰缠万贯进入佛山,做铁、陶、丝、布、药等生意。在中国戏曲史上,此时为昆曲全盛时代。唱着弋阳腔、昆山腔等"外江班"随之而来佛山,形成了本地商贸发达、戏曲繁荣的景象。乾隆十九年(公元1754年)刻《佛山忠义乡志》记载佛山逢北帝神诞:"乡人各演剧以酬北帝,万福台中,鲜不歌舞之日矣。"[2] 外省戏剧进入粤地后,为了适应粤民的需要,戏班中人,逐渐将唱段改用广州方言演唱。开始时,戏棚官话与广州方言杂陈,以后方言的比重逐渐增多,地方色彩越来越浓厚,久之,人称"广府大戏",也称粤剧、粤曲。

(二)发展:工技击的本地班"红船子弟"

早期的粤剧戏班,有外江班和本地班之别:凡是外省剧种进入粤的戏班,一般称为外江班;而由本地戏曲艺人组成的戏班称为本地班。外江班与本地班的竞争与抗衡不断,清道光杨懋建《梦华琐簿》载:"外江班妙选声色,技艺并佳妙,宾筵顾曲,倾耳赏心,录酒纠觞,多司其职,舞能垂手,锦每缠头;本地班但工技击,以人为戏,所演故事,类多不可究诘……久申历禁,故仅许赴乡村搬演。"这使得当时广东官府对外江班倍加推崇,而对本地班却加以多方面贬抑,只允许本地班到一些偏远乡村演戏,故而外江班多盘踞于广东的政治中心城市广州,本地班则多以佛山为中心并向周围辐射巡演于四乡一带。珠江三角洲一带河网密布,多以舟船为交通工具,本地班奔赴四乡演戏,自然多以船为出行工具,因当时船桅杆及船身均涂以红色,分外醒目,久之粤人看到红船就知道是本地班演戏,红船(图3-2)之说习以为常,成了本地班的代称,粤伶也被称为"红船子弟"。

乾隆元年到六年(公元1736年—1741年)任新会知县的王植曾写道:"每日公事稍暇,即闻锣鼓喧闻,问知城外河下,日有戏船。"(《崇德堂集》卷八)可见本地班至少在清代雍、乾年代便已使用红船。清光绪十年(公元1884年)成书的《荷廊笔记》亦谓:"(本地)班之著名

---

① 广州市政协文史资料研究委员会粤剧研究中心合编:《粤剧春秋》,1990年,第3页。

② 马梓能、汪佐中:《佛山粤剧文化》,广东经济出版社2005年版,第6—7页。

图 3-2　广东粤剧博物馆陈列的"红船"模型

街，东阡西陌，应接不暇，伶人终岁居巨中，以赴各地之召，不得休息。"清末，戏班的规模越来越大，其中的大班需要两艘红船，称为"天艇"与"地艇"。红船巡回演出时，它的总管称"坐舱"，他熟悉演出地点及江河行船状况，掌握戏班生命财产和对外经营大权①。

（三）兴盛：琼花会馆——最早的粤剧行会组织

佛山为粤剧的发祥地，当地的粤剧戏行有句话为"未有八和，先有吉庆；未有吉庆，先有琼花"，说明琼花会馆成立是很早的，琼花会馆是本地班艺人最早的行会组织。明清时期佛山的经济繁荣给粤剧带来了兴盛，当时各种酬神演戏活动可谓此起彼伏，琼花会馆是本地各戏班集众和伶人报赛之所，也是各乡为贺神诞及吉庆节日买戏演出之处。

明嘉靖年间，佛山已有戏行会馆。这是艺伶聚散之所，教习、切磋技艺之地，也是当时戏班管理的机构。会馆原址在大基尾华光庙，又称琼花馆，因不慎失火，两次被焚。明代万历年间（公元 1573 年—1620 年），在大基尾汾江河边石云古道附近太王庙侧重建琼花会馆，于水埗头边立一石碑，上刻"琼花水埗"四字，艺伶在水埗上落戏箱，乘红船到四乡各地演出。清初顺治十五年（公元 1658 年），佛山祖庙华丰戏台建成（公元 1899 年改称万福台），粤剧艺人每年六月上旬在琼花

① 马梓能、汪佐中：《佛山粤剧文化》，广东经济出版社 2005 年版，第 200—201 页。

会馆组班，六月十九观音诞时，集中在万福台作首场公演后分别到外地演出，至次年六月初一才散班。各地乡社主会、豪绅富户，亦每于神诞喜庆，到佛山请戏班赴演①。

道光十一年（公元 1831 年）刻《佛山忠义乡志》，收梁序镛填汾江竹枝词一首："梨园歌舞赛繁华，一带红船泊晚沙；但到年年天祝节，万人围住看琼花。"② 因此，这一时期，本地班"红船子弟"在琼花会馆组织下，获得迅速发展，达到了兴盛。由于当时佛山经济繁荣，带来了吉庆节日，加之岭南各地的民间信仰"神诞"较多，"红船"经常往返于珠三角地区，可以说成为当时的一道文化风景线，这也使得粤剧文化深入民间千家万户，为后来"反清"思潮借助进入粤剧红船得以在岭南广大民间传播埋下伏笔。

图 3 - 3　广东粤剧博物馆陈列的"琼花会馆"复原牌匾

（四）转折：戏子封王第一人，粤剧艺人掀起的"红巾军"

道光三十年（公元 1851 年）爆发了太平天国起义，伴随着各地不断发生天地会起义，咸丰四年（公元 1854 年）佛山工人陈开为首的天地会

---

① 佛山市地方志编纂委员会办公室编：《佛山史话》，中山大学出版社 1990 年版，第 164—165 页。

② 马梓能、汪佐中：《佛山粤剧文化》，广东经济出版社 2005 年版，第 8—9 页。

发起反清起义，佛山凤凰仪红船弟子李文茂（图3-4）率领数千粤剧艺人响应并组建了"红巾军"，与太平天国遥相呼应。

图3-4 广东粤剧博物馆"李文茂"塑像

李文茂为粤剧武行中的头面人物，在粤剧中饰二花面，以演《芦花荡》中的张飞和《王彦章撑渡》中的王彦章著称，因将精彩的武打和剧情融为一体而深受当时人们的喜爱。起义后他将戏班中的艺人分为三军：小武、武生等为文虎军；二花面、六分等为猛虎军；五军虎、龙虎武师等为飞虎军。李文茂自己身穿戏班中的蟒袍甲胄，称三军主帅，红船子弟也都各穿戏服，手持各种真兵器跟随，群众跟随起义者多达 10 万。传说李文茂部下有不少猛将，如饭斗伯，原是梨园武生；煎包，原是梨园六分；和尚能，原名邝能，精少林棍法；周春，番禺沙亭岗人，李文茂失败后，投奔太平军，累功封王；飞铁凤，原是江湖卖艺女郎，后嫁周春，善使飞铊。戏服不足，以红巾裹头，因此史称"红巾军"。起义军认为，反清先从恢复汉装开始，而班中戏服，一向都是明朝衣冠，所以，红巾军之不屑清装，自含革命的意义在内。以李文茂为首的粤剧艺人，武艺不凡，英勇善战，他们将戏剧中行兵布阵之法，先锋合后的战略，水火相攻的战术，运用到革命斗争中，攻城略地，出其不意，所向披靡。每临城垣，班中武师运用筋斗翻越，仿佛飞将军从天而降，令守卒惊惶失措，弃兵器而逃窜。后来，起义军进入广西，攻克柳州后，建立大成国，李文茂称平靖王①。建立政权后按戏场称谓，设丞相、都督、将军等职，其所部军队亦按戏中点兵排场习惯，按其职位高低分别穿着蟒袍、官衣、靠甲、箭衣等戏服，礼节仪式均如戏场。田汉将李文茂誉为中国戏剧史上"戏子封王第一人"，这是粤剧艺人惊天动地的一次革命行动，在世界戏剧史上也是一次壮举。

咸丰八年（公元 1858 年），红巾军因攻打桂林失败，李文茂在进军贵州途中病逝于怀远山中。粤剧艺人的这次起义，使得清政府大为震惊，进而迁怒于粤剧行当，首先将佛山的琼山会馆及其所在大基尾一大片民居烧为瓦砾，追杀粤剧艺人，并下令禁演，红船子弟的遗骨后来成为一座"铁丘坟"。

李文茂在粤剧中多饰演英雄人物，长期受所饰演英雄人物的熏陶，对其性格有很深的影响，这使其在起义至建立政权的整个过程中大多运用了戏中剧情指使其行为，这是粤剧文化深入其心理，又转化为行动的体现。另外，在起义中粤剧武生们的武功显示了实战威力，可见，粤剧中的武功并非仅仅是戏台上的花法，而其实是在实际中发挥作用的，这为我们在后面讨论粤剧与南派武功提供了历史依据，可以加深我们对粤剧中南派功夫的认识，并对理解粤剧文化对岭南武术文化的传播意义有帮助。

这次起义对粤剧的发展造成了一定的伤害，使得粤剧的发展进入了转折时期，陷入了低谷，它将本来就只能在民间乡村中演出变得更加隐秘，

---

① 马梓能、汪佐中：《佛山粤剧文化》，广东经济出版社 2005 年版，第 8—9 页。

成为一些反清人士得以潜藏的载体。这次起义并不是一次偶然的个体行为，它有着深远的社会历史背景，是长期的岭南历史文化积淀在特定时期的一次爆发，它深受岭南整体历史文化积淀、民族群落心理价值观及人们的行为方式的影响。为什么独有在岭南的粤剧中有这样的起义？又为什么历史选择在岭南的佛山？其中的文化内因值得我们将岭南历史上的信息串联起来思考。

（五）恢复与改良：岭南风俗驱使下的粤剧曲折发展

佛山风俗，有喜庆酬神，例必演戏。这种岭南风俗由来已久，民间风俗是不容易改的，但在清政府的禁令下，粤剧只能隐藏在"外江班"中演出，使得粤剧只能在外省剧掩护下演出，才得以有一线尚存的机会。

同治七年（公元 1868 年），这时距离李文茂起义已经过了整整 10 年，也许随着岁月流逝逐渐被政府淡忘，压力减轻。时任两广总督的瑞麟，借为母亲祝寿之名，粉饰太平，下属的官员争相选戏班，以进总督府助庆，粤剧班业经多年生聚，人才与剧目都超过了"外江班"。此次粤剧得以进入总督府并演出，深得总督太夫人欢心，有了申述粤剧解禁的机会，其后，瑞麟果然奏准粤剧复业，粤剧又进入一个新的发展时期。

我们对粤剧的历史沿革有一个轮廓式的认识，这为我们讨论粤剧与岭南武术文化的联系时提供了一个历史的视野，使我们加深了对粤剧艺术对岭南武术文化传播及影响的感性认识。

二　粤剧艺术与岭南南派武功的文化渊源

粤剧从其孕育期开始，就以工技击，与南派武功相结合而形成了与外省剧种明显的地域特色，其他剧种多以舞蹈、艺术、唱腔等为主，而粤剧则多以人物故事为主要剧情，加入南派武功对打，在塑造人物时可以加入个人感情，对时政多有评论，因此遭到当时政府各方面屡禁，使得粤剧只能在乡村演出，这使得粤剧在广大民间有了深厚的群体基础，也使得粤剧符合广大民众的心理需求和审美情趣，粤剧正好切合了广大民众的心理需求，而深得民心，成为一种岭南下层民间俗文化。

（一）南派武功为早期粤剧赢得的发展机会

粤剧早期是承袭了元代杂剧之末、生、净、旦、丑、外、小、贴、夫、杂十种角色，其中"生"即包括武生、小武在内，多属于北派武功，也多是吸收了元代杂剧的演出方式。据乾隆版《佛山忠义志》卷六乡俗志记载，明正统十四年（公元 1449 年）"相传黄萧养进攻佛山时，守者令各里杂扮故事，彻夜金鼓震天……贼疑不敢急攻，俄竟遁去"①。从这段文字记载我们可以推测，应当在明时期，粤剧处于孕育期，当时粤剧还多为元代杂剧，"各里"多能演杂剧故事，演出的多为金鼓震天，真刀真枪的北派"打真军"，这才使得黄萧养不敢贸然进攻。道光版《佛山忠义志》卷十二金石上"修灵应祠"记载："海寇黄萧养倡乱，屠陷乡邑……而佛山四面列栅，相距数旬，贼众辄见皂麾中有巨人，元衣披发，手执长剑，冉冉而出，故当之者无不披靡云。"② 这里的描述向我们更形象地说明当时杂剧艺人穿着元人的戏装，手挥长剑，并将个别起义进攻者杀死，一句"故当之者无不披靡"，表明艺人们并非仅靠金鼓震天的锣鼓吓唬人，而是在手杀进攻者后，使起义进攻者更坚信了这些艺人是"真军"后不敢急于进攻的，这些艺人是有武功。这些忠义乡亲父老组织的忠义勇守城有功者，得到朝廷的赏识，被封为"忠义官"，得以进入史册记载。这无形之中为后来粤剧的发展争得了有利的机遇，得到统治者的支持和首肯。

（二）粤剧本地班工技击的南派武功传统特色

粤剧本地班从开始形成时就与外江班有着不同的特色，这与岭南地域内人们的生活方式与思维方式有着密切的关系，外省剧种多种形式花样繁多，如外江班的元杂剧等，挟带的传统儒家文化较多，也可以说这些剧种多迎合统治者的要求，因而受到统治者的推崇。而吸收外省剧种并逐渐本土化的粤剧本地班，无论从语言、形式等方面，都是迎合广大民间的下层民众，多以人为戏，演故事人物，并结合本地的武功，也符合岭南简单、实用的思维方式，没有那么多的花样，而且针对时事多有个人发挥评论，多和当朝统治者的思想不和，因此受到朝廷统治的贬斥，只能在广大四乡八邻演出。

粤剧的重要发祥地佛山是一个南派武术重镇，粤剧自然受到了南派武功的影响，并因此把粤剧发展到一个较高的艺术水平，可谓二者相得益彰。佛山是粤剧的早期活动中心，本地班的戏行会馆设在"大基尾"，由于受佛山尚武精神的影响，所演剧目以"工技击"、"鸣金收角，目眩耳

---

① 马梓能主编：《佛山武术文化》（内部资料），2001 年，第 23 页。
② 同上。

声"的武术戏为主。

1. 从传统剧目看粤剧中传统的武功戏

在粤剧的剧目中，据说早期在清乾隆年间流传的"江湖 18 本"，是粤剧前辈们选取最流行的古剧编成的，后来的"新江湖 18 本"、"大排场 18 本"，这些粤剧剧目虽然相互有出入，但我们能从这些经典剧目中粗略地看其中文、武戏的比重。

表 3 - 2　　　　　　　不同时期粤剧剧本中的文、武戏比重

序号	剧本	文戏数目	比例	武戏数目	比例
1	江湖 18 本	7	38%	11	62%
2	新江湖 18 本	6	33%	12	67%
3	大排场 18 本	5	28%	13	72%

资料来源：马梓能主编《佛山武术文化》（内部资料），2001 年，第 27 - 28 页。

我们从以上三个不同时期的粤剧 18 本中，明显地看出粤剧在不同时期武戏粤剧剧目都占了大多数，比例远超过文戏，而且随着时代的越来越近，武戏所占的比例也越来越大，可见粤剧中武功戏在粤剧中的地位，而且一些文戏中也夹杂着武功的表演，当然武戏中也有些文戏成分，但总体上粤剧中武功戏占主要成分，我们也从中发现粤剧的发展深受其发祥地武术重镇的影响，武功和戏剧都是民间生活的一部分，二者相互交融、相互促进，和岭南人们的生活密切联系。

2. 粤剧艺术表演中的南派对打武功

粤剧艺术中融入了南派武功表演，在舞台表演中南派对打武功独具特色的"手桥"，单头枪对打及兵器对打时的"打真军""见紫标"等，演员在舞台表演时持棍对打要打击出强烈的声响。粤剧舞台的对打表演，据粤剧艺人说多传自少林武术，后来又吸收了岭南各地拳派的技法，将这些技法运用于舞台表演，在粤剧中也称为"南派武功"。林里《试说南派武功戏》一文认为粤剧武技的特点为："一是重功夫、讲实用，一是重阵势、用力气。因此硬功多，打起来猛过于威，气重于势。"

林榆在《新珠谈粤剧传统艺术》中说"南派是粤剧武场的传统艺术，有自己独特的风格……南派师承于少林派……少林派的拳规定用五寸手和硬拳硬马的打法，在舞台经过艺术加工，已经美化了"，"南派武打的花

图 3 – 5　粤剧舞台的"南派武功"（广东粤剧博物馆陈列图片）

样很多，我知道的有手桥、刀枪、把子、一零八桩手、六点半棍、行者棍、双头棍、昂口刀、杀手铜、禅拐、佛掌、双鞭、单刀鞭、长线拳、花拳、连头、拦门寨（三叉）、双枪、锁喉枪等"①。据一些老粤剧艺人讲，仅舞台上表演的拳花就有一百零八种之多，可见粤剧对南派武功也有不朽的贡献，二者相互影响、相互促进。

粤剧本地班的"工技击"特色是与发祥地佛山的尚武精神分不开的。所谓"工技击"是指戏剧武打融合"南派"武术，后来吸收京剧武功，贯以"北派"之称来区分。从中可见南派之技击由来已久，是粤剧岭南地域特色的显现。岭南南拳以拳为主，尤以上肢手臂的"桥"运用变化多端，而移植到粤剧艺术中更加艺术化，而这些舞台上的艺术表演却来自日常勤加练习的真功夫，而为了练习手桥功夫，则以咏春拳的木人桩为手段，这显示了粤剧艺术与南派武功的融合。而咏春拳的起源也与粤剧有着千丝万缕的历史文化联系，无论粤剧武生还是咏春拳派都公认二者为一脉

---

① 马梓能主编：《佛山武术文化》（内部资料），2001 年，第 23 页。

相承，也多公认有着共同的祖师①。一般戏剧和武术流派多有着各自的祖师，而粤剧武生和咏春拳都公认一个祖师，这从中透露出粤剧和南派武功的密切联系。粤剧中以工技击为特色，因此，武生在粤剧中的地位很高，武生们的武功自然成为日常必练的功夫，而上肢手臂"桥"的练习也为武生们日常必操之功，可谓"拳不离手"。粤剧艺人多生活在"红船"上，红船由专门出租船只的"船栏"按戏班业务的需要而特制，以两只为一组。每组红船分为天艇和地艇，两艇大小相同，长五丈七八尺，宽一丈六七尺。船内的铺位和间隔，是按戏班的需要而设计的，船身漆上绚丽的红色。两艇的设备大体相同，船头都有一龙牙，龙牙左右，备置一锚，两锚之间，装置一门自卫用的土炮②。船头有一条缆绳用以索船，当"红船"泊船系缆后，艺人们可以在船的甲板上练功，会在舱位上装置上桩，供艺人用以练武，当行船时，也可以在舱内米柜头装上桩，这样使得艺人不致中断练功，随时都可以练习（图3-6、图3-7）。木人桩，无论是

图3-6　旧时粤剧艺人船头练功图　　　图3-7　粤剧红船上的"木人桩"

---

① 粤剧武打行当艺人都尊崇张五（即摊手五）为粤剧武行祖师，而民间咏春拳师也多尊崇张五为咏春拳祖师（张五—黄华宝—梁赞）。

② 马梓能、汪佐中：《佛山粤剧文化》，广东经济出版社2005年版，第30页。

粤剧中的木人桩还是咏春拳的木人桩，都相传是红船上的咏春拳前辈因无对手练习以及红船上地方狭窄而专门设计出来的自我练习方法，所谓"无师无对手，只与桩中求"。

3. 精通南派武功的粤剧艺人

粤剧艺人在舞台上的南派武功并非仅仅是花架表演用的，他们多为武功不凡的南派高手，当时许多粤剧艺人多是上台演戏，下台则是卖武为生，并有许多粤剧艺人本身就是一代宗师，如咏春拳的中兴之人，有"佛山赞先生"之称的梁赞，即师从当时在粤剧中演二花面的黄华宝。在粤剧艺人中南派武功佼佼者为数不少，据《佛山武术文化》记载的有"武探花"之名的铁汉子梁荫棠，他除了拜"金牌小武"桂名扬为师，学习粤剧舞台表演功夫外，还拜当时南拳高手陈斗（佛山鸿胜蔡李佛传人谭三门徒）、程君侠为师，学习蔡李佛功夫。另一位广东武术家王观士也曾在粤剧中当过小武。关德兴，曾在电影中饰演黄飞鸿而使黄飞鸿成为岭南乃至世界家喻户晓的传奇人物，对弘扬黄飞鸿及岭南武术文化作出了巨大成绩。他在20世纪四五十年代拍摄的100多部黄飞鸿电影中主演了77部。关德兴14岁即进入粤剧戏行拜当时著名武生"新北"为师，学习深造南派武术及舞台表演，后来又拜兼善洪拳与白鹤两派拳术德霍雄为师，学习了洪拳的"沉桥短马"及白鹤派的"长桥大马"南派武功，并经过多年勤加练习，创出一套"十形拳"，并授徒传艺。如果没有过硬的南派功夫，关德兴是难以在早期的77部电影中塑造好黄飞鸿这位南拳宗师形象的。当代被称为"功夫之王"的李小龙的父亲李海泉也是粤剧中的著名武生，李小龙从小也受到家庭的习武影响。

三 粤剧艺人"反清复明"的政治背景及其深厚的思想历史文化基础

由粤剧艺人参与的红巾军起义与中国历史上的其他农民革命运动有着明显的不同，起义无论从组织领导上，还是组织的广大成员及其战斗力等方面，粤剧艺人都起着举足轻重的作用。从起义军队的编制、服饰到作战和日常生活都显示了粤剧的影响和艺人们的骨干作用，处处都表现出粤剧的特色。由粤剧艺人李文茂率领广大粤剧艺人参加的大规模农民起义——红巾军起义，在历史上演绎了可歌可泣的民族英雄壮举，被中国戏剧协会前主席田汉誉为"世界戏剧史上史无前例的光辉榜样"，可谓一语道破红巾军起义的特殊历史意义。虽然这次起义最后失败了，但其中大量史实揭示粤剧艺人的"反清复明"的思想，及其粤剧艺人的南派武功在起义中所起的重要作用是无法磨灭的。红巾军起义可以看作粤剧艺人群体中"反清复明"的思想在实践中的体现，也是岭南武术文化中富有反抗精神在广大岭南民间民俗文化中的一个反映，是我们窥探岭南武术文化深入广大岭南民众之中的例证，也是岭南武术心态文化的重要体现，是岭南武术心态文化在历史特殊时期、特殊文化载体的一次爆发。

红巾军起义为什么会在佛山爆发？又为什么会选择粤剧艺人作为历史主角？大量的粤剧艺人参与到农民起义中来，必然有其政治背景及其深厚的思想文化基础。任何事物的产生和发展都不是孤立的，而是有其社会和历史根源的。为此，我们有必要深入探究这次由粤剧艺人领导参与的农民起义背后潜藏的政治背景及其深厚的思想历史文化根源。

(一) 政治背景：佛山经济由盛转衰引发的粤剧艺人的社会地位变化

佛山是岭南的经济文化重镇，在兴盛时期比广州繁华兴旺，是岭南经济文化中心，交通上的便利、经济上的繁荣，为粤剧的早期发展提供了优越条件。明景泰年间（公元 1450 年—1456 年）祖庙灵应祠碑记对当时的佛山有如下描述："民庐栉比，屋瓦鳞次，亿万余家，习俗淳厚，士修学业，农勤耕稼，工善炉冶之巧，四远商贩，恒辐辏焉。"清道光十五年（公元 1835 年）的《南海县志》卷六舆地略记载，那时南海县占地甚广，范围涉及今广州西关一带，佛山是南海县的首府，又是明末清初闻名全国的四大名镇及中国四大聚（即北则北京、南则佛山、西则汉口、东则苏州）之一，理所当然地成为当时广东的经济文化中心，自然也是商贾云集及社会精英名流会聚之地。佛山的冶铁非常发达，《广东新语》上记载"诸炉之铁冶阮成，皆输佛山之埠"。表明省内各地的冶铁都集中在佛山，冶铁业的发达带动了手工业、陶瓷业、纺织业的发展，手工业行会会馆纷纷建立。经济的兴盛也带动了粤剧的兴起，佛山旧志曾指出粤剧会馆瑰丽为当时会馆之冠，可见当时粤剧的兴盛。大约在清初，佛山的经济达到了封建时代所达到生产规模的最高峰，形成了岭南工商业最大的商业都会。清初吴震方《岭南杂记》上说："佛山天下商贾皆聚焉，烟火万家，百货云集，会城百不及一也。"① 会城即指广州而言，可见当时佛山经济远盛

---

① 广东省佛山市委员会文史委员会：《粤剧史研究》（佛山文史资料第八辑），广东省出版（内部刊物），1988 年，第 79—82 页。

于广州。此时期粤剧本地班达到了有史以来的兴盛时期，据说当时佛山有数千红船子弟，他们每年六七月就回到琼花会馆集结、组班。然而，鸦片战争爆发后，佛山的兴盛经济被西方的资本主义在中国生产的商品倾销所冲垮，清政府的丧权辱国，关税不能自主，被迫开放通商口岸，佛山成为洋货集聚之地，手工业产品生产遭到致命打击，纷纷倒闭垮台，经济全面崩溃，大量手工业工人失业，工厂关门，而政府贪官污吏趁机将战争赔款转嫁到人民身上，增加税收，广大人民日益贫困，挣扎在饥寒交迫的生死线上，数千名红船子弟也面临生活潦倒困境，而这时陈开领导的天地会起义，得到了粤剧艺人李文茂的积极响应，粤剧艺人们甘愿冒杀头、灭族之危险而敢于挺身参加红巾军起义，这说明人们已经到了无处求生、不得不反的境地，这也是数千名粤剧艺人及广大农民、手工业工人一呼百应响应红巾军起义的历史原因之一吧！

（二）思想基础：天地会"反清复明"思想在红船子弟中的传播

粤剧艺人一向被统治者视为社会底层，红船子弟们的社会地位低下，并受到当朝政府的贬抑，社会底层阶级是封建统治阶级压迫最沉重的，各种摧残也最深，然而致使红船子弟数千人群起响应农民起义，也绝非凭空而起、心血来潮的意气用事，其中有一个思想酝酿和反抗意识积聚的历史过程。岭南地域内有长期历史积淀的族群强烈反抗意识，尤其是对外族入侵，从先秦时百越民族的抗秦，直到清朝建立后岭南一直是反清复明的重要地区，其中影响清朝统治的天地会的主要活动就在岭南地域内，并影响到全国乃至海外，而这种天地会"反清复明"思想自然也在红船子弟群体中传播，并且由于粤剧的独特性，使得这种思想长期在梨园子弟中流传、积聚，最后借助外界历史机遇得以爆发。

1. 粤剧本地班的乡村民间演出使"反清复明"思想深入民间并培育了深厚的群众基础

粤剧本地班多工技击被政府限制仅在乡村演出，这使得粤剧多和岭南广大民间下层群体接触，而且粤剧以人为戏，多评论事实，为清政府多次禁令，受压制与歧视的梨园子弟多把民间故事改编为剧目上演，由于贴近下层人民的生活而深受喜爱，艺人们把对社会、政府的不满通过演戏的形式在广大民间广为流传，粤剧艺人们对反清的这种不满情绪伴随着演出而在艺人群体中不断得到积淀和深化，梨园艺人通过长期演出各种英雄人物的义举得到不断强化熏陶了个人气质，并把这种英雄人物感染传递给广大民间群体，获得了一种情感的共鸣。如起义领袖李文茂，佛山鹤山人，体雄力健，声若洪钟，世代皆为名优，继承父辈演二花面，以演"芦花荡》中的张飞及《王彦章撑渡》中的王彦章著称，而且尚义轻财，颇具江湖侠气，精于技击，被推为班中武家领袖。李文茂长期饰演历史上的英雄豪杰、侠士等角色，戏剧中的历史人物的英雄气概、路见不平拔刀相助的江湖义气，无疑会激发他的爱国思想和反对异族统治意识，潜移默化地产生作用和深刻影响。他的这种反抗思想在他的行动中得以充分地表现出来，他曾利用粤剧表演，编演了一批反映现实生活和革命斗争的剧目，如编演的歌颂广州三元里人民英勇抗英①的"三元里打番鬼"等剧目②。这些表现是他反抗统治阶级的意识表露，也是他对封建统治者内在仇恨的思想体现，这为后来他响应天地会陈开起义，成为红巾军首领，率领数千名粤剧艺人起义播撒下了反清思想的种子，这颗种子埋在佛山这块具有反抗思想的沃土里，在历史适当的时机终于破土而出。

2. 天地会"反清复明"思想在梨园子弟中埋藏的革命"火种"

岭南地域由于长期在统治阶级视野之外，使得岭南这块土地上的人民富有传统的英勇反抗精神，反对外族的压迫，保持着族群的独立精神，清初各地群众反清义举不断，在清政府的高压下，一些英雄志士纷纷转入地下，有些迁往岭南，天地会即是这时期反清复明的秘密组织，而岭南也就成为天地会反清活动的中心。粤剧艺人的反清意向在广大民间广为人知，粤剧本地班多工技击，多演武打戏，武戏合一的形式，非常适合天地会（又称"洪门"）反清思想的传播，也是天地会反清思想极佳的传播群体和载体。粤剧多在佛山四邻八乡的广大乡村间演出，又多在河网密布的水上演出以"红船"为交通工具，广泛接触广大群众，便于隐藏和接近下层群众，因此，很多天地会的英雄志士多在佛山粤剧戏班中潜伏，传播"反清复明"思想。粤剧艺人的组织"琼花会馆"成了天地会当时的秘密据点。被粤剧戏班尊为祖师的张五（摊手五），相传于清雍正年间因有反清言举，而逃到佛山，潜藏在粤剧红船上，并将武功传授给红船子弟，并

---

① 三元里人民抗英发生在 1841 年 5 月，李文茂领导艺人的"红巾军起义"发生在 1854 年 7 月。

② 广东省佛山市委员会文史委员会：《粤剧史研究》（佛山文史资料第八辑），广东省出版（内部刊物），1988 年，第 79—82 页。

改革粤剧组织，使粤剧在组织及艺术水平上得以巨大发展，完善了粤剧，对粤剧发展作出了巨大贡献。

粤剧戏班大多尊认摊手五为其祖师，尤其是粤剧武生，而咏春拳传人也多追溯到其祖师曾经在粤剧红船时代的一段传说，也多认同其祖师有过一段时间在红船上度过，并将咏春拳传授给粤剧艺人，从而奠定了粤剧武生的南派功夫基础，粤剧艺人多习练木人桩，以锻炼手桥，而且其练习木人桩法与咏春拳练法基本相同。这些传说由于史料的缺乏，使得我们今天无法考证其真伪，但其中透露的历史文化信息，是值得我们深入探究的。有关武术故事的传说，有些至今已经确实无法进行考证，尤其是武术长期在下层民众中流传，并在不同朝代遭到历代统治者禁令，多在下层人民中秘密进行，然而，故事及传说可以看作一个地域内一定群体保存的关于历史过去记忆的文化密码，这种文化密码是过去生活在下层民众中的武术的社会群体活动及其思维方式的一种积淀，这种文化积淀是岭南武术人长期在一个相对固定的地域内，一个相对独立的社会群体中形成的。在这些相对独立的群体中，寄托了一种情感，为了传递一种只有在群体内才会被理解被接受的信息，演变为一个个传说。尽管这些传说失去了其实质性的意义，但它作为这一特殊群体的情感寄托和精神载体，作为一种独特群体的文化象征符号在岭南武术下层民众中广为流传，永远向后人反映了那个历史时代群体的文化认同及价值取向，是那个历史时代的文化背景在个体中的映象。

有关反清志士进入红船的传说重要的一点是，反清志士在红船中曾经长期潜伏传播反清思想，粤剧艺人们长期受这种反清思想的熏陶，潜移默化地在内心深处接受了反清思想，并化作了实际行动，加之长期舞台表演英雄、豪杰的故事，使得这种反抗封建统治的思维在粤剧艺人中代代相传，并通过在岭南广大民间，尤其在珠三角地区的广大乡村民间得以广泛传播，这使得佛山多数手工业者及粤剧艺人加入了反清组织天地会，因此，反清思想在佛山具有了深厚的思想基础及群体基础。在历史的某个点，天地会首领陈开起义后，佛山的手工业者及数千粤剧艺人在李文茂振臂一挥下，不到几天时间就聚集数万人，以星星之火，迅速演变为燎原之势，这表明粤剧艺人们参与起义，绝非是心血来潮之举，而是有着广泛的群众基础和深厚的思想基础的，粤剧艺人的这次起义反抗，是岭南武术群体心态文化在下层民众中的一种体现。

第三节　客家民俗中的武术遗踪

　　客家是汉民族中在不断迁徙中形成的具有地方特色方言与文化的重要而独特的族群，并成为汉族八大民系之一——客家民系。晚清杰出的外交家、著名诗人黄遵宪曾有诗描写客家人："筚路桃弧辗转迁，南来远过一千年；方言足证中原韵，礼俗犹留三代前。"① 我国著名人类学、民族学家，客家学家罗香林先生在 20 世纪 30 年代首次以"民系"称呼中国南部这一客家族群②。他在客家学奠基之作《客家源流考》中认为："客家名称的由来，则在五胡乱华，中原人民辗转南迁的时候，已有'给客制度'……可知客家的'客'字，是沿袭晋元帝诏书所定的。其后到了唐代，政府簿籍仍有'客户'的专称。而客家一词，则为民间的通则。"后来他又在《客家研究导论》中进一步认为："从客家的住地各方志所载户口宋时主客分列观察，亦可推知客家先民的迁移运动在五代或宋初是一种极其显著的事象，'客家'一名亦必起于时。③"罗香林先生的说法，一直被视为最权威的说法，近年来，随着客家学研究的深入，一些学者也对"客家"一词的说法提出过异议，在此我们不准备对这些异议进行叙述，我们以传统的客家说法为主。"客家"一词有两层意义：对"主"而言，土族为主，外来为客；对"先到"而言，"后到"为客。客家是中原衣冠之族千百年来几经迁移而形成的颇具影响的汉族民系。自秦汉始，由于中原战乱及天灾人祸，秦平岭南，汉征交趾，西晋时的"八王之乱"，东晋时的"五胡乱华"，唐中后期的"安史之乱"，末期的"黄巢起义"，两宋时期的金、元南侵，以及明末时期的农民大起义、清初的南下等等④，一部分中原人背井离乡辗转迁徙到赣闽粤交会的大山区，与当地人经历了相聚、相斗、相亲进而相互认同的漫长历史过程，逐步形成了一个具有特殊方言、风俗及族群认同的群体。地处广东东北部赣闽粤三省交界的梅州是客家人口最为集中、文化最为发达的地区，被称为客都。以往的客家学

---

　　① 钟文典：《广西客家》，广西师范大学出版社 2005 年版，第 5 页。

　　② 罗香林：《客家研究导论》（影印本），上海文艺出版社 1921 年版，第 1 页。

　　③ 谭元亨：《千年圣火——客家文化之谜》，江苏古籍出版社 2002 年版，第 7 页。

　　④ 钟文典：《广西客家》，广西师范大学出版社 2005 年版，第 6 页。

研究多集中在客家独特的语言、风俗及建筑等方面，对耕读传家的客家文化及其传统的美德赋予了继承不尽的美化，而对客家在形成历程中的"武化"反而只字不提或极少提到。曾经令清朝动容并长期纠缠当地政府的清咸丰、同治年间"土客械斗"长达十多年之久，死伤人数几十万人，是客家"武化"的历史写照。对于客家武术文化的探究我们将在以后章节中深入研究，本章节主要略述一些客家民俗中遗留的有关武术的事象，作为岭南武术民俗武风中客家的一些体现。

一　吃夜粥——客家集族而居的乡村习武之风

客家多集族而居，围拢屋是客家典型的民居样式，这种建筑既具有很强的防御能力，也利于一个宗族集中生活在一起，围拢屋的大小大概显示了一个宗族的大小。客家由于是"客"，因此与土著难免有摩擦甚至冲突发生，这使得客家乡村中多设有本族集中习武的拳馆或武馆，习练者多是从本族中挑选的青壮年，设立的目的是增强族人身体，并通过宗族祭典活动和其他宗教仪式展示本宗族的势力，以提高宗族在地方的地位和显示宗族的自卫能力。① 旧时客家乡村中各族大多设有本族人习武的拳馆或武馆，一般设立在祠堂里，为本族人集中之地。这些族里挑选的青年人一般因为白天要忙于干农活，夜晚才到祠堂里习练武术，练武要持续到深夜，为了补充营养和体力，因此会做些夜宵吃，大多用一些猪肉、鱼类等做成营养丰富的粥，故而人们俗称吃夜粥。在粤东客家地区，包括邻近的福建漳州一带②，吃夜粥成为练武术的代称，当问某人是否练过武术，一般会问"是否吃过夜粥"。这种说法，后来随着客家人流往港澳地区及海外，吃夜粥这一习武的俗称也在港澳及海外华人中广为流传，至今我们在一些粤港澳"功夫电影"中的台词里还会听到这一说法，如果我们不是对岭南这一文化现象有所认识，也许很难理解"吃夜粥"这一具有深厚岭南

---

① 李吉远、谢业雷：《体育人类学视野下的客家武术文化探析》，《武术科学》2007 年第 3 期，第 12 页。

② 周伟良教授在福建泉漳一带进行传统武术调研时也发现这一俗称，而粤东与福建泉漳之地相邻，武俗有相近、相同之处，由此也表明相邻地域武术文化的相互影响。"吃夜粥"这一说法，不仅在客家地区，在岭南大部分地区都有这种称谓，如韶关、广州及珠江三角洲地区，尤其在早期的习武群体。"吃夜粥"不仅有利于补充夜间习武者的体能消耗，也与岭南地域环境有关，岭南四季炎热，吃粥有利于习武后化瘀活血，至今岭南各地均有吃粥的习惯。

武术文化底蕴的符号。

二　迎神赛会、转火安龙——客家宗族祭祀仪式中的武术式样

客家是举族迁徙的，因此也多聚族而居，其宗族意识非常浓，随着一个宗族人口的不断繁衍，产生出一个宗族巨大的同姓家族群，他们都祭祀同一个祖先，修建一个共同的祠堂，这种以血缘为纽带的祖先崇拜需要通过祭祀仪式活动得到强化，否则，随着宗族群的扩大，整个宗族的组织会越来越松散，正是通过每年一定时期的宗族祭祀仪式活动，使得宗族内部的联系得到不断强化，即使宗族内部偶尔出现摩擦或裂痕，通过宗族祭祀仪式也在某种程度上得以修复。因此，客家宗族祭祀仪式活动是加强宗族凝聚力，显示宗族团结、实力和地位的活动，在这些宗族祭祀仪式活动中，如迎神赛会、转火或安龙等活动中我们也可以发现其中显示出客家武术的隐形式样。

客家民间有许多神庙，每年在一定时期，多在秋末忙完秋收后，举行神会或庙会的迎神赛会。客家的庙里的神多与祖先同名[1]，因此迎神赛会也是祖先崇拜的一种仪式，客家有"逢村必有庙，逢屋必有社"之说。另外各村各族的转火或安龙活动也多在秋收后举行。转火或安龙都是客家宗族祭祀活动的仪式，都是客家祖先崇拜的一种体现。

转火的"火"是指祖宗香火之意，把祖宗的灵牌安放在祠堂的案桌上，客俗称为祖公升座或升火，如果祖先灵牌长时间没动，而宗族内又有一些不吉利的灾祸出现，这时宗族就认为本族的运气不好，需要重新调整祖先灵牌位置，也就是要重现为祖先灵牌升座或升火，这需要请法师进行升座仪式，这一仪式客家俗称为转火。[2]

安龙中的"龙"也指宗族的龙脉，宗族的风水之意。龙代表一个宗族的人丁兴旺，宗族强盛。如果长时间宗族里有灾祸发生或人丁、财运不顺，多认为本族的龙气不足或为外族所夺，这时需要请法师举行一个特殊的仪式，把龙气重新从外族夺回来，安放在祖宗祠堂里，客家俗称这一仪

---

① 曾祥委：《田野视角：客家的文化与民性》，黑龙江人民出版社 2005 年版，第 21 页。

② 宋德剑：《历史人类学视野下的客家武术文化》，《中南民族大学学报》（人文社会科学版）2004 年第 3 期，第 46—47 页。

式为安龙。①

在这些迎神赛会、转火或安龙的宗族祭祀活动中，多伴随着一些武术隐形式样，如迎神赛会多伴随有本族子弟的武功表演，以显示本族的实力，法师的一些作法仪式活动等，法师仪式活动常见的有上刀山、过火海、钻刀圈。上刀山是梯子或木桩上捆绑刀，刀刃向上，表演者可赤脚踩在刀上沿刀梯而走，再从刀梯顶顺次而来。过火海是用烧得通红的火炭在地上铺成一个过道，法师口中念语从上面走过。钻刀圈是木制成的圆圈，圈内安有尖刀，圆圈安放在地面上，法师吃符水，口中念语，赤身连续飞跃刀圈。

三　舞狮及舞麒麟

客家地区舞狮及舞麒麟也是一种较重要的习武式样，表面上舞狮、舞麒麟是在节日、祭祀活动中的一种民俗活动，其实也是客家武术的一种隐形式样。客家有"客人舞麒麟，白话舞狮子"之说，意思是客家多舞麒麟，操白话的广府人多舞狮子。因此舞麒麟、舞狮需要充沛的体力，实际上是和武术结合在一起的，各宗族的祠堂里一般都设有舞狮或舞麒麟队，都是各族里挑选出的练武青壮年，习武和舞狮等一起，节日或祭祀时既有舞狮等活动，也同时有武功表演。在秋收后的农闲时，白天练习舞狮或锣鼓敲打，晚上练习武术。舞狮或舞麒麟需要体力及技巧，没有一定的功夫是难以完成的，除了舞狮人之外，还配有跳桌之人，人需要从几张桌上飞跃而过，带有杂技表演性质。在舞狮或舞麒麟时一般有武功表演，大钯、铁尺、单刀、棍等，以及铁尺对单刀，双刀对棍等对练表演，器械相碰，叮叮当当，热闹非凡。

客家在这些祖先祭祀活动的仪式及农闲时进行的活动中，多带有一些武术活动，是客家人在千百年的辗转迁徙过程中保持"武化"的一种体现。客家祖先在早期的长期迁徙过程中，时常遭遇各种匪徒、流军等灾难，在定居后又与当地土著时常发生争斗，这使得客家人不得不保持"武化"，客家人保持的这种习武风俗，隐形留存在各种日常活动中，并使得其中的武术得以流传。

---

① 宋德剑：《历史人类学视野下的客家武术文化》，《中南民族大学学报》（人文社会科学版）2004年第3期，第46—47页。

第四节 英歌——潮汕传统民俗中的武术

一 潮汕英歌的多元起源

　　潮汕英歌是一种具有潮汕地域特色的民俗文化形式，它集歌舞、戏曲、绘画、南派武术等多种艺术于一体，具有鲜明的岭南地域特色，其中蕴含的南派武术作为岭南武术文化的一种隐形式样，值得我们研究。通过潮汕英歌中折射的潮汕武术文化，我们可以从潮汕的一种民俗形式中更深入地了解岭南武术文化。

　　潮汕地区的民间舞蹈大体可以分为游行舞蹈和广场舞蹈，另外还有宗教、祭祀及婚丧仪式舞蹈。[①] 广场舞蹈最具有潮汕地域特色，而潮汕英歌则属于广场舞蹈。"潮汕英歌"与"安塞腰鼓"、"大鼓子秧歌"并称为汉族独具男子群体舞风采的三大民间舞蹈[②]，有"北有安塞腰鼓，南有潮汕英歌"之说。[③] 目前学界对英歌的起源还存在不同的说法，主流说法大致有三种：一为傩文化说，二为外江戏说，三为水浒说，另外还有少林说、秧歌说等。傩文化说认为潮汕英歌来源于古时潮汕地区的傩舞，潮汕地区在历史早期由于远离中原政治文化中心，文化落后，民间盛行傩舞和祭祀活动，后来几经演化形成英歌；外江戏说认为清时随着外省戏曲进入广东形成外江班，其中有《攻打大名府》的水浒戏，流入潮汕后乡村仿照形成舞蹈，由于是对"英雄"的赞歌，便以"英歌"命名，并与当地祭祀和乡村迎神赛会密切结合[④]；水浒说认为英歌是按照水浒故事里的《攻打大名府》中梁山英雄为救卢俊义，而装扮成各种人物进入大明府，英歌就是画上脸谱，装扮成水浒故事中的各种人物，如耍蛇的时迁，红脸的关胜或秦明，和尚鲁智深及行者武松，英歌的演员大多认同自己是水浒中的"梁山英雄"身份，英歌具有很深的水浒英雄情结。另外，少林说是明末清初普宁的一位农民徒步到少林寺学得武艺，回来后由于不敢公开传授武艺，而把武艺变成棍舞传授给当地的人们。

---

① 陈泽泓：《潮汕文化》，广东人民出版社 2006 年版，第 114—115 页。

② 陈泽泓：《潮汕文化概说》，广东人民出版社 2001 年版，第 551 页。

③ 陈泽泓：《潮汕文化》，广东人民出版社 2006 年版，第 114—115 页。

④ 隗芾：《英歌起源札记》，《潮汕文化研究》2006 年第 6 期，第 67 页。

以上有关英歌的多种起源说都有各自的根据，都可谓自圆其说。在此，对于其中涉及的潮汕武术，我们主要从地域文化中探寻，作为一种岭南武术文化式样，它隐藏在当地的民俗活动中，自然也隐藏着当地人们的一种武术文化心态，是潮汕人们日常生活的一种间接反映，从中必然折射出潮汕人们的习武心态。

二　英歌中隐藏的南派武术式样

英歌一般由 24 人、36 人或 48 人组成，大型的由 108 人组成，早期的英歌分为前棚和后棚。前棚为每人手持两根约一尺四寸的短木棍，在锣鼓点、海螺号及吆喝声伴奏中，两棍相互敲击变换旋转，边走边舞；后棚为扮成各色杂耍艺人，敲打锣鼓伴唱，有的装扮成戏装，或进行南派武术表演。后来在演变中，后棚逐渐减少，仅保留敲锣打鼓伴奏，表演主要放在前棚。英歌取材于《水浒传》第六十六回的"时迁火烧翠云楼，吴用智取大名府"的故事，当年梁山英雄装扮成耍蛇的、弄枪舞槌的、卖艺的、踩高跷的、唱戏的，混入大名府，救出卢俊义。英歌即根据此故事编成，不过随着时代的变迁，潮汕不同地区的英歌情节有些大同小异。

图 3 - 8　潮汕英歌

资料来源：中国网，http://www.china.com.cn/chinese/zhuanti/mjwd/523118.htm。

英歌队员每人都根据梁山人物的脸谱化装，队中一般设有"头槌"、

"二槌"不同角色。头槌者担任指挥，还可以有"耍蛇"的时迁作为协助指挥，头槌一般为红脸红须装扮成梁山人物关胜或秦明；二槌为黑脸黑须装扮成梁山人物黑旋风李逵；三槌为花和尚鲁智深；四槌为打虎英雄武松。队员都穿着戏装，脸上画有釉彩的梁山人物脸谱，手持两根一尺多的圆形木棍，名为"英歌槌"。边走边舞，时而两棍旋转敲击，时而两人相互对打，时而短棍做南派武打动作，队员的步法多采用南派武术中的四平马、大弓步、骑龙步等，槌法中除传统的旋转花槌相互击打外，还加入了南棍的滚、点、戳等棍法，两人对打有单组打、双组打、正面打、反面打、左右打等，英歌持续时间较长，对臂力及下盘功夫要求较高，没有一定的功力难以胜任。英歌的整个表演过程都处于一种动静交替的变化中，包括队员静态时棍的击打及在动态表演中奔跑、跳跃时的相互击打，即使在队员及队伍停止前进时，也辅助以棍花表演；队员随着队形的变换，在队形的开合起伏中奔跑、跳跃击打，二者形成威猛的、洪流奔涌般的气势，这种气势恰如其分地烘托出古代梁山农民英雄形象及其起伏变幻、激烈、火红的战斗场景。队伍一般分成两队，队形不时进行开合及各种变化，翻江倒海、起伏转折、上下翻腾，可谓气势磅礴，如同置身于沙场拼杀，整个表演的场面恢宏、壮观，动作粗犷、豪放，撼人心魄。英歌可谓一项集戏曲、舞蹈、南派武术多种艺术于一体的潮汕民俗形式，整体具有威武矫健、刚猛有力的特点，这与岭南武术动作刚猛的气势相吻合，具有浓厚的岭南地域特色。

三　英歌民俗活动折射的潮汕民众文化心理

在北方流传的水浒梁山英雄为何会在潮汕地区以英歌的形式存在、流行呢？尽管英歌起源有多种说法，似乎仅从表面形式进行认识，还没有深入探究英歌与潮汕地域文化的内在联系。一种地域内文化的形成，离不开地域环境及其在演进过程中地域民众文化心理的积淀，在一种地域文化形成过程中，也必然带有地域文化的烙印，其民俗文化式样也会最大程度地反映出该地域的人民大众心理。正如英国人类学家 R.R. 马雷特指出："有关种族生活方式的演化不仅是受来自外部文化的影响，而且始终是其内部发展的结果，这种发展是通过对已有条件的选择而实现的。因此，除非把外观地看来是一堆习俗的东西同时也内观地理解为一种心理过程，否则研究肯定是机械的，从而也就是无生命的。"① 英歌不仅是对水浒梁山英雄的表面形式的模仿，而且还在于它是在潮汕地域文化的发展中有选择地演进，其中内部文化因素才是英歌得以形成及发展的因素。

（一）潮汕地域环境及社会政治造成的"盗乱之地"

潮汕位于广东东北部，有"省尾国角"之称，概指其既位于国防门户，又远离省地的东北边陲之地。清代学者顾炎武曾有"（潮州）府介闽粤之间，为门户之地。负山带海，川原饶沃，亦东南之雄郡也"②。潮汕早期地理环境极为恶劣，也是"毒雾弥漫"及"瘴气连天"之地，因此是中央统治及政治文化相对落后的地区，人们深受封建官府及官僚统治压迫，阶级矛盾尖锐，加之地处闽粤交界，山寇、盗匪及海盗都很多，"在潮汕史籍中，海盗和山寇活动的记载屡见不鲜"③。另外封建统治出于防御考虑，长期不允许潮汕对外通商，使得海上通商只能以违禁的民间活动形式发展，故而历史上潮汕海盗可谓"名垂史册"，并与倭寇勾结，连一向威震倭寇的戚继光也对治理潮汕感到头疼。因此，在这种环境恶劣的社会环境中，潮汕人一方面对盗匪习以为常，需要通过习武保家护族，养成了一种好勇斗狠、强悍的性格；另一方面又从心理上迫切需要寻找英雄保护神，希望在这种动荡的环境下有"路见不平"的英雄好汉可以随时出现，而"梁山好汉"的路见不平、拔刀相助的意象正迎合了潮汕人的这一心理需求。

（二）潮汕文化心理中的"盗寇情结"与梁山英雄的外在形式表达

潮汕地区长期的地理及社会政治环境，使人们内心形成了一种"盗寇情结"，当水浒梁山好汉的故事传入潮汕时，对于民众来说是"英雄好汉"，从另一个角度来讲又是"草寇"出身的梁山好汉们自然与潮汕人们的下层群体心理相吻合。潮汕人民对梁山英雄好汉们的强烈崇拜毋庸置疑地带有某种本质心理的共通性，那就是长期以来潮汕人民内心积淀形成的"盗寇情结"。这种心理在潮汕其他方面也有所体现，如明清时广东商帮是全国十大商帮之一，广东商帮有广州帮及潮州帮之分，潮州帮以其人数

① R. R. 马雷特：《心理学与民俗学》，张颖凡、汪宁红译，山东人民出版社1988年版，第1页。

② 陈泽泓：《潮汕文化》，广东人民出版社2006年版，第3页。

③ 陈泽泓：《潮汕文化概说》，广东人民出版社2001年版，第347页。

之众、经营范围之广、资本之雄厚为世人所瞩目。经营方式上广州帮主要是亦官亦商，而潮州帮是亦盗亦商，造成这种现象的原因，并非商者的自身或社会问题，主要还是潮州商人的地域环境及长期文化影响，从而造成潜移默化的社会观念及心理表现①。法国学者赖明曾指出："每一民族具有一种心理组织，如像其解剖学上之性质一样固定，并且其感情，其思想，其制度，其信仰与其艺术等都是从其中所引出者。"② 这句话对于我们思考英歌中反映的潮汕文化心理有着指导意义。

潮汕英歌正是借助水浒故事的外在表面形式表达了潮汕地域内民众的文化心理，潮汕英歌民俗活动式样中的武术文化也是结合潮汕地域文化特色及群体心理得以展现的，这种特色鲜明的民俗活动中的武术文化现象是和潮汕地域内人们的生存环境、生活方式及民众心理有着必然的联系的。

第五节 蚂拐武术——壮族图腾崇拜中的武术文化遗存

壮族在文献中有多种称谓，如西瓯、骆越、俚、僚、僮等，由于长期处在中原统治文化的边缘，因此，壮族文化中遗存着一些相对于中原文化的异类民俗文化，《汉书》卷六十四有："骆越之人，父子同川而浴，相习以鼻饮，与禽兽无异，本不足郡县置也。"《岭外代答》卷十《蛮俗》有："蛮夷人物强悍，民俗荒怪，中国姑羁縻之而已。"壮族从早期祖先骆越人就曾经使得南平百越的秦军三年不解甲，可见骆越人的强悍勇猛，壮族的武术文化至今仍然可以在今天的民俗活动中发现其遗留的痕迹。

一 图腾崇拜——青蛙

在广西壮族地区，人们在历史上有多种图腾崇拜，最为典型的图腾崇拜是青蛙（壮语为"蚂拐"）。丘振声在《图腾——壮族图腾考》中认为："蛙是壮族神谱中地位最高的神——雷神的化身，壮人对蛙的图腾崇

---

① 陈泽泓：《潮汕文化》，广东人民出版社 2006 年版，第 50—51 页。
② 赖明：《民族进化的心理定律》，张公表译，上海文艺出版社 1991 年版，第 6 页。

拜是对雷的崇拜演化而来的。"① 广西壮族地区地处岭南的西部偏远之地，这里多为山区，而且气候炎热、干燥，因而雨水对人们的生存有着特殊的地位，"人们首先着眼于自己最接近的，或在生产实践中有着密切关系的事物，从中找出与自己有关的血缘关系，或其他的利害关系，这便产生了图腾"②。因此，壮族的青蛙图腾崇拜是在壮族特定地域、共同的民俗心理形成的，它反映了人们的一种族群共同的文化认同，这也是与地域环境及其文化积淀有着密切联系的。当然对于壮族的青蛙图腾崇拜还有很深的其他文化渊源，在此我们不作进一步探讨，我们仅对青蛙图腾崇拜民俗活动中的有关武术文化进行分析。

二 蚂拐节——青蛙图腾崇拜民俗活动中的蚂拐武术

壮族人们对青蛙的图腾崇拜历史久远，至今在一些地区民俗活动中仍有所保留。如在广西一些壮族聚居县天峨、南丹、东兰等地每年正月里蚂拐节的大型节日庆祝活动，其中有一些图腾崇拜舞蹈，还保留了一些图腾崇拜演化而来的象形拳，如蚂拐拳、蚂拐棍、蚂拐刀等。

图腾崇拜是各民族早期的原始文明，这种原始图腾崇拜在人类早期是很普遍的，在历史的演进中，一些原始图腾崇拜作为民俗活动融入人们的文化中，使得我们通过这些民俗式样仍然可以窥探这些民族的早期文化的遗迹，图腾崇拜就是民族历史长河中的遗留物。

蚂拐节是以图腾崇拜为表演内容的庆祝活动，由大量的祭祀性舞蹈、象形拳械表演及庆祝劳动丰收的舞蹈等组成。在原始文明里，人们对一些自然现象的难以理解及对各种神秘力量的恐惧，产生了图腾崇拜。为了通过图腾达到与神秘力量的沟通，人们在祭祀活动中运用舞蹈、欢呼等形式，以求达到娱神而祈求图腾。在遗留下来的图腾祭祀活动中仍有大量的舞蹈表达人们的这种愿望。蚂拐节中的祭祀舞蹈多以民间传说中的青蛙故事为情节，表演者多裸体并在身体上涂有黑白相间的青蛙图案条纹，模仿青蛙的跳跃及姿态，其中夹杂着一些象形武术动作③。在蚂拐节的象形拳

---

① 农冠品、过伟等选编：《壮族民间故事选》，广西民族出版社 1992 年版，第 175—180 页。

② 丘振声：《图腾——壮族图腾考》，广西教育出版社 1992 年版，第 138 页。

③ 徐才主编：《武术学概论》，人民体育出版社 1996 年版，第 128—130 页。

械表演中有蚂拐拳、蚂拐棍及蚂拐刀的表演,有单人演练,也有双人对练,对练形象逼真,打斗激烈,配合默契,声形并茂,主要表现壮族先民的勇敢、好武、善战及轻死的英勇精神。在展现壮族生活劳动的舞蹈中,还有些庆祝丰收的"师公舞",其中也有一些武术动作的表演,动作多模仿青蛙动作,基本姿势多是半蹲式,两臂屈肘而不伸展,并做蛙形跳跃,是一种模仿蛙形的舞蹈,这些动作与两三千年前绘制在广西左江崖壁上的岩壁画基本类似(图3-9),表明这种图腾崇拜舞蹈历史久远。

图3-9 广西左江岩壁画

资料来源:广西民族研究所编《广西左江流域岩壁画考察与研究》。

三 壮族图腾崇拜中武术遗存的族群文化透视

一个族群图腾崇拜的形成过程,有一定的偶然性,也有因所处地域的生存环境及社会文化而得以最终形成的必然性,它是一个族群的共同的历史记忆。虽然这些历史记忆往往伴随着神话及传说,但我们如果对图腾崇拜作一分析,也能从一些方面发现其中蕴含着深厚的地域文化痕迹,壮族图腾崇拜中遗留的蚂拐武术文化自然也离不开壮族先民生活的地域环境。

壮族先民早期生活的岭西(今广西)地区,气候炎热多雨,先民多以农业为主,农作物以稻作农业为主,对水热条件的依赖性很高,可以说靠天生存，而雨水的多寡恰又与蛙的活动有着密切联系，雨水多时，蛙声不断，人们习以为常，天气干旱时，蛙声又提示雨水的即将到来，这种长期的蛙与雨水、稻作物的收欠反复刺激，先民认为蛙与天气雨水及农作物收成之间有着某种联系，因而先民认为蛙具有某种神秘的力量，使得壮族先民逐渐产生了蛙图腾崇拜，人们正是希望通过对蛙的图腾崇拜，希冀长久风调雨顺，年年丰收。唐诗"农家无五行，水旱卜蛙声"① 及《古今图书集成》（卷一百八十五）《蟾蜍部》中的"蛤蟆群聚，从请天雨，云雷连集，应时辄下，得其所愿"，就是壮族先民这种蛙图腾崇拜的真实写照及图腾崇拜心理根源。

　　壮族蛙图腾崇拜中的蚂拐武术除了上述原因外，还与蛙崇拜所衍生的壮族先民"轻死"精神有关。壮族先民曾长期处于氏族部落，先民有"好相攻击"、"锐兵任死"的精神，而蛙图腾崇拜也强化了壮族先民的这一观念。《韩非子·内储说上》对蛙的"轻死"精神有过很好的注释："越王虑伐吴，欲人之轻死也，出见怒蛙，乃为之式。从者曰：'奚敬于此'，王曰：'为其有气故也'。"② 蛙的这种"轻死"也反映在壮族的其他文化上，如壮族青铜器铜鼓、铜兵器（图3－10）等，其上多有蛙形图饰。壮族艺术珍品铜鼓上绘有数十只造型夸张的蛙饰，张口欲鸣，当铜鼓敲击时就像从蛙口中发出那震耳欲聋的鼓鸣一样，而壮族先民在早期时，一旦敲击铜鼓，即预示有战事，《隋书》有"（岭南诸蛮）俗好相杀，多构仇怨，欲相攻则鸣此鼓，到者如云"。可见，壮族

图3－10　蛙形纹饰铜钺

先民的"轻死"精神与蛙图腾崇拜有着一定的联系，故而在蛙图腾崇拜

---

① 谢崇安：《壮侗语族先民青铜器文化艺术研究》，2007年，第177—178页。
② 同上。

活动的蚂拐节中有蚂拐武术的表演就可以理解了。

壮族先民的这种好武、轻死精神的观念是与壮族先民的地域环境即社会政治有着密切关联的，使得壮族先民形成了好勇的精神，也使得壮族先民以勇武异常，在民族历史上为维护民族生存留下不少美丽故事传说，也为国家统一作出过令人刮目相看的不朽功绩，瓦氏夫人的抗倭，"粤右狼兵骁悍，天下称最"① 的赞誉，表明壮族先民的好勇、轻死精神为维护国家统一和民族独立作出过历史功绩，值得后人铭记。

本章小结

本章从岭南的武风民俗视角审视了岭南各地区有代表性的武术文化式样，从广府地区的"武狮结合的南狮武技"、"武戏合一的梨园子弟"，客家地区的集族而居的乡村习武之风——"吃夜粥"、舞狮舞麒麟及客家宗族祭祀活动中的转火安龙，到潮汕地区的英歌，粤西壮族地区图腾崇拜中的蚂拐节，这些民俗活动中都有岭南武术文化，它们都是岭南武术文化的一部分，在历史的不同时期由于地域环境、社会政治等因素，促使它们与武术相互融合。在这些岭南武风民俗活动中，武术文化成分并不是偶然的、表面的现象，而是与其所在地域环境、历史社会政治背景有着直接的联系。研究这些民俗活动，就是要剥去民俗表面的面纱，挖掘其中蕴含和积淀的历史文化信息，让我们通过这些民俗中的武术式样，回顾其中挟带的丰富的历史文化信息。

武狮合一的南狮武技，并不是一项简单的民间活动，其中需要有扎实的南派武功基础；南狮与南派武功的结合，二者在技艺上相互促进，并在走出国门、传播南派武功，维系海内外华侨华人的民族情感方面都有不可估量的价值。粤剧中武戏结合的红船子弟曾经在历史上发起反抗封建统治的"红巾军起义"，在世界戏剧史上都是创举，其中有着深厚的时代背景与思想基础，并不是心血来潮的贸然起义，其中粤剧长期在广大乡村演出，粤剧长于南派武功戏，长期英雄人物饰演的熏化，反清思想在红船子弟中的长期传播，外加清晚期经济恶化，最终导致了起义的爆发。

---

① 汪森：《粤西丛载》（笔记小说大观，第18册），江苏广陵古籍刻印社1983年版，第285页。

客家民俗中的武术是与客家长期迁徙过程中保持"武化"的传统有着密切渊源的，客家与土族的冲突，种族之间地位的争夺，弱小种族的自我保护等因素，使得客家民俗中武术活动得到展现。潮汕地区英歌中的武术与水浒梁山英雄"情结"表面的关联，其深层的文化联系是与潮汕的地域文化环境形成的民众的心态有关。潮汕历史上长期的盗寇活动，人们对盗寇的恐惧，希望有"路见不平"的英雄出现，这种民众心态需求在水浒梁山英雄故事进入潮汕后，得到了人们的文化认可，从而在心态上与水浒英雄故事达到契合。

壮族图腾崇拜中的蚂拐武术是壮族先民在历史演进中逐渐对蛙图腾崇拜的选择过程，这种选择既有偶然性，也是先民们所处的生活地域环境及生产方式，族群心理共同作用的必然结果。壮族先民本来就有好勇、轻死的精神，在蛙图腾崇拜中，这种精神观念又不断得到强化，这种精神观念在壮族的其他方面也有体现，如壮族的青铜器上的蛙形纹饰铜钺、铜鼓等。

总之，岭南武术文化是作为岭南各地人们生活、生产方式的一部分展现在民俗活动中，正是武术融入了人们的生产、生活中，并成为密不可分的一部分，它才得以上可展现国家、社会政治风气，下可体察民间民俗民风。岭南民风武俗中的武术文化，反映了历史时期社会、政治、文化各方面的情况，可以说是那个历史时期的记忆，是各下层民众的心态反映，也是观察当时社会的一面镜子。通过这面镜子，让人们总结历史，展望未来，消除岭南武术文化的消极方面，发扬岭南武术在历史时期的积极文化意义。

第四章
穿越历史烽烟:军事战争
洗礼的岭南武术

第一节　壮族武术在抗倭战争及其
与吴越文化的交流

　　明代,岭南壮族的粤右(广西)"狼兵"因被朝廷征用,在抗倭战争中大显身手,令不可一世的倭寇闻风丧胆,使"狼兵"名震天下。而"狼兵"使用的武艺为壮族武术的一部分,我们通过追寻历史典籍中记载的"狼兵",希冀能认识岭南武术文化中壮族武术的发展,并通过壮族武术在抗倭战争中发生的历史事件,来探究壮族武术在维护国家统一,抵抗外族入侵,促进与中原文化交流方面的历史贡献。壮族武术文化通过"狼兵"的忠义之血、赤胆忠心,在中国战争洗礼中留下了精彩的一笔,同时也为壮族与吴越的武术、医药、军事等方面的文化交流作出了积极贡献。

一　"狼兵"的起源

　　"狼兵"有的也称为"土兵"、"狼兵"。狼,指明代中叶至清代主要分布于广西一带的瑶族、侗族等壮族,"狼兵"明时专称广西的东兰、那地、南丹、归顺诸土司的兵。

　　要理解"狼兵"的起源,首先要弄清什么是土司及土司制,因为"狼兵"属于土司管辖,也只有土司才可以指挥"狼兵",在土司制下才可以发挥"狼兵"的威力。

　　土司是一种官职,黄现璠在《壮族通史》中的表述为:"在桂西少数民族地区,在宋平定侬智高起义后,封当地的土酋为土官,并成立土州、县、洞,这些土州、县、洞的政治、经济、文化制度都与汉族官制辖的地区不同，故称为土司。"① 土即指当地人，司意为管理，土司即为当地人管理的地区。土司制度可以追溯到唐时的"羁縻"制度。所谓"羁縻"就是招抚偏远地区少数民族的酋长首领，"以夷治夷"，给予少数民族一定的自主权，使用当地人管理，不派遣朝廷的官到当地。由于当地的酋长既有威信，又熟悉当地人的风俗习惯，有利于当地的统治。唐时在岭南道（广东、广西）少数民族地区主要采取羁縻制度，大的为州，小的为县或峒，先后在岭南道设置了 93 个羁縻州，尤以广西左右江流域的壮族地区为多。《桂海虞衡志·志蛮》有"羁縻州峒，隶邕州左右江居多"②。《岭外代答》卷十《僚俗》中有："一村中推有事力者，曰郎火"③，所谓"郎火"也即壮族的首领，后来"郎"逐渐成为一种首领身份标识④。壮族地区长期处于原始部落时期，各部落村社之间的宗族冲突时有发生，为保护本部落村社的势力及安全，各部落村社中都有组织本宗族青壮年进行军事武艺训练的"有事力者"，后来这些有事力者成为"郎火"，其训练的部落青壮年，精于武艺搏杀，成为"郎兵"。后来明统治者可能由于语音等原因，更多的是出于对少数民族的一种蔑称，把"郎"变为"狼"。这在历朝统治者对少数民族的称呼上并不稀见，如对僮族，成为"獞族"，僚人成为"獠人"，这些都是对少数民族的一些蔑称。

　　"狼兵"是由广西壮族羁縻州及土司制下的各种乡兵发展而来，如峒丁、土丁、田子甲等。峒丁，亦称为溪洞壮丁，为乡兵的一种，"羁縻州之民，谓之峒丁，强武可用"⑤。田子甲，峒丁的一种，为溪洞酋领家奴中的强壮有力者，"（峒酋）既各服属其民，又以攻剽山僚及博买嫁娶所得生口，男女相配，给田使耕，教以武技，世世隶属，为之家奴，亦曰家丁，强壮可教勒者，谓之田子甲，亦曰马前牌。皆青布巾，跣足，总谓之洞丁"⑥。这些峒丁、土丁大多在农隙间练习武艺及各种"坐作进退号令

① 黄现璠、黄增庆、张一民：《壮族通史》，广西民族出版社 1988 年版，第 313 页。
② 蒋炳钊、吴绵吉、辛土成：《中国东南民族关系史》，厦门大学出版社 2007 年版，第 289 页。
③ 周去非：《岭外代答》，杨武泉校译，中华书局 2006 年版，第 416 页。
④ 如依郎高、黄郎道等。土司制就是以壮族早期原始部落村社为基础，原先村中的有事力者的"郎火"成为土官，有的成为土官下的头目，称为"郎首"、"土目"。
⑤ 周去非：《岭外代答》，杨武泉校译，中华书局 2006 年版，第 133 页。
⑥ 同上书，第 135 页。

旗鼓之法"，由于土官对他们有生杀大权，因此，军纪严明，作战英勇。明邝露在《赤雅》卷一"狼兵"有："狼兵鸷悍，天下称最。"

二　从文献看狼兵的武艺及其在作战时的威力

在历史文献中我们难以找到狼兵个人武艺的记载，而狼兵作为作战组织在战争中的表现却在文献中多有记载，我们只能从这些文献的零星描述中推断狼兵的个人武艺及其作战时的威力，来领略壮族武术的一鳞半爪。①

狼兵多来自溪峒之民，文献中对壮族先民武艺的描写，可以为我们了解"狼兵"的个人武技提供参考："邕州溪峒之民，无不习战，刀弩枪牌，用之颇精……道间麋兴与前，能合而取之；鸢飞于天，能仰而落之"②，由此，组成"狼兵"的溪峒之民的武技可见一斑，刀弩及枪牌为狼兵所长之技，尤其是枪牌。宋时溪洞首领侬智高起义时的"蛮兵"即为"狼兵"，"狼兵"所擅长的藤牌标枪，锐不可当，曾令宋军无法抵挡，后为名将狄青平定③。狼兵从小就接受武技训练，骑射练到"儿能骑犬，引弓射雉兔，少长习甲骑，应募为狼兵"④。明代壮族每当儿童出生，就预示着是一名未来的峒丁，明邝露在《赤雅》卷一"炼刀"有"儿时选精铁如儿童，渍以药水，及长，咒时炼日，刺熊冲坚，服以终老"，意为儿童出生时，即挑选一块和儿童一样重的良铁，并用药浸渍，等儿童长大时将铁打成刀，教习武艺，试刀是否为良刀，需要以肩负刀于牛颈下，能一负可以将牛杀死的为良刀，此刀为终生携带⑤。胡宗宪在《筹海图编》卷十一《客兵附录》中有"狼兵"记载："广西狼兵于今海内尤悍……东兰、那地、丹州之狼兵，能以少击众，十出九胜。"

狼兵除从小受到严格的武技训练，具有个人技勇"鸷悍"外，其作

---

　　① 瓦氏夫人及其率领的"狼兵"所习练的武术应为壮族武术，即壮拳。据《广西武术》（内部资料）记载：流传在广西田阳、靖西一带的壮拳，历史悠久，历代均有壮拳高手，如唐、宋农民起义领袖潘长安、黄少卿、侬智高，明代抗倭巾帼英雄瓦氏夫人等均为壮拳高手。"狼兵"均熟习壮拳，从明代瓦氏夫人及狼兵抗倭中的武艺表现，可以对壮族武术作一了解。

　　② 周去非：《岭外代答》，杨武泉校译，中华书局2006年版，第135页。

　　③ 马明达：《说剑丛稿》（修订本），中华书局2007年版，第174页。

　　④ 《广西通志》卷九十二《诸蛮》，文渊阁四库全书电子版，上海人民出版社和迪志文化出版社1999年版。

　　⑤ 韦晓康：《壮民族传统体育文化研究》，中央民族大学出版社2004年版，第201页。

战时铁的纪律及阵法才是狼兵得以"天下称最"的法宝。《粤西丛载》卷二十四记载，瓦氏夫人下令约束所率狼兵不犯民众，有者杀一儆百①。胡宗宪在《筹海图编》卷十一《客兵附录·狼兵》中对狼兵的纪律及其作战时的阵法有较为详细的记载。②

　　从文字记载我们可以推断：狼兵铁的纪律是保证其在战斗中奋勇杀敌的强心剂，另外就是狼兵的以伍、队的作战阵法，并非仅靠的是个人高超的技勇，其极强的战斗力表现在个人、伍、队之间相互接应，充分发挥集团的作战威力，使得狼兵在战斗中以一敌十，铁的纪律保证了这种阵法得以发挥出惊人的威力，以"可死而不可败"的视死如归气概，威震倭寇，即使残忍的倭寇也为狼兵这种不怕死的英勇所震慑。

　　狼兵作战勇悍，与狼兵的生存环境及壮族先民的社会习俗有着不可分割的联系。狼兵多为崆丁、土丁，从小就有习武之俗，主要在于狼兵生活的地域长期处于原始落后的部落时代，这些部落之间长期相互争斗，使人们养成了习武风俗，长期的生产力落后，除了依靠农业外，还需要捕猎维持生存，在林密谷深的山地追捕凶猛的野兽，与野兽的搏斗都需要有较高的搏杀技能，必须有强悍的武技才可以制服野兽，从而在这里形成了一种勇悍、刚烈的民俗心理，形成了一种好武传统。另外，狼兵是土官酋长的家奴，是维护土官酋长势力的武装，土官为了个人利益，他们对狼兵的武技和纪律有很高的要求，训练出狼兵极强的作战能力。

　　狼兵在极其艰苦的生存环境及社会政治条件下，培养了一种勇往直

---

　　① 《粤西丛载》卷二十四记载："军门下檄，辄亲视居亭，民诉部署夺酒脯者，立捕杀之，食尚在咽下。"参见汪森《粤西丛载》（笔记小说大观，第18册），江苏广陵古籍刻印社1983年版，第285页。

　　② 具体内容为："凡一人赴敌，则左右人呼争夹之，而一伍皆争救之，否则一人战没而左右不夹击者临阵即斩，其一伍之众必论罪，以差甚者截耳矣；凡一伍赴敌，则左右伍呼而夹击，而一队皆争救之，否则一伍战没而左右伍不夹击者临阵即斩，其一队之众必论罪，以差甚者截耳矣；不如令者斩，退缩者斩，走者斩，言恐众者斩，敌人冲而乱者斩，敌既败走佯以金帛遗地或争取而追蹑者斩，一切科条与世之军政所载，无以异而其既也。所谓论功行赏之法：战没受上赏；当临阵跃马前斗因而摧敌破阵，虽不获级而能夺敌之气者受上赏；斩级者论虏以差，斩级而能冠所同伍者，辄以其人领之，故其兵可死而不可败。岑氏家法七人为伍，每伍自相为命，四人专主击刺，三人专主割首，所获首级七人共分之，割首之人虽有照获主击刺者之责，然不必武艺之精绝也。"

前、视死如归的精神，在特定的历史背景下，当这种精神被用来维护民族独立，抵御外族入侵时，产生了震撼人心的民族精神，狼兵用他们的忠义之血谱写了光辉的历史，永远得以镌刻在民族精神的历史丰碑上。

三 狼兵抗倭战争的时代背景及其在抗倭战争中的武艺表现

（一）倭患，迸血溅泪的民族恨——狼兵征调抗倭的时代背景

明朝正德年（公元1506年—1521年）以后，国势日衰，武备荒废，加之官贪吏败，人民暴动、起义不断，东南沿海一直都有倭寇侵扰。此时，日本幕府政权被击溃，国内局势动荡，一些没落武士、商贾、亡命之徒及无业游民开始结队进犯我国沿海地区，明朝开始实行禁海政策。嘉靖元年（公元1522年）后随着明朝的国力日趋衰落，由日本商贾、没落武士、浪人形成的"倭寇"对明朝东南沿海的侵扰逐渐加剧，另外由于沿海的禁令，阻断了与外国的正常贸易通商活动，我国沿海的奸商、海盗等与倭寇勾结，在沿海建立据点，危害沿海居民，而明朝军备荒废，将士不习兵革，号令无序，进退无方，无力抵抗，军士见倭既溃。国内武备的荒废，官吏贪污腐败，加剧了东南沿海的倭患，使得倭寇愈来愈猖獗。嘉靖三十二年（公元1553年），浙江沿海数千里告急，倭寇攻太仓、上海县，犯崇明、嘉定、苏州，倭寇所到之处，攻城掠县，明军见倭溃散，而受害最大的是广大人民百姓。在《倭变事略》及《嘉靖东南平倭通录》等记载倭寇的史籍中，均有对倭寇的残忍无道栩栩如生的描述[①]，至今读来仍令人切齿。倭寇的横行，使得人民无处安身，为躲避倭寇，人们不得不背井离乡，导致农田荒废，沿海一带乡城一派荒凉之景，"孤城喜复愁还剧，草合通衢杂藓痕，废屋梁空无社燕，清宵月冷有悲魂"[②]，即是那时期倭寇猖獗时荒凉悲惨景象的真实写照！而明朝的军队无法抵抗疯狂的倭寇冲击，在历史关键时刻，朝廷不得不调用狼兵，诚如当时南京兵部尚书兼浙江总督张经言："寇强民弱，非藉狼兵不可。"[③]

---

① "官廪民舍，劫掠一空。驱掠少壮，发掘冢墓。束婴杆上，沃以沸汤，视其啼号，拍手笑乐。捕得孕妇，卜度男女，刳视中否为胜负饮酒。荒淫恶秽至有不可言者。积骸如陵，流血成川，城野萧条，过者陨涕。"佚名：《嘉靖东南平倭通录》，神州国光社1946年版，第59页。

② 戚继光：《止止堂集》，王熹校译，中华书局2001年版，第17页。

③ 郑若曾：《江南经略》卷八下《调狼兵记》（永瑢、纪昀编撰，《文渊阁四库全书》，第728册），上海古籍出版社2003年版，第457页。

正是在这种内忧外患的情势下，历史赋予了狼兵神圣的使命，也正是狼兵这次万里来援，促进了壮族文化与吴越文化多方面的交流，尤其在武术及军事文化方面。后来东南沿海的抗倭名将戚继光、俞大猷等当时还是名不见经传的将领，他们从狼兵那里吸收了很多有价值的经验，并加以创新，成就了他们的民族英雄创举。然而，历史记载却很少关注到狼兵的这次不远万里赴敌援浙之行。

（二）狼兵万里抗倭及其在与倭战中的武艺表现

明派遣使者于嘉靖甲寅年（公元 1554 年）十一月到达梧州，调用左江的田州、归顺州，右江的南丹州、那地州及东兰州的土官率其所辖狼兵听用，选出田州的瓦氏夫人统率各州土官及其狼兵，其中田州开始以13000 狼兵踊跃应调，因"兵备不许"，最后瓦氏夫人带领女从 40 多人，率其孙岑大寿、岑大禄及其头目钟南、黄仁领兵 4100 多名，战马 450 匹，出兵最多；归顺州头目黄仁虎等领兵 862 名；南丹州土官之弟莫昆、莫从舜领兵 550 名；那地州土目罗堂等领兵 590 多名；东兰州土目岑褐等领兵750 名，共 6873 名，因有虚数，史籍记载相差并不大。因当时田州之兵与右江三州之兵素不相睦，聚则仇杀，因此，朝廷派遣游击将军白泫和邹继芳分别管辖这些狼兵，白泫主管左江的田州及归顺州狼兵，邹继芳主管右江的南丹州、那地州和东兰州狼兵，但两位游击将军只有管理权，对狼兵没有生杀大权，因狼兵只服从各自的土官头目。瓦氏及其狼兵自嘉靖三十三年（公元1554 年）十二月四日从广西梧州出发，几经辗转①，最后到达嘉兴，拜见了在那里的总督张经，此时已为次年二月中旬左右，这些狼兵行程近万里，历时达三月之久，可谓"万里远来，藉以靖难"（张经语）②。瓦氏夫人此行前，曾出豪言壮志："此行也，誓不与贼俱生"，乃由衷之言！

狼兵被派往苏州驻防，在苏州狼兵进行了一场盛墩首战，"狼兵首殱其渠魁一人，贼气沮，捐资于狼兵求脱，狼兵弗听，东西皆阻水，官兵南

---

① 自广西梧州出发，从水陆下广东，从三水转溯北江而上，越过五岭之大庾岭进入江西，从赣州由鄱阳湖水陆沿长江到达镇江，又由京杭大运河至丹阳，在丹阳由于"丹阳尹避而不出，居民复闭户不纳"，瓦氏夫人率狼兵徒步到奔牛镇，后经常州府尹派民船将其送往嘉兴。引自郑若曾《江南经略》卷八下《调狼兵记》。

② 郑若曾：《江南经略》卷八下《调狼兵记》（永瑢、纪昀编撰，《文渊阁四库全书》，第728 册），上海古籍出版社 2003 年版，第 458 页。

北夹击之，斩首一百余级，转战至杨家桥，又斩首二百余级，远近称快，更盛墩之名为胜墩"①，狼兵在苏州这次小试"牛刀"，即初露锋芒，就令兵威大振，而且狼兵的气节也得以展现，不为倭寇的物质诱惑，"捐资求脱，狼兵弗听"，可见狼兵远来，绝非为求物质之利。

瓦氏夫人率所部在苏州约月余，约在三月上旬被张经委派为总兵俞大猷帐下听用，领狼兵驻守金山卫（今上海市金山区所在金山卫镇）。金山卫历史悠久，秦汉即成市，明时置卫，其东据倭寇巢穴拓林（约今上海奉贤南），南临大海，北接松江，西扼浙东（今嘉兴），为当时兵家战略要地。由于瓦氏所率狼兵在苏州初显威力，使得"贼闻之，退保拓林，坚壁不敢出"。文献记载有瓦氏夫人单骑闯入倭寇群中解救明将领的生动描述②，从"奋"、"独"、"破"等文字描写，可以想象出瓦氏的武艺及其胆识，能以单骑救出被倭寇围困的白都司，没有极高的胆略及高超的武艺实在难以想象，那不啻羊入虎口，而就是这位敢独援倭寇重围中的明朝战将的英雄，谁会想到是一位年过花甲的女将！在文献记载中有瓦氏夫人的侄儿一人对抗倭寇六人的狼兵武技描述③。瓦氏侄名叫岑匡，也是一位十七八岁的少年，得知明军杀九个倭寇却损失了300多人，实在气愤不已，竟独自出哨，并以一人之力杀六名倭寇，其武艺及勇气足以骇敌，由此可见狼兵的武艺和不畏强敌的英勇气概，可谓英气逼人，既打击了倭寇的嚣张气焰，同时也暴露了当时明军的软弱无能，瓦氏侄之所以战死，是因为"诸将集聚军门，辄以固守为上策，多观望不进，至是其（瓦氏）侄战死之"④，可见，瓦氏侄是一人战群倭，而明军则是看着他一人战死于倭刀之下，实在令人齿寒！文献记载中有许多描述狼兵个人武技，可一

---

① 郑若曾：《江南经略》卷八下《调狼兵记》（永瑢、纪昀编撰，《文渊阁四库全书》，第728册），上海古籍出版社2003年版，第171页。

② "三月二十一日，贼分一支约二三千，南来金山，白都司率兵迎击，白被困数重，瓦氏奋身独援，纵马冲击，破重围，白乃得脱"。引自中国历史研究社《倭变事略》，神州国光社1946年版，第92—93页。

③ "四月初八日，诸帅扬兵出哨，遇贼杀九贼而覆兵三百，明日，瓦氏侄恃勇独哨，贼复掩击，瓦侄杀六贼而人马俱毙"。引自中国历史研究社《倭变事略》，神州国光社1946年版，第92—93页。

④ 中国历史研究社：《倭变事略》，神州国光社1946年版，第92—93页。

人独挡多名残暴倭寇①。这些文字描写，让我们再次领略狼兵作战的勇猛及其武艺的精湛，一兵可"连杀七贼"，不仅仅凭借的是勇敢，还需要有高超的武艺，面对凶狠的倭寇，狼兵的勇猛可以使倭寇溃不成队，落荒而逃，这与明军的观望怯战形成了鲜明的对比，从另一侧面我们也可以看出狼兵的武艺及战斗力。

　　嘉靖三十四年（公元1555年）四月，奉嘉靖皇帝之命到松江祭海的工部侍郎赵文华到达松江，赵乃当朝奸相严嵩的义子，此次还有监察江南军务使命。赵文华贪功心切，蓄意督促张经派狼兵进攻倭寇老巢拓林（今上海市奉贤南靠海地区，为当时倭寇的老巢），当瓦氏夫人率狼兵途经漕泾（今上海师范大学一带）时遭到倭寇伏击，瓦氏夫人所率狼兵与倭寇展开了一场恶战，史称"漕泾血战"。由于瓦氏狼兵与几倍于己的倭寇兵力悬殊，致使这次狼兵损失惨重，瓦氏的得力狼兵头目钟富（定律三虎之一）、黄维（秣马五豹之一）等十四名干将被杀，还损失五六百狼兵②，文献对此有较为详细的记载③。这次是瓦氏及狼兵的一次惨败，瓦氏损失得力狼兵头目及几百狼兵，瓦氏夫人如果不是武艺高强，恐也难免葬身于倭寇刀下。瓦氏夫人以花甲之躯，在倭寇群中"披发舞刀，往来冲突"，在凶残的倭寇群中可以如入无人之境，得以全身而退，足见瓦氏夫人的武艺之高和胆略，简直再现了历史小说中"入千军万马中，可取上将人头"的关张风采！然而，前来增援的明朝军官却因贪生怕死拥兵不前，面对浴血冲出倭寇包围时瓦氏夫人对着明军那感天泣地、怒不可遏地愤怒呼喊"好将官！好将官！"使得我们至今读来仍然热血沸腾，为之扼腕叹息，为明军见死不救而愤怒，这更凸现了瓦氏夫人及千百狼兵的民族形象及可贵的抗倭民族气节，他们用正义之血将抗倭的民族精神永远地镌刻在历史的丰碑之上！

　　四月下旬，张经利用倭寇在"漕泾血战"中败狼兵的得意轻敌心理，

---

　　①　"（四月）十一日，松江流贼数百，自官塘行掠舟犯嘉善县（今浙江嘉善），毁民居，劫库藏，进犯嘉兴，□发双溪桥。适狼兵至郡，郡侯令赍饷犒兵，狼兵即击贼。一兵甫弱冠，独奋身冲锋，连杀七贼，兵众乘胜追击，斩获数十，贼皆披靡，弃舟走。"引自中国历史研究社《倭变事略》，神州国光社1946年版，第85页。

　　②　黄佩华：《抗倭女杰瓦氏夫人》，接力出版社1991年版，第62—64页。

　　③　"群倭围瓦氏数匝，杀其家丁数人及头目钟富，瓦氏披发舞刀，往来冲突阵中，所乘马尾鬃，为倭披几尽。（瓦氏）浴血夺关而出，马上大呼曰'好将官！好将官！'尽愤。当日，（明军）诸将拥兵不前救也！"参见白耀天《瓦氏夫人述论》，《广西民族研究》1995年第4期，第39—40页。

精心组织了一场抗倭战争中的一次大捷，即"王江泾之战"。在这次大捷中，瓦氏夫人率领狼兵对倭寇的"诱敌"、"伏击"、"截击"起到了至关重要的作用。开始由瓦氏率小部分狼兵"引诱"倭寇出其巢穴拓林，进入由俞大猷、参将宗礼统兵三千及狼兵二千钩刀手设计的伏击圈，在两处兵夹击追杀下，斩获倭寇两百多人，倭寇落荒向嘉兴逃窜，俞大猷及瓦氏率狼兵尾追逼迫倭寇进入更大的伏击圈，瓦氏率狼兵回防金山卫，并负责增援和切断倭寇后路。倭寇在逃往王江泾的石圹湾又遭到浙抚胡宗宪与保靖宣慰司土司兵的夹击，最后倭寇逃往张经设计的大伏击圈王江泾。王江泾位于盛墩东南，嘉兴以北三十余里，西靠大运河，东边是一片湖泽，是一个理想的歼击倭寇之地。五月一日，王江泾北有明军卢镗，东有俞大猷、汤克宽，南有胡宗宪①，三处合围夹击龟缩在王江泾的倭寇，消灭倭寇近两千人，剩余不足百人逃回老窝柘林。倭寇为报王江泾之仇而专门围剿瓦氏及狼兵②，由此也可以看出瓦氏及狼兵在王江泾大捷中所起的作用，给倭寇造成的巨大打击，倭寇对瓦氏及狼兵的恨之切，从另一个侧面反映出瓦氏及狼兵给倭寇造成的心理上的巨大阴影，倭寇已经谈"狼"色变了，瓦氏及狼兵成了倭寇的克星，瓦氏及狼兵在王江泾大捷中的"诱敌"、"伏击"、"截击"使得倭寇产生了"杯弓蛇影"的心理恐惧感。因此，倭寇此次全体出击金山卫，开始了打击瓦氏的报复行动。由此，我们不难推断倭寇把瓦氏及狼兵视为他们的最大敌人，眼中钉，不拔不快，瓦氏及狼兵在抗倭中的历史作用及地位可想而知。

瓦氏及狼兵在江浙的时间虽然不长，但却给当时深受倭寇烧杀侵掠之害的江浙人民带来了福音，在江浙人民心中留下了难以忘却的记忆，有关瓦氏及狼兵的故事、民谣在当地人们中广为传颂，"花家瓦，能杀倭"就是瓦氏及狼兵留给江浙人们心底难以抹去的心灵铃记！瓦氏夫人以花甲之躯，怀着"誓不与贼俱生"的信念与执着，跋山涉水，不远万里，以其高超的武艺及惊人的胆略，率领千百狼兵子弟出生入死，给不可一世的倭寇以致命打击，成为气焰嚣张的倭寇的克星，瓦氏及狼兵刀锋所向，倭寇为之披靡，不管环境多么恶劣，倭寇诡计多端，即使误中倭寇奸计，陷入倭

---

① 白耀天：《瓦氏夫人述论》，《广西民族研究》1995 年第 4 期，第 39—40 页。

② "（五月）十日，拓林贼空穴而出，南围金山城，大索瓦氏。缘前战白都司围，知其骁勇，故欲劫其众也。"参见中国历史研究社《倭变事略》，神州国光社 1946 年版，第 94 页。

寇围攻，瓦氏夫人依然可以临危不乱，舞刀冲突，于倭寇群攻恶击的困厄逆境中力挽狂澜，杀出一条血路，令倭寇望之生畏，恨之入骨。瓦氏及狼兵的这种"骁勇善战，可死而不可败"的民族精神为其他文化提供了丰厚的素材，如明徐渭杂剧《雌木兰》即以瓦氏夫人万里抗倭为原型创作的，为后人敬仰、广为传唱的"花"木兰就是徐渭以瓦氏夫人为素材塑造的①。

王江泾大捷之后不久，五月十六日，张经在奸相及死党赵文华的诬陷下，明世宗以"畏葸失机，玩寇殃民"之罪将张经解往京师问罪，瓦氏及其狼兵也在张经被冤捕一月多后，"七月初三日，瓦氏及狼兵回田州"②。自嘉靖三十四年（公元1555年）二月中上旬不远万里跋涉到江浙，到七月初三日含恨回师，瓦氏及狼兵在江浙抗击倭寇的几个月里，与侵我国土，戮我同胞，劫我财物，烧我室庐的凶残倭寇展开殊死搏斗，瓦氏夫人所率狼兵凭借高超的武艺和一片铁血丹心，令不可一世的倭寇望"狼"即溃，谈"狼"色变，给倭寇以沉重的打击，在中国抗倭历史上书写了精彩的篇章。同时，瓦氏及狼兵的这次万里抗倭，也促进了壮族文化与中原文化的交流，尤其在武术、医药、军事文化方面的交流，历史贡献巨大。

四 狼兵万里抗倭的壮族文化与吴越文化的多元交流与融合

（一）"瓦氏双刀法"——壮族武术文化与吴越武术文化的交流

明代是中国武术体系的形成时期，明代是一个内忧外患的朝代，"南倭北虏"的困扰，促使明朝建立庞大的军事机构，军队中较重视士兵习练武术，尤其是一批杰出的军事将领，如戚继光、俞大猷等均为对武术的发展有贡献的人物③。瓦氏夫人及狼兵的这次万里赴难，虽然时间不是很长，但也使得壮族武术和中原武术得以交流和融合，尤其给明代民间武术增添了色彩，其中在抗击倭寇中令倭寇胆战心惊的瓦氏夫人双刀法得以流入中原武术百花园，成为其中一朵奇葩！

我们能够知道瓦氏夫人的双刀法流传到吴越一带，要感谢明末清初江苏娄江县的武学大师吴殳《手臂录》中的一首《双刀歌》④。瓦氏夫人的

① 白耀天：《瓦氏夫人述论》，《广西民族研究》1995年第4期，第48—51页。
② 中国历史研究社：《倭变事略》，神州国光社1946年版，第96页。
③ 郭志禹：《中国武术史简编》，人民体育出版社2007年版，第104—105页。
④ 吴殳：《手臂录》，山西科技出版社2006年版。

武艺在抗击倭寇中大显身手，我们从文献中可以窥探一斑，瓦氏的双刀法是在战场上血与火的厮杀中经过实战检验的，瓦氏夫人以年逾六十的高龄，仍驰骋疆场，舞动双刀斩杀倭寇，她的双刀舞动起来不见人影，翻动如电闪，令倭寇眼花缭乱，稍一怔就足以人头落地，"女将亲战挥双刀，成团雪花初圆月"，就是对瓦氏双刀法的真实写照。我们不难想象，瓦氏夫人深怀报国之心，从小习武，其武艺经过四五十年的实战，已达到很高的境界，作为一名武术家，其在抗倭中显示的高超武艺，必会得到当地武术人的青睐，并投入瓦氏门下学习其精湛武艺，吴殳的《双刀歌》为我们提供了这一答案。"天都侠少项元池，刀法女将亲授之"，表明当时被称为"天都侠少"的项元池即师从瓦氏夫人，并得到瓦氏夫人亲自传授其双刀绝技，这一时期大约为嘉靖三十四年（公元1555年）二月至六月，为瓦氏夫人率狼兵在江浙一带抗倭期间，也就是在此期间，"瓦氏双刀法"在江浙一带得以传播①，并融入中华武术百花园中。就在瓦氏离开江浙的八十年后，"乙亥春杪遇湖上，霜髯伟干殊恢奇"，也即崇祯乙亥年（崇祯八年，公元1635年）春，时年二十五岁的吴殳（1611—1695）在湖州遇到了"霜髯伟干殊恢奇"的项元池，此时的项元池虽然已经须发如霜染，却仍然身材高大伟岸，气宇不凡，吴殳拜项元池为师，成为"瓦氏双刀法"的再传弟子，也正是在这时，吴殳师从项元池学习瓦氏夫人流传下的双刀绝技的同时，也从其师项元池那里了解到瓦氏夫人的武艺及其英雄事迹，并为之感动而将这段历史写成这首《双刀歌》，为我们留下了宝贵的史料。可以想象，如果没有吴殳的《双刀歌》，我们将无法知晓瓦氏的双刀法在江浙的流传，我们也无法更多地了解瓦氏夫人这位为抗倭作出了历史贡献的巾帼英雄。我们感谢武学大师吴殳为后人提供了这段宝贵的历史记忆，以至于瓦氏夫人的武艺及其故事得以在历史长河中久久传颂。"绕翠堂中说秘传，朔风六月生双臂"，当时吴殳在湖州绕翠堂中学习瓦氏双刀绝技，正值六月的暑天，项元池演练双刀时，双臂运刀，令人有寒风凛冽之感，足见其功力之深②。通过项元池，吴殳再次领略到了当年瓦氏夫人双刀的精妙及功力的深厚。从明代的项元池到清初的吴殳，

---

① 1989年6月18日的《中国体育报》曾刊登马明达先生的《瓦氏夫人》，其中有介绍"瓦氏双刀法"的流传情况。

② 马明达：《说剑丛稿》（增订本），中华书局2007年版，第81页。

表明瓦氏夫人的双刀绝技至少在清初时在江浙一带仍有传承人及其传播。吴殳是一位对枪法有着精深研究的武学大师，也是一位善于创新的武术家，他将所学的瓦氏双刀技法融入其枪法研究中，在《手臂录》卷之一的《短降长说》中有"迫近彼枪，乃田州土司瓦氏女将双刀降枪之法，而余移之于枪者也"，吴殳在吸收瓦氏双刀绝技的同时，在枪法研究上进行了大胆借鉴。《双刀歌》中的"谓余长矛疏远利，彼已填密须短器"，即是其师项元池传授的瓦氏双刀法中的"短降长"之技术秘诀。

瓦氏夫人的双刀法不但为中华武术百花园增添了色彩，也充实了明代的武术体系，为吴越武术文化提供了丰富的技术和理论来源，促进了壮族武术文化与吴越武术文化的交流与融合。瓦氏夫人不但是一位能征善战的军事武将、民族英雄，同时也是一位真正的武术家，其武艺自成一派。瓦氏夫人在江浙一带亲授武艺，传授壮族武术及兵法，为中华武术的传承作出了一定的贡献。

（二）"三七"金疮药传入中原：壮族与吴越之间的医药文化交流

瓦氏夫人率狼兵在江浙一带与倭寇进行多次激战，在冷兵器时代，短兵相交，外伤时有发生，作为世代领兵作战，精通武艺的瓦氏，不远万里抗倭，自然深深了解这一点，那么随身必然携带有壮族独特的金疮药，以备之用，而且自古武医不分家。瓦氏夫人在江浙不吝将其"双刀绝技"传授给当地的武术后辈，同时也将壮族独特的金疮药——三七，留给了江浙人民，为中国医药文化留下了又一宝贵的财富。

"三七"又有"人参三七"、"田七"、"金不换"、"盘龙七"等不同俗称，以云南文山州、广西靖西县产地的三七质量为上等。有关"三七"最早的文献记载，大概是明安徽休宁人叶权（公元1522—1578年）游历岭表时，根据"耳所得闻，目所习见，素心师友所述"而成的著作，其中有关于"三七"的记载①。这估计是记载有关"三七"疗效及传入吴越的最早文献，在文献中叶权指出"三七"得以流入吴越，并为世人所知是由广西东兰、那地、南丹三州所征调的"蛮兵"（即狼兵）征剿倭寇时留下的。

---

① "广西东兰、那地、南丹三州蛮峒中山谷之间，出一种金疮药，名三七。状类土白术，味甘如人参而厚，草本生者。虽重伤，流血处量疮附之，一二宿即痂脱如故。又可治吐血等诸病。广西靖江王府中，传有服法。蛮尝被调发中国诛剿他寇，人持数两，多者数斤，防刀箭伤。归时以其余售，中国人重购得之。其赝者名水七，味薄恶不类人参。本草、方书俱不载，一神效药也。"参见叶权《贤博编》，中华书局2008年版，第34页。

　　比叶权稍晚的明代药物学家李时珍在其《本草纲目·草一·三七》（卷十二下）中对三七有较为全面的描述：

　　　　释名山漆，金不换。彼人言其叶左三右四，故名三七，盖恐不然。或云本名山漆，谓其能合金疮，如漆粘物也，此说近之。

　　　　生广西南丹诸州番峒深山中，采根曝干黄黑色，团结者状略似白，及长者如干地黄，有节味，微甘而苦，颇似人参之味。

　　　　根气味甘，微苦，温无毒，主治止血、散血、定痛、金刃箭伤、跌扑、杖疮。血出不止者，嚼烂涂或为末掺之，其血即止。亦主吐血、衄血、下血、血痢、崩中、经水不止、产后恶血、不下血、运血痛、赤目痈肿、虎咬蛇伤诸病。

　　　　此药近时始出南人军中，用为金疮要药，云有奇效。又云凡杖扑伤损，瘀血淋漓者，随嚼烂罨之即止，青肿者即消。敢若受杖时，先服一二钱则血不冲心，杖后尤宜服之。

　　　　叶主治折伤跌扑出血，傅之即止，青肿经夜即散余，功同根。①

　　从李时珍对"三七"的药效描述，可知"三七"为当时在军中秘密使用的特效药，至于由哪里传入，却说得隐晦。李时珍的《本草纲目》成书于明万历六年（公元 1578 年），但《本草纲目》的撰写是从李时珍二十五岁时的嘉靖三十一年（公元 1552 年）开始，一直到他六十一岁时的明万历六年（公元 1578 年），前后共花费了他二十七年的时间。李时珍为写《本草纲目》，足迹遍及河南、河北、江苏、浙江、安徽、江西、湖北等广大地区，推测他当时并未到过远在南方边陲的广西田州（今靖西）及云南文山，对"三七"的外形不太清楚，但对"三七"的疗效却描述得非常详细，表明此时"三七"已流入中原，他亲自观察、实验过其神奇药效。李时珍所说的"此药近时始出南人军中"的"近时"是什么时候呢？那就是从他开始撰写《本草纲目》的嘉靖三十一年（公元 1552 年）以后的时间，而这段历史时间中广西南丹诸州番峒的"军人"（狼兵）得以来到江浙一带。史书记载嘉靖三十四年（公元 1555 年）瓦

　　　　① 李时珍：《本草纲目》，文渊阁四库全书电子版，上海人民出版社和迪志文化出版社1999 年版。

氏夫人率狼兵万里来江浙抗倭，这一时间正与李时珍隐晦所说的"近时"相吻合，如果与推测相符的话，可以断定，正是在这一时期瓦氏夫人率领的南丹、田州诸州的"狼兵"在江浙一带的抗倭期间，把当时在军中秘密使用的壮族人民的特效金疮药"三七"带入吴越，也正是这种当时仅在广西番峒诸州军人中有着神奇疗效的金疮药为吴越人士所认识。如果说瓦氏夫人及狼兵的万里抗倭，显示了高贵的民族精神，瓦氏夫人在江浙一带不吝将其双刀绝技传授给有志后辈，那么瓦氏夫人及狼兵带给吴越人民的另一个重要贡献，就是将历代仅在土司军中秘密使用的特效金疮药"三七"留给了江浙人民，所谓古之武术惯例，药随艺传，也为吴越人民解除外伤及出血之痛作出了重要贡献，理应值得人民铭记。

　　"三七"在壮族中何时开始使用及其具体分布，我们在文献中难以找到答案，大概由于壮族地区明以前大多处于土司、番峒的土族管辖，文献记载较少。查阅明时的《广西通志》也没有见到关于"三七"的记载，万历二十七年（公元 1599 年）苏濬在《重修广西通志》（卷四十二）中的《物产》中记载"三七，南丹、田州出，而田州尤妙"[1]。清代在广西为官，曾任桂林府通判的汪森在其《粤西丛载》（卷二十一）的《物产》中对"三七"也有描述：

　　　　三七，南丹虽产，盖少而味劣，不若田州产多而更佳。其味似人参，每茎上七叶，下三根，故曰三七。
　　　　重拟两金，一名金不换，一名血见愁，专治血症。[2]

　　由此可知，世人之所以称"三七"为"田七"，盖因在明清时南丹、田州均产三七，由于田州所产三七在数量、质量都远胜于其他诸州，故而称为"田七"。"三七"在明代传入吴越以前，均在土司诸州土官中秘密使用，世代秘而不传，故而难以为外人知晓，为吴越人士知晓后，对其疗效及药理也有了更多的了解。清乾隆时的赵学敏为拾遗补正《本草纲目》

----

　　① 白耀天：《瓦氏夫人述论》，《广西民族研究》1995 年第 4 期，第 54 页。
　　② 汪森：《粤西丛载》（《笔记小说大观》第 18 册），江苏广陵古籍刻印社 1983 年版，第 267 页。

而完成的《本草纲目拾遗》中，曾经对三七与人参作了对比研究："人参补气第一，三七补血第一，味同而功异等，故称人参三七，为药之最珍贵者。"由此足以见证，在明代那个医疗相对不发达，草药极其珍贵的时代，对外伤及出血症有着奇效的三七，是多么珍贵，称其为"金不换"、"参三七"一点儿都不为过。而在军中，多有死伤发生，金疮药对军人的生命更为珍贵，那个时代，"三七"能得以流入吴越，实为瓦氏及狼兵之功、中原百姓之福，这更反映了瓦氏夫人及其率领的狼兵此行的历史意义无形中又增大了。

"三七"能得以在吴越为世人所知，第一个原因是瓦氏夫人率领的狼兵来江浙抗倭时，作为军队随身挟带的金疮药以备之用，随着狼兵在抗击倭寇中的使用，在军中得以传播。第二个原因是瓦氏夫人在传授其武艺时将"三七"也传给了当地有志的武林人士，瓦氏夫人能毫无保留地将自己身经百战的武术"双刀绝技"传人，自然在壮族土族中秘而不传的金疮药"三七"也会传人，况且一般医武不分，在日常习武中，外伤时有发生，这种特效的金疮药自然也为跟随瓦氏夫人学艺的传人所知晓，并得以传播。第三个原因就是在嘉靖三十四年（公元 1555 年）七月初，因张经被冤逮捕入京，瓦氏夫人及所率狼兵心灰意冷而中途返乡，因当时明朝不会给瓦氏及所率狼兵以充足的军饷补给，在返乡时，将军中所剩的部分珍贵金疮药出售，以换取返乡旅费，当时以瓦氏所率狼兵最多，有四千多，由于"三七"为军人所必备之药，故而瓦氏所率狼兵的"三七"也最多。在瓦氏所率狼兵抗倭时，狼兵所得的军饷比明军要少得多，汪森在《粤西丛载》卷二十四《土兵》中有："汉兵行有安家、行粮，而土兵只有行粮，省费一倍。每兵一日仅白金一分二厘耳。"以当时的物价仅能买二升米，而当时的平民百姓一天的食量为一升，那么狼兵行军打仗，都是年轻力壮之人，两升米也只能勉强填饱肚皮，因此，我们可以想象瓦氏所率狼兵在返乡时只能靠将平时宝贵的"金不换"出售换取用以路途遥远的川资，无意之间留给了吴越人民宝贵的医药财富。"三七"金疮药得以为吴越人们所知晓和使用，促进了壮族医药与吴越文化的交流，可谓瓦氏及狼兵万里抗倭留给吴越文化的又一宝贵财富。

（三）瓦氏"岑家兵法"与吴越的军事文化交流

1. 瓦氏"岑家兵法"与倭寇之阵的较量

瓦氏及所率狼兵在江浙抗击倭寇虽仅半年多，却"十出而九胜"，给不可一世的倭寇以沉重打击，成为倭寇的"眼中钉"，为倭寇所惧。其胜利的秘诀不仅仅是瓦氏夫人及狼兵的作战勇敢，更为重要的是"狼兵"个人勇猛的武功须与瓦氏独特的"岑家兵法"行兵布阵之法相配合。而这些瓦氏独特的"岑家兵法"为其后的抗倭名将戚继光、胡宗宪、俞大猷等加以吸收创新，为抗倭战争的最后胜利作出了重要的贡献，可以说瓦氏"岑家兵法"为东南沿海抗倭提供了许多丰厚的军事理论及战阵兵法文化源泉，极大地促进了壮族与吴越的军事文化交流。

瓦氏及狼兵到江浙之前，明军由于武备荒废，军无阵法，将兵武艺荒废，面对有备而来的倭寇，可谓不堪一击，除了倭寇个个深怀武功，凶悍异常外，还有就是倭寇狡诈异常，善运用各种阵法，如太阳阵：倭寇遇敌时呈圆形集中，好像太阳一般的圆状阵形，太阳的四周可以不时伸出一支支利爪——突击小队，袭击敌人，若敌人攻击小队，则太阳阵转动，进而将敌人围在太阳中心，将敌人吞噬掉。倭寇还善用"蝴蝶阵"：走则倭寇追之围拢，群起如蜂拥而攻；胜则四散奔走；当争相割首则又合拢围击；诱深入其穴，散财宝于地，趁取宝而偷袭，总之，倭寇的"蝴蝶阵"是分分合合，攻防兼备，穿插迂回，变幻莫测，防不胜防，充分发挥倭寇的小队作战能力，又形成倭寇群起围攻的集体攻击力。明军面对倭寇束手无策，遇之则损兵折将，久之，望倭即溃。

瓦氏所率狼兵无论在个人武艺还是集体阵法，都足以克制倭寇，成为倭寇的"克星"。首先，瓦氏及其狼兵均从小接受严格的军事武艺训练，瓦氏出身世代土司家族，自小习练家传武艺，嫁与岑猛后，又随夫习练武艺及"岑家兵法"，来江浙时，年逾六十，已有四十多年的统兵经验，个人武艺高强，即使身陷倭寇阵中，仍可全身而退。狼兵个个从小习武，壮族有从小习武的传统，"儿能骑犬，引弓射雉兔"，"少长习军骑，应募为兵"，可见狼兵的个人武功足以对付倭寇，有个别武艺精湛的狼兵甚至可以"以一杀六贼"。其次，狼兵的集体作战能力极强，"岑家兵法"有一套历代形成的阵法和严格的军纪，以保证阵法的实行，使得狼兵能够奋勇向前，勇不可当。故而，狼兵无论在个人武功还是集体作战方面都足以对付倭寇。

2. 瓦氏"岑家兵法"对中原军事的影响

瓦氏所率狼兵此次万里抗倭，对吴越文化影响最大的是对军事文化的影响，尤其是后期抗倭民族英雄戚继光、俞大猷等名将，都从瓦氏及狼兵那里学习到了许多珍贵的军事思想，并加以创新，可以说戚继光的"鸳鸯阵"及其练兵的思想均有"岑家兵法"及其军事思想的影子，我们无法否认二者有着很深的一脉相承的渊源。

师承"岑家兵法"的"鸳鸯阵"。魏源在《圣武记》中说道："戚继光不募金华义乌之兵，教以阵法，击刺战船火器，则不能入闽平倭……若宋之韩、岳，则各有背嵬军，明之戚继光，则全恃鸳鸯阵矣"①，可见戚继光的"鸳鸯阵"在抗倭战争中的作用。"鸳鸯阵"远以火器、弓弩作为掩护，近则以长短兵器配合作战，实为克倭之良法。"岑家兵法"以七人为伍，四人专主击刺（长兵，如狼牙棒、标枪等），三人专主割首（短刀类短兵），其中含有长短兵配合的军事思想。戚继光的"鸳鸯阵"以十二人为一队，居前一人为队长，次二人持牌（圆长各一），次二人持狼筅，次四人持长枪，次二人持短兵，末一人为火兵。作战时"二牌平列，狼筅各跟一牌，以防拿牌人后身，长枪每二支，各分管一牌、一筅。短兵防长枪进的老了，即便杀上……交锋筅以救牌，长枪救筅，短兵救长枪。牌手阵亡，伍下兵通斩"②。其"牌手阵亡，伍下兵通斩"与"岑家兵法"中的"凡一人赴敌，则左右人呼而夹之，而一伍皆争救之，否则一人战没而左右不夹击者临阵即斩，其一伍之众必论罪，以差甚者截耳矣；凡一伍赴敌，则左右伍呼而夹击，而一队皆争救之，否则一伍战没而左右伍不夹击者临阵即斩，其一队之众必论罪"的军纪思想是同源的，只不过表达更为简洁。从戚继光"鸳鸯阵"的阵形、长短兵器配合，尤其是思想都与瓦氏"岑家兵法"有着很深的渊源，当然我们并非抹杀戚继光在吸收之上的许多创新，只是探究戚继光创新"鸳鸯阵"及其军事思想的重要源头，来重新认识曾被抹杀或忽视的历史真相，历史不能忽略壮族文化曾经为吴越文化作出的重大贡献。

我们发现戚继光（时年二十八岁）与瓦氏夫人所率狼兵是同在嘉靖三十四年（公元1555年）来到江浙的，瓦氏及其狼兵是三月到达，而戚继光是七月从山东调任浙江都司金书，负责屯局事务③。而戚继光自嘉靖

---

① 李辉南、黄家源：《瓦氏夫人的武术、兵法、功绩》，广西武术（内部资料）。

② 戚继光：《纪效新书》（十八卷本），曹文明、吕颖慧校释，中华书局2001年版，第65页。

③ 范中义：《戚继光传》，中华书局2003年版，第62页。

三十四年（公元 1555 年）至四十年（公元 1561 年）这六年期间并无突出的军事表现，其间在嘉靖三十八年（公元 1559 年）还因岑港"无功"而被革职。这期间戚继光在军事练兵及思想方面必经历了一段时间的酝酿，到嘉靖四十年（公元 1561 年）四、五月的台州大捷，戚继光（时年三十四岁）的军事才能逐渐得以凸现。我们不得不寻找为什么戚继光在山东不能训练出战无不胜的"鸳鸯阵"，而是在到达江浙后又经过好几年才训练出令倭寇畏惧的"戚家军"呢？

瓦氏及狼兵万里抗倭并在江浙一带取得的战绩，是有目共睹的，这在当时的一些文献中均有记载。胡宗宪当时任浙江巡抚，曾与瓦氏并肩抗倭，郑若曾为胡宗宪的幕僚，郑若曾在其《江南经略》卷八下《调狼兵记》中在记载"岑家家法"之后有这样的评论："狼兵此法可以为用兵者之要诀，不可谓管见而不之师也。"在此，他明确提出"岑家兵法"及狼兵完全可以作为训练将兵的重要方法和典范，决不能眼见而不向他们学习！作为胡宗宪幕僚的郑若曾不会不将这一观点告知当时身负御倭重任的浙江巡抚胡宗宪，而胡宗宪对瓦氏"岑家兵法"及狼兵战术、军纪及训练也绝不会视而不见，而是大加赞誉，称其"能以少击众，十出而九胜"，并明确提出按照"岑家兵法"及狼兵训练士兵的想法，在《筹海图编》卷十一《经略一·募客兵》中有"于本处应募民兵中，择其最骁勇者，各照狼兵、土兵之法，编为队伍，结为营阵，象其衣甲，演其技艺，习其劲捷，随其动止饮食。以一教十，以十教百，推而上之，日渐月染"[①]。而嘉靖三十五年（公元 1556 年）二月，胡宗宪为浙直福建总督，主持东南剿倭，我们毋庸置疑，他定会令其下属按照此法训练将兵，而这时瓦氏及狼兵已经返回广西，抗倭大任不得不完全靠明军自己了，此时迫切需要明军自己训练一支像狼兵那样具有战斗力的军队，而当时在胡宗宪帐下的戚继光正是顺应历史趋势，在胡宗宪的督令下完成这一历史使命的。戚继光于嘉靖三十八年（公元 1559 年）九月到义乌募兵，次年正月创"鸳鸯阵"，其间排除了各种阻挠，并在其上司胡宗宪的支持下，得以顺利进行，可以想象，没有胡宗宪的支持，完成这件事是不可能的，因为戚继光当时为胡宗宪的下属，只有获得胡宗宪的支持和信任才会得以进行。当然，募兵按照狼兵之法训练是胡宗宪早已就有的练兵思想，只有二

---

① 郑若曾：《筹海图编》，李致忠点校，中华书局 2007 年版，第 729 页。

者的思路一致才会促成这一历史任务的进行并得以完成。在历史记载中，抹杀了胡宗宪的督令及其练兵方法，也抹杀了与"岑家兵法"及仿照狼兵训练等一脉相承的师法渊源关系，这显然是不符合历史事实的。戚继光是不可能完全靠自己就可以在短期内创造出"鸳鸯阵"的，否则他在山东为什么没有训练成战无不胜的"戚家军"，到江浙后也是经过多年才得以创立以"鸳鸯阵"为主的军队，这应与其上司胡宗宪仿照瓦氏"岑家兵法"及狼兵的"择其最骁勇者，各照狼兵、土兵之法，编为队伍，结为营阵，象其衣甲，演其技艺，习其劲捷，随其动止饮食"的思想与督令有着密切关联，也说明戚继光这一时期创制"鸳鸯阵"、练兵及其军事思想与瓦氏"岑家兵法"及狼兵是有着无可否认的师承关系及理论渊源的。无论从戚家军的"号令严，赏罚信，士无敢不用命"的军纪，可谓与狼兵的"士可死而不可败"有着共同的表达，还是戚家军"牌手阵亡，伍下兵通斩"赏罚，也与狼兵的"凡一伍赴敌，则左右伍呼而夹击，而一队皆争救之，否则一伍战没而左右伍不夹击者临阵即斩，其一队之众必论罪"的家法有着相似之处。

　　从以上分析我们可以看出戚继光无论在创立"鸳鸯阵"、练兵，还是其军事思想，都从瓦氏"岑家兵法"及狼兵那里吸收了许多宝贵的东西，而这丝毫不会削弱作为民族英雄戚继光的形象，其最可贵之处是通过吸收而加以创新，参以己见，勇于创新，形成了更加有效御倭的军事阵法"鸳鸯阵"练兵及一整套军事思想，并整理成《纪效新书》，为后世留下了珍贵的军事论著，其中还为我们后人保留有明代珍贵的武术文化。从另一个侧面也表明瓦氏及其狼兵此次万里抗倭为吴越文化留下了许多珍贵的武术、医药尤其是军事文化。试想，如果没有瓦氏及其狼兵的此次万里抗倭，也许明代抗倭历史将会改写，当时并没有显露锋芒的戚继光、俞大猷等，在明代抗倭后期成不了倭寇的"克星"。

　　我们叹息瓦氏夫人及其狼兵的遭遇，无法实现其"誓不与贼俱生"的豪言壮志，官场黑暗，阻挡了瓦氏及狼兵为中国抗倭战争作出更多的贡献。但瓦氏及狼兵的此次不远万里抗倭，也为壮族文化与吴越文化在武术、医药及军事方面的交流作出了巨大贡献，他们的民族精神及其壮举理应值得世人铭记。

第二节　太平天国起义中的武术

　　太平天国运动是中国历史上规模最大的一次农民革命运动，也是近代中国人民反帝反封建的一次高潮。太平天国运动动摇了清朝的统治，为辛亥革命铺平了道路。太平天国农民用自己的鲜血在震撼中外的反帝反封建的农民革命历史上谱写了光辉的一页。太平天国农民运动的早期主要指从清道光二十三年（公元 1843 年），洪秀全、冯云山等人缔造"拜上帝会"，到清道光三十年（公元 1851 年）在广西桂平金田起义，以及起义后在岭南开展活动。在太平天国运动的早期，为抵抗清军的围剿，太平军主要依靠的是冷兵器的刀、枪、矛等，武术在太平天国运动早期为粉碎清军的进攻起到了巨大作用，这与太平天国运动从开始就重视武术有着密切的关系。本节主要讨论太平天国运动早期的武术，以揭示岭南武术在反帝反封建的革命斗争中的历史作用。

一　"大馆"聚众习武，传播革命思想

　　太平天国农民运动的早期，洪秀全、冯云山等于 1843 年 6 月在广东花县（今广州花都区）创立了秘密革命组织——拜上帝会，这是一个模拟基督教形式的秘密组织。为了宣传其革命思想，他们利用当地的农民经常在晚上聚众聊天、打拳习武的习惯，组织农民在一些地方设立"大馆"（即武馆），一方面组织群众习武，一方面在群众中传播其革命思想。因此，早期的"大馆"是洪秀全等利用拳馆联系群众习武，传播革命思想的主要场所和方式。洪秀全等在花县设立"大馆"，发动群众练武、宣传革命思想的地方就在洪家宗祠前面平整开阔空旷的场地上，而习练的拳术也为具有反清复明思想的"洪拳"，相传洪拳大师洪熙官曾在花县传习洪拳。在平南花州还修建了一个"上帝坪"，用以练武专用，这些都是借助当地群众好打拳练武，宣传革命思想，也是太平天国早期为积蓄革命力量而开展的武术活动。

　　清道光二十四年（公元 1844 年）五月，洪秀全、冯云山到广西贵县赐谷村宣传其革命思想，他们经常到邻近村宣传，并在夜间组织群众练武，不断积蓄革命力量。当时赐谷及邻近村参加拜上帝会的有百余人，尤

以客家人最多①。冯云山为学习武术，拜当时在桂平设馆授徒的蔡李佛始
祖陈享首徒龙子才为师，学习蔡李佛武术，并将龙子才请到金田向群众传
授蔡李佛武术，蔡李佛本就具有反清复明的思想，因此，许多习练蔡李佛
武术的武术人加入到太平天国之中。后来太平天国失败后，许多太平军人
逃往海外，将蔡李佛拳传播于世界，客观上为蔡李佛拳的国际化传播作出
了巨大贡献。

1847 年 7 月，洪秀全第二次到广西，并在紫荆山区发展革命群众，
进一步壮大革命力量，结识了石达开，"拜上帝会"会员发展多达 3000
人。洪秀全在晚上亲自督促，夜间集合会众习武时，他只要一击铜鼓，学
拳习武会众便很快赶来集合，并勉励会员要"千祈千练千果然"。由于有
明确的"拜上帝会"革命思想，习武练拳的群众热情高涨②。

1847 年洪秀全到广西紫荆山不长的时间内，以习武练拳为纽带在桂
平金田、紫荆山洴田村、平南花州林长坳（现名上帝坪）设立了四个大
馆，另外，在贵县、陆川等地也设有大馆。这些大馆作为当时对会众进行
革命思想教育及军事训练的基地中心，借以宣传革命思想，同时也为太平
天国起义进行军事训练，为革命积蓄力量。其中金田大馆由韦昌辉主持，
林长坳大馆由胡以晃主持，陆川大馆由拳师赖九主持。这些大馆的主要任
务一是打造兵器，二是组织会众习武操练。韦昌辉曾在家里开设十多座铁
炉以表面打造农具为名，暗中打造兵器，据说当时为掩盖耳目，韦昌辉特
意在家门口的池塘里养了许多大鹅，以鹅的群叫声掩盖打造兵器的响声。
胡以晃家资富有，并曾考取过武秀才，他一边组织会众进行习武练拳，一
边也在家中设炉打造兵器。赖九是一位以打铁为生的拳师，他曾边打铁边
拜师学拳，在贵县接受"拜上帝会"革命思想，以打铁为业借以联络群
众，练拳授徒入会，投入他门下的有 200 多人。

在太平天国的早期，洪秀全等早期"拜上帝会"领袖在岭南各地都
是以"大馆"组织，"拜上帝会"这种将宣传教会思想与习拳练武相结合
的做法，正是太平天国早期对会众进行革命思想教育与武术训练的有效方
法。由于早期教会还处于萌芽阶段，没有大量兵器，故而，"拜上帝会"
充分利用岭南地区农村习武练拳的群众习俗，拳会合一，以拳传教，广布

①　转引自《太平天国前期武术活动》，《广西武术》（内部资料）。
②　易才卓：《太平天国的军事体育》，《广东体育史料》1988 年第 4 期，第 8 页。

拜教义，大力发展会众，大馆就是以拳馆的形式，按照严格的军事组织编制的秘密组织，大馆设有领导机构，大馆之下分别设有小馆。大馆及小馆中的所有会众在训练时均以红巾包头，因此，红巾亦成为太平天国早期与其他武术组织不同的标识，而这正是后来太平天国的太平军红巾包头的开始。太平天国早期的大馆组织制度，既保证了会众的革命思想统一，也保证了早期严格的武术训练，为太平天国起义储备了军事力量。随着组织的扩大，大量武器的打造，各地大小馆武术拳术、器械的军事训练逐步增加，规模也越来越大，军事训练也逐渐正规。

二　"团营"筹备起义时的军阵武艺训练

在经过大小馆聚众习武及革命思想宣传，发展会众的太平天国早期，在1850年，洪秀全在金田村发出团营动员令，号召各地大小馆会众积聚金田"团营"，即集中编制营伍的正规军事训练，各地大小馆会众潮涌般奔往金田村。主要有：紫荆山区3000多人，秦日纲率领贵县银矿矿工1000多人，石达开率领的贵县客家人3000多人，黄文金率领的博白等地会众2000多人，蒙得恩率领的平南会众及赖九率领的陆川会众几千人①。团营积聚大多是举家带族而来，各地"拜上帝会"会员先后到达金田后编入不同团营，由杨秀清负责军事训练，组织会众团营、筑营盘、练武和打制武器，指挥会众打败团练围剿，当时准备发动起义的总部设在韦昌辉家中，并要求各团营在营地拜上帝、练武术，开炉打造兵器。韦昌辉家总部开设有12座打铁炉，日夜赶工打造兵器，然后将打造好的兵器秘藏于村后犀牛岭下的犀牛潭。各地会众积聚金田后，伐木砍竹，立炉打造刀枪兵器，团营积聚在练兵场习拳练武，骑马舞刀，操练杀敌本领。十里金田平川，呈现出一派繁忙的筹备起义景象。

（一）"团营"时期的武术训练

"团营"是金田起义前的准备时期，这时期由于条件所限，武术的拳术和刀枪器械作为主要的训练手段。这时期的武术训练主要是传统武术的拳和器械，据有关研究表明，拳术以洪拳和蔡李佛拳及其包括的刀、棍、枪、耙、钩、矛等器械。洪拳是岭南的第一大名拳，在广东、广西均广为

---

① 转引自《太平天国前期武术活动》，《广西武术》（内部资料）。

图 4 - 1 桂平金田起义地址秘藏兵器的犀牛潭

流传，其中洪秀全的家乡花县曾是洪拳的重要流传地，而且洪秀全本人也练习洪拳，并在广东、广西等地宣传拜上帝会时传授过洪拳，虽然我们无法得知洪秀全的洪拳练得如何，但至少其从小在其家乡学习洪拳并借传授洪拳之际宣传教义，再加之这一时期有许多洪门子弟也加入"团营"行列，故而，这时洪拳是会众主要习练的拳术。太平天国的冯云山曾跟随蔡李佛始祖陈享的首徒龙子才学习蔡李佛拳，在"团营"积聚时，冯云山即派人到桂平请龙子才到金田为会众传授蔡李佛拳械，龙子才率领众徒到金田传艺。蔡李佛拳本身就有反清之宗旨，因此蔡李佛对洪秀全的举动是支持和拥护的，故而蔡李佛拳的首徒龙子才到金田后也悉心将蔡李佛的拳械教授给"团营"会众。蔡李佛拳械具有极强的实战技击性，这增加了"团营"会众的军事实战技能，同时一些蔡李佛弟子的加入，也提高了广大团营会众的武艺水平。

"团营"武术训练使用的兵器大多为单刀、大板刀、钩镰、藤盾等民间传统武术兵器及日常农具，洪秀全曾鼓励广大会众："杠杆跟着天军走，拿起刀枪是豪杰，赤手空拳擒清将，矛枪打败火绳枪。"①

---

① 转引自《太平天国前期武术活动》，《广西武术》（内部资料）。

图 4 - 2 - 1 金田起义时太平军使用的板刀

　　太平天国起义前准备"团营"时期,军事武艺训练以武术为主,而且是丰富多样的,既有拳术,又有器械训练,拳术及器械以突出实战技击的洪拳、蔡李佛拳为主。在太平天国的早期正是以岭南武术武装起来的太平军,运用日常使用的钩镰、矛枪、农具等器械粉碎了最初清军及地方团练的进攻,这与太平天国初期领袖们对武术的重视是分不开的。太平天国对武术有着严明的规定:"凡各衙各馆兄弟,在馆无事,除练习外,俱要磨洗刀矛,操练武艺,以备临阵杀妖,不得偷安。"①

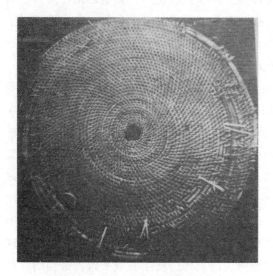

图 4 - 2 - 2 太平军使用的藤牌盾

图 4 - 2 - 3 太平军使用的
单勾枪

---

　　① 凌善清:《太平天国野史》卷七,文明书局 1923 年版,第 4 页。

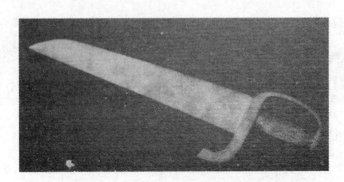

图 4 - 2 - 4　太平军起义时使用的战刀

资料来源：引自李新、董谦《图说近代中国》，光明日报出版社 1991 年版，第 66—76 页。

（二）"团营"时期的武艺实战辅助训练

在金田起义前"团营"的军事训练，除了武术训练外，还有一些结合实战的军事武艺辅助训练，主要是提高军士在战斗中的身体素质和技能，这些练习在冷兵器时代也多属于军事武艺范畴，如快速跑、耐力、负重疾走等，目的是增强军事的作战素质及顽强的意志品质。在太平天国早期，由于武器及军事上的成熟，这些军事武艺训练为太平天国避免被清军扼杀在摇篮中作出了重要贡献。

快跑，它既是古代军事的训练，也属于武术中"轻足善走"之轻身术。孙武在著名的《孙子兵法》的《九地》中就有"兵之情主速，乘人之不及，由不虞之道，攻其所不戒也"，强调了行军攻城略地，兵贵神速。训练快跑的方法主要有：一为骑马领跑，如杨秀清、石达开等训练部下时让军兵跟着马快跑，要求和马跑的一样快，有士兵跑到马前面的为好兵。二为旗手领跑，首先要挑选训练一些旗手，作战时旗手要手持战旗跑在队伍最前面，战旗均系在 12 尺长的矛杆上，手持战旗，快速奔跑，不仅需要强的快跑能力，而且必须身强力壮，旗手冲锋在最前面，也必是武艺精湛之人，以开路冲锋，故而挑选出训练的旗手必须是跑得最快的。然后由旗手持旗数面各领一队会众训练快跑，以迅疾快跑不落后为合格，有气喘力疲落后者要被鞭笞惩罚。正是得力于这些快跑训练，使得起义后在与清军作战时，"（清军）枪炮齐施，皆伏贴于地。候弹稍稀，雀跃而揉进，转瞬已至枪兵之前……火器已属无用"[1]。

负重长途疾走，即负重赤足耐力训练。就是挑选会众赤足负重长途疾走，这是一种脚力耐力练习，也是一种力量训练，同时更是一种意志品质的训练。清潘钟瑞在《苏台麋鹿记》中记载这种方法："（贼）有练脚一法，择年轻力壮者，督以担负步行，赢縢（指绑腿布）赤足，穷日之力不许少停。若足茧不前，则以刀破之，血出如缕，翌日仍督行，血淋淋不止。既而皮又结则再割之，如是三五次，血尽皮坚，胜于草履，而举步如飞矣；故贼党无不健行者，虽马队亦难追及。"[2] 清倪在田在《扬州御寇录》中有："贼之健者，袒衣跣足，追追如飞，至则旁曳马足而覆之，兵立蹶死。"清朝军官朱自孚对太平军这种跣足疾走耳闻目睹，他在《摩盾余谈》称"贼纵飘忽，动如脱兔，昼日可行二百里"，可见这种赤脚疾走训练绝非虚言。太平军在起义后的转战中，有日夜行军两三百里的神速，攻敌之不备。太平军早期的这种艰苦训练，使得军士具有了坚忍不拔的意志力及长途行军忍饥耐渴的惊人毅力、耐力和体力，这正是太平军一路势如破竹，攻城陷阵，攻无不克，所向披靡的法宝。

三 革命领袖倡武术，太平将领多高手

（一）革命领袖倡武术

洪秀全是太平天国起义的缔造者，主要的革命领袖。他早期主要利用群众习惯夜间习拳练武，向人们传播拜上帝会思想，他对习拳练武凝聚群众的作用是有深刻认识的，因此，他提倡习拳练武，他本人也乐于习练武术。洪秀全是广东花县（今广州花都区）官禄布村人，花县也是他最早传播拜上帝会革命思想的地方。花县曾相传是洪拳宗师洪熙官传播洪拳的地方，至于洪拳的起源多认同为洪门内流行的拳术，花县是洪拳早期的流行之地，这一点至今也可以从当地盛行洪拳得以明证。洪秀全生于洪拳流行之地，当地群众夜间惯于习练洪拳对他是有着潜移默化的影响的。据黄鉴衡 80 年代武术挖整时期在花县调查老一辈拳师记述："相传洪拳宗师

① 李成银、申玉山：《论近代武术价值功能的演变》，《成都体育学院学报》1994 年第 3 期，第 21 页。

② 潘钟瑞：《苏台麋鹿记》（卷上），《太平天国》五，上海人民出版社 1957 年版，第 281 页。

洪熙官曾到过花县的炭布传授武艺,附近一带多打洪拳。"从这一调查至少我们可以了解到当时花县洪拳的习练之风很盛,洪秀全早期也大概习练洪拳,他早期传播革命思想的地方就在其家乡洪家宗祠的空旷场地上,群众惯于夜晚习练洪拳,为向群众传播革命思想,作为看客而不练习洪拳恐难以融于群众,和群众共同习练洪拳并借以传播革命思想应是必由之举。在花县发动群众习武练拳宣传革命思想时,洪秀全曾请一位外号"打铁罗"的铁匠打了两把剑,一把自己佩带,另一把送予同学李敬芳。长约三尺,其上刻有"斩妖剑",并写下一首《吟剑》:

> 手持三尺定山河,四海为家共饮和。
> 擒尽妖邪归地网,收残奸宄落天网。
> 东西南北敦皇极,日月星辰奏凯歌。
> 天父天兄带作主,太平一统乐如何。①

图4-3 洪秀全塑像

图4-4 洪秀全手书对联

资料来源:引自李新、董谦《图说近代中国》,光明日报出版社1991年版,第62页。

此后,他与同学李敬芳经常一起练剑。太平天国早期大力开展武术活

---

① 黄鉴衡:《粤海武林春秋》,广东科技出版社1982年版,第75页。

动与革命领袖洪秀全的倡导是分不开的。

冯云山是洪秀全最早的革命战友，也是花县人。他到广西发展会众，宣传革命思想，发展群众，当他得知蔡李佛首徒龙子才正好在桂平开设武馆时，冯云山即投身龙子才门下，学习蔡李佛拳，太平天国起义前的"团营"时，冯云山请龙子才到广西紫荆山传授会众蔡李佛拳，提高了起义军的技击实战能力。在金田起义前叫的最响亮的口号是"男学冯云山，女学杨云娇"①。冯云山在起义后的战斗中，身先士卒，作战勇猛。

（二）太平将领多高手

太平天国的将领中有许多武术高手，据张德坚在《贼情汇纂》一书中称："其刀矛击刺，贼中间有能者。"②

胡以晃，广西平南县人，家资富有，好任侠，曾获取武秀才功名。据平南八峒胡琇瑛所藏《胡氏族谱》记载，胡以晃在省考武举时，因用力过猛，将硬弓拉断，致使手臂扭伤而名落孙山，以此足见其勇力不凡。之后跟随洪、杨参加入拜上帝会，积极练兵，打造兵器。金田起义前的"团营"时，胡以晃带领一批瑶、壮、汉族贫苦群众到金田，因其生于瑶族地区，并深得瑶族群众信任，故而其部下有不少瑶族青壮年，瑶族自幼好勇，惯于征战，善狩猎，常与山中野兽搏斗，攀山越岭如履平地，其部下作战勇猛。胡以晃自金田"团营"始，戎马生涯，雕鞍常与，不论是作为开路先锋，还是出任辅助偏师，都是尽忠职守，为太平天国征战流血负伤，散尽家财，后被封豫王。

石达开，广西贵县人，可谓文武兼备，对其武功野史及民间传说多有传颂。其中以力能碎碑传为佳话："道光中期，石达开曾游衡阳并传授弟子数百人。他的拳术高的称为弓箭桩，低的称为悬狮桩，可以八面应敌。他应敌时可以使用连环鸳鸯脚，十分厉害，为少林、武当所无。在即将离开衡阳时，与其弟子中武艺最精的陈邦彦较技，两人分别靠石碑，相互击三拳，陈邦彦拳击石达开时，其腹软如棉且硬如石碑，拳打下后即恢复如初，当石达开拳击陈邦彦时，陈邦彦自知难以承受而侧身躲避，石达开拳打在石碑上，石碑断为数段。"野史及传说，虽不可全信，但我们从一个侧面可以了解到石达开的武功之高深。另外，作为中国近代史上颇有影响

① 盛巽昌：《太平天国文化大观》，广西民族出版社 2004 年版，第 45 页。

② 易才卓：《太平天国的军事体育》，《广东体育史料》1988 年第 4 期，第 13 页。

的历史人物，与他同时期的人物对他均有很高的评价，无论其武艺还是韬略，为我们了解这位千古评说的末路英雄提供了更多的视野①：曾国藩言石达开为"逆首狡悍为诸贼之冠"；左宗棠称石达开："石逆狡悍著闻，素得群贼之心，其才智出诸贼之上"；李秀成也称："独服石王，言其谋略甚深"；英国人麦高文对石达开的评价是："英雄侠义，勇敢无畏，正直耿介"。由此可见，敌我中外均对石达开有着所论一致的评价，足以可知石达开武勇谋略过人，绝非仅为野史传闻，必有其历史的真实一面。石达开一生富有传奇色彩，作战时冲锋在前，势如破竹，后在大渡河为保全部下被俘，死时仍然枭桀坚强之气溢于颜面，毫无作摇尾乞怜之举，正气凛然，英雄本色不改。

萧朝贵，广西武宣县人，壮族，身长多力。李滨在《中兴别记》对萧朝贵这样描述："貌恶性悍，且多力，耕牛脱阵（指拴牛的绳索）逸畔，追握牛尾，牛从而倒行"②，可见萧朝贵有倒挽牛尾之力，其勇力过人，足以与三国猛将许褚力逆曳牛尾相媲美③。陈微言在《武昌纪事》中对萧朝贵的评价是："（太平天国将领中）最著为西王萧朝贵，负胆力，凶悍异常，尝单骑片时杀百数十人如行所无事。"④ 参军时即为萧朝贵麾下的陈玉成称他"勇敢刚强，冲锋第一"。金田起义后萧朝贵一直充任先锋，统领雄师冲锋破敌，屡挫强敌。文献均记载他是一位孔武有力，富有谋略，忠勇刚强之人，为太平天国早期五军主将，也堪称太平天国第一流的军事将领。

太平天国的许多将领都是精通武艺，英勇善战之辈。如东王杨秀清是高要县的武生；天宫正丞相秦日刚也是曾充任乡勇，力举百钧之人。

四 太平天国起义中的巾帼英雄

太平天国革命是中国历史上一次伟大的反封建、反侵略的农民革命运动，是一次规模宏大、影响深远的革命运动，它之所以能坚持时间如此长，并影响面如此大，与太平天国注重武术是分不开的。在太平天国平

---

① 盛巽昌：《太平天国文化大观》，广西民族出版社 2004 年版，第 59 页。
② 易才卓：《太平天国的军事体育》，《广东体育史料》1988 年第 4 期，第 14 页。
③ 《三国志》卷魏书十八有对许褚的描述："许褚字仲康，谯国谯人也。长八尺余，腰大十围，容貌雄毅，勇力绝人……粮乏，伪与贼和，以牛与贼易粮，贼来取牛，牛辄奔还。褚乃出阵前，一手逆曳牛尾，行百余步。"
④ 易才卓：《太平天国的军事体育》，《广东体育史料》1988 年第 4 期，第 14 页。

等、平均的思想指导下，武术训练对男女的要求也是一样的，所以太平天国队伍中的女兵训练亦有很多武艺的内容，"八百女兵都赤脚，蛮衿扎袴走如风"，这便是太平天国女军的写照。[①] 为充分发挥女兵的革命作用，洪秀全曾经发出"男将女将尽持刀，同心放胆同杀妖"的号召。在太平天国起义时的金田兵营有男营，也有女营。女营的训练有武术训练，其中刀术训练占有较大比例，这与刀在战斗中利于砍杀的威力有密切关系，也与刀在民间是日常生活用具，便于使用有关。在广西曾发现不少太平天国遗留的刀（如图4-5、图4-6）。女兵的装束与男子有所不同，皆上身着短衣袖，脚蹬草鞋，腰扎长刀。太平天国曾组织规模达10万的女兵，因此女营中曾涌现出不少能征惯战、威震敌胆的巾帼英雄将士。

图4-5 金田起义时太平军使用的板刀

资料来源：转引自李新、董谦《图说近代中国》，光明日报出版社1991年版，第66页。

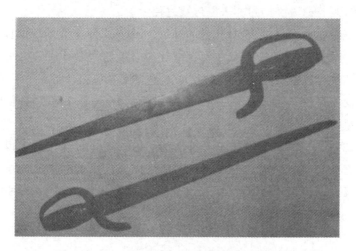

图4-6 石达开部在广西遗下的双刀

资料来源：转引自李新、董谦《图说近代中国》，光明日报出版社1991年版，第76页。

---

① 罗时铭、崔乐泉：《中国体育思想史》，首都师范大学出版社2008年版，第63页。

太平天国怀王周春的妻子阿凤，幼年时便学得多种武艺，尤其善使飞铊，人们称她为"飞铊凤"。1841年三元里抗英作战时，她手舞飞铊如流星闪电，打得敌人头破血流。又惯舞双刀，刀法"双飞蝴蝶"和"草上飞"，曾在当地流传。

洪宣娇是洪秀全的妹妹，她武艺高强，常在战斗中"解衣纵马，出入清军，刀术妙速，一军骇目"①。在汉口牛排岭战斗中，她率领女军勇猛杀敌，取得胜利。所以在广西有一首广为流传的民谣："妇女去跟洪宣娇，会打火炮会耍刀；牛排岭前大摆阵，杀的清兵跑断腰。"②广西老一辈拳师说："乾隆年间，洪拳宗师洪熙官曾到过花县的炭步传授武艺，附近一带多打洪拳。当时在村里练习武艺的，刀枪剑棍样样都有，而练得最刻苦、最勤奋的，算是洪秀全的妹子——洪宣娇。"③

李陈娘，常"空闲下来练刀枪"，打仗时手提一把钢刀在阵中纵横驰骋，往来冲突，骁勇异常。她在南京栖霞山战斗中立下奇功。有人写诗赞她："女大帅，李陈娘，出兵栖霞动刀枪。大火烧红半边天，栖霞妖兵发了慌。死的死，伤的伤，杀的妖兵精打光，李陈娘当上女大帅，带领包头众儿郎。"就连当时上海有家外国报纸也不得不承认："这是世界上的未曾见之奇观，即人类幻想亦未能形状之伟大。"

苏三娘，勇悍异常，"侠声遍八桂"。《横县志》记载她"腰横秋水雁翎刀，手执丈二铁三叉"④。在每次战斗中，她总是敢于冲锋在先，奋力杀敌，往往可以以少胜多，大败敌军。曾有诗赞曰："路人争看苏三娘，灵山儿女好身手。两臂曾经百余战，一枪不落千人后。两百健儿听驱遣，万千狐鼠纷藏逃。"⑤

杨二姑，是太平天国东王杨秀清的妹妹。每逢战斗，"辄以黄巾裹头，大红战裙，与其夫并辔而出，冲锋陷阵，人莫能敌。又能于马上刺人，百发百中，中者莫不立倒。刀长七寸，锋利无比。每临阵，胸前垂一

① 莫朝迈：《太平天国将领的武技》，《中华武术》1995年第9期，第45页。
② 广西武术资料（内部发行）。
③ 黄鉴衡：《粤海武林春秋》，广东科技出版社1982年版，第75页。
④ 体育学院专修教材：《武术》（上），人民体育出版社1991年版，第85—86页。
⑤ 三结合编写组：《太平天国金田起义》，人民出版社1975年版，第145页。

革囊，囊中累累者，皆利刃也。自称飞刀神手"①。在清代学者徐珂的
《清类稗钞》中的技勇类对杨二姑有所记载。

杨云娇，在金田人"拜上帝会"后是紫荆山女会众的首领，她颇晓
武艺，其拳术、刀术皆"妙速"，金田起义时她领导的女兵已经成为一支
训练有素的女兵。清方曾惊叹："贼素有女军……勇健过于男子，临阵皆
持械接仗，官军或受其血刃。"②

太平天国队伍中不仅有许多膂力过人、精通武艺的著名男将，他们个
个身先士卒，攻城略地，英勇善战，武艺高强，如力能碎碑的翼王石达
开、倒挽牛尾之力的萧朝贵；也不乏巾帼不让须眉的女将，如洪宣娇、李
陈娘、苏三娘、杨二姑之辈。从这些巾帼女将的武艺记载中，我们从一个
侧面审视波澜壮阔的太平天国中的武术，女辈尚且如此英勇，男将自不待
言，探讨太平天国中的巾帼英雄是我们分析岭南巾帼英雄的一个侧面，通
过规模浩大的太平天国运动中涌现出的巾帼英雄，表明在近代反封建、反
侵略的革命中，其中也有巾帼英雄的一份功劳，我们不应忘记那些在革命
斗争中表现不俗的巾帼英雄，她们也是岭南武术文化的一部分，也是构成
岭南武术文化的一个因子，深沉地积淀在历史长河中的岭南武术文化之
中，并在民间广为传播，化作为民间歌谣，流传为民间故事、传说，依然
流淌在人们的记忆里。

五　太平军中的"童子军"

太平天国早期的金田团营时，从四面八方集聚金田而来的会众多是举
族或举家而来参加的，到达金田后，男子便编入男营，女子编入女营，而
少年儿童则跟随女营，并编成太平军的"童子军"。

太平军也是比较重视这些"童子军"的武术训练，主要内容是童子
军击铜鼓、竹篙枪，以及一些攀爬等身体素质训练。金田起义前的几次粉
碎地方团练及清军的战斗时，这些"童子军"在战斗中"皆不畏死，无
不以号叫跳跃为乐。且手足轻便，往往登高涉险如履平地，更有捷如猿之
童子，倏忽至前，为人所不防，转瞬而去，为人所不及追……或我兵稍

---

① 凌善清：《太平天国野史》（卷二十），文明书局 1923 年版，第 45 页。
② 《中国近代史料丛刊》编委会：《太平天国》（三），上海人民出版社 2000 年版，第
128 页。

挫，童子率众穷追，驰逐甚急……青少年喜动，膂力方刚，久经战斗，数见不惊……至死不悔，临阵勇往直前，无不以一当十"①。当然，太平天国早期的"童子军"还算不上可以委任作战的一个单独兵种，最多可以当作单个、松散的非作战人员，但太平天国早期这些"童子军"存在的事实是无可置疑的。随着年龄的增长，一些昔日的"童子军"成长为青壮年被补充到正式的太平军中，成为与清兵、洋人正面展开殊死较量的英勇太平军战士。这些自幼就在残酷战争中生活的童子兵，由于战争环境的现实，迫使其父母从小就需要对童子的安危考虑，童子兵自小习武练兵成为首要功课，在这种刀光剑影中成长起来的童子兵司空见惯了战争的残酷，逐渐形成了一种勇猛善战的性格，可以不断补充到太平军中，成长为作战勇猛的战将。

太平天国运动的影响之深，范围之广，持续时间之长，均为我国历史上的农民革命运动所罕见。太平军在早期的武器多为刀、枪、矛、盾等武术器械，但其作战能力很强，这与其重视武术训练是分不开的，它在早期充分认识到习拳练武的凝聚力，在广大习拳群众中传播革命思想，并得到了广大贫苦习武者的热烈拥护，也是十分明智的。它选择在清政府统治势力较为薄弱的广西，也具有一定的地理人文政治背景。在太平天国早期，武术起到了凝聚群众和提高作战能力的作用，太平天国上自革命领袖、将领，下至广大群众，包括妇女、儿童都积极参与武术训练才使其具有了极强的战斗力，金田起义后太平军曾打得曾国藩的湘军损兵折将，打得李鸿章的淮军一再溃败，打得清政府精锐王牌军龙骑兵僧格林沁全军覆没。太平天国运动在反帝反封建的斗争中发出了震撼世界的强音，他们用农民的鲜血，谱写了一部历史光辉篇章。同时也反映出，岭南武术文化在借助一定思想的指引下，所凝聚爆发出来的力量何等巨大，它书写了历史篇章的一页！

本章小结

本章主要通过历史烽烟，追述经受战争洗礼的岭南武术，通过壮族武术在抗倭战争及其与吴越文化的交流及太平天国早期的武术，我们看到岭

---

① 转引自《太平天国前期武术活动》，《广西武术》（内部资料）。

南武术在历史长河的某些片断，不论在抵御倭寇入侵，还是在反帝反封建的战争中都发挥了重要的历史作用，作为这些特殊历史片断记忆中的瓦氏夫人及其狼兵用自己的一腔铁血丹心谱写了一曲悲壮的历史篇章，他们用自己正义的热血将抵御外族入侵、维护国家安定的民族精神深深地镌刻在历史丰碑上。瓦氏及其狼兵不远万里抗倭，不仅促进了壮族武术文化与吴越武术的交融，也对中国医药文化、军事文化作出了巨大贡献，历史应该记住壮族人民的这一壮举。太平天国运动早期的领袖敏锐地抓住了武术在凝聚群众、传播革命思想中的巨大号召力，这与革命领袖与广大群众，包括妇女、儿童重视武术训练有着密切关系，武术活动在太平天国的早期显示了巨大作用。从中我们也得到启示：岭南武术文化只有在正义的思想指引下，才会将其巨大爆发力化为推动历史前进的动力。

第 五 章
移民、民族碰撞中的岭南武术文化演进

岭南武术文化的形成是一个动态过程，沿着一定的主线丰富和发展，并形成其主体武术文化核心区，从而构成岭南武术文化的基本精神，这种基本精神是相对稳定的，它能够超越时代而长久地存在和延续。岭南武术文化的核心区最终形成在广府武术文化区，使这里成为南拳的中兴之地。客家武术文化及潮汕武术文化区在这一动态过程中不同地体现、丰富了岭南武术文化的基本精神。

第一节　广府武术的兴盛

佛山是中国南派武术重镇，一提到岭南南派武术，人们便会不自觉地想到一代洪拳宗师黄飞鸿、林世荣，咏春拳宗师梁赞、叶问。佛山在中国武术史上是占有一席之地的，清末民初佛山名震海内外的名家高手辈出，人们习武蔚然成风，成为我国南派武术的中兴之地。

一　佛山岭南南派武术中兴之地的确立

佛山由于"地合西北二江之流，从外省来者，皆问途于此"，为广州西南部交通要道，历来为兵家必经、必争之要地。历史上佛山曾是经济繁荣、富庶之古镇，明清时期为中国"四大名镇"之首（佛山、汉口、景德镇、朱仙镇），位居"四大聚"中京师之外的第二聚（北京、佛山、汉口、苏州）。经济的繁荣，加之佛山向来好武之风盛行，吸引四方各派武林人物来佛山谋生，清道光年间的佛山武馆林立，光绪时佛山梁赞之咏春拳、鸿胜武馆的张炎之蔡李佛拳已负有盛名，清末时佛山武术达到空前繁荣，习武人数之多，水平之高，在当时南方可谓无出其右，成为岭南南派武术的中兴之地。

清代时洪拳、咏春拳、蔡李佛拳以佛山为基地得以迅速发展，尽管这

些拳种并非佛山本地拳种，但这些拳种均以佛山为发扬地，以佛山显于武林。洪拳，传说是南少林弟子洪熙官所创，其实是洪门内传习的一种南拳。洪拳在佛山代表性一脉为黄泰、黄麒英、黄飞鸿、林世荣，其中黄飞鸿、林世荣对清末已日渐式微的洪拳的振兴乃至流传是功不可没的，至今粤、港、澳及世界各地流传的洪拳多为黄飞鸿、林世荣一脉。咏春拳，于清代咸丰、同治年间传入佛山，历代传人不乏宗师级代表人物，其创始于何时何人何地目前尚有多种说法，尚待于考证，但咏春拳显盛于佛山梁赞是无异议的。梁赞师承的黄华宝、梁二娣为佛山第一代咏春传人，梁赞传其子梁璧、陈华顺、卢桂、梁奇等，此后咏春枝繁叶茂，分出不同支流，代代均不乏高手。被称为"咏春使者"的叶问[①]师承陈华顺、梁璧，叶问门下高足辈出，其中就有以中国功夫扬名世界的功夫之王李小龙，叶问将咏春拳从佛山带到香港，并推向世界，为咏春拳的国际传播作出了非凡的贡献。蔡李佛拳在清道光年间取代了五大名拳的地位，成为岭南武术的最大流派，其中也以佛山得以发扬。张炎于咸丰元年（公元1851年）在佛山创立鸿胜馆，其传人有陈盛、雷灿、黄宽、张三炳、李恩等人，陈盛后继任馆主，鸿胜拳馆成员逾万，为当时中国最大的武馆。

二　佛山成为岭南南派武术中兴之地的历史文化分析

佛山成为岭南南派武术的中兴之地，并非源自本地拳种的兴盛。当时佛山流行的洪拳、咏春拳、蔡李佛拳均非佛山本地拳种，都是外地流入到佛山，在佛山扬名，并从佛山传入香港，播撒于世界的。相比较其他流派兴盛之地多为一种或几种拳种的发源地，如中州的少林拳、陈氏太极拳、苌氏武技，燕赵大地的劈挂、八极拳等，佛山的许多拳种、流派非发源于此，却在佛山得以盛行、光大，有的拳种却在其发源地默默无闻，甚至渐渐消亡，致使许多门派只得到佛山来寻其根源。佛山可谓一座铸炼的武术熔炉，它荟萃四方来佛山的外地武术精华，经过佛山的淬炼，得以升华。佛山之所以特别适合武术发展，必然有其适合武术在此繁衍的土壤和历史人文环境，分析这些历史文化原因对于弘扬岭南武术，建设佛山南派武术中兴之地将大有裨益。

---

① 马梓能：《佛山武术文化》（内部资料），2001年，第115页。

（一）堡乡建制、统治薄弱的特殊政治促进佛山保家习武之风与武林精英会聚

佛山由于优越的地理位置，其商品经济获得较好的发展，明末清初时逐渐成为经济发达的市镇，隶属南海县，由于是南海县下属的一个自然形成的经济繁荣的市镇，因此只能是南海县吏治之下施行堡、乡建制，朝廷设有官吏负责征粮纳税。① 佛山地方事务由地方豪绅、归乡官僚主持，自然佛山市镇的防御也是地方责任之一，加之富豪、乡绅的保家护院之需，故而组织团练维护治安，聘请各地武术教师教习武术护院蔚然成风，佛山富庶之地更是胜于其他乡镇，也吸引不少外地武师到佛山担任护院、团练教师。另外，自明中叶后朝廷实行的征募乡兵与乡勇，也使得乡镇村庄的习武之风高涨。这一点从黄萧养（明正统十四年，即公元 1449 年）进攻佛山时遭到乡勇的顽强抵抗而败退，可见当时佛山的团练、乡勇的作战实力。

清代满族以弓马之利统一中国后，却大行禁武令，在民间实行禁止私造武器及民间传习武术，而佛山是市镇，仅有广州派驻少数官吏及兵卒，佛山基本上是地方团练自治的局面，相对地处于清统治的薄弱之地，加上处于广州西南部的兵家重地的镇市，成为集聚反清力量的最佳之地。伴随反清势力的秘密潜入佛山，也派来了一些武功精湛的武林人物来佛山发展势力，如洪门中的洪拳高手，咏春拳、蔡李佛拳传人纷纷到佛山传艺授徒，扩展势力，播撒反清思想的种子，李文茂等粤剧艺人的起义即是这时期反清势力的一次历史展现，也是佛山反清力量在佛山清统治薄弱地区的反映，从另一个侧面反映了佛山早就成了反清秘密会社精英聚集的基地。在冷兵器时代，反清需要武力，武术便成为最有力的武器，洪门等反清组织也以传承洪拳为主，武术训练是必操之艺，习武既可以传承武术传播反清思想，又可为反清集聚力量，也带动了佛山习武活动的开展。

（二）商贾云集、手工业发达的商品经济带来的佛山武馆林立及跌打医治业的兴旺

明清时期的佛山商贾云集，手工业发达，为当时广州所不及。"百货山积，凡稀缺之物，会城（广州）所未备者，无不取给于此"，可见佛山

_____

① 马梓能：《佛山武术文化》（内部资料），2001 年，第 14 页。

当时商贸之盛。清康乾之时，佛山镇内有大小街巷 622 余条，十余万家，工商业繁盛，"四万商贾萃于斯，实岭南一大都会"①。至道光十八年（公元 1838 年），佛山有 220 多行手工业，70 多行商业及服务业，三四千种商品生产，店铺 3000 多家，设有 18 省会馆，还有不少外国商铺。② 佛山经贸的繁荣，吸引四方富商挟资来此，行业齐全，更是凡有一技之长者在佛山都可以找到就业的机会。佛山"往来络绎，骈踵摩肩"的如此繁荣，对于以武术作为谋生手段的武林人士也是理想之地，不少外地武林人士也挟技来佛山或为传艺，或为谋生，使得佛山武馆林立，一派武术兴盛之景象。鸿胜武馆张炎是新会人，咏春拳宗师梁赞是鹤山人，其弟子陈华顺是顺德人，洪拳大师黄飞鸿十六岁前随其父黄麒英在佛山卖武兼售跌打药为生。

佛山的手工业相当发达，工场作坊林立，如冶铁、纺织、陶瓷及农产品加工等行业极为发达。当时佛山的冶铁业，"炒铁之炉数十，铸铁之炉百余"③，"佛山之冶遍天下"④，所产铁器遍及全国并销往国外，"雍正七、八、九年，夷船出口，每船所买铁锅，少者至一百连，二三百连不等，多者至五百连，并有至一千连者"⑤，足见佛山铸造业之昌盛。手工业的发达，故其工场、作坊里的手工业工人的数量惊人。手工业工人以出卖个人的血汗劳动为生，身强力壮劳作是他们生存的本钱和保障，而通过习武可以强身；手工业工人属于社会的下层人民，常饱受不同阶层的欺负，习武可以防身自保，加入武馆为他们寻找到靠山，不易为人所欺；还有就是作为来自各地的这些社会底层人士，通过习练武术，加入武馆，成为拳种流派中的一员，使他们寻找到了自己的精神寄托，习武成为一条凝聚情感的纽带。失业落魄之时拳友可以济助相帮，生活无着之际拳友可以互助维持，漂泊无宿之时武馆暂可为栖身之所。习武既可强身，又可安身立命，因此当时这些手工业工人（俗称"机房仔"）多喜好习武。广东社会科学院阮纪正先生认为佛山南派武术的贴身短打、近身发力也与这些

---

① 黄卫红：《佛山何以成武术之乡?》，《武林》2006 年第 7 期，第 8 页。

② 马梓能：《佛山武术文化》（内部资料），2001 年，第 16 页。

③ 黄卫红：《佛山何以成武术之乡?》，《武林》2006 年第 7 期，第 9 页。

④ 黄宗羲：《明文海》（卷二百九十二），文渊阁四库全书电子版，上海人民出版社与迪志文化出版社 1991 年版。

⑤ 黄卫红：《佛山何以成武术之乡?》，《武林》2006 年第 7 期，第 9 页。

"机房仔"的职业环境不无关系①。众多的手工业工人的习武之风，必然带动佛山专业武师的兴起，为此佛山吸引了大批本地及外省以教习武艺谋生的专业武师会聚佛山，其中当然不乏深怀绝技的各派宗师来佛山。同时也带动了武馆的发展，武馆的激烈竞争激励着武馆各派武师的刻苦修炼与练习以提高本派拳技，武馆之间的比武较量，使得各派武艺得以提高，佛山习武之风盛行，佛山武林中可谓藏龙卧虎、高手辈出。如咏春拳宗师梁赞就是通过与各派高手的切磋而成为"咏春拳王"。

佛山手工业发达及武馆林立，习武之风盛行，同时也使得佛山的跌打医治业兴盛起来。佛山的手工业中的冶铁、铸造、纺织、农产品加工等的发达，从业人数众多，工伤事故的发生亦是常事，在冶铁、铸造中的砸伤、烧伤是难以避免的，因此带动了佛山跌打医治业的发展，跌打名医辈出，有的是祖传三代以上。佛山武馆林立，习武人数之众也给跌打医治业带来了发展的空间。自古武医不分家，习武者一般也同时学习跌打医治。平日习武跌打损伤也是在所难免的，武馆之间的激烈竞争，时常引起武馆之间武师的争斗较技，死伤也时有发生，这也使得跌打医治与武术有着不解之缘。纵观佛山武术史实，我们发现几乎所有开武馆者都通晓跌打伤科医治，几乎所有跌打医生亦通晓拳脚功夫，甚至是一代宗师，而且凡能以跌打医术维持生计的武师多以跌打医术为主业，而把武术作为修身健体之末术，这也颇耐人寻味。如洪拳一代宗师黄飞鸿家承武、医二道，十六岁前随父奔波于广州、佛山卖武兼售跌打药，十六岁开始设馆授徒，三十岁在广州开设他一生为之珍视的跌打医馆"宝芝林"，并在跌打医馆内授徒。比黄飞鸿年长三十岁左右的咏春拳宗师梁赞也是以经营跌打医药材的"赞生堂"为主业，一生谨守艺不可轻传，得其授艺者可谓凤毛麟角。兼通武功和跌打医术者，以跌打医药为主，一方面是生活上更利于养家糊口，便于广结善缘，免于武者间争斗，同时也是岭南武术文化中的一种武德表现——武医兼备：武以保家御敌，医以救死扶伤。既争强好勇习武御辱又克制中庸妙手扶伤，避免武林中拳脚高低之争，实为寻求收敛锋芒的折中谋生之道。

---

① 根据笔者 2009 年 7 月份广州调研时与阮纪正先生的访谈录音整理。

（三）神诞、秋色赛会、舞狮等佛山地方特色的民俗文化活动对武术的促进

佛山物阜民丰，经济繁荣的同时也带动了民间多彩的民俗文化活动的开展。神诞，是指各种手工业或商业行会包括神庙都供奉各自的祖师，在各自的约定时间都举行隆重的神诞会庆祝，伴随着各种神诞会的举行，均有各种文艺活动，佛山手工业及商业行会数量众多，自然各种神诞也是接连不断。秋色赛会又称"出秋色"或"出秋景"，一般于秋收之后夜晚举行，四乡群众纷纷将自己制作的秋色艺术品展示出来，是佛山及珠三角流行的一项历史悠久的民间传统民俗活动①。佛山秋色赛会相传始于明代永乐年间（公元1403年—1424年）秋色赛会的兴起与佛山手工业的发达有着密切的关系，秋色赛会上各种行业竞相展示自己的手工艺术品，自然难以避免带有竞赛的意味，而借此开展的文化活动也带有竞赛意味，这其中许多带有武术活动的民俗也是具有很强的竞赛性质的。舞狮、舞龙、舞麒麟等活动中均带有较多的武术，尤其佛山南派舞狮与南派武功不分家，舞狮者必具有深厚的南派功夫，狮艺的高低即是武功的高下较量，舞狮活动节日的频繁必然促进南派武功的提高，武功的提高用以增加舞狮技艺的精彩表演。佛山是粤剧的发源地，各种神诞、秋色赛会上均有粤剧演出。佛山粤剧本地班多以武功戏为主，"本地班者，原本以鏖战多者为最"②，粤剧在佛山各地乡村广泛流行，也对佛山的习武活动具有促进作用，激发了佛山人民的习武、尚武精神。

佛山之所以成为岭南南派武术中兴之地，除佛山人民具有历史悠久的习武之风外，其堡乡建制、统治薄弱的特殊政治和商贾云集、手工业发达的商品经济及神诞、秋色赛会、舞狮等佛山地方特色的民俗文化都对推动佛山武术的兴盛，并使佛山成为岭南南拳的中兴之地具有极大的历史促进作用。

第二节 修文讲武：客家武术形成的历史渊源

客家人是从中原历经多次迁移而形成的一支汉族民系，位于岭南广东

---

① 曾昭胜：《广东武术史》，广东人民出版社1989年版，第97页。

② 参阅佛山粤剧博物馆展品。

粤东北的梅州更是被称为"客都"。客家人在远离中原故土的迁徙过程中，形成了"修文讲武"的文化心理，至今客家的"耕读文化"重视文教传统仍为世人称道，而其在迁徙过程中作为理解客家人重要性格的"讲武"却为世人所淡忘或少有提及，而客家的"讲武"却是理解客家文化，尤其是理解客家人性格的重要途径，并对人们深入认识客家武术文化形成的历史渊源提供一个侧面，对客家文化可以管窥一斑。随着客家学近年来成为一门显学，对于客家的"修文"已有多方著述，而对客家文化心理中的"讲武"方面却少有触及，以往的客家学研究多集中在客家独特的语言、风俗及建筑等方面，对耕读传家的客家文化及其传统的美德赋予了继承不尽的美化，而对客家在形成历程中的"武化"反而只字不提或极少提到，这有违史实且有偏重美化客家文化之嫌。曾经令清朝政府头疼并长期危及当地安定的清咸丰、同治年间"土客械斗"长达十多年之久，死伤人数几十万人，是客家"武化"的历史写照。本章节就客家武术形成的历史文化渊源作一番深入的探究。

一 迁徙：客家"尚勇好武"的生存需要

客家先民为中原衣冠旧族及故家世胄之后，相来以"耕读"传家，颇有中原之风。在历代迁徙过程中形成了比中原更富有"尚勇好武"的"讲武"之风，这与客家人的迁徙有着密切的关系，这种"尚勇好武"也化为客家人的一种性格，在客家男子中尤为突出。

作为一个屡经迁徙的民系，辗转流离之苦，漂泊流浪之艰，使得客家人"尚勇好武"成为其生存的必需。客家往往在中原政治动乱之际南迁，以家或宗族整家群族结队迁徙，宗族的力量显得非常重要，在没有政府扶持，完全依靠家庭及宗族的自发组织而进行的长途辗转漂泊迁徙中，如果没有宗族这种集体的团结组织与相互扶助是难以想象的，因此，客家人的宗族思想很重。客家人在动乱举家及宗族南迁过程中，类似"护家"、"护院"的尚勇好武是生存必需的，在那兵荒马乱的时代，沿途遭遇盗匪是习以为常的事，途经偏远荒野之地，野兽侵袭也是情理之中的，"沿途据险与元兵战，或徒手与元兵搏，全家覆灭、全族覆灭者，殆如恒河沙数"①，足

---

① 王炎：《离异与回归——从土客对立的社会环境看客家移民的文化传承》，《中华文化论坛》2008 年第 1 期，第 23—24 页。

见客家人在迁徙中的悲壮与惨烈，保家护族的家丁、护院等"尚勇好武"乃是客家人迁徙过程中生存需要形成的。客家先民在千余年的历史中历经多次迁徙，无法得到政府组织的支持与保护，经历着动荡而无依靠的流离生活，寒冷衣单则蜷躯以求暖，身遭威逼欺凌则相帮互助以图存。在动乱时代里，也许只能依靠武力可以保家护族以图存，在沿途遭受生命威胁时，也只有依靠武力解决。客家人在多次迁徙过程中形成的这种"尚勇好武"最终内化为客家人的一种性格，深入到客家人的骨子里，这种"好武"也是客家人在定居后容易与土族发生斗械的性格反映。

二 农隙讲武："客人多精技击"的尚武传统

客家先民在迁徙过程中形成的"尚勇好武"之风，在到达客居地后，也仍然保持着"客家多精技击"的尚武传统。清嘉庆十三年（公元1808年）和平徐旭曾客居掌教惠州丰湖书院时，以东莞、博罗发生土客械斗，乃召集门人，告以客人来源，及其语言习俗所以不与粤内其他汉人相同的缘故，博罗韩生为此笔记[①]，即《丰湖杂记》，被称为最先提及客家源流的作品。在这篇杂记中提到"客人多精技击"的尚武传统："客人多精技击，传自少林真派。每至冬月农暇，相率练习拳脚、刀剑、矛挺之术。即古人'农隙讲武'之意也。"

客家武术器械很能反映客家"农隙讲武"的尚武传统。客家武术器械种类多是不属于十八般武艺中的常规化兵器之列的日常生产农具或生活器具，这亦是客家武术文化的一个特色。客家武术器械多为日常生产农具，如大耙、砍马刀、铁尺、杆、镰等客家人随手可及的器械，这些器械都是客家人在农隙间就随手可及即可演练。据客家武术学者研究表明："时间越往前推移，板凳、耙头、棍、杆、勾、镰等农家用具用作自卫兵器的比例越高。"[②] 客家武术器械与其生产方式密切联系在一起，农具既是农业生产工具，可随时演练，又是随手可及的防身武器。客家人与土族居民为争抢灌溉水源而导致的矛盾冲突也时有发生，客家人武术器械又在其中起到保家护族的作用。客家人多居于偏僻山区，农具更是防匪防盗的

---

① 罗香林：《客家研究导论》，上海文艺出版社（影印本）1992年版，第2页。
② 伍天慧、谭兆凤：《粤东客家武术特点形成的缘由》，《体育学刊》2005年第3期，第65页。

得力武器。客家居住地多为群族而建的围龙屋，在遇有盗匪入侵时，客家人的武术器械更是唾手可得，这些农具历经客家武术者的研习，不断在技术及方法上成熟，重实战性强，少腾挪花法。客家武术器械与客家人的生活方式密切相关，客家武术已经融入其生产生活中。

三　土客之争：客家生存的社会环境

明初至太平天国起义爆发前（公元 1368 年—1850 年），不仅南方大部分地区人口已经相当稠密，就是北方的平原地带也已人满为患，因此无论南方还是北方，由平原向山区的迁移成了移民的主流①。客家人虽经多次迁移到岭南，以南宋以后迁入岭南为主，而此时期岭南粤东平原肥沃地区早已被粤人先民及土著占据，客家人移民的到来无疑给本来人多地少的粤东地区雪上加霜，引起土客之间生存的争斗是客家人必然面临的社会环境，客家人也不得不去往偏远、贫瘠的山区，所谓"逢山必有客，无客不住山"的客家俗话即是客家人吃苦耐劳、艰苦奋斗的民风写照，也是客家人面临严酷社会环境的真实写照。客家人即使迁移到偏远山区，依然和土著有着生存资源的竞争，诸如水源、风水、山林等，这使得客家人与土著时常发生械斗。即使客家人之间也有强弱宗族之间的利益竞争，加之地处偏远地区，政府统治无法达到，盗匪时常出没，客家土楼、围龙屋就是这种环境的反映，保族护家生存本能需求使得客家人习武强身壮族强家。土客之争的对立，使得客家与土著在生活方式、语言、民俗等方面产生了分离和难以调和的矛盾，在早期语言不通的情况下，械斗成了土客之争的必然结果，致使产生了客家人土楼、围龙屋等严如堡垒的独特民居。在土客对立的社会环境下，客家人就需要有自己的武力保护自己，故而各族各村的习武传统得到了加强，尚武蔚然成风的背后其实是客家人面对残酷的土客环境的生存抗争。

一般认为后入粤东的客家人处于弱势，是人们的一厢情愿，主观臆断而已，事实并不完全如此。正如有客家学者一针见血地指出："客家人迁移定居粤东的过程不仅仅是防御，更多的是采用武力解决的。客家先民并非天使般牧歌迁移到百里无人烟的山区，这仅是想当然的粉饰而已，在某种程度上客家人的到来，无异于西方殖民主义武力征服非洲的

---

① 葛剑雄：《中国移民史》（第一卷），福建人民出版社 1997 年版，第 46 页。

殖民开垦。"① 尽管在客家文献中我们无法找到这些有违客家精神的记载，但思之所言似乎不无道理，在语言、风俗无法沟通的客家迁移早期，也许只有武力械斗才可以解决。

客家人在长途迁徙过程中的生存需要强化了"尚勇好武"的民性，并在定居后仍然保持着"客人多精技击"的农隙讲武传统，这是与土客之争的严酷社会生存环境分不开的，客家人"女耕男武"的民风习俗是客家人始终以武生存的客观反映。人们在对客家人是"一个优秀民族"进行分析时，对耕读传家的客家优秀文化赋予了极多的赞赏与美化，然而从客家艰辛迁移历程中反映的客家的修文讲武，尤其是客家人的"讲武"之风盛行，也许可为我们认识客家民性的深层次剖析提供另一个视角，这也是客家武术文化形成的历史溯源。

第三节　好勇斗械：潮汕武术文化形成与发展

潮汕地区位于广东的东北部，在行政区上包括今潮州、汕头、揭阳三地区，居住着说统一潮汕话方言的民系，地区内有着统一的人文特征，在这种具有共同特征的潮汕文化影响下形成了具有相似文化特征、技术风格的潮汕武术。在潮汕地区流行南枝拳及李家教、朱家教等客家拳。

一　好勇之习：潮汕地区的自然、社会环境

潮汕地区西北有五岭的莲花山脉天然屏障阻隔，南面对海洋，形成了一个既相对封闭又相对开放的地理单元。但在政治上由于潮汕与岭南政治中心广州有山岭阻隔，加之历史上统治者长期处于防外入侵的政治谋虑，曾长期禁止潮汕地区对外贸易，使得潮汕只能以违禁的民间形式活动，海盗盛行。

潮汕邻近福建泉漳地区，虽地域上属于岭南，但在文化上深受闽南文化影响，泉漳宗族械斗好勇之风在潮汕有过之而无不及，这与政治社会环境有着密切关系。潮汕远离中央统治，又与岭南政治中心山岭相隔，其政

---

① 王炎：《离异与回归——从土客对立的社会环境看客家移民的文化传承》，《中华文化论坛》2008 年第 1 期，第 23—24 页。

府统治及文化相对薄弱，故而盗乱及封建剥削压迫危害颇深，矛盾激化时有发生，故而潮汕地区各宗族以乡村、寨堡合而联建自保，宗族村民纷纷习武以防盗护家，这种社会环境使得潮汕形成了一种好勇之习，所谓"潮俗强悍，负气轻生，小不相能，动辄斗杀"①。"潮郡依山附海，民有杂霸之气，性情劲悍，习尚纷嚣"②。

二　械斗之风：潮汕尚武的根源之一

潮汕地区与福建泉、漳二地邻近，颇受其械斗之风影响，宗族矛盾械斗成风，闻名遐迩。清朝广东巡抚郭嵩焘在奏折中曾言："查粤东民情犷悍，由地方吏治偷敝，酝酿太深之故，而其患尤甚于惠、潮、嘉三属……百姓习为械斗，日以兵刃相接，地方官又日与百姓以兵刃相接。"③潮汕地区的械斗之风使得"潮勇"也素以能战出名，清代咸丰时期，广东之潮勇、湖南之楚勇均号称强悍，素有"募勇以楚勇、潮勇为上，楚勇能扎硬寨，潮勇能打死仗"④。郭嵩焘也称："广东潮州及广州属之东莞，其民皆剽悍轻生，习以劫盗。历来募勇，传意潮州、东莞，散而为贼，收而为勇，更迭乘除，不知鉴戒。"⑤ 由这些文献反映的潮汕地区械斗及尚勇习俗可见一斑，当然好勇械斗如果不正面引导，就会引起负面影响，"散而为贼，收而为勇"就是对这种潮汕好勇民性的真实写照。当然，潮汕地区由于社会政治原因、民俗习性形成的好勇之习、械斗成风，从严格意义上说不是完全的武术，充其量算作原始的个体之间的私斗，但潮汕的这种民间私斗风行，大大促进了潮汕武术的发展，武术本源自人类个体搏斗，民间私斗更是促进了武术体系的发展与成熟。风行于潮汕地区的潮州、揭阳等地的南枝拳注重实战的技术风格，发招刚猛，能守能攻，灵活多变，讲究近身擒拿，攻防兼备。

潮汕地区由于长期的民间动荡，出于自保而兴起的乡村习武好勇之

---

① 冷东：《戚继光视野下的明代潮州社会》，《广州大学学报》（社会科学版）2004 年第 3 期，第 26 页。

② 刘平：《被遗忘的战争——咸丰同治年间广东土客大械斗研究》，商务印书馆 2003 年版，第 20 页。

③ 《郭嵩焘奏折》，岳麓书社 1983 年版，第 281—282 页。

④ 同治《韶州府志》卷二十四兵事。

⑤ 《郭嵩焘奏折》，岳麓书社 1983 年版，第 72 页。

俗，成了孕育潮汕武术的温床，在毗邻素以宗族械斗传统而闻名的泉、漳之地的潮汕也以"械斗之风"盛行，其"潮勇"也盛名当世。先不论这种械斗、好勇民性有正面、负面的影响，仅从武术方面而言，这无疑促进了潮汕地区人民习武的热情和自觉参与，社会环境与民俗武风对潮汕武术的早期发展提供了深厚的民间群体基础。

三 内盗外倭：潮汕武术发展的内在动力

潮汕地处政府统治偏远之地，导致其地盗乱只能靠村寨联合自治，使得潮汕村寨相接，形成较大的民间聚落自保武装，也容易引起宗族械斗及会党活动，洪门会党就起源于泉、漳地区。自唐置市舶使、宋设市舶司起，直至明清仅广州一处对外通商口岸，潮汕长期受禁海之苦[①]，只能进行违禁的民间走私商贸活动，因此潮汕地区海盗盛行，潮汕可谓明代海盗的孕育之地，"查洋盗向为广东、福建为最，江南、浙江次之。广东洋盗又多在潮州、惠州二府"[②]。明代一些著名的海盗首领多出于潮汕，如吴平，在明代抗倭名将戚继光、俞大猷两人配合下才被剿灭，足见其武装力量多么不可小觑。尤其在嘉靖至万历年间，海盗与倭寇相互勾结，肆意横行于潮汕沿海。

潮汕长期的内盗外倭的生存环境，使得潮汕不得不以武自保，乡村、堡寨联合成大的武装聚落进行抵抗。"以防海盗，乡□筑寨，编户聚族，以万数千计。置兵储粮，坚壁足自守。村落相接，一语睚眦，辄合斗杀，伤或数百人。其豪集亡命，肆剽掠，探□丸网，猝不可捕"[③]。"负气喜争，好勇尚斗，睚眦小嫌，即所率亲而哄，至以兵刃相格，如临大敌。强者凌弱，众者暴寡，而歃血拜盟之风，村村仿效"[④]。可见潮汕地区内乡村武装力量连政府都足可抗拒。

潮汕地方内社会的动荡导致的盗患，有时是民盗合一、民盗难分的，嘉靖末期倭寇入侵更是加剧了潮汕社会内外的不稳定，盗倭的肆意杀戮，乡民忍受不堪，于是人人习武自保，村村武装自救。"嘉靖丁巳之秋，盗

① 陈泽弘：《潮汕文化》，广东人民出版社 2006 年版，第 51 页。

② 冷东：《戚继光视野下的明代潮州社会》，《广州大学学报》（社会科学版）2004 年第 3 期，第 23 页。

③ 同上书，第 26 页。

④ 蓝鼎元、蒋炳钊、王钿：《鹿洲全集》，厦门大学出版社 1995 年版，第 295—300 页。

起邻境，凡密迩本镇村落，咸被荼毒。乡大夫小参刘见湖先生乃谋诸乡耆老，建堡立甲，置栅设堠，鼓以勇义，申严约束，相率捍卫，民赖以宁居。戊午首春，倭寇突至，恣行劫掠，祸乱之惨，近古所无。先生乃与乡人约，视产高下，敛九则之金，以为防守之费。相要害之处，重设栅闸；度可乘之隙，高筑战棚。率其丁壮，各分信地，更番防守。是故，倭寇肆掠之警报日至，独于是镇屹立不敢犯。"① 从这段记载在《塘湖刘公御倭保障碑》的碑文可以清晰了解到潮汕村寨武装护寨的历史，也向我们揭示了潮汕地区的内盗外倭成为潮汕武风盛行的内在动力。

本章小结

本章节主要从移民及民族碰撞方面，对岭南武术文化的演进作一历史分析，在民族冲突中发展兴盛起来的广府武术，其宋、明两朝灭亡产生的深厚民族心理积淀，逐渐成为岭南武术文化的核心区，岭南武术文化的主体精神在广府形成并发展。广府武术中的民间秘密会社尤其是洪门对洪拳的传播具有很强的辐射作用，岭南的其他拳种或多或少都受其影响。对于广府武术的中兴之镇佛山，分析了佛山作为南派拳术中兴发展的历史及文化因素，可以深入认识广府武术在岭南武术核心地位及其主体精神的形成。

客家武术是在客家人中广泛流行的拳术。客家是一个迁移民系，由于长途迁徙形成了客家武术的武化定居、尚勇好武的客家民性，客家人保持着农隙讲武的"客人多精技击"的尚武传统，客家与土族的土客对立是客家武术形成的一个重要历史文化因素，这其中深层的原因是与客家人在屡次迁移过程中形成的女耕男武的客家武术文化心理有关。

潮汕地区位于岭南的"省尾国角"的东北部，地理上及政治上的远山阻隔，使得这里的社会环境恶劣，盗乱时常发生，出于保家护族的需要，这里的潮汕人民具有好勇之习，加之邻近福建泉、漳二地，深受械斗之风影响，潮汕的械斗之风毫不逊色，这促进了潮汕武术的发展，明后期的倭寇与盗匪结合，进一步使得潮汕地区民间武风盛行，抗击内盗外倭成为潮汕武术发展的内在动力。

---

① 冷东：《戚继光视野下的明代潮州社会》，《广州大学学报》（社会科学版）2004 年第 3 期，第 25 页。

第 六 章
国家兴亡,武夫有责——近代革命中的
岭南武术及社团

　　岭南武术文化具有强烈的反抗特征,岭南先民骨子里有一种反抗压迫的民性。反映在岭南武术文化上的典型例子,就是在近代反帝反封建的革命浪潮中,岭南人民运用武术作为一种手段,在近代革命中谱写了一幕又一幕可歌可泣的英勇壮举!英勇的三元里人民吹响了近代反帝反侵略的第一声嘹亮的强劲号角,湛江人民寸土寸金的寸金桥抗法斗争,72 名反清志士碧血倾洒黄花岗,以及在抗日战争及国内革命战争时期,岭南武术志士都踊跃参与,岭南习武者从习武的卫家护族的狭隘思想升华到保家卫国的爱国主义精神,他们用自己的一双铁拳及棍、耙、钩、镰捍卫国家的每一寸领土。岭南武术在近代革命中显现的参与力度、人数及壮烈程度为其他地域武术文化所不及,岭南武术人都以极大的热情参与其中,体现了国家兴亡、武夫有责的高度爱国精神。本章节试从近代革命中分析岭南武术所彰显的文化精神。

第一节　岭南武术在反帝反封建
革命斗争中的表现

一　三元里人民抗英吼声震天地

　　1841 年 5 月 29 日因占领广州四方炮台的英军在三元里抢劫、调戏妇女引起民愤激起了三元里人民抗英斗争,三元里震天吼地的抗英被看做中国近代人民反帝反侵略的开始。三元里人民不呼而聚的 103 乡 5000 多人攻击英军的四方炮台,手持刀、矛、锄头漫山遍野的三元里人民,与英军在三元里以北牛栏岗展开激战 (图 6-1,三元里古庙纪念馆陈列图片),正赶上雷雨致使英军的火枪无法使用,三元里人民与英军展开肉搏,素有习武传统的三元里人民在战斗中充分发挥了冷兵器的威力,将英军打得一败涂地，狼狈逃窜，最后在清政府的妥协下解散了群众。三元里人民在这次战斗中充分显示了中国人民反抗侵略的精神，激发了人民反抗帝国主义的英勇气概，岭南武术在这场斗争中发挥了巨大作用。

图 6 - 1　三元里牛栏岗漫山遍野的起义群众及与英军激战场景

三元里附近人们有习练武术的传统，村中有保留的"社学"、"团练"等地方习武组织，在抗英斗争中发挥了极大作用①。三元里人民早在道光二十年（公元 1840 年）前就成立了"社学"组织。"社学"为"学人课艺"、"绅耆讲睦"及"御盗贼"之所，所谓"学人课艺"是指学人讲文习武之意，"御盗贼"也有习武之意，为各村各乡训练年轻人以维护治安之用的组织，"社学"算不上武馆，但其中的习武活动是必不可少的。在抗英起义中使用的"三星旗"即是各村以习武维护治安的团练所使用的，当时广州纺织工人及机行中人也多有习武传统，设有武馆多达几十间，在起义中机行工人及时援助三元里人民抗英②。在这次斗争中的领袖及骨干多为有武功的拳师，如带头抗击英军在三元里侵扰的韦绍光（图 6 - 2），是他号召乡民到三元里古庙前誓师抗英；颜浩长身材魁梧，目光炯炯有神，善于武技，人称"定拳长"，他带领乡民把英军引至唐夏村前烂泥田中包围歼灭，并趁雨追杀英军，并以长矛刺杀了英军少校毕霞，至今在唐夏民间还流传着关于颜浩长对付英军从容不迫、英勇镇

　①　曾昭胜：《广东武术史》，广东人民出版社 1989 年版，第 47—49 页。
　②　成都体育学院体育史编：《中国近代体育史资料》，四川教育出版社 1988 年版，第 6—8 页。

静的民谣:"定拳长杀番鬼,吃完一口烟都唔迟。"① 另一位起义领袖周春,后为太平天国的怀王,武艺高强,其妻阿凤善使飞铊,惯用双刀,其刀法为"双蝴蝶",为村中教头,在三元里抗英时以飞铊击得英军抱头鼠窜。

三元里抗英斗争固然与岭南人民一向富有反抗精神的民性有关,也与三元里一带人们有传统的习武风俗有莫大关系。习武者忠义保家,当英军侵扰

图 6 - 2 三元里起义领袖韦绍光

辱民时便奋起反抗;三元里一带村落中常设的维护村安的团练及机行的武馆习武活动,便于人们组织联络,否则难以在短时间内集合 103 乡村民抗英。据已故区汉泉前辈回忆:"三元里人民在上世纪 20 年代练武活动仍很普遍,几乎每乡都请有教头习练武术,以洪拳、棍、刀、耙为好。"② 在三元里人民的抗英过程中,四乡百姓挥舞着三叉大耙③,杀得英军丢盔卸甲,闻风丧胆,至今当时使用的大耙依然陈列在三元里古庙陈列馆里(图6—3)。三元里人民在抗英斗争中展现的与入侵者殊死搏斗、不屈不挠的英勇气概,为中国人民反抗外敌入侵谱写了一首可歌可泣的诗篇。

---

① 蔡泽文:《三元里人民武术活动在抗英斗争中的作用》,《广东体育史料》1986 年第 3 期,第 20 页。

② 同上。

③ 大耙,北方俗称"钢叉",粤人习惯称为"大耙"、"三指耙",为广东有名的传统武术器械,也是具有鲜明岭南武术特色的器械。大耙至今在广东民间习武群体中仍占有重要位置,笔者在 2009 年 7—8 月份在广东传统武术比赛的茂名、汕头、顺德及广州四个赛区的传统武术比赛中观察到:大耙为各赛区常见的传统长器械表演,而且在参加比赛人数及演练水平上都占有优势,大概仅次于南棍。

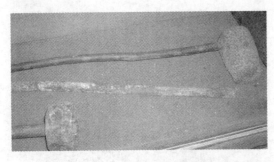

图 6 - 3　三元里人们抗英使用的武器

三元里人们长期习武保家的传统，在岭南富有反抗精神鼓动下，当遭遇外族入侵时迅速爆发出来，吹响了中国人民反帝反侵略的嘹亮号角！

二　寸金桥起义风起云涌

1898 年法国强租广州湾为军港，又企图越过湛江的寸金桥扩大地盘，遭到了英勇的湛江人民的反抗。湛江地区的传统武术以藤牌刀富有特色，湛江人民利用藤牌大刀、大耙等武器打击法国侵略军，誓死保护国家寸土寸金，顽强阻击法军，使得法军难以越寸金桥半步。当时湛江人民抗击法军使用的武器即是当地习武者善使的藤牌刀，当年奋勇杀敌的战士如今被后人雕刻成塑像（图 6 - 4）屹立在湛江寸金桥公园的广场上，供后人瞻仰，湛江人民誓死保卫祖国河山寸土寸金的铿锵誓言仿佛依然回荡在广场上，也象征着湛江人民用藤牌刀奋力搏杀入侵者的英勇精神永放光芒，照耀后代！当现代竞技武术精英们在赛场上挥舞南刀时，也许他们不会想到手中挥舞的竞技南刀就是以当年寸金桥抗法战士手中的大刀为原型设计的①，并吸取南派"蝴蝶刀"形制，经当时全国武术专家们在吸取传统的基础上大胆创新研制而成。②用现代阐释过去，过去反抗入侵的武器依然在现代人手中，先人的思想依然在昭示后人，我们无法割断历史，

----

① 根据笔者 2008 年 7 月访谈董德强先生的录音整理。董德强先生为原广东省武术管理中心主任，广东省武协副主席，中国武术八段。董德强先生师承蔡李佛拳宗师区汉泉先生，当代蔡李佛拳大师级传人，曾获全国武术比赛南拳亚军，参与广东省 20 世纪 80 年代的全国武术挖掘整理工作。

② 据上海体育学院王培琨教授称，竞技南刀是在"蝴蝶双刀"的基础上研制而成，是在传统基础上的创造。

武术文化正是如此!

图 6 - 4　寸金桥抗法战士雕塑,其手中大刀为当代竞技南刀原型

广东湛江地区有着悠久的武术历史,当地人们长期流行习练洪拳、蔡拳等拳术及器械,器械又以大耙、藤牌刀为特色。湛江人民抗击法国侵略军入侵,奋力保卫家乡的寸土,这些拳术和藤牌刀、大耙等器械在与入侵法军的搏斗中发挥了极大的作用,人们挥舞大耙阻击了法国侵略军越过寸金桥的企图,并经常在夜晚手持藤牌刀越过寸金桥偷袭法国侵略军,为近代中国人民反帝反侵略革命斗争书写了光辉的一页!

三　浩气长存、碧血倾洒黄花岗

革命先行者孙中山先生领导推翻了清朝统治,如以清光绪二十年(公元 1894 年)创兴中会为始,至 1911 年武昌起义之前,其中组织了多次武装起义,其影响最深、最为惨烈的当属 1911 年在广州发动的广州起义,而黄花岗起义志士是先锋队。黄花岗起义是辛亥革命前夜一次规模较大的起义,目的是通过这次决战,一举占领广州,然后将革命势力扩展到全国，最后推翻清朝的封建统治。由黄兴率领的先锋队进攻两广总督衙门，起义失败后收殓 72 具烈士遗骸葬于黄花岗。在这次起义中由黄兴挑选的革命志士多英勇善战，其中有 13 位是深怀武功绝技的拳师，他们以个人的武功奋力杀敌，用满腔的碧血洒满了黄花岗的片片黄菊。他们是：

1. 喻培伦，字云纪，内江人，性精敏，好技击，始如宛平，欲击清摄政王载沣，不得后与百余人入广州，击清两广总督张鸣岐与七十二烈士俱死。

2. 林尹民，风骨伟岸，目有神，能举石三百斤。从学少林技者五年，尽其术，酷好田猎，常入山，手格猛兽。

3. 李德山，年十六，乃弃书习技击之术，恒为人雪不平，乡人咸畏之。年已长，术益精，从学者众。

4. 陈更新，少有志操，读书慧如素习。美丰姿，神采奕奕，风度翩翩。善击剑，精马术，发枪无不中。

5. 刘元栋，少磊落，负奇气，风仪修士，志意廊然。多臂力，有胆略，善技击，勇冠一时。

6. 刘六符，少而任侠，好武，英姿轩爽。精拳勇，善剑术，学于其友周某。周固以勇侠名震八闽者也，君已尽其传，歌悲慷慨有燕赵风，每酒酣其舞，低昂中节。

7. 周增，字能益，世居梅县之松口堡，性刚果，臂力过人，善技击之术。

8—9. 余东雄、郭继枚，余东雄幼聪颖绝伦，寡言笑，貌娟好如处女，与郭烈士继枚比邻，共习拳术，屡登山射猎，枪无虚发。

10. 徐培添，烈士生而歧嶷，喜读书，惟惟亦好斗，兼习武艺。

11. 黄忠炳，忠炳貌清俊，性真实，处世任劳怨不辞，好拳术长棍法，常曰如龙如蛇，其动如飞，我将善怯，可以柔克刚。

12. 王灿登，闽达江透堡人，性坦易，厌人诈伪多计者。好技击，常服忠炳之杖与守辉之拳。

13. 陈清畴，闽达江新阳人，好技击，空手敌十余人。①

---

① 赵善性：《黄花岗七十二烈士中的武术爱好者》，《武林》1982 年第 9 期，第 24 页。

虽然黄花岗起义遭到失败，但它狠狠地打击了清朝统治者，从而进一步促进了全国人民的觉醒和革命浪潮的高涨，不久，就爆发了辛亥革命。在这次起义中的 13 位烈士以高超的武技，为推翻腐朽统治流尽了最后一滴血，其所昭示的革命精神永远值得后人缅怀。

四 国内革命及抗日战争中活跃的岭南武林志士

在历次国内革命及抗日战争中，岭南武林志士都踊跃参与，并运用个人所学武技为革命作出了不朽的贡献。在这些关系到中华民族生死存亡的革命斗争中，岭南武林志士那种高尚的民族气节表现，值得我们以文记其事，以彰显岭南武术人的品节与精神，其所树立的武林正气需要后人继承与弘扬，在民族存亡的生死攸关之际，岭南武林志士与国家和民族同呼吸、共命运。

彭湃曾领导海陆丰革命根据地建设，他本人长于拳术，善于与拳馆及拳师们交流，注重在武馆中发展革命力量，以拳馆为组织，扩大习武人群，增强了革命战斗力。他曾向民间拳师杨其珊、万清眛学拳，在 1924 年广东革命政府在黄埔军校为答谢苏联资助东征北伐欢送会上表演过拳术[①]。

在岭南武林中，蔡李佛弟子们前赴后继，在历次国内革命中的表现尤为突出。蔡李佛始祖陈享及佛山鸿胜馆张炎及其弟子们不仅参与了太平天国运动，在辛亥革命以来的历次革命中都有蔡李佛弟子们前赴后继的身影。1905 年孙中山先生组织的同盟会会员中就有鸿胜馆的李苏、钱维芳等。辛亥初年，李苏组织了一支以鸿胜馆成员为骨干的民军，歼灭了驻守佛山的清军，夺取了佛山。钱维芳为鸿胜馆第二任馆长陈盛（鸿胜馆首任馆长张炎的首徒）的首徒，1925—1927 年的大革命期间担任佛山理发工会和土木建筑工会会长，1925 年春任佛山工人代表会执行委员会主席，许多蔡李佛弟子加入工代会，工代会下有 103 个工会，会员有 35000 余人，在当时广东工人运动中举足轻重。曾担任过孙中山卫士的吴勤是钱维芳的弟子，武艺高强，有"武胆"之称，受过孙中山先生的嘉奖。1924年 5 月，吴勤以南浦鸿胜社成员为骨干组成南浦农团军，为中国第一支人

---

① 曾昭胜：《广东武术史》，广东人民出版社 1989 年版，第 61 页。

民自卫武装，名称由廖仲恺所创。①

　　1938—1944 年活跃在广东东莞、宝安、惠阳一带的东江纵队是中国共产党在广东坚持抗日战争的一支重要力量，在为抵抗日军及反动武装的训练中加入了许多武术练习，以提高作战能力，如练习拳、刀、枪等技能，东江纵队的警卫员高宏曾习练朱家教拳术。②

　　抗日救亡，匹夫有责。1937 年抗日战争时期，地无分南北，人无分老幼，岭南各地武术界纷纷组织大刀队，与全国人民一道抗日。广州精武体育会拳师黄啸侠、林萌堂等编了一套《大刀手法》，组织起大刀队，向群众传授刀法，准备打击入侵之敌。③ 1937 年逃亡到香港的鸿胜馆钱维芳、吴勤回到佛山，在鸿胜馆内开设杀敌大刀教练班，并在佛山市内各学校教授武艺。在十九路军与日寇在上海激战期间，时任鸿胜馆国术部主任的陈艺林应中华国术总会邀请到上海演示大刀杀敌术，其演练的大刀杀敌术被选中向全国推广。④

　　在岭南武林中以武报国的武林志士有无数，许多在当地传为美谈，我们对他们的英雄事迹挖掘得还很不够，他们在历次革命斗争中表现出的精神是岭南武术文化精神的一个组成部分，将流芳百世。

五　革命先行者孙中山先生对武术的推崇

　　孙中山先生是伟大的革命先行者，但他不是武术家，他在多年的风霜血雨的残酷斗争中对武术所具有的价值是极为推崇的，他在不同的场合对武术救国的道理作出过深刻的阐释。尤为重要的推崇之举是 1919 年他为上海精武体育会成立十周年题写的"尚武精神"，激励着一代代的国人。他还欣然为精武体育会出版的《精武本纪》作序。1921 年孙中山以大总统的名义为参加广州孤儿院慈善筹款表演的林世荣颁发了一枚银质奖章，这些都显示了孙中山对武术的推崇。据《广东武术史》记载，孙中山先生不仅推崇武术，而且身体力行练习武术，他曾邀请著名武师蔡桂勤（当代武术泰斗蔡龙云先生的父亲）到大元帅府教其练拳。⑤ 1921 年 5 月

---

①　根据 2008 年 7 月笔者访谈鸿胜馆副馆长梁伟永及其赠送有关资料整理。

②　曾昭胜：《广东武术史》，广东人民出版社 1989 年版，第 62 页。

③　黄鉴衡：《粤海武林春秋》，广东科技出版社 1982 年版，第 80—81 页。

④　根据访谈鸿胜馆副馆长梁伟永及其赠送有关资料整理。

⑤　曾昭胜：《广东武术史》，广东人民出版社 1989 年版，第 59—60 页。

5 日孙中山就任非常大总统时，他非常欣赏武术名师们为庆贺所做的武术表演，并且他让侍卫马湘和黄惠龙上台表演①，马湘的八卦剑与黄惠龙的钢鞭表演赢得称赞，这些都显示了孙中山在不同的场合对武术的重视，从他就任非常大总统的正式场合，安排武术名师及侍卫们表演，可以看出孙中山对武术推崇备至。

革命先行者孙中山先生在革命中曾团结武术组织及武术人士进行革命斗争，他对武术在强种救国中的作用有感而作出的一些论述是具有真知灼见的，他曾经批驳热兵器时代火器发明后拳术与刀枪剑棍无用论："概自火器输入中国之后，国人多弃体育之技击术而不讲，驯至社会个人积弱愈甚，不知最后五分钟之决胜，常在面前五尺地短兵相接之时。"② 孙中山先生在革命实践中对武术强身保家、卫国护族的作用是肯定的，他对武术人士的褒奖及武术活动的赞赏显示了他对武术的高度重视与推崇。

第二节　近代岭南武术社团及其对武术的传播

近代以来，在武术救国思潮引导下，在强国强种、振兴民族的呼声下，岭南同其他地区一样，出现了许多武术社团，这些社团对岭南武术的发展及其传播都有着深远的影响。

一　精武思潮下的北拳南传

1910 年上海精武体育会成立后，在全国引起巨大反响，上海精武体育会由于众多社会名流参与及武术名家荟萃，其影响波及岭南。在这种精武思潮下，岭南各地先后成立了精武体育分会，并带动港澳及东南亚各地精武体育会的成立，为中国武术的海外传播作出了卓越贡献。岭南先后成立的有影响的精武体育会社团有：

（一）广东精武体育会

广东精武体育会是在上海精武体育会的影响与支持下，于 1919 年 4 月正式在广州珠海戏院（今人民戏院）宣布成立。这是上海精武体育会继 1918 年在汉口成立精武体育会分会后的第二个精武体育分会。广东精

① 郑志林：《孙中山观看武术表演》，《广东体育史料》1985 年第 2 期，第 18 页。
② 黄鉴衡：《孙中山与武术》，《广东体育史料》1982 年第 4 卷第 1 期，第 15 页。

武体育分会自 1919 年 5 月 1 日正式接纳会员起，直至 1938 年日本侵略军攻陷广州时会务停止，在 19 年的时间里为岭南培养了大批武术人才。①

广东精武体育会成立前夕，绿林出身、爱好武术的广州国民党福军司令李福林曾于 1918 年派副官马湘从上海精武体育会聘请拳师叶凤歧、杨琛伦做福军及李府的教练②，上海精武体育会的主要负责人陈公哲、陈铁笙、姚蟾伯、卢炜昌等都先后应邀而来，与广州绅、商、学界及社会名流广泛联络，商讨筹备设会事宜。1919 年 4 月 9 日下午广东精武体育会在广州珠海戏院举行隆重盛大的成立大会，广东军政要人莫荣新、翟汪、林虎、朱执信等均到会祝贺，大会选出李福林、魏邦平、熊长卿、陈廉伯、简照南、杨梅宾等为理事，简琴石为干事长，罗啸傲为总干事。1919 年间因魏邦平、简照南赴沪，改选郭仙洲、金曾澄、龙荣轩递充。③ 在成立大会上首先由精武体育会会员、教员先后做表演，广州本地的武术名家也做了表演，其中就有洪拳大师黄飞鸿的飞铊、林世荣的双软鞭、吴仁湖的双刀、龚华与胡中贤的快耙等名家武技先后在会上表演助兴。

广东精武体育会最初会址本由魏邦平出面省政府拨出东山百子路先农坛旧址作为精武会建筑会所，后因没有资金而改租浆栏街宁波会馆作为会址，1928 年因业主收回宁波会馆迁往太平南路（今人民南路）嘉南堂六楼④，后因嘉南堂租金昂贵而无力支付不得不迁往西关荔枝湾盖搭竹棚作为临时会所，这时积欠职工薪金而只得将百子路地段出卖支付积欠职工工资，并用余款在黄沙购二段地预建会所，此二段的地契由理事会会长陈彦保管，新中国成立后陈彦把地契捐献给政府而受到表扬，精武体育会最后迁往丰宁路（人民中路）白沙巷与陈彦的医师会所合住⑤。广东精武体育会会址几经迁徙，主要是经济原因而无力支付租金所致，而精武体育会的收入是靠吸收会员所得，一般精武会的会员分为：荣誉会员（捐款 100 元以上的）；赞助会员（捐款 50 元以上的）；普通会员（每月收 2 元，半年收 8 元，一年收 12 元）。另外学生在十六岁以下的一年收 6 元，夏季暑

---

① 《近代广东民间武术馆社》，《广东体育史料》1990 年第 1 期，第 11 页。

② 曾昭胜：《广东武术史》，广东人民出版社 1989 年版，第 61 页。

③ 向晖：《广东精武体育会简介》，《广东体育史料》1985 年第 1 期，第 36 页。

④ 郭裔、马廉祯：《从广东精武会的创办管窥民国广东武术运动的发展》，《体育文化导刊》2006 年第 8 期，第 87 页。

⑤ 向晖：《广东精武体育会简介》，《广东体育史料》1985 年第 1 期，第 36 页。

假收 1 元。① 参加精武体育会的学员多为工、商、学界及手工业店员等，会员入会只要经二名正式会员介绍或正式单位介绍，缴纳会费，均可随时入会，享受会员应有的一切权利。从精武体育会的会员收费来看是难以维持日常教员工资的，除了会员费外，还需要向社会募捐、义演等来补充。

广东精武体育会的教员分别来自南北派武术教员，初期以北方为主，如国技主任是上海精武体育会沈季修，另外北派教员有叶凤池、李占凤、霍东阁（霍元甲之子）、赵连和、杨琛伦，后期又有河北著名拳师孙玉峰、孙文勇父子；南派教员有林萌堂、孔昌、李彬等。②

广东精武体育会内南北派武术流派汇于一堂，融会一炉，使得岭南近代武术史上第一次实现了南北武术的交流与融会，在岭南武术文化交流史上具有重要的意义，它使得北派武术拳种得以在岭南大地上传承与广泛传播，并传播到香港、东南亚各国及世界各地，开启了北方拳种走向世界的创举，至今香港及东南亚各地的北方拳种多为从广东传出的。广东精武体育会对北拳南传及海外传播作出了历史贡献，也值得当代中国武术国际化传播借鉴与学习。

广东精武体育会的武术训练从早上 6 点到晚上 9 点，分早、中、晚三个时间段，每个时间段分别有教员分班教授。会内南北各种门派众多拳师，传授各自传统套路，使得教授的套路多达 98 套，其中拳术套路 32套，器械套路 35 套，拳械对练套路 31 套③，足以见证当时会内南北武术交流相融的壮观景象及南北武术的交流对岭南武术发展的意义。学员是根据武术不同水平进行分级教授的，不同的等级学习不同难度的套路并有考试，考试合格者发给毕业证书。初级班学习潭（弹）腿十二路、上大战拳、下大战拳、功力拳、捷（节）拳、八卦拳、群羊棍、五虎枪、空手入白刃、合战 10 套拳械套路④，学习期两年经考试合格者发初级毕业证书；中级班学习期为四年，学习比初级更复杂的套路；高级班学习六年，

---

①　向晖：《广东精武体育会简介》，《广东体育史料》1985 年第 1 期，第 36 页。
②　同上。
③　同上。
④　精武体育会所教授的入门套路，即后来所称的"精武基本十套"，在初期不同分会所教内容有所差异，现在流行的"精武基本十套"为：潭腿、功力拳、大战拳、节拳、接潭腿、套拳对打、八卦刀、群羊棍、五虎枪、单刀串枪。

主要学习迷踪拳、杀手锏、龙凤双刀等。① 从初、中、高级班所学内容及时间来看，是有一定难度的。广东精武会自 1919 年成立之始，至抗日战争前三年（1935 年）为止，在这近十五六年的时间里，会员不下二万之众，然会员中能坚持练习，达到高级或中初级毕业的会员人数却不是很多。计现在还有名表可查的，高级毕业者仅有男女会员 21 人；中级会员毕业者仅有 43 人；初级毕业者仅有男女会员 178 人。② 其中广东武术名家林萌堂、黄啸侠获得高级毕业证书。

广东精武体育会除了在会内教授武术外，还派教员到机关团体及大、中、小学校教授武术。如当时的学校、团体有：南武中学、南海中学、培正中学、广大附小、岭南学校、工业学校、圣心学校、知用中学、中德中学、铁专学校、粤路学校、崇德学校、宏英学校、燃黎学校、觉觉学校、景贤学校、海珠学校、第六国民、志德女校、启真女校、市师学校、坤维女校、公益女校、弘毅女校、执信学校、道根女校、女子体育、复礼女校、洁芳女校、岭峤女校、第一女高、第二高小、曹范女校、卅九国民、教育当局、商团总所、商团第八分团和第九分团、邮员俱乐部、陈氏家塾、熊氏家塾、苏氏家塾、邵氏家塾、学兵营、公医学生会等，都先后请该会派员前往教授。③ 足见广东精武体育会在当时传播武术的范围之广、人数之众，对广州习武之风的影响可见一斑。另外，广东精武体育会在陈公哲胞妹陈士超大力推动下成立了女子模范团，后改为女子部，经霍东阁提议创办广东精武童子团。④

广东精武体育会的成立更大意义上是大批北方拳种随精武体育会的一些名师南下而传播到岭南，并为岭南武术及中国武术传播到香港、南洋各地打下了深厚的基础，这是岭南近代第一次大规模的南北武术交流与融合，对中国武术的国内外传播都有重大的历史意义及推动作用，香港及东南亚各国流行的许多北方拳种就是经广东精武体育会传播过去的。

---

① 向晖：《广东精武体育会简介》，《广东体育史料》1985 年第 1 期，第 36 页。

② 邝震球：《精武体育会和它在广州的实况》，《广州文史资料存稿选编》（七），http：// www. gzzxws. gov. cn/gzws/cg/cgml/cg7/200808/t20080826_ 4544_ 11. htm.

③ 同上。

④ 向晖：《广东精武体育会简介》，《广东体育史料》1985 年第 1 期，第 36 页。

（二）佛山精武体育会

佛山精武会是继广东精武会之后于 1921 年成立的①,会址最初设在佛山镇西街,后迁往莲花祠,再迁往长兴街莲峰纸行大楼。佛山精武体育会是由地方爱好武术人士任孝安、钟妙真、蔡勉卿、肖剑农、霍维民、黎鸣楷、罗达卿等人参照广东精武体育会章程创建的,广东精武体育会曾派人到佛山指导开办②。

佛山精武体育会成立,得力于陈公哲之胞妹陈士超先行之功。1920年春陈公哲偕胞妹陈士超到广州参加广东精武体育会成立一周年庆典,后陈公哲回沪而陈士超应佛山爆竹行实业家任孝安之邀到佛山,陈士超在佛山宣传精武精神,并做了表演,得到佛山有关人士的积极响应③。

1921 年 7 月 6 日在汾水西街设立佛山精武体育会筹备会,由佛山工商界、医学界、教育界组成,上海精武体育会的杨琛伦、梁少田,广东精武体育会的罗啸敖、黄砺海等前来指导④。7 月 10 日在清平戏院召开成立大会。佛山精武体育会的各地域流派的拳师授拳,多数由上海中央精武体育会派来,为佛山培养了大批优秀武术教练,为北派拳种在佛山的传播作出了贡献,也促进了佛山地区的武术活动。为了遵照精武体育会“唯精唯一,乃武乃文”的宗旨,对青少年进行正规教育,佛山精武体育会先后创办了陶洁女子学校、元甲国民学校、元甲平民夜校、精武国术学院、元甲中学等。

（三）香港精武体育会⑤

1919 年前后,陈公哲因常往来于沪粤之间,而香港为海上交通必经之道,经精武会会员赵甫臣介绍,陈公哲认识了香港的余笑常、阮文村、刘季焯等人,并常到干诺道俱乐部,香港有建立精武分会的愿望。

---

① 陈公哲著:《精武会五十年武术发展史》（五）,《武林》1986 年第 1 期,第 8—9 页。

　关于佛山精武会的成立时间,《广东武术史》、《岭海武林》等都认为是 1920 年,而陈公哲在《精武会五十年》及佛山地方文献《佛山武术文化》中均认为佛山精武体育会成立时间为1921 年,马廉祯在《佛山精武会杂记》（《武林》2005 年第 10 期,第 16 页）认为成立时间为1920 年,理由是《精武会五十年》为陈公哲的回忆性作品,而其他为综合性研究作品,故而采取了 1920 年。但综合有关史料记述,笔者采取佛山精武体育会成立时间为 1921 年。

② 曾昭胜:《广东武术史》,广东人民出版社 1989 年版,第 76 页。

③ 马梓能:《佛山武术文化》（内部资料）,2001 年,第 48 页。

④ 同上。

⑤ 陈公哲:《精武会五十年武术发展史》（五）,《武林》1986 年第 1 期,第 8 页。

香港精武体育会开始时因香港没有社团注册法规而只能向教育主管部门申请、注册设立"香港精武体育学校",由余笑常任校长,并请其私人技击教师借用为香港精武临时教员。1922 年劳工党麦唐纳氏来督香港,政府批准注册社团,正式注册成立香港精武体育会,推举刘季焯为会长,阮文村为副会长,余笑常为总务,在九如坊戏院开成立大会,陈公哲偕夫人、卓宝文等多人到香港参加成立盛典,并表演节目。1923 年因旧址不够用迁到坚道 57 号。上海精武总会先后派鹰爪派陈子正、刘致祥、刘占武等到香港授拳。

香港精武体育会派教员到香港高等学校教拳,如当时的香港大学、皇仁书院、拔萃书院,自此精武武术及其精神遂为港人逐渐认识,并为中国武术在香港的传播奠定了基础。今天香港流行的许多北派武术多为精武教员所授,这些北方拳种经香港传播到海外,在世界上得以广泛流传。

二　北拳南传的两广国术馆①

两广国术馆成立于 1929 年 3 月,馆址设在广州市东郊场马房附近。馆长万籁声,教务主任李先五,教练顾汝章、傅振嵩、林耀桂等,5 月底解散,存在仅两个月,虽然时间很短,但对两广,特别是对广东武术的发展却起了很大的作用。

两广国术馆以提倡中国武术,增进民族健康,普及两广国术为宗旨,办理两广国术事务。该馆先后聘请南北名师傅振嵩、顾汝章、王少周、任生魁、李运恒、许锡国、林耀桂、林荫堂、张礼泉、黄啸侠、刘继封、黄俊新等教官,荟萃各路武林精英于一馆,阵容鼎盛,人才济济,形成了广州近代武术的一个兴旺局面。

两广国术馆不仅为广东培养了一批武术人才,更重要的是聘请了万籁声、李先五、傅振嵩、顾汝章、王少周等北派名师(即广东武林所称的"五虎下江南")使少林、太极拳、八卦掌、查拳等北派拳术得以传入广东,生根开花。这是广东近代武术史上继广东精武体育会成立之后的又一次较具规模的北拳南传和南北武术交流盛举。

---

① 参阅曾昭胜《广东武术史》,广东人民出版社 1989 年版,第 78—80 页。

三　近代岭南精武思潮影响下成立的其他各地精武会及武术社团

自 1919 年精武思潮南下岭南，随着广东精武体育会、佛山精武体育会等分会的建立，岭南其他地方也纷纷设立精武体育分会或成立武术社团，现简要归纳见表 6 - 1。

表 6 - 1　　岭南精武思潮影响下成立的其他各地精武会及武术社团

序号	团体名称	成立时间、地点	发起人	团体活动情况
1	广州河南精武体育会	1925 年，会址在河南洪德三巷。	崔鸣舟	主要学习精武十套拳械套路，学习两年为初级毕业，四年为中级，六年为高级，广东精武体育会拳师孙玉峰及佛山精武体育会螳螂门拳师常到会里授拳。1939 年广州沦陷后停办。
2	汕头精武体育会	1923 年，会址在金汕街张公馆。	广东精武体育会的组织者及熊长卿、吴应彬、张快夫	主要以武术为主，兼及音乐、舞蹈，成员为工商、职员及学生，前后达万人。武术学习精武十套路，1927 年由黄爵珊代理会务，同年夏因黄爵珊去广东精武分会停办。
3	夏汉雄体育会	1924 年，会址在广州市六二三路及皮栏桥 5—7 号。	夏汉雄	夏汉雄体育会，后更名"珠江国术社"，1938 年广州沦陷夏汉雄曾去香港发展，1941 年香港沦陷又回到广州，1949 年夏汉雄到香港行医，其子夏国璋得其传，该会门人遍及中国港澳台及美洲、澳洲等地。
4	广州国术社	1929 年，社址在广州市惠福东路国民体育会内。	顾汝章	因 1929 年 6 月两广国术馆解散，顾汝章留在广州并成立广州国术馆，主要教授六合拳、形意拳、八卦拳、少林拳、查拳、太极拳、螳螂拳及刀、剑器械。

续表

序号	团体名称	成立时间、地点	发起人	团体活动情况
5	珠光国术社	1938 年，社址在合浦（原属于广东，今为广西）廉州。	赖成己	赖成己在广州进行武术活动，为"南方五虎将"之一，日寇沦陷广州后，回到合浦以行医为业，并积极开展武术活动，免费教习太极拳、南拳、刀、棍等。
6	广东太极联谊社	1947 年春，社址在广州市惠福西路温良里毕公巷 29 号。	傅振嵩	成立后不到一年社员达 300 多人，并在省、港、澳影响广泛，主要传授太极拳、太极剑、八卦剑等，对太极拳在岭南的普及作出卓越贡献。
7	回民塔光国术社	1946 年，设于广州怀圣光塔寺内。	马惠泉、杨孔德、马明、保功达	以回族青年为多，主要教授查拳套路、十路潭腿、洪家伏虎拳及蔡李佛拳等。
8	广西国术馆	1935 年 12 月，馆址在南宁孔庙。	馆长白崇禧，副馆长李朝芳、王赞斌	国术馆由市县选送，共 300 多人，主要技术教授练步拳、八极拳、形意拳、梅花刀、三才剑、猿背棍、断门枪、摔跤、拳击、刺枪、击剑等，另外有国术理论、生理卫生、三民主义。学制为一年，1936 年停办。
9	南宁精武体育会	1930 年，会址在苍西门大街绍荣花纱壮三楼。	初为陈鸣书筹备，后黄佩候任会长	教练有李连元、白连珍，1932 年会员达 400 多人，主要教学徒手、长短兵、对练及气功、舞狮等。1944 年曾因南宁沦陷停办，1945 年又恢复，直到 1949 年。
10	梧州精武体育会	1925 年，会址在梧州五坊路。	李连元、白连珍、徐静波	以教授北派拳术为主，还有其他体育项目，会员曾在一月内征集 350—360 人。

资料来源：根据《广东武术史》第 80—86 页、《广东体育史料》1990 年第 1 期，第 14—17 页及《广西体育史料》第 2 期，第 11—15 页整理。

近代岭南各地纷纷成立精武体育会分会或国术馆分馆，使得大批北方拳师将拳种传播到岭南，实现了近代以来南北武术的交流与融合，更大的意义是北方拳种经广东、广西各地传播到香港,并远播世界各地,为近代中国武术迈出国门,走向世界作出了贡献。

四　精武思潮南下涌现的武术精英谱

在精武思潮涌动南下时,出现了许多为推广武术传播作出卓越贡献的人物,正是这些人物,代表了当时北拳南传的武术传播之盛。在此选择具有代表性的人物作一简要介绍,所选的代表人物大致有两个标准:(1)对岭南武术作出了突出贡献及具有较大影响;(2)在岭南有代表性传人,有的还长期留在岭南继续传播武术。

1. 陈公哲

陈公哲(1890—1961),广东香山人(今中山市),是上海精武体育会发起人和主持人之一,与姚蟾伯、卢玮昌并称"精武三友",为精武会的创建与开拓作出卓越贡献。

1919 年陈公哲与陈铁笙等到广州筹建广东精武体育会,1920 年又与罗啸傲、陈士超等远赴南洋开拓精武会分会,先后在越南、新加坡等南洋各地发展精武分会,将精武体育的种子播撒到海外,为精武体育会的南传及海外传播散尽家财,作出了巨大贡献。

陈公哲精于潭腿、摔跤,曾在东南亚推广精武会时亲自登台表演。陈公哲还著有《精武会五十年中兴史》、《武锋》、《吴陈比武》、《精武粤传》等书,与陈铁笙合著《潭腿十二路》。陈公哲还精于摄影,早期拍摄了一些精武会的电影及拳谱、挂图,在远赴南洋各国推广时携带了一些拍摄的精武影片及图书。

陈公哲晚年在香港筑木屋隐居,1957 年曾回大陆观摩武术表演,得到贺龙元帅的接见,并对中国体育发展提出建议,1961 年,陈公哲在香港病逝。

2. 陈铁笙

陈铁笙(1864—1940),广东新会人,自幼习武,尤其精于潭腿,为筹建广东精武体育会的主要人物,并在推广以潭腿等北派拳术、编辑教材及普及传播武术方面作出了卓越贡献,出版有《潭腿十二路》、《潭腿挂图》、《少林宗法》、《国技大观》、《功力拳》等书,并与陈公哲一起向东南亚各地推广精武会分会,是精武会海外推广的卓越贡献者。

图6－5　陈公哲　　　　　　　　图6－6　陈铁笙

3. 陈士超

陈士超（1896—?），女，陈公哲之胞妹。陈士超在广东精武会创办女子模范团，培养了冯柟若、吴宝宜、罗琼等一批优秀女子武术人才，并随其兄陈公哲远赴南洋推广精武会，传办首家女子精武会——雪兰莪女子精武会，槟城女子精武会等，曾在越南教授潭腿，在新加坡表演露花刀、五虎枪、双刀，与陈公哲合演单刀串枪等。

陈士超为广东推广女子武术，及在海外推广女子习练武术起了很大的促进作用。

4. 赵连和

赵连和（1879—1949），河北景县人，精于十二路潭腿、功力拳、节拳、十字战等北派长拳，其所擅长的拳术为精武会规定拳术，在广东精武体育会及岭南各分会教授并得以广泛传播。

5. 陈子正

陈子正（1878—1933），河北雄县人，擅长翻子门鹰爪拳，有"鹰爪王"之称，1919年南下广东精武会任教，在岭海武林中播撒下鹰爪拳的种子，岭南武林中得其传授者著名的有李佩弦、刘法孟、徐静波等。

6. 罗光玉

罗光玉（1888—1944），山东蓬莱人，1919年南下广东精武体育会，将螳螂拳传播到岭南，并赴香港、南洋各地精武体育会传播螳螂拳，至今在香港流传的螳螂拳专著多达三十多种①,即为其所授的螳螂拳。目前广州的七星螳螂拳,是其弟子郭子硕传下来的。

7. 孙玉峰

生卒年不详,北派罗汉门名家,擅长刀术及双枪,有"五省刀王"、"双枪孙玉峰"等称号,1919 年在广东精武会任教,著名的岭南名家黄啸侠、邵汉生即师从孙玉峰。

8. 邵汉生

生于 1900 年,卒年不详。邵汉生初从冯荣标("卖鱼灿")学洪拳,后跟孔昌(蔡李佛名师北胜谭三之徒)学习蔡李佛拳,又得威光悉心传授邹家八卦棍,在广东精武体育会内又跟随孙玉峰及其子孙文勇学习罗汉拳,并从会内多名名师学习,在精武体育会内做过教练。

1938 年广州沦陷后他来到香港,并成为香港武打电影演员,参加过《黄飞鸿威震四牌楼》、《独臂斗王龙》、《义救龙母庙》、《财叔歼霸战》等武打电影的拍摄,成为 20 世纪五六十年代早一辈的武打影星。1963 年邵汉生开创汉生康乐研究社,传授武术,著名功夫巨星李小龙曾随其学习过精武会的节拳及一些腿法,应该说对李小龙以后的武术有着影响,李小龙其后所创的"截拳道",不知是否与邵汉生所教的"节"拳有渊源。

9. 国术馆运动影响下的岭南武术精英

1928 年成立的南京中央国术馆是由政府提倡的武术团体,也影响到岭南武术的发展。1929 年成立的两广国术馆,虽然存在的时间很短,但一些中央国术馆武术名师的岭南之行,是继精武体育会之后,再一次将北派武术传播到岭南大地,有的武术名师在两广国术馆解散后扎根于岭南大地,继续为传播、丰富岭南武术百花园而贡献力量,这些武术名师在岭南一代代不断传承着,促进了不同拳派之间的交流。

(1)万籁声(1903—1992),湖北武昌人,精于自然门,为两广国术馆馆长,因在岭南停留时间短而没有留下清晰的传人记录。

(2)傅振嵩(1881—1953),河南沁阳人,先后学于太极名家陈延禧及八卦名家贾岐山、杨氏太极拳杨澄甫、孙氏太极拳孙禄堂,1929 年到两广国术馆,后创立广州太极联谊社,毕生在岭南传授太极拳,创"太

---

① 郑龙:《著作等身的黄汉勋——港澳武术点滴》,《广东体育史料》1988 年第 5 期,第 19 页。

极闪电掌", 将太极拳引入岭南, 傅振嵩是第一功臣。

(3) 顾汝章 (1843—1952), 精于北少林拳及铁砂掌, 1929 年到两广国术馆任教, 后创立广州国术社, 在岭南传播了北少林拳, 至今在广州仍有其传人在传播北少林拳。顾汝章曾与蔡李佛拳名家谭三互换弟子授艺, 成为南拳北腿武术交流的美谈。

(4) 王少周 (1892—1984), 河南回族人, 精潭腿、查拳, 1931 年到两广国术馆任教, 王少周常到广州光塔路的怀圣清真寺礼拜, 向当地回族人传授了一些流行于回族内部的查拳及十路潭腿, 为查拳在岭南武林中的传播作出了贡献。

(5) 李先五 (1906—?), 广东南海人, 精于太极、形意、八卦, 为两广国术馆教务主任, 在广东体育学校任教过, 后到香港授拳。

以上五位名家即是国术馆时期所谓的"五虎下江南", 有的在两广国术馆解散后留在岭南, 有的去香港授拳。总之, 两广国术馆对北拳南传岭南是继精武体育会之后南北武术交流的一次意义重大的武术事件, 对岭南武术发展的促进作用是不言而喻的。

有关精武体育会及国术馆南下岭南时期的武术人物简要介绍, 是参考了《广东武术史》及《岭海武林》有关章节, 目的是通过这些内容对中国武术的南北交流与融合, 以及中国武术的海外传播作一历史性鸟瞰。这些武术精英是精武会思潮及国术馆运动南下影响岭南武术发展的一个缩影, 正是这些北派武术名家点燃了那个时期北拳南传的圣火, 并在岭南及海外各地播撒下世代不灭的传承人火种。南北武术流派的交流对中国武术的意义是重大的, 近代这两次北拳南传留给我们的启示至今仍需要我们深思, 这也将会对今天中国武术的国内外传播有着现实意义。

本章小结

岭南武术文化具有的强烈反抗特征, 在近代岭南反帝反封建的革命运动中有着鲜明的体现。岭南人民以武术作为有力武器, 在近代革命中谱写了一幕又一幕可歌可泣的英勇壮举! 英勇的三元里人民吹响了近代反帝反侵略的第一声嘹亮的强劲号角, 湛江人民寸土寸金的抗法, 七十二反清志士碧血倾洒黄花岗, 以及在抗日战争及国内革命战争时期, 岭南武术志士都踊跃参与, 岭南习武者从习武的卫家护族的狭隘思想升华到保家卫国的爱国主义精神。

　　近代岭南习武者反帝反封建革命斗争中表现出的精神面貌,是岭南武术文化在近代的一个侧面,也是岭南武术文化在革命时期的一个反映,表明岭南武术文化在不同的时代背景下有着不同的表现,这是与岭南武术文化中的敢于反抗压迫、勇于战斗的特性是一致的,岭南武术人的命运是与国家与民族的命运血脉相连的,在危难时期,岭南武术人表现出更敢于为先的精神。

　　近代岭南武术表现的另一个重要文化特征就是南北武术的交流与融合。随着精武体育会及两广国术馆的南下岭南,促进了南北拳派的交流,南北武术的交流进一步开创了近代中国武术走出国门、迈向世界传播的新局面。正是这两次的北拳南传,不仅丰富了岭南武术百花园,使得大量北方拳种在岭南百花园中扎根、生长,还在一定程度上丰富了岭南武术的技术风格,南北拳师的相互授艺,促进了南北武术的相互交流与提高。这两次近代大规模的北拳南传,不仅是对国内武术发展产生了巨大影响,而且更大意义上的是北方大量拳种经岭南的广州、香港,传播到世界各国,这为当代中国武术国际化传播与推广提供了许多值得思考的历史借鉴与启示,表明中国武术的国际传播应重视岭南这块中外文化交流的地域,岭南对中国武术的国际化推广是有着得天独厚的历史及地域便利的,是经过历史证明的,我们理应从历史发展的长河中得到启示。

中 篇

岭南武术文化形成的地域
特征及其文化诠释

第 七 章
岭南武术典型拳种的个案分析

第一节　神秘的洪拳

一　洪拳"神秘"之产生的历史文化背景

洪拳是岭南五大名拳之首，也是岭南武术拳种中历史最悠久、传播最广的拳种，其他岭南拳种大多与洪拳有着密切的联系或受其影响。当谈到洪拳，有两个无法绕过的历史难题，那就是洪门（内称"洪门"，外称"天地会"）与南少林，是一个无法隔开谈论的命题。对于当前学界有关洪门与南少林的学术谜团与争论，也给在此讨论洪拳带来了困难，本文无法对洪门与南少林的源流进行探讨与深入考证，而是对与洪拳产生有联系的洪门与南少林的历史文化背景加以阐述，学术界有关洪门与南少林最新的研究成果都为分析洪拳的历史文化及其技术风格提供了较好的参考文本与学术启示。

目前在史学界讨论洪门起源的观点有两种：一种是"康熙十三年说"（"反清复明"性质）；一种是"乾隆二十六年说"（"互助抗暴"性质）①。洪拳是洪门内传习的拳种，这一点是得到学界认可的，创立洪拳的宗旨，即是洪门内以推行洪拳为手段而进行宣传、组织与发展壮大反清复明思想为目的。洪拳是与洪门同时存在的，甚至比洪门的创立还要早些，这表明洪拳在清初便产生了，至少有三百年以上的历史。伴随着洪门的产生，洪门成为清代民间秘密会社的渊薮，清代统治者对民间结社是严厉打击的，使得洪拳与洪门一样变得相当神秘，历代洪拳大师均因受到统治者的打击而深藏于民间，甚至连他们的名字都难辨真假，至于洪拳技法与理论更是难得窥探，这正是洪拳之神秘所在。同样有关洪拳的历史也与

---

① 刘平：《被遗忘的战争——咸丰同治年间广东土客大械斗研究》，商务印书馆 2003 年版，第 68—69 页。

南少林有着理不清的千丝万缕的联系，最新对南少林深入研究的成果表明："南少林是武术文化与会党文化长期共同氤氲催生的一个文化概念，其中既烙有明代的历史文化印痕，也有清代天地会出于纠众结盟的需要，更反映了人们在原生态少林武术文化辐射下的多元价值诉求"①，即南少林不是有着明确地点、现实存在的实体，而是在广大民间习武群体中的文化符号，这无疑为我们解释洪拳在岭南多数拳种中的文化认同提供了现实解释与理论支撑。洪拳作为洪门推行反清复明思想的手段与载体，在清统治者的不断打击与追剿下，从发源地福建漳州一带，不断扩散至广东、广西，乃至湖南、湖北等地，并随华侨华人漂洋过海，在华侨华人中亦有着众多习练者。而洪拳在岭南的迁移轨迹及其在迁移中表现出的不同时期的技术风格，也大致为洪拳的技术发展描绘出其在岭南传播的历史轨迹，也为从洪拳的迁移侧面审视其透露的社会、政治、文化提供了极佳的历史"望远镜"，它可以为我们从洪拳不同时期、不同地域的风格形成，展现其挟带的历史文化信息，从洪拳历史发展的传播轨迹，更容易让我们理解岭南习武群落中的英雄"草根"情结与深厚的文化符号意义。

"历史唯物主义的基本原理告诉我们，一切历史事物，都是特定的历史环境的产物，是具体的历史联系决定了事物的独特风貌。因而，对于具体的历史事物，只有从它的时代条件出发，分析它的特殊的历史联系，才能够加以理解和认识"②。因此，尽管洪门与南少林的起源目前是一个史学研究热点与争论点，它所提供的社会、历史文化背景才是在此讨论洪拳的必要文本材料，与洪拳产生的地域历史环境及所处的社会、政治背景，正是分析洪拳技术风格及其文化的丰富历史土壤。结合当前史学界有关洪门的研究成果，大致为在此分析洪拳提供了辽阔历史背景："戴逸先生认为洪门天地会的产生是福建、广东地区经济发展在封建末期所呈现的近代性的象征，即把洪门的产生放在了中国经济社会发展阶段的尺度上；蔡少卿先生认为洪门产生的历史背景不能过于夸大、美化明朝遗老及士大夫等上层社会人物的历史；秦宝琦先生也认为洪门天地会发生的背景是康熙以

① 周伟良：《武术文化与会党文化语境中的福建南少林研究》，《首都体育学院学报》2006年第6期，第8页。

② 同上书，第3页。

后满汉地主阶级合流，随之破产农民移居城市，为确保生存权而组织结社；日本学者佐佐木正哉认为，福建及广东的粤东边界与台湾交通方便，在罗教盛行的地区农民阶层的分化及人口过剩，以此为背景便产生了异姓兄弟集结的最民主的组织；台湾学者庄吉发也认为，闽粤地区存在不断巩固自身社会经济地位的大姓集团与不断反抗或为克服小姓而受歧视等不利局面的小姓集团，这强化了异姓之间的结合。"①　以上几位学者把洪门天地会产生置于了社会经济背景之下，洪门天地会是以异姓结拜虚拟血缘关系为纽带，以会内相互扶助为目的，进行自卫或谋求最大经济利益而反抗社会的组织，这一点可以从洪门内各种入会结盟方式及反清复明主张得以说明。史学界另外一批学者则认为洪门天地会的产生与明朝反满地主、士大夫的结社有密切渊源："胡珠生认为，郑成功和他的集团是天地会的实际创作者，在洪门天地会初期，主导反清复明的阶级不是破产农民，而是地主阶级的反满派；赫治清认为洪门天地会在不同发展时期，随着其内部阶级构成的变化，从初期的'反清复明'理念，在不断考虑劳动群众的切身利益时，提出了'互相帮助'或'敛钱分明'等主张，并展开了以改善生活环境为目的的经济斗争。"②

洪拳是洪门内习练的拳种，它是洪门推行、宣传其思想的载体和手段，尽管洪门产生的历史背景是相当复杂的，我们通过洪拳可以从岭南武术文化载体透视洪门这一困扰清代的社会组织所反映的社会历史背景。洪拳大致产生在清初，发源地在福建泉漳一带，与广东潮汕地区比邻，并从这里蔓延两广及内地、海外，尤其在岭南及海外影响广泛、深远。洪拳产生的历史背景大致可以勾勒为：清初随着在士大夫阶层科举制的"文化"及文字狱的"武化"，汉族地主及其士大夫知识分子阶层的反抗意识逐渐在上层社会历史舞台上消失，相反充满反清思想的民族主义意识却依然存在于广大下层民众中，而且是在远离当时政治统治"中心"的"边缘"地带——福建、岭南，而政治、文化的边缘化却使得这种民族主义思想长期潜藏在广大民间的群落中，洪拳等武术习拳活动恰是作为民间群体喜闻乐见的民间活动，以洪拳作为推行反清思想载体的手段，极易在广大民间推广，也为广大民间群体所接受，又不易为统治者所觉察。也正是洪拳长

---

① 蔡少卿：《中国秘密社会概观》，江苏人民出版社 1998 年版，第 284—287 页。
② 同上。

期存在于下层社会中秘密传承，故而其传承罕有文字记载，多以故事得以流传于广大民间，逐渐演化为岭南人们心中的传说。铁桥三、洪熙官等故事在民间流传久远，这本身就反映了一种民间对"草根英雄"的崇拜，其背后是有着丰厚的历史文化信息作为支撑的，无论神话也好，还是传说也罢，在它背后的出现及流传多反映着一定的历史事实，而绝不会是无源之水、无本之木，或者看作空穴来风的无稽之谈。神话、传说的历史性是有着一定道理，不完全是人为的捏造，即便是文献档案所记载的也不免夹杂着人为的主观因素。洪拳在岭南流传地域最广，对其他拳种的影响也最深，最能体现岭南拳种技术风格：步稳势烈，硬桥硬马，刚劲有力，吐气发声，拳势刚猛，其攻防也是朴实无华、讲究实战，器械以刀、棍、耙为多，轻灵的剑法、枪法较少（多数是枪法与棍合一）。当代南拳亦多以洪拳技术风格为蓝本，吸收了大量传统洪拳的技法，脱离了洪拳技术风格的南拳，将会失去南派拳术的"神"，是不可想象的。

二 洪拳在岭南传播与发展的历史分期

洪拳在随着洪门被统治者不断发现、打击而从其发源地不断迁移，在迁移过程中作为洪门推广手段的洪拳也形成了几个不同的发展时期，风格也略有不同。洪拳在岭南的流传地域之广，影响之深，与洪拳随着洪门组织的迁移有着密切联系，不论是岭南沿海，还是流往海外，洪拳都是伴随着洪门组织的迁移而传播。故而，洪拳在岭南地域不仅有着实体迁移的轨迹所留下的传播路径，更深远的是随着迁移而在民间群落中具有深远的文化符号辐射意义，这种洪拳所具有的文化符号辐射意义具体体现在岭南的各种象形拳，多自称来自洪拳，当然这也可能是洪拳在不同时期为避免统治者打击而散落在岭南各地的洪拳各个分支套路，也有的是寄托在"神秘"洪拳之光环下。笔者在 2008 年广东传统武术比赛期间的四个赛区（茂名、顺德、汕头、广州）进行过调研，当问及民间这些习练虎拳、鹤拳、豹拳等单个象形拳或五行拳、十形拳时，他们多自称来自洪拳，和南少林有关，即使从外地域流入岭南的客家地区的李家教、朱家教等客家拳也自称来自南少林等。这足以反映出洪拳在岭南广阔的地域范围内所具有的极强的文化符号辐射意义，既有着文化意义上的辐射之泛，也不乏洪拳在岭南大地的迁移地域之广，从福建与广东交界，到岭南腹地广州，再到岭南的广西，并从岭南走出国门，流往南洋、美洲各地，足以可见洪拳的迁移、传播地域之广、影响范围之大。

　　从洪拳在岭南不同时期的迁移来看，可以大致将洪拳分为三个不同发展时期：初期为洪拳在洪门内发展时期，由于受到清统治者打击而不得不从发源地往广东迁移，初期大致以广州花县（今广州花都区，目前花都区仍有许多习练传统洪拳者）一带为代表，洪拳的早期技术上讲究"形"，故而表现为招式刚健，朴实雄浑，硬桥沉马，注重功力，讲究外形劲力，早期洪拳的经典套路为三展拳等反映洪拳传统技术风格的传统套路，而今这些洪拳的早期风格的传统套路已经难得一见，这应是洪拳发展的初期，故而在民间才有洪熙官创造洪拳的传说，而把洪熙官称作花县人，这也从一个侧面反映出洪拳早期发展以花县为代表。从文献记载上也有所反映，据《花县志》记载："清乾隆年间，洪拳传入花县，在新民埠、东坺、炭步、李溪等地设有武馆，盛极一时。"[①] 中期是洪拳在洪门继续往南迁移中的发展时期，这一时期大致以湛江一带为代表，在这一迁移过程中，从广州向南经茂名、肇庆，到达湛江一带，此期间清统治者对洪门加大了打击与追剿的力度，在茂名、肇庆一带民间流传有许多单个象形拳，如虎拳、龙拳、蛇拳、鹤拳、豹拳，而这些拳多自称来自洪拳，推测应该是当时洪拳在流传中为避免统治者打击单独分别传授而流传下来的，这些单个象形拳可以两个或多个组合成其他拳套，如五行拳、十形拳等，可以推测这些地区流传广泛的单个象形拳或多个组合而成的象形拳是有着极深的渊源的，不大可能是独立创造出来的，可分可合，有着珠联璧合的天然性，其技术风格也大多表现为脱离形象，追求形的神似的象形拳。洪拳在这一时期，广为民间流传的广东武林中的风云人物方世玉即被称是肇庆人，这可以看作民间传说对这一时期洪拳传播的映射，它化为了小说中的人物，为民间文学所借鉴。这时期洪拳还流传到靠近广东的广西一带，其代表套路以五行拳、十形拳为代表，至今在湛江地区流传广泛的洪拳为十形拳，其代表人物如湛江徐闻县的张学清。[②] 后期洪拳以广州、佛山一带为发展地区，这大概到了清朝末期，这一时期产生了几代洪拳宗师，并在岭南武术中占有重要的位置，如铁桥三、黄麒英、黄飞鸿、林世荣等，当今海内外广为流传的洪拳多为黄飞鸿、林世荣一脉。洪拳后期发

---

　　① 《花县志》，广东人民出版社1995年版，第843页。
　　② 2008年笔者在广东传统武术比赛的茂名赛区访谈张学清的弟子王军杰先生。

展随着清朝的没落，经济萧条，洪拳拳师也开始步入城市谋生，他们大多以传拳授徒为生，有的甚至沦落到沿街卖艺的地步，如铁桥三的高徒林福成因沿街舞锤卖艺而意外伤人，在得到黄飞鸿父子相助后，将洪拳传授给黄飞鸿。黄飞鸿早年也是随父往返广州、佛山售药、卖艺，后来才开设"宝芝林"药店，这多少反映了清朝末期洪拳武术大师们的生活面貌。洪拳在经过百年的传承、发展后，在清代末期在技术及理论上都达到了一定的水平，尤其是黄飞鸿、林世荣对洪拳的理论及传播所做的贡献是卓越的，他们对洪拳既有继承，又有创新，不愧为一代洪拳大师。洪拳在末期以铁线拳、工字伏虎拳及虎鹤双形拳为代表，被称为"洪拳三宝"，其技术风格表现为刚猛稳健，形神并举，刚柔相济，在套路机构上逐渐也简繁结合，节奏上快慢相间。其代表人物为铁桥三、黄飞鸿、林世荣一脉，当代广州洪拳的代表人物为黄达生、黄达雄兄弟，他们为黄飞鸿的四世三传弟子，其师吴少泉为林世荣弟子①。

从洪拳的发展及传承过程中，可以看到洪拳在地域的传播遍及岭南，在不同的发展时期，洪拳的技术风格从早期的追求象形，中期的追求神似，到晚期的形神兼备，刚柔相济，是与整个中国武术体系整体演进几乎同步的。洪拳代代有高手，在发展中不断完善其技术及理论，无论在地域传播的广度，还是在历史文化负载量及文化辐射力上都为岭南拳种之首。另外，随着洪门组织流出国门，洪拳也随之走向世界，几乎只要有华侨华人的足迹，就有洪拳习练者的身影，在岭南民间更是"有祠堂便有舞狮与洪拳"的说法，海外舞狮子、打功夫几乎成了一种中国人、中国文化的象征符号。

三　洪拳的传统技法②

（一）洪拳传统技法（以三展拳、铁线拳为例）

洪拳的传统套路以三展拳、铁线拳具传统风格，可惜当今习练三展拳、铁线拳者日渐稀少，能演其神者更是凤毛麟角，这也为今天人们了解

---

①　2008年在广州拜访当代洪拳大师黄达生先生。黄达生先生为当代岭南洪拳宗师，师承吴少泉（林世荣弟子）。

②　洪拳传统套路有慢套与快套两种，早期的铁线拳、三展拳为慢套，后期为快套，如虎鹤双形拳。快套中含有大量早期慢套动作，只是加快了速度，演练整体节奏加快，手型及步法多样，套路布局更为宽广。

图 7 - 1 拜访洪拳宗师黄达生先生

图 7 - 2 黄达生先生收藏的洪拳资料

洪拳的传统技术风格增加了困难。铁线拳有图谱可以参照，三展拳只能从
习练者演练中观摩其技术风格，当然亲身体会无疑对分析洪拳的传统技术

风格会更加深入。通过对三展拳及铁线拳的图谱研究，将洪拳拳法的传统技法特征概括为：

　　　动作徐缓，修内壮外；铜马铁桥，内劲鼓气；一马多桥，式随声发。

1. 动作徐缓，修内壮外

三展拳及铁线拳的动作不是很多，其中铁线拳仅有七十式，但其演练时动作徐缓，一般在十多分钟，一般一式一动，个别招式有重复三两次的动作，故而演练是很徐缓的。在演练徐缓中比较重于内在的鼓劲，也即动作配合呼吸，强调内壮之功。从洪拳的传统套路演练来看；其演练缺乏表演观赏性，在洪拳的早期时主要锻炼内壮，而不是非常看重外形，因此，洪拳的早期拳法是重视其内功的修炼，这与洪拳的硬桥硬马的刚猛风格及追求实战是相合的，洪拳在早期是修内壮外的套路，其外形动作简单，但注重其内功的修为，从而达到外在实战的效用。故而，洪拳早期非常重视辅助功法训练，其独具特色的带铁环为洪拳传统之练功方法。铁环即为铁制打造的铁圈，与常人佩戴的玉手镯形状近似，不过比手镯更大，可在手臂上下滑动，大小、重量因人而异，带铁环练功时，即把铁环套于左右手臂上，个数由少而多，一般每只手臂 8—10 个，甚至可以 10 多个，重量由轻而重，以个人可以承受为准。带铁环练习可以单个动作练习，如练习三展手时使用；也可以作为锻炼下肢及桥手的固定动作使用，如四平大马时双臂套铁环前平举；也可以在练习套路时带上铁环；带铁环的三展手练习为洪拳基本方法，主要锻炼手桥的内劲，以达到桥硬如铁，久带铁环练习，可使桥手坚硬如铁，内劲浑厚，以铁桥硬接硬磕，足以达到克敌制胜的目的。

2. 铜马铁桥，内劲鼓气

传统洪拳极其重视桥、马（南派俗称步为"马"，手臂为"桥"）的训练，讲究铜马铁桥，主张落马生根，屹立不动，极具南派拳术之"脚是两条根，全凭手上身"的风格。因此，在铁线拳套路演练中有子午马（图 7-3）、二字钳阳马（图 7-4）、吊脚马（图 7-5）等，铁线拳的马以稳固为多，而在虎鹤双形拳中的马则多了些轻灵。洪拳对马的稳固及桥的硬度有很高的要求，需要锻炼达到身马犹如铜浇铁铸撼之不动，手桥坚硬似铁的程度。洪拳注重桥马是配合内在呼吸以锻炼内劲的，其动作演练时的徐缓即是要使动作在呼吸配合下完成，内劲的锻炼需要在呼吸配合下久练自生，同时，以气助力，以气鼓劲，以达到内外气形的合一。只有在外形的铜马铁桥配以内劲鼓气方能达到实战时的克敌制胜。

图 7-3　子午马

图 7-4　二字钳阳马

图 7-5　吊脚马

　　洪拳中有各种桥法，在铁桥三成名绝技的铁线拳中有十二种桥法：刚桥、柔桥、迫桥、直桥、分桥、定桥、寸桥、提桥、留桥、制桥、订桥、运桥。[①]　见表 7-1。

表 7-1　　　　　　　　　　铁线拳之十二种桥法

序号	桥法名称	功用	铁线拳中的代表式
1	刚桥	力逼于掌臂之间，桥手坚硬似铁，刚为硬之意	第三式：双剑切桥

　　①　梁达：《虎鹤门全功秘笈》，岭南美术出版社 1996 年版，第 182—189 页。

序号	桥法名称	功用	铁线拳中的代表式
2	柔桥	主练桥掌指之内劲，柔，为轻缓。桥手内藏暗劲柔缓而出，为洪拳沉雄之本	第二十九式：柔桥
3	迫桥	主练桥手的撑逼之劲	第十五式：迫桥
4	直桥	主练两桥伸直之劲	第六式：左右寸桥
5	分桥	主练桥手之左右分劲	第二十式：分金槌

续表

序号	桥法名称	功用	铁线拳中的代表式
6	定桥	主练力达桥手指端之劲	第十六式：定金桥
7	寸桥	主练凝劲于桥手指端一寸之功	第三十三式：侧身寸桥
8	提桥	主练桥手抽力之功	第四十八式：提壶敬酒
9	留桥	主练剪桥手之功	第五十九式：十字手

序号	桥法名称	功用	铁线拳中的代表式
10	制桥	主练揸手下压之功	第十九式：制桥
11	订桥	主练抽拳压指之功	第二十八式：订桥
12	运桥	主练展桥生劲之功	第七式：三度珠桥

资料来源：转引自朱愚斋《铁线拳》，香港陈湘记书局 1997 年版。

3. 一马多桥，式随声发

三展拳及铁线拳在动作结构上体现了洪拳的"一马多桥"的特点，即下肢的一个步型，配合上肢的多种桥法，这在三展拳、铁线拳套路的前部分表现十分明显，也代表了南派洪拳的基本特点。如铁线拳的套路前部分的第 11—13 式（图 7 - 6 至图 7 - 8），以二字钳阳马，上肢桥手变换多次。① 类似的动作在铁线拳、三展拳中有很多。

————————

① 参见朱愚斋《铁线拳》，香港陈湘记书局 1997 年版，第 21—26 页。

图7-6 第11式：   图7-7 第12式：   图7-8 第13式：
抽手护胸   两手遮天   秦琼献锏

    洪拳一般每一式都配合发声，主要是以声促力，故而洪拳是"式随声发"，在铁线拳中有十多种不同的发声：嘀、吃、嗦、嘻、唔、唬、哈、嗁、啲、哈吔、喳、哗、喝、哈嚯，这些不同的发声是配合不同的发力。① 下面也以铁线拳为例，将发声与代表招式作一对应说明，见表7-2。

表7-2   铁线拳的发声与桥法配合

序号	发声名称	发声方法	练法功用	铁线拳中的代表式
1	嘀	开口呼气，发以"嘀"音	主要用于舒展胸气，运气贯力于掌指，吐气猛而手快	第三式：双剑切桥

---

    ① 洪拳的发声，均为象声字，所发声以广州方言为准，一般在字一边带有"口"字旁，有的字无法标识"口"，特此说明。

续表

序号	发声名称	发声方法	练法功用	铁线拳中的代表式
2	吃	挺胸立身，抽拳同时开口发"吃"声	主要练习挺胸抽拳之力，发声时气逼胸喉，抽拳迅速	第四式：老僧担柴
3	喋	口发"喋"声，同时开胸直臂，标手快出	主要练习以声促气，以气催劲，使内劲达于指端	第六式：左右寸桥
4	嘻	轻开口唇，发"嘻"声，音悠长轻响，不可硬泻，不可大声	主要练习舒展胸膊及运劲于三展手，多以一掌指撑力练习	第七式：三度珠桥
5	唔	合口闭气，以鼻发"唔"声	主要练习沉气藏力，发声时气要短沉而猛	第十式：掩护丹田

续表

序号	发声名称	发声方法	练法功用	铁线拳中的代表式
6	嗱	口发"嗱"声，要短促急迫	主要练习以气催劲，以助手桥外逼发力	第十五式：迫桥
7	咚	口发"咚"声，柔缓呼出	主要练习调息舒气	第十七式：虎啸龙吟
8	嗁	猛喝"嗁"声，要快速有力	主要练习爆发劲，以喝促力	第二十七式：内膀之二
9	哟	口发"哟"声，配之以抽拳之式	主要用于气力之时，引力归桥	第二十八式：订桥

续表

序号	发声名称	发声方法	练法功用	铁线拳中的代表式
10	哙吔	口发"哙"、"吔"二声，发音都短且收音要快，发声后即用鼻深吸气	主要用于调息运气	第五十三式：遮头
11	喳	口发"喳"声，短促沉雄	主要用于沉气催力，一般伴随揸手握拳	第十九式：制桥
12	哗	猛喝"哗"声，猛烈沉雄，声势逼人	主要配合虎势，以气催力，以声助威	第三十九式：猛虎爬沙
13	喝	舌根下压发"喝"声，气暗声细	主要练习暗气催力	第三十三式：侧身寸桥

序号	发声名称	发声方法	练法功用	铁线拳中的代表式
14	咚嚱	口发"咚"声短,"嚱"声长	主要练习呼吸吐纳,以排除体内浊气	第三十七式:双遮头

资料来源:根据《铁线拳》及《虎鹤门全功秘笈》整理。

从以上铁线拳的发声与招式的配合可以看出,传统洪拳套路正是以发声达到内练与外壮,以声促气,以气催力,其套路动作简单,演练时速度徐缓,正是需要配以内在呼吸与发声,是以内功为主的套路,只有长期修炼内功,才能发挥铁线拳的实战威力。当代习练者日渐稀少,多外观其动作缓慢、简单,而没有真正领会铁线拳的内壮之功。即使在当今时代,铁线拳的内壮之功仍然值得我们习练与珍惜,其所具有的独特内壮之功,可以为人们的健身需要所吸收,它的发声以壮内的武学理念是留给人们的宝贵财富,需要我们深入研究。

(二)洪拳的其他套路及器械

洪拳的"三宝"除铁线拳外,还有"工字伏虎拳"及"虎鹤双形拳",经过走访、观看洪拳名家演练及对照拳谱,可以看出,在工字伏虎拳及虎鹤双形拳中有许多来自三展拳、铁线拳等洪拳传统套路的动作,但在套路结构上这两套拳也与铁线拳、三展拳等明显不同。后两套拳在套路结构上比铁线拳运行路线更宽广,桥法及步型、步法(有高有低)更加丰富,运动节奏(从慢到快,快慢相间)也明显加快,更加轻灵,在演练上更具有观赏性,整体演练风格既有传统洪拳的粗犷雄浑,也增添了传统洪拳少有的几许轻灵,尤其是虎鹤双形拳以其洪家桥马、攻防技法,佛家快打、攻势,而备受当代习练者青睐。值得一提的是当代洪拳大师陈昌棉先生精于虎鹤双形拳,1961年后虎鹤双形拳修改编入了全国体育院校通用教材，是当时在全国推广的南拳套路。[①] 它基本是后来全国与国际上开展南拳的技术风格范本，具有深远的时代意义。

洪拳的器械主要是棍法，即洪家单头棍，为南派独具特色的器械，棍长一丈二尺，约相当于今天的三至四米，棍一头粗一头细，单头棍手握棍粗的一头，以细的一头演其技法。洪家单头棍法，其中夹杂有枪法，主要技法简单、实用，这与洪拳在实战对敌中磨炼的初始技术风格有关，其棍法似枪法，如步兵挑马上之敌的古法。

洪拳除套路、器械外，还有各种本门的功法，如洪拳的木人桩，带铁环的许多辅助功法练习等，木人桩在岭南各派中都有，但无论是制作形制，还是练习方法都有不同，笔者将在后面有关章节，对各派木人桩作一较深入的研究。

四 洪拳三宝及其技击理论

洪拳为岭南五大名拳之首，历来在洪门内秘密传承，其技击心得与理论更是仅限于民间口头传授，向来难为外人知晓。曾跟随洪拳大师黄飞鸿学艺二十多年的林世荣开创了岭南武人著书的先河，他及其弟子合作于20世纪30年代将《铁线拳》、《工字伏虎拳》及《虎鹤双形拳》整理出版，被称为"洪拳三宝"。

图7-9 洪拳三宝（香港出版）

① 全国体育院校教材委员会审定：《中国武术教程》（上），人民体育出版社2004年版，第96页。

图 7 - 10　林世荣遗著珍本封皮及其中的洪拳拳论

洪拳向来给人以硬桥硬马、发劲刚猛、力达于外的印象，多以为洪拳是以强胜弱、以力服人的外家拳。林世荣在《虎鹤双形拳》中对洪拳技击理论作出了精辟的概括，道出了洪拳刚极则至柔的不传之秘诀。

> 拳精妙处全能以小击大，以弱击强，千斤之力得以半两消之。所谓以横克直，以弱制强。虎爪则如猛虎扑兽，鹤翅则如凌空击水，浩浩如五爪金龙，盘盘如老僧入定，极神化之妙也。"①

从林世荣概括的拳论可以领略洪拳的动静相宜与刚猛轻灵并济，洪拳亦非"以大击小、以强胜弱"，显非力胜的外家拳，而是"以小击大，以弱击强，千斤之力得以半两消之"的刚极至柔的中国武术之最高境界，其理论足以与太极拳的"察四两拨千斤，显非力胜"相媲美。林世荣对洪拳历代宗师传承中的形神技击心得进行的精辟概括，道尽了洪拳历代口传身授的武学绝技之密。

---

① 　林世荣：《虎鹤双形拳》，香港陈湘记书局 1997 年版，第 17 页。

五　黄飞鸿、林世荣一脉洪拳的当代传承

当今国内外洪拳一脉多源自黄飞鸿、林世荣一脉。黄飞鸿是清末洪拳的中兴人物，林世荣著书立说，对洪拳的理论及传播作出了卓越贡献。

黄飞鸿（1850—1925），原名黄锡祥，字达云，广东佛山南海西樵禄舟村人，其墓在今广州越秀山[①]。黄飞鸿为一代洪拳宗师，其祖父黄泰、其父黄麒英均为洪拳大师，可谓家学渊源，幼承家学，后得洪拳巨子铁桥三之徒林福成传授铁线拳、飞铊绝技，其生平绝学有飞铊、无影脚、铁线拳、虎鹤双形拳、弓字伏虎拳、罗汉金钱镖、字母刀、杨五郎八卦枪、瑶家大耙及四象标龙棍等，另外黄飞鸿还精通狮艺，其飞铊采青绝技百发百中。黄飞鸿深怀洪拳多门绝技，并以跌打行医兼开馆授徒，得其艺者有梁宽、林世荣等，以跟随其学艺二十多年的林世荣为成就最高，当今海内外的洪拳一脉多出自黄飞鸿、林世荣，为洪拳的传承建立了不朽的功勋。尽管当代以黄飞鸿为主角的影视作品使其一生蒙上了传奇色彩，但这些影视也在无形中扩大了洪拳在国际上的传播，他应看作洪拳"草根"英雄在岭南广大民间的崇拜放大化，这不免也使得不少人对黄飞鸿真实武功产生怀疑。这一点可以从1919年4月9日黄飞鸿曾在广州市珠海剧院举行的广东精武体育会成立大会上的表演来得以明证。当时年已六十多岁的一名老者出场后，人们才知道这就是岭南洪拳大师黄飞鸿，他表演的绝技是看起来不起眼的飞铊，在表演到最后时，他将飞铊射向高悬在空中的一只埕子，正当人们猜想他如何击碎这个埕子时，飞铊却在埕口上方戛然而止，轻轻落入埕口，将埕中的水果击中拉出，沉寂片刻后，人们才回过神来报以雷鸣般的掌声，黄飞鸿的飞铊绝技此时已经达到运用自如、举重若轻的化境。六十多岁的他仍能表演技惊四座的飞铊绝技，其武功绝非虚言。黄飞鸿作为一代洪拳的中兴之人理应值得铭记，他对传承振兴晚清走向衰落的洪拳有着卓越的贡献。

林世荣（1861—1942），广东南海平洲人，出身武术世家，曾先后师从铁桥三弟子林福成、黄飞鸿，跟随黄飞鸿习艺二十余年，主要学习洪拳，兼学佛家、蔡家，为黄飞鸿之后的一代洪拳大师。林世荣后移居香港，经其创新改编的虎鹤双形拳，吸收了洪拳的硬桥硬马及佛家的灵活舒

---

① 关文明：《黄飞鸿在广州》，《武林》2005年第8期，第16—17页。

图7-11 黄飞鸿纪念馆内陈列的黄飞鸿使用过的练功器具
（大耙、枪、单头棍、刀、飞铊、石锁）

展，从而使套路风格既具有雄健稳重，又有舒展轻灵，结构新颖、路线宽广，节奏快慢相间，丰富了洪拳的手法、步法，提高了洪拳的锻炼及艺术欣赏价值，已出版的《铁线拳》、《工字伏虎拳》及《虎鹤双形拳》被称为"洪拳三宝"，广受海内外习练者喜爱，对洪拳的传播作出了卓越贡献。林世荣对洪拳在香港及海外的推广、传播功不可没。

第二节 刚猛的蔡李佛拳

一 蔡李佛拳产生的地域及历史文化背景

蔡李佛拳在清末逐渐风行岭南武林，成为岭南武术最大的流派，逐渐取代了早期岭南五大名拳的地位。在其产生、发展及迅速传播的背后，有着深刻的历史文化背景，如果欲对蔡李佛拳进一步认识，需要把它的产生、发展过程与历史背景结合起来考察。

（一）蔡李佛拳始祖陈享创拳经历

蔡李佛拳的始祖为陈享（1806—1875），字典英，号达亭，系新会市崖西镇京梅村拱北里人。京梅村地处南粤珠江三角洲西南端，背靠古兜山，颇为偏僻。在距离崖西不远的崖山，就是南宋灭亡——陆秀夫负帝赵昺蹈海而死之地，故而自古这块土地上就蕴藏着深刻的亡国之痛与反抗意识，并深深地植入朝夕生活在这片土地的人们骨髓里，且不时地在人们内心涌动，寻找历史的突破口，这里也因此成了许多有志之士的藏身之所，一代代传承着他们没有完成的思想。

图 7 - 12　蔡李佛始祖馆　　图 7 - 13　去京梅乡崖　　图 7 - 14　蔡李佛始祖馆
　　供奉的陈享像　　　　西村的路牌

　　陈享为清朝晚期岭南武林的传奇人物，杰出的技击名家。陈享自幼喜好武术，七岁便随族叔陈远护（族谱记载辈分比陈享高四辈）习技。陈远护乃少林俗家弟子，镖师出身，曾师从广东肇庆鼎湖山庆云寺的"独杖禅师"，为"洪佛拳"高手，晚年深居于新会圭峰山等地①。陈享经陈远护举荐，跟随李友山（岭南五大名拳之李家拳代表人，新会七堡人）学艺四年，李友山长于棍法及腿法。陈享后闻听有少林还俗高僧隐居罗浮山，又去罗浮山拜在蔡福（传为青草和尚，花名烂头和尚）门下，跟随蔡福大师学习武艺及医术十载，近而立之年辞师回乡。陈享在跟随三位师父学艺中深受当时岭南"反清复明"思想的影响，这是当时社会政治的反映。陈享在返乡途中路过增城县时，恰遇增城匪患成灾。时任增城知县的杨先荣、参将双达、游击汤骐照（新会人）领兵及组织乡勇进剿，屡遭失败，乡绅尹端熊等 134 人殉难。知县正好张贴榜告，招募能者勇士。陈享应募，以下山时蔡福赠予的两把短刀，只身深入虾公塘等七个村庄的匪阵，将土匪击溃，并救出多名被困官兵，朝廷授予陈享"忠勇侯"官衔，并封号"达亭"②。陈享因谨遵"不便为仕"之师训，千方百计辞掉官职回到会城（今新会），开设"永胜堂"药店，悬壶济世，并苦心钻研武学。陈享回乡后经过两年多的苦心研究，将自己历年所学，集三家之所

　　①　2008 年 7 月笔者到新会及蔡李佛始祖发源地京梅乡崖西村调研，得到陈享嫡传第五代弟子陈忠杰先生给予调研便利及提供有关资料。陈忠杰先生自 1985 年开始专门从事蔡李佛拳历史资料收集考证及拳理技法研究，2000 年至今被推选为新会蔡李佛始祖会第一届至第三届会长，2007 年被广东省文化厅命名为"省级非物质文化遗产项目蔡李佛拳的代表性传承人"。2008 年蔡李佛拳申报成为国家级非物质文化遗产项目。

　　②　陈享之孙陈耀墀（1888—1965）撰写的《蔡李佛历史》手抄本（约三万字），现藏于广东中山图书馆。

长，去芜存精，集多家掌法、腿技、拳术之长，于道光十六年（公元1836年），独创刚柔相济、攻防兼备的武术训练体系。为报答三师培育之恩，命名为"蔡李佛"，蔡指蔡福大师，李指李友山，佛指陈远护，这三人均与佛门有关，故将所创之拳称为"蔡李佛拳"。陈享饮水思源，不忘师恩，并以此独特的方式纪念所学师承，确实值得今世称道。这种勇于扬弃俗习，没有冠以自己的姓氏或名字来显耀于后世，而是以自己的恩师姓氏命名永作纪念，并要求世代不忘，这就是体现中华民族尊师重道、饮水思源的一种传统武德。① 陈享创立的蔡李佛拳，拳路气势磅礴，别具一格，有"南拳北派化"之称。陈享创立的蔡李佛拳体系庞大，分初、中、高三级共 193 个套路，其中拳术 39 套，对拆类 54 套，器械类 64 套（其中棍术 14 套），桩类练习法 18 套（俗称 18 木人桩），狮艺套路 9 套，另有内功练习套路。技击手法有 30 种，掌法有 28 种，桥法有 29 种，槌（拳）法有 35 种，身法有 14 种，腿法有 16 种，步法有 18 种。蔡李佛拳在演练时发声很有特色，吸气为蓄劲，呼气以助发力，发声更以助吐气，发声是与动作相配合，以"哗（出虎爪）、的（踢脚）、益（出拳）、虾（蛇形箭）、鹤（鹤形）"为其标识，常见发声为"益、的、哗"，在岭南武林中有"闻声而知蔡李佛派也"之说，是为了辨识同门而设计的发声标识与特色。

图 7 - 15　《蔡李佛历史》手抄本封面

图 7 - 16　手抄本中陈享自序的部分文字

① 2008 年 7 月笔者到新会及蔡李佛始祖发源地京梅乡崖西村调研，得到陈享嫡传第五代弟子陈忠杰先生给予调研便利及提供有关资料。

（二）蔡李佛拳发展及其历史文化背景

1836 年陈享创立蔡李佛拳后，中国正开始进入了一个反帝反封建的近代社会风雨飘摇的历史时期，蔡李佛拳也伴随着"鸦片战争"、"太平天国农民革命运动"这两件中国近代史上重大的历史事件，在这样的历史背景下开始了它的发展、传播的历程。

1836 年陈享应族人之邀，在京梅"缘福陈公祠"（图 7 - 17）设立"洪圣"武馆，"洪圣"取自对联"洪材定取文章事，圣算还推武略通"的首字，内含有"反清复明"思想，这与陈享的师承思想是分不开的，"反清复明"在陈享早期思想中是比较牢固的，这与他长期跟随三位师父有关，三位恩师均出自佛家，而在岭南佛家与反清复明思想是相连的，这与洪门天地会及南少林的文化符号意义是一致的，更表明这一文化符号的辐射之广、影响之远。1841 年至 1845 年间，因鸦片战争失败，陈享愤然率众弟子返回京梅，抱着"以武强族"的信念，积极宣扬"吾技进可御外侮、退则强身健魄"① 的主张，在京梅村武馆设立"祖师堂"，即"洪圣始祖馆"，祖师堂对联是："蔡李佛拳源自始，少林嫡派是真传"，门联为："拳出全凭身着力，棍来须用眼精神"，并派龙子才、陈燕贻、陈大楫、陈典桓等数十名得力弟子分赴广东、广西等地开设四十四间"鸿圣馆"，门联："英棍飞腾龙摆尾，雄拳放出虎昂头"。这些分馆的分布为：陈大楫于广州；陈典尤于南海；陈典桓于佛山；陈典承于中山；陈谋庄于番禺；陈典邦于东莞；陈典惠于开平；陈典珍于台山；陈孙栋于恩平；陈承昱于鹤山；陈大威于肇庆；陈承显于会城镇；陈燕贻于江门；龙子才于广西浔州。陈大成、陈胜典、陈谋荣、陈典洪等在新会的二十六条乡设分馆。②

蔡李佛拳具有深厚的"反清复明"思想渊源，因而陈享一向对反清活动是支持的，正当蔡李佛拳的发展扩张时期，也正是中国近代史重大的一次农民起义太平天国运动的方兴未艾之时，因此陈享及其众多弟子加入

---

① 见陈享之孙陈耀墀（1888—1965）撰写的《蔡李佛历史》手抄本（约三万字），现藏于广东中山图书馆。

② 2008 年 7 月笔者到新会及蔡李佛始祖发源地京梅乡崖西村调研，并得到陈享嫡传第五代弟子陈忠杰先生给予调研便利及提供有关资料。

图 7 - 17　蔡李佛始祖馆初设地缘福陈公祠

了这场影响遍及中国的农民革命运动。1850 年，洪秀全在金田村发出团营动员令，号召各地大小馆会众积聚金田"团营"，即集中编制营伍的正规军事训练，各地大、小馆会众潮涌般奔往金田村。"团营"是金田起义前的准备时期，这时期由于条件所限，武术的拳术和刀枪器械作为主要的训练手段。后来成为太平天国南王的冯云山曾跟随在广西桂平"洪圣馆"的馆长、蔡李佛始祖陈享的首徒龙子才学习蔡李佛拳，在"团营"积聚时，冯云山即派人到桂平请龙子才到金田为会众传授蔡李佛拳械，龙子才率领众徒到金田传艺。蔡李佛拳的首徒龙子才到金田后也悉心将蔡李佛的拳械教授给"团营"会众，极大地提高了太平军在早期的作战能力。陈享早在 1854 年就曾随其师兄陈松年参与在江门狗山发动的"天地会"起义（又名"扯旗起义"）①。1856 年，陈享在太平天国翼王石达开帐下充任幕客，将蔡李佛拳传授给起义军。石达开的义女"石四姑娘"以及翼王麾下多名战将均是其高徒。陈享及其众多弟子都参加了太平天国革命运动，参与人数如此之众的武术拳派参加革命运动，这在岭南武术史及中国武术史上都是不多见的。蔡李佛拳械具有极强的实战技击性，同时蔡李佛拳也在这时期在实战中不断丰富其拳法及器械技术，蔡李佛拳法及器械都

---

　　① 梅伟强：《五邑人与中国武术在海外的传播》，《五邑大学学报》（社会科学版）2008 年第 10 卷第 1 期，第 13 页。

明显带有在实战中随时可以用来作为武器的器械套路，其技法也突出适应军队中实战，简单实用，正如佛山鸿胜蔡李佛馆副馆长梁伟永所言：

> 蔡李佛拳及器械都是为在实战中用的，器械也是随手可拾都可以用作武器，在实战中随手拿到什么都可以当武器用，因此蔡李佛便创编了许多日常生活中的常见器械套路，如桥凳（大的、小的、长的、短的）、手扇、九龙叉、大耙、藤牌碟、马刀、锄头、雨伞、扁担等等。

从蔡李佛拳派繁多的套路、器械、对练及桩法可见此并非虚言。蔡李佛拳门人是太平天国运动中的重要组织者与参与者。

蔡李佛拳能得以在短时期内迅速遍及岭南，习练者之众，分馆遍及两广，是有着深刻的历史文化背景的。当时一方面是清道光时期的政治败落及吏治腐败，上失吏治则下层民众迫于饥寒而起义四起，洪门天地会势力在岭南各地孕育暴动，如咸丰四年（公元 1854 年）广东各地爆发了洪兵起义等，清政府在忙于应付这些暴动时无暇对民间习武犯禁顾及，加之岭南各地反清思想弥漫之广。[①] 而蔡李佛拳正是具有很深的反清思想的拳派，因而迎合了广大反清组织及众多群体的现实及文化心理的需求，使得蔡李佛拳在清末短期内得以迅速普及。另外一个方面就是鸦片战争前后的岭南社会经济萧条加剧了社会矛盾的激化，鸦片战争后赔款使得广东农工商业受到巨大破坏，起先广州为中外通商之地，湘粤谋生者达十万之众，穷苦人可以在此混口饭吃以维持温饱，而战后外国侵略者强迫清政府允许五口通商使得广东失去贸易独占优势，迫使大批人失业，加之清政府战后遣散战时招募的兵丁、乡勇成为无业游民。[②] 岭南两广之地的这些无以为生的下层穷苦群体纷纷到秘密会党中寻求生存之路，秘密会社成为这些下层群体得以寻求立足谋生、寻求互助慰藉心理需求的重要场所，这无形中大大促进了反清组织的迅猛发展，本身便是下层群体寄身的秘密会社组织在获得了如此众多的群体后，常态下仅为打家劫舍的生存需求，在社会一定时机便会演变为在其领袖带领下的聚众起义或暴动。在各种有利于蔡李

---

① 秦宝琦：《洪门真史》（修订本），福建人民出版社 2000 年版，第 278—284 页。
② 同上书，第 270 页。

佛拳发展的清末民初，蔡李佛拳在岭南获得了迅猛发展，在岭南武术最为鼎盛时期，蔡李佛成为岭南最大的拳术流派，取代了昔日岭南五大名拳洪拳的首席地位。

二　蔡李佛拳的传承及国际传播

蔡李佛拳弟子在近代革命中均积极参与其中，为革命作出贡献的同时，也为蔡李佛拳的传承与传播作出了历史贡献，可以说一百六十多年来蔡李佛拳传承人的历史轨迹就是近代史上一部抗暴扶弱、保家卫国与抵御外辱的历史画卷。

（一）蔡李佛拳历代传人演绎的近代革命史长卷①

1. 蔡李佛始祖——陈享（1806—1875）

他曾先后师从陈远护习佛家拳、李友山习李家拳及跟随蔡福习艺十多年，1836年陈享结合所学，创立以纪念所从恩师的"蔡李佛拳"。自道光二十九年至咸丰四年期间（公元1849—1854年），陈享在广东、广西及新会20乡村设40多间分馆，门徒众多，影响日剧。清咸丰四年（公元1854年）随其师兄陈松山（同随陈远护学艺）在新会江门发动起义，后又为石达开募客，太平天国失败后，远走香港、南洋、美洲各地传拳授徒，使得蔡李佛拳播散世界，约在同治七年（公元1868年）回到家乡，将蔡李佛拳系统整理，系统地把蔡李佛拳套路分为初、中、高三级，将各种拳术、器械、对练、技击方法、桩法、练功方法编为图文并茂的讲义，流传后人。光绪元年（公元1875年）八月二十四日卯时陈享在家乡病逝。

2. 第二代传人：陈安伯、陈官伯、张炎

陈安伯为陈享长子，曾主持京梅洪圣馆，主要在江门、新会一带设馆传授蔡李佛拳。

陈官伯（1876—1916），陈享次子，继父业，承父志，在新会、江门一带设馆授艺，培养出陈长毛、陈象金、陈兆雄等江门、新会一带宗师。

---

① 2008年7月在广州调研期间，得到广东蔡李佛拳总会会长彭正庭先生（蔡李佛拳第五代传人）的多方帮助，彭先生讲述有关蔡李佛拳发展史并赠阅有关蔡李佛拳资料，还赠送其近年编写的广东蔡李佛拳系列丛书拳械共15册（内部资料），本部分内容除特别标识之外多来自彭先生提供资料及口述整理。

曾往加拿大等地传授武技，后又应广州龙子才弟子李恩邀请到广州西关宝源大街鸿胜馆授徒，后在宝源东街、宝华街、龙津西徐家祠等地设馆，改鸿胜馆为"雄胜馆"，培养有其子陈耀犀、方玉书等岭南武林大师级人物。

张炎（1824—1893），广东新会人。早年随陈享习蔡拳、李家拳，后随青草和尚习佛家拳，曾助陈享创立蔡李佛拳。陈享的嫡传弟子陈姓数以千计，独以外姓张炎得其真传，张炎在佛山创立鸿胜武馆，张炎也被称为鸿胜蔡李佛支流始祖。鸿胜武馆鼎盛时期设有 13 间分馆，会员达 3000 多人。"佛山鸿胜馆"是当时最具规模和影响力的武术馆社，持续长达 98年（1851—1949 年）。鸿胜武馆的弟子积极参与了中国近代革命，在辛亥革命、抗日战争及历次国内革命战争中都有蔡李佛弟子的身影，蔡李佛弟子在各个历史时期中为中国近代革命立下了不朽功勋。由于蔡李佛弟子积极投身革命反抗斗争，在革命浪潮低落时，致使许多蔡李佛弟子逃往香港及海外，在客观上促进了蔡李佛拳在海外的推广，也正是当今蔡李佛拳在世界各地具有深厚的群体发展基础，许多蔡李佛弟子移居海外，时常回家寻根问祖，为蔡李佛拳的世界传播默默奉献，为中国武术的国际推广推波助澜。

3. 第三代传人：冯云山、陈耀墀、陈盛、方玉书

冯云山，广东花县禾落村人，在广西浔州桂平，师从陈享首徒龙子才，蔡李佛拳在初创时期（公元 1836 年）能短时间在两广之地迅速传播，与太平天国运动有密切关联。除陈享与其师兄陈松年参与起义并树太平天国大旗外，陈享还曾在石达开麾下做幕僚，而其众多传人、门徒亦多投身于太平天国革命运动，冯云山当为其中著名一员，他与蔡李佛拳的师承渊源，也使得蔡李佛拳为农民革命作出了巨大功绩，冯云山后封为南王，在太平天国中为举足轻重的人物，也是在中国近代史上写下光辉一页的人物。

陈耀墀为陈官伯次子、陈享之孙，是蔡李佛拳百年传承、传播史上一位承前启后、继往开来的人物。陈耀墀具有文才武略：随陈白沙再传弟子陈冈州攻读经史十年寒暑，熟习辞章，修养极高；秉承家学，躬身苦练。及长，随父寓居羊城，弘扬宗风。曾应海外华侨邀请到美国、南洋等地传授蔡李佛拳，足迹遍布新会、广州、香港各地。其撰写的蔡李佛拳谱，把蔡李佛拳的源流历史、拳术、器械、对练套路、功法、技法、桩法等以文

字、图谱形成系统地整理，使得蔡李佛拳技艺传流不衰。

陈盛，佛山鸿胜馆始祖张炎首徒及师传衣钵者，接替佛山鸿胜馆，制定严格馆规，扩大鸿胜馆务，使鸿胜馆达到全盛，其弟子在各革命时期发挥了重要作用。

方玉书（1870—1953），开平县古宅乡人，师从蔡李佛二传陈官伯，也曾随阮骇、黄福荣学习蔡李佛。曾跟随孙中先生参加辛亥革命，后避居星洲。民国后回广州龙津设馆授徒及行医，在广州有六间分馆。在1933—1934年连续两届获广东省棍类、枪类冠、亚军，1935年以"方玉书国术馆"参加广东第一次民众运动大会国术表演及同年在东较场举行的广东省第一次国术表演，获团体总分第二名。方玉书在粤港武林中享有崇高的声誉，曾被冠以"拳豪"之称，桃李满园，成名弟子有区汉泉等，其门下弟子在粤、港、澳、台及世界各地致力于蔡李佛拳的传承与传播，为蔡李佛拳在世界的传播可谓彪炳史册。

4. 第四代传人：李苏、钱维芳、吴勤、梁柱华、陈艺林、李广海、谭三、黄啸侠、区汉泉

在蔡李佛第四代传人中，许多人在近代革命及抗日战争中彰显了令人敬佩的民族精神，谱写了一幕幕可歌可泣的动人事迹。

李苏，为黄宽（张炎之徒）首徒，清光绪末年，李苏与钱维芳参加孙中山先生领导的同盟会，宣统三年（公元1911年）辛亥革命前，李苏、钱维芳领导农民军两次攻打佛山清军，攻下佛山镇，并积极参与资产阶级民主革命运动，黄兴在广州举行黄花岗起义时，李苏等人起兵接应。

钱维芳、吴勤、梁柱华、陈艺林、李广海等人均为佛山人，为陈盛（张炎首徒）弟子。1922年钱维芳、吴勤、梁柱华加入共产党，成立工会联合会，钱维芳任主席兼纠察大队长，梁柱华为理发工会会长，佛山工人运动得以蓬勃发展；1924年吴勤组建南浦农团军，是中国较早的人民自卫武装队伍，吴勤还曾担任孙中山的卫士，参加了辛亥革命，梁柱华参加农民讲习所学习，任农民运动特派员；1925年12月，国民党第二次全国代表大会在广州召开，因廖仲恺刚被暗杀，为保障出席大会的共产党代表和国民党左派人士的安全，中共广东区委派杨殷到佛山组建特别护卫大队，其中钱维芳、梁柱华等40多名鸿胜馆蔡李佛拳高手往广州集训，担任保卫，确保国民党"二大"顺利召开；1927年蒋介石发动"4·12"政变，工会受到镇压，革命转入低潮，鸿胜馆也被禁止活动。广州起义失

败后，钱维芳、吴勤逃亡香港，梁柱华被捕牺牲；1937 年钱维芳、吴勤回到佛山，主持鸿胜馆会务，开设杀敌大刀班，领导会员投入抗战洪流，抗战救亡时期，他们创编的抗日大刀杀敌法在中小学中广为传授，并受中华全国武术总会邀请，到上海表演、推广此刀法。

李广海（1894—1972）为佛山著名的正骨医生，在抗日期间常免费为游击队队员疗伤，使得队员重返杀敌战场。

谭三，开平人，为雷灿弟子，曾先后师从洪拳高手阮泰及雷灿习蔡李佛拳，在广州小北仓边路开设武馆传授蔡李佛拳，擅长高桩马，自创连环槌，其拳术精湛，风格自成一派，后武馆改称"北胜"，谭三被尊为北胜蔡李佛始祖，为蔡李佛一大支流，门下成名弟子如云。谭三曾与北派拳师顾汝章易徒而授，开创南拳北腿交流之武风，传为武林佳话。北胜蔡李佛在香港、澳门、台湾，新加坡、南洋各国，加拿大、美国、澳大利亚等国都设有分馆，为蔡李佛在国际上传播作出了卓越贡献。

黄啸侠（1900—1981），为番禺石基人，曾师从赵连和、陈铁生、黄蓬江，后随李恩学习蔡李佛，后又跟随孙玉峰学习罗汉门，数十年勤学苦练，有"铁臂鸳鸯手"之称，后取百家之长，自成一派，其所练拳称"黄啸侠拳"，是 20 世纪 80 年代国家承认的 129 个拳种之一。黄啸侠在1932 年在广州创办"国民体育会"，开设武术班教学；1937 年创编"抗日大刀法"，用以训练抗日士兵与民众，增强杀敌本领；1957 年参加全国武术评奖观摩大会，获一等奖；1959 年任广州体育武术教师，桃李满园，当代岭南武术大师陈昌棉先生自报师承黄啸侠[①]。

区汉泉（1917—1999），云浮大围乡人，1928 年先师从方玉书学习蔡李佛拳、械及洪拳，兼学传统中医、正骨跌打伤科；后从学于蔡李佛第三代传人陈耀犀，习蔡李佛拳械，尽得精华。1940 年在广州西关开办"方玉书国术馆"二分部；1946 年在广州西关开设"城西全义堂国术馆"；1955 年在广州西华路司马坊开办"西山武术社"；1984 年获全国武术挖掘整理工作个人先进奖及"雄狮"三献奖；1994 年创立"广东省武术协

---

① 2009 年 5—6 月笔者到岭南调研期间，专程到广州拜访陈昌棉大师，当问及其师承时，陈昌棉大师自报师承黄啸侠。1958 年广东建立武术队，参加第一届全运会，聘请黄啸侠先生为教练，陈昌棉于 1958 年入选广东武术队，得到黄啸侠教授"精武体育会"传统套路、"罗汉门"拳术与刀术及拳击术、擒拿术。1960 年黄啸侠先生调往广州体育学院任教，陈昌棉接替黄啸侠做广东武术队教练。

会蔡李佛拳总会"，为创会会长。区汉泉先生为承前启后继承、发展蔡李佛拳耗尽毕生精力，当代岭南蔡李佛拳大多著名传人多出自其门下，如陈昌棉①、董德强、彭正庭等。

从以上自蔡李佛拳始祖陈享至第四代传人的人生轨迹来看，他们的发展历程就是一部反映近代中国武术保家卫国、抵御外辱的历史画卷，蔡李佛拳弟子的人生历程可以从侧面反映中国近代史的发展。

（二）蔡李佛拳的国际传播概况

自蔡李佛拳始祖至其后的历代传人将蔡李佛拳传播到世界各地。太平天国失败后陈享不得不逃往香港，后应美洲三藩市陈氏联宗会之邀请，前往美国传授蔡李佛武艺，后又辗转到南洋各地，新加坡的广东会馆、福建会馆等华侨组织担任武术教师，以行医、传拳授艺谋生，将蔡李佛拳的种子带到美洲大地，播撒南洋各国，如今蔡李佛拳在世界五大洲的美国、加拿大、委内瑞拉、澳大利亚、新加坡、马来西亚、印度尼西亚、日本、英国、法国、德国、南非及中国香港、中国澳门、中国台湾等50多个国家和地区设有蔡李佛功夫会，习练者达300多万人②，目前，蔡李佛拳已经与咏春拳一样成为海外流传较广的拳派之一。2008年蔡李佛拳成功申报为国家级非物质文化遗产，这将为蔡李佛拳的进一步国际传播与加强传承保护提供了国家资助。其他蔡李佛鸿胜馆创始人张炎及其历代传人中多曾到香港、美洲传拳授艺，并在海外有许多传人，包括蔡李佛始祖陈享的嫡传后人目前还有在海外弘扬蔡李佛拳，如陈享第五代嫡传孙陈永发旅居澳洲悉尼一直致力于蔡李佛拳的国际推广；2001年12月，他亲率来自世界14个国家和地区的96名洋弟子，到新会寻根拜祖并举行国际武术观摩活动，来自港澳及广州、中山等内地蔡李佛拳传人500多人参加了活动。这是蔡李佛拳开创165年来，规模最大的一次盛会。2006年12月，新会区政府和蔡李佛始祖纪念会在京梅村举办纪念蔡李佛拳创立170周年和陈享诞辰200周年国际武术文化交流活动，来自世界16个国家和地区的200多名洋弟子参加了这次空前的盛会。这些活动表明，蔡李佛拳在世界武术

---

① 2009年11月陈昌棉大师托学兄牛爱军博士转赠其所著《陈昌棉回忆录》（内部资料）。陈昌棉大师在《回忆录》中提到他于1945年开始跟随区汉泉学习"蔡李佛拳"派的拳术与器械，新中国成立后，为更好地向区老师学习，辞职转到区老师开设的正骨诊所工作，白天协助区老师的诊治工作，晚上修习武术。

② 文志华：《蔡李佛拳墙内开花墙外香》，《南方日报：江门观察》，2007年4月13日。

界已享有盛誉。①

三　蔡李佛拳技法

（一）蔡李佛拳的风格特点及其独特开桩礼仪文化内涵②

蔡李佛拳是陈享集蔡、李、佛三家之所长加以创编而成，采"佛"家擅长的掌法，攻防多用掌，长短桥结合，左右兼施；取"李"家偏重于长桥大马、扁身侧马，直臂挥舞，步稳架大，势雄力猛，多以左掌为防，右拳为攻；纳"蔡"家技法全面，长、中、短桥并用，左右手兼施，攻防严谨，手法多变，招扪连环，马步灵活，闪转进退，腾跃自如，腿法更为独特，与南北派尤为不同，非但凌厉速疾，一发连环，更兼手脚并用。

蔡李佛拳所处的特定地域及历史文化环境，赋予了蔡李佛拳较深的文化内涵，并带有那个时代及创拳之始的初衷与饱含的历史文化心态，这在蔡李佛拳的拱手礼及一些套路的开桩礼上可见其明显的遗存。蔡李佛拳的起势即拱手礼为左掌右拳屈臂从两肩上耳旁向前平推出，左掌斜盖右拳面外翻，两臂成环形，其含义为左掌为月，右拳为日，掌拳相合为"明"，左掌为天，右拳为地，左掌右拳相合为"天地会"，其掌拳相合后外翻意为"反清复明"，这是与蔡李佛拳的产生及岭南历史文化背景有着深刻联系，而这与现代武术抱拳礼是何其相似，只是含义不同而已。蔡李佛拳除了拱手礼外，每套传统蔡李佛拳都有一些固定的开椿（桩）礼式动作，如演练小梅花和大八卦拳的一些开式动作，故从套路一起势便可知为蔡李佛拳，其中还有一首桩礼诗③：

> 大鹏展翅反天手，魁星踢斗清明留，拱拜五湖复四海，日月拱照万世流。

这首诗中也内含"反清复明"四字，足以证明蔡李佛拳从创始之初就埋

---

①　梅伟强：《五邑人与中国武术在海外的传播》，《五邑大学学报》（社会科学版）2008 年第 10 卷第 1 期，第 13 页。

②　据彭正庭先生赠阅有关资料及赠送的《广东蔡李佛拳丛书》。

③　2008 年 7—8 月期间，笔者到新会蔡李佛师祖发源地京梅乡崖西村调研，蔡李佛师祖馆初设地"缘福陈公祠"中有记载。

藏了深沉的反清思想，这可从蔡李佛拳创始人陈享至其后代传人参加的近代各种革命运动中得以印证。不过，蔡李佛拳这种内含的思想从最初的狭隘的民族思想，在发展中不断得以升华，故而在不同历史时期的革命运动中都贡献出了蔡李佛弟子的拳拳报国为民之心。

（二）蔡李佛拳独特技法、功法及特色器械

蔡李佛拳的整体技术风格表现为劲力充沛刚猛，有排山之势，讲究刚柔相济，刚而不僵，柔而不软，出手如转轮，用力顺达，多爆发性发力。蔡李佛拳技击讲究刚猛，攻防技法势势相连，多偷漏手，其器械多为日常生活用具，简洁实用，其功法中独特的是多种桩法，包括棍桩、掌桩、步桩等，都是用以训练实战之用的，其桩的种类之多、练法之奇为岭南武术拳种流派所罕有。

1. 蔡李佛拳独特手法

姜子槌为蔡李佛拳独特手型，其握法为：弯曲掌第二指关节作为拳的攻击部位，拇指紧扣食指之上，中指第一指关节突出为最远接触点，蔡李佛拳要求松肩活腰，从而可放长击远，攻击到敌人时如钉似箭，以同样的力量打击，因打击面小而产生较大的冲击力（压强），而且在运用中姜子槌加快了手型之间的转换。

连环插槌（平插槌—扭插槌—阳插槌），即连续的不同手法的插槌，平插槌为姜子槌从腰往对方腰肋部旋臂插出，阴手（手心朝下为阴插、手心朝上为阳插），扭插槌用姜子槌从肩上耳侧，反臂内旋（称钻劲、螺旋劲、缠丝劲）往对方腹部或两肋部快速插出。连环插槌一般配合多种偷漏手，上、中、下三路进攻，变化快速，令人难以防守。

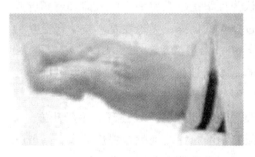
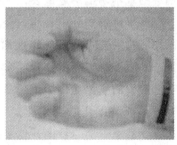

图 7-18-1　蔡李佛姜子槌（平面）　　图 7-18-2　蔡李佛姜子槌（立面）

2. 蔡李佛拳的入门步法、拳法——走生马、扯拳

蔡李佛拳的走生马是将蔡李佛拳的各种步型（南派称步为"马"）综合起来练习，即所谓"走马"。蔡李佛拳的马法有多种，平时练习以四平马的低马为主，而在技击实战时多用高马，低马练习腰腿之功，高马才是技击实战之用，低马转换不灵，高马才能在技击中变换自如。蔡李佛拳因所用桥法多变，长、中、短桥都有，必须配以适应的马法，故而蔡李佛拳的马法极为丰富，除南派常见的四平马、吊马（虚步）、子午马、跪马、拐马、扭马外，还有偷马、箭马、吞马、双跪马、绞花马等多种马法。走生马就是练习各种马法在技击实战时配合各种桥法的不同马法之间的快速转换，是蔡李佛拳入门基本功，亦是极为重要的基础功法，需要长期、用心练习，方可在技击实战中体会其奥妙。

扯拳是蔡李佛拳的各种拳法练习，是技击实战必习的基本功，它主要用来练习出拳的劲力和攻防手法，并在练习中体会力从腰发，做到腰、马及肩臂连贯、协调，将蔡李佛拳的刚猛和刚中带柔的韧劲、爆发力练出来，体现出蔡李佛拳的拳势风格。在扯拳练习中须理解每一招式中的攻防用法，掌握各种手法变换之奥妙。扯拳有单式练习，如冲、抛、岌、挂、插、哨、揽槌等；双式练习，如挂劈、截撒、岌揪、千字标撞等；多式练习，即多种手法、拳法的组合练习，如挂闸哨、攻穿撑，而双式、多式的扯拳练习更是蔡李佛拳技击实战中的最基本动作，如果能熟练之，在实战运用中仅以几个双式、多式组合即可奏效，故而扯拳是蔡李佛拳的技击实战精粹功法，值得下恒心、长期练习。扯拳还可以配合沙袋及木桩练习，增强拳、桥的硬度。马志斌先生在其《岭海武林》一书中曾高度评价蔡李佛拳的基本功扯拳之重要，他认为扯拳是蔡李佛拳中的入门训练精粹功法，在蔡李佛拳发展中有功，经过扯拳的训练，无论在基本技法还是功力方面均能打下扎实的基础，扯拳是蔡李佛拳将手型、手法、步型、步法、步桩、劲力、耐力有机结合起来的基本功训练。[①] 在此，马先生对扯拳在蔡李佛拳中的重要地位给予了高度评价，是很有见地的。

3. 南拳北派化之凌厉腿法：腿法劲力迅疾，一发连环，手脚兼施

蔡李佛拳一个与岭南其他拳派有别的独特之处就是腿法较多，一般岭南南派拳法重于拳法，腿法较少，而蔡李佛拳之所以南拳北派化之称，其

---

① 马志斌：《岭海武林》，广东人民出版社 2000 年版，第 35 页。

腿法较多即是一明证。蔡李佛拳有踢腿（又称"魁星踢斗"）、捎腿（低鞭腿）、钉腿、捆腿、闸脚、铲脚、撑脚、虎尾脚等，以及腾空的将军印（双飞）、单飞等高难度腿法，多为屈伸性腿法；腿法的一发连环，即多种腿法的联合使用，如捆腿撑脚、连环闸脚撑脚等，有时连环腿法配合上肢的连环插槌，则手脚兼施，迅疾快猛。

4. 蔡李佛拳独特器械：生活用具的百宝库

蔡李佛拳的器械多不是位列"十八般兵器"的常规兵器，而是多取自日常生活用具，这是岭南武术讲究实用的一个表现。蔡李佛拳的器械特色体现了生活在岭南地域内习武者生存方式及习武生活方式，蔡李佛拳的器械多取自与日常息息相关的生活用品，如扁担、锄头、桥凳、大耙凳，其攻防演练方法也多是这些器械的各自运用特点，在攻防技法、套路演练的技巧、实用性上，均可堪与传统刀、剑相媲美，其实战威力绝不逊色于常规武术器械，如在三元里人民抗英斗争中，这些非常规器械足以令洋人肚破肠流，令其望之闻风丧胆、魂飞魄散。

单头棍，是岭南传统器械中独具特色及流传最广的器械，岭南各拳派均有单头棍。单头棍棍身较长，约 2.6—2.8 米，有的单头棍更长，单头棍主要利用棍的远端，其攻防招式多以棍远端为主，更融入了许多枪法招式，在岭南有的套路里也称作"枪棍"，其器械类似单头棍，推测这是由于岭南历代统治期间枪法在棍法中的孑遗。单头棍在蔡李佛拳及岭南各拳派中均具有极高的地位，堪与大枪在北方拳派中的地位相比。据彭正庭先生称，"在广东传统的乡间武术集会或演武会中都必有单头棍的演练，且大都是由当地有名气或德高望重的师傅在会演结束前演练，俗称'收盘'"。足以看出单头棍在岭南武术传统器械中的地位，故而单头棍在岭南各拳派中都有，如咏春拳的六点半棍，洪拳的洪家棍等。

大耙，大耙在北方俗称"钢叉"，岭南人们习惯称为"大耙"或"三指耙"。大耙原先是作为人们日常生产工具所用，居于水域的人们也将大耙当作捕鱼的鱼叉，居于山区的人们可以作为打猎的武器，也可作为叉稻子等谷类的农具。大耙是南派的一种有特色的器械，耙齿有三个，中齿尖锐，与耙棍身同轴，其余两齿稍短如牛之两角，与中齿相倚成"山"字形，大耙为重兵器，其耙长不低于使用者身高，其重量以量力而定。大耙的实用威力历来为各派重视，因取材之便利，也是岭南民间习武者普遍使用的，故而在近代岭南武术反抗外敌入侵时，民间习武者如三元里三四百人手持大耙之威猛气势，足以令敌人不寒而栗。

图 7 - 19　三元里抗英时使用的大耙、藤牌碟（三元里古庙陈列）

　　藤牌碟也是岭南独具特色的器械，藤牌碟比盾牌大，可以护住全身。藤牌由藤条编织而成，因南方气候潮湿多雨，藤本植物丛生，当地人习惯用藤条编制器物，也被习武者用作器械。藤牌致密坚劳，经特殊工艺的桐油浸泡及反复暴晒后坚硬如铁，刀箭均难以奈何，为防御武器。古时岭南及闽地漳泉之地就有善使藤牌的藤牌兵的记载，可见这种器械的使用历史之长，在广府民间武馆中藤牌碟甚为流行。藤牌内有一短木杠和三个环，用于固定手臂及挥动藤牌迎敌。藤牌碟多与单刀配合使用，称"藤牌刀"，所用单刀也为岭南民间广为生产所用的"南刀"，刀短韧宽，刀把有护钩，藤牌碟宽大可以护身，南刀轻巧、疾速，上以藤牌碟护身，下配以低桩短刀贴身进攻，并可以贴牌滚翻，可攻可守，其威力不可小觑。

　　蔡李佛拳虽然历来不秘技自珍，但当今在社会上流传的蔡李佛拳著作还不多见。1996 年广东蔡李佛拳总会副会长潘顺遂及梁达先生编著、岭南美术出版社出版了《陈氏嫡传蔡李佛五轮马》、《陈氏嫡传蔡李佛五轮槌》及《陈氏嫡传蔡李佛小梅花拳》三本书，2003—2006 年广东蔡李佛拳总会会长彭正庭编著并内部出版发行了《广东蔡李佛拳系列丛书》。目前蔡李佛拳较为完整的图谱仍保留在民间，以蔡李佛拳嫡传后人中较为全面、完整，目前还难以得窥全貌，这也使得我们在分析蔡李佛拳技法上碰到了许多难以逾越的难题，期待以后有机缘继续深入探究。

第三节　深藏的咏春拳

一　扑朔迷离的咏春拳源流

咏春拳为当今世界上流传最广、习练者最多的少数南派拳种之一，咏春拳得以在世界上广泛流行，与李小龙的功夫影片及其个人在世界上的影响不无联系，另外，被称为"咏春使者"的叶问宗师在 20 世纪 50 年代在香港传播咏春拳，其门下弟子也到世界各国传播咏春拳，使得咏春拳播撒四海。

咏春拳的起源可谓扑朔迷离，至今还难以确定其到底起源于何地、何时，何人所创。现根据民间几种说法，对咏春拳的起源作一交代，以利于人们更好地认识咏春拳。

咏春拳由于历史原因，其起源蒙上了种种神秘传说。关于咏春拳的起源在民间有多种说法：一说创于福建严咏春，严咏春为清中叶少林俗家弟子严四之女，她在观察蛇鹤相斗后创编了咏春拳；二说始创于五枚师太，受蛇鹤相斗启发的是五枚而非严咏春，五枚为少林白鹤拳高手，后传于严咏春；三说创于河南嵩山少林弟子一尘庵主，咏春拳的前身为永春拳，是清初反清组织"天地会"内流行的拳术。① 然这些传说都无确实的史料可证，其中涉及的人物、历史背景多与历史事实有相悖之处，始终给后人对咏春拳的起源留下扑朔迷离的无尽遐想。这与岭南远离文化政治中心、历代统治的禁武等历史有关，使得包括咏春拳在内的许多岭南武术长期在民间群体中流行，并成为反抗压迫的有力工具，从而难以留下有关咏春拳的文字记载，但却化为民间故事与传说，留在广大岭南民间习武群体的记忆里，世代流传。

二　咏春拳传承的几大支流

咏春拳的传承自梁赞宗师始方传承脉络清晰，梁赞师承的黄花宝及梁二娣，及粤剧班中的大花面锦（大花面锦传与冯少青），三人均为粤剧戏班中人，他们应为咏春拳传承清晰的第一代人。

梁赞（1826—1901），广东鹤山古劳乡人。咏春拳尽管起源扑朔迷

---

① 马梓能：《佛山武术文化》（内部资料），2001 年，第 109—110 页。

离，显于佛山梁赞是没有争议的，梁赞被尊为佛山咏春拳开山鼻祖，有
"佛山赞先生"之美誉。咏春拳自梁赞以后传承有序，代代不乏宗师。梁
赞一生择徒传艺慎重，得其艺者凤毛麟角，得其衣钵者除其子梁壁，还有
陈华顺、雷汝济、卢桂（猪肉贵）、梁奇（流氓奇）、大山树（佚
名）等①。

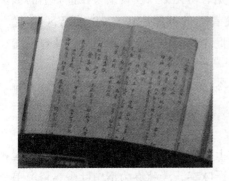

图 7 - 20　佛山叶问堂陈列的梁赞　　　图 7 - 21　佛山彭南咏春拳馆陈列
宗师记载药方的抄本　　　　　　　　　的咏春拳源流谱

　　当今咏春拳的各支流，主要为晚清梁赞宗师及郝宝全（冯少青传人）
先生约在 19 世纪 50 年代至 70 年代所传②。梁赞有其传人陈华顺一脉：陈
华顺—叶问；陈华顺—陈汝棉、黎叶篪—招就、彭南；郝宝全—阮济云、
阮奇山—姚才、岑能；另外有红船粤剧戏班传承的广州鸦湖咏春一支；梁
赞宗师晚年在其家乡鹤山古劳一支；黄泸芳在佛山咏春拳基础上派生的
"米机王"咏春拳一脉。咏春拳在发展中出现了许多支流，在此仅从文献
及民间较为流行的咏春拳支流作一简略概述，在岭南民间还有一些咏春拳
支流。咏春拳在其发展中涌现的多派支流，是各代表传人在前人的基础
上，结合个人习练心得所形成的。

　　咏春拳支流的发展是咏春拳百年传承绵延、具有强大生命力的一个因
素，也是岭南拳派不断创新、勇于开拓的一个例证。历史证明：越是拳种
有不断支流发展、创新的拳种，其绵延力及影响力越强，其传播的范围越
广。从蔡李佛拳融三家之所长、咏春拳的支流涌现，到近代咏春拳传人李

---

　　①　马梓能：《佛山武术文化》（内部资料）2001 年，第 117 页。

　　②　梁伟明：《粤派咏春拳的几个支系》（中），《武林》2003 年第 3 期，第 16 页。

小龙以咏春拳为基础，融合中外武技创造的截拳道，都无不有力地证明了拳种在发展中支流创新的强大生命力。这一历史启示也是指引今后中国武术发展的重要理论之一，在新的时代要求与传承中华武术的历史使命与责任下，中国武术的发展需要在传统武术拳种的基础上创新，这才会使得中国武术在走向世界，为世界人民贡献优秀传统文化上得以在世界上被广为接受。

三　咏春拳技术风格、技法及理论

（一）岭南武术唯一女性所创、女性习练的技术风格

从有关咏春拳起源的传说及技术风格来看，咏春拳盖以创始人或首传人的名字为拳术名称，而且咏春拳应是岭南武林百花园中唯一由女性所创、具有鲜明封建社会女性习练技术风格的拳术，为世人所公认。

咏春拳是外地传入岭南，并在岭南得以发扬光大而为世人所知晓的，这为岭南武术界所公认，从咏春拳的各种起源说法中，都涉及几位女性代表人物，尽管这几个关键传承人的名字有五枚、严咏春等之别，但咏春拳在早期传承的女性这点上也是公认的，而且从咏春拳流传下来的拳术风貌及零散的拳理，仍能依稀反映出咏春拳一脉相传中所遗留的女性特点。今天咏春拳从技术风格上看：步型为独特的"二字钳阳马"，这是一种占地不大、两脚一字站的窄马，是十分适合于古时女性不作腾挪、闪展、跳跃，只重于左右移位的步法，是迥异于南派男子习练的宽阔四平大马，其步型为两脚开立宽不过肩，两膝内扣以掩护裆，手法讲究提拳上至胸部，以防护要害，沉桥坠肘，从正面短劲攻击，这些特点符合女子生理特点。尽管咏春拳以后在男子中得到传承，但咏春拳创拳初始的女性技术风格仍然保留，这使得咏春拳这一中华武林百花园中唯一由女性所创，并带有女性技术风格的拳术显得更是弥足珍贵，其简洁实用、注重实战的技击理论经过历代男性宗师的不断发扬，其技法与功力更是达到极致。

（二）简洁化一、内涵丰富的咏春拳体系

咏春拳的体系极为简洁，为中国武术拳种体系所罕见，它把咏春拳套路、器械、对练、功法都简洁化一：一拳（小念头、寻桥、标指三个不同层次的套路）、一棍（六点半棍）、一刀（八斩刀）、一对练（黐手），一桩（木人桩），而且还可以把拳融入木人桩上练习，使得咏春拳体系把武术的套路、器械、对练、功法都简洁化一，但其内在的攻防技击奥妙却

变化无穷，这显示了咏春拳在中国武术百花园中的独特魅力，也是岭南武术拳种简洁、实用的一个具体体现。岭南拳种多为简洁、实用，但咏春拳在这方面确实达到了极致，它将其拳派的体系各组成部分都简洁化一。

咏春拳的小念头练习手桥的位置及肢体感觉；寻桥主要为料敌先机，引领对方出手并控制对方；沉桥主要练习拳的攻击；棍法仅有钉、挑、枪、弹、冚、拦六点加按棍半点，即所谓六点半棍；八斩刀以斩、标、摊、间、捆、一字、闪等刀法，以灵巧稳健的腰马配合，质朴无华，一攻一守，一前一后，一虚一实，在简捷外观中隐现变幻无穷的内涵，使对手难以捉摸；黐手主要培养接手时攻防应变的感触觉能力。咏春拳的简单、直接、实用以所谓道法自然的"一"为原则。咏春拳体系虽然简洁到极致，但其内涵却极为丰富，在技击实战运用中变化莫测，练至高深境界可以随心而发。

（三）咏春拳的技击实战之本

咏春拳在发展中不设舞狮，从不显露参与武术门派争斗，始终把追求技击实战作为咏春拳发展生命力，可谓深藏之咏春。

咏春拳以实战著称，即使是今天咏春拳在传播时也以其具有强大的技击实战性而广为人们所喜爱，包括海外人士喜欢咏春拳也是基于这点。这也是岭南拳种中的一大特点，这就是朴实无华，讲究实战。由于岭南特殊的地理自然及社会人文环境影响，人们习武的目的出于生存斗争中的保家护族，咏春拳作为一种可以防身、护家的技艺（即俗称"功夫"），就在于其在传承中始终贯穿技击实战的绵延力，而这种师徒一对一的传授，使得咏春拳难以传承多人，梁赞一生仅传授五六人，加之咏春拳的体系简化，套路不复杂、繁多，故而在传承中多为实用手法的讲解与演示，并不注重套路演练的技巧，几乎完全是出于实战技击而练。[①] 正是咏春拳的这种拳术理念定位及在传承中历代传人的不断加以丰富，使得咏春拳在发展中的技击实战得为人们所认同，也是其广为世界各地习练者百年来孜孜以求的动力。当代咏春拳支流以凶猛著称的"米机王"咏春拳嫡传黄念怡先生在调研时称：

---

① 中国功夫杂志社主编：《广东咏春拳大观·概述拳术篇》，香港天和传播有限公司 2007年版，第 15 页。

咏春拳是概念武术，并非招式武术。即是说传授过程是用三套拳教会习练者三套原理（由特殊到一般），并逐步使习者对这些原理下意识运用的能力（而不是下意识运用招式），然后抛弃招式。如小念头初练习动作规范外，还通过意念活动达到养气效果，增强招式协调性，更重要的是练习接手，培养对敌的距离感；沉桥利用手桥进步发出长劲，沉即重的意思，重就是长，这里不单指距离长短，亦指时间，桥重即可以留住对方的劲，达到控制对方的目的，沉桥一定要寻到对方的力点（即重心所在），故亦有人称为寻桥（寻找的意思），但光用寻找的意念达不到发出打飞人的长劲；标指是练短劲，短距离、瞬间爆发力，如果说沉桥的长劲能打飞人，那么标指所练的就是打断对方手脚和骨骼的穿透性的短劲。①

咏春拳在攻防技击实战的一个重要理论就是"守中用中"，即中线理论。所谓中线即子午线，指人的中轴线，在运动中以人体中线为轴，运动幅度最小，攻击目标时距离敌手最近，攻击时间最短，也是最省力的。在运用中线理论时，要求手肘均在身体的中轴线上，故而咏春拳的桥手及桩法均谨守中线理论，这是咏春拳技击攻防的核心，在攻防时守住自己的中线，将对方的进攻限制在外围，难以攻到自己的中线，咏春拳中的"日子冲拳"即是这一中线理论具体体现。

咏春拳攻防之连削带打技法。咏春拳的连削带打更是其简洁、实用的表现，咏春拳不同于一般拳术原理的格挡攻击，它在对方发出的拳或腿击打时，运用咏春拳特有的"耕、拦、摊、膀、黏、摸、荡、捋"手法接住对手的拳、腿并攻击，这极大地节省了攻防中的环节，增加了进攻的速度，咏春拳的防守招式即带有攻击，故而攻击简洁、速度惊人，也正是咏春拳的奥妙与魅力所在。

（四）咏春拳的器械、对练及桩法

咏春拳的器械主要有六点半棍及八斩刀。六点半棍主要是由钉、挑、枪、弹、圈、拦、按棍等棍法组成。六点半棍是绝不带任何多余动作、花哨的棍法套路，极为简单，所谓的"六点半"就是七个不同的棍法，其中一个还不是完整的。八斩刀也是以快、准等简单实用的招式组成。对练

---

① 2008 年 7 月笔者根据在广州拜访黄念怡时的录音整理。

主要是咏春拳黐手，所谓"黐"，是岭南当地人的方言说法，也就是黏的意思①。黐手是咏春拳套路之外一种特色的双人练习方法，主要是通过双人练习形式来训练双手的感知觉，以及在双人练习中加深对套路练习中的手法的应用及功力，如咏春拳的"耕、拦、摊、膀、黏、摸、荡、捋"之法，两人的练习是相互的，通过这种练习，培养手桥的灵敏性。咏春拳在岭南拳种中的这种双人"黐手"练习是很有特色的，与太极拳的推手锻炼有异曲同工之妙。黐手练习有单黐手、双黐手练习。咏春拳中的桩法是木人桩，木人桩并非咏春拳所独有，岭南拳派中的洪拳、蔡李佛拳、莫家拳都有桩法，但咏春拳的桩法有其自身的优点，在当今世界各地流行的桩法也以咏春拳为主。在下一节中将对岭南拳种的桩法单独进行探究。

四 咏春使者：叶问宗师与咏春拳的世界传播

叶问（1893—1972），佛山人，先师承梁赞首徒陈华顺，后又随吴仲素及梁赞之子梁碧习武，技艺精湛。叶问1941年在佛山首次公开授徒，1949年定居香港开馆授徒，一生致力于咏春拳的推广与普及，促使咏春拳进入香港高校及上流社会。自从20世纪50年代，叶问使咏春拳在中西文化交汇、东西方格斗术碰撞的香港崛起后，很快就走出香港进入国际武坛。叶问被称为"咏春使者"，若论及当今武术在国际传播的广泛程度，用"北有太极，南有咏春"来形容一点儿也不过。这与叶问对咏春拳的推广及其门下弟子的传播是分不开的。叶问在香港对咏春拳的教学方式、训练器械等进行了一系列的改革，如把木人桩改造为适合在楼内安放及训练，将桩改造成墙挂式，减少震动，以适合香港的实际，将咏春拳引进高等院校，吸引各阶层的人士习练咏春拳。叶问门下高徒辈出，如"讲手王"黄淳梁、功夫巨星李小龙、梁相、骆耀等，叶问宗师一脉枝繁叶茂，其门下弟子分赴世界各地传播咏春拳。尤其是李小龙，其借助功夫电影的艺术形式，使得咏春拳扬威海内外，其以咏春拳为技术核心，参悟中国道家哲学思想并结合多年实战而创造出的门派——截拳道，李小龙以功夫和电影艺术形式传承的中国武术的民族精神，影响了世界，也扩大了咏春拳

---

① 2008年7月笔者在彭南咏春拳馆调研时，特意咨询"黐手"的"黐"是什么意思，该馆彭南嫡传弟子告之：黐是一种佛山地区的方言，也即是黏的意思，那么"黐手"训练就意为练习如何黏住对方的训练方法。

在国际上的影响。如今"功夫"一词在海外具有很广的文化符号意义，已成为中国武术的代名词，李小龙对咏春拳，乃至中国武术在国际上的传播是影响极其深远的。

第四节　古朴的客家拳——李家教

一　客家武术概况

客家是中原衣冠之族千百年来几经迁移而形成的颇具影响的汉族民系，自秦汉始，由于中原战乱及天灾人祸：秦平岭南，汉征交趾，西晋时的"八王之乱"，东晋时的"五胡乱华"，唐中后期的"安史之乱"，末期时的"黄巢起义"，两宋时期的金、元南侵，以及明末时期的农民大起义、清初的南下等①，一部分中原人背井离乡辗转迁徙到赣闽粤交会的大山区，与当地人经历了相聚、相斗、相亲进而相互认同的漫长历史过程，逐步形成了一个具有特殊方言、风俗及族群认同的群体。广东东北部赣闽粤三省交界的梅州是客家人口最为集中、文化最为发达的地区，被称为客都。

客家武术是指在客家地域内客家历代传习的武术。因梅县（今梅州）地区对拳术多以"教"相称②，故而外省进入梅县地区的拳术一般称某某教。这里的"客家"不是简单地指外来的"客"家，而是特指操客家语言，遵循客家风俗及客家文化认同的特定地域内的群体，在此指岭南地域内广东的东部地区的梅州、潮州及汕头一带的客家。客家武术有的是从外省带入客家地区，并经客家地区的适应性改造之后，有的保持着其拳种本来的技术风格，有的已发生了技术风格改变。目前岭南客家流行的拳种有：岳家教，源自江西；刁家教；李家教；朱家教；钟家教；昆仑拳，传说来自山东；南枝拳；刘凤山派等拳种。据民间文献记载和田野调查印证，各个流派的初步形成和流传大都在清代，还不是完全从原居地伴随迁徙而来③。客家武术的共同特点是动作灵活多变，发劲快速有力，擅长于发短劲、含胸蓄气。步型多为半马步、小弓步、小马步。步法以跟步、垫

---

① 钟文典：《广西客家》，广西师范大学出版社 2005 年版，第 6 页。

② 曾昭胜：《广东武术史》，广东人民出版社 1989 年版，第 186 页。

③ 谭兆风、伍天慧、伍天花：《近代粤东北客家武术发展》，《体育文化导刊》2009 年第 2 期，第 120 页。

步为主；攻防中跌打滚翻动作多，跳跃动作少，讲究手脚配合。①

　　客家学正在成为一门显学，绚丽多姿、独具一格的客家文化，以其古老的客家方言、分布广泛的客家标志性民居土楼和围龙屋，及重祖先、敬鬼神的独特文化内涵而在我国历史文化领域中令诸多学者关注……人们对客家地区的历史、语言、建筑、美术、音乐等领域的研究较多，对客家的武术文化的涉及却很少。② 客家武术是客家人在流转迁移及安定后生活方式的一部分，曾经在保家护族中发挥过积极的作用，客家武术是了解客家人社会历史的透视镜。

　　目前在客家地区流行的客家拳流传下来的拳谱资料极少，其传人对本派拳种多没有进行专门整理，这使得客家拳流落在民间，随着一些掌握客家拳的老拳师的离去，客家拳的传承已使人忧心忡忡。由于客家拳流传的图谱、录像资料极少（20 世纪 80 年代广东省曾录过客家武术影像，但已经难以查到，笔者曾到广东省有关部门咨询），仅在民间传承群体中世代口耳相传，这给客家拳的研究带来了困难，只能通过民间拳师的演练录像及访谈，而有些客家拳并无代表性传承人，因此只能选择在客家地区流传较广、对有代表性传承人的拳种作一个案例分析，而且得以研究的拳种套路、器械及功法也有限。笔者在对客家武术的调研过程中，根据具有代表性传承人、流传较广的原则，选定李家教作为客家武术的代表拳种作个案分析，以期通过对李家教的个案分析，能对客家武术文化窥豹一斑。

二　古朴的客家拳——李家教③

（一）李家教源流

　　李家教发源于梅州五华一带，主要传人是五华水寨李铁牛（1778—

----

① 伍天慧、谭兆风：《粤东客家武术特点形成的缘由》，《体育学刊》2005 年第 2 期，第64—65 页。

② 李吉远、谢业雷：《体育人类学视野下的客家武术文化探析》，《武术科学》2007 年第 3期，第 12 页。

③ 笔者对客家武术的调研主要分两次：第一次是 2008 年 7—8 月赴广东，正赶上广东传统武术比赛，专门赴汕头赛区观摩，拍摄部分客家武术录像及访谈有关拳师；第二次是 2009 年 5—6 月专程到客家地区（主要是梅州、潮州、汕头、揭阳）调研客家武术，了解客家拳的流传及传承人情况，主要拜访了李家教传承人、南枝拳传承人。另外参观梅州的嘉应大学客家研究所及咨询客家学者有关客家武术的情况。

1874)。① 据《广东武术史》记载，相传李铁牛的祖先于清嘉庆十年（公元1805年）左右经商于浙闽一带，与少林僧人相交甚厚，习得此拳，距今已有200多年历史。李铁牛传其子李崇寺（1822—1898），其孙李光壬（1864—1940）。关于李铁牛是如何习得此拳，今天李家教传人多自称传自南少林。② 当然岭南拳种多假托出自南少林，这一点在洪拳的个案分析中已经说明。然而，从李家教传人仍然言及李家教出自南少林的另一个角度索解，是可以更加显示出岭南拳种所附加在其上的"反清复明"及南少林历史文化背景的符号辐射意义，表明岭南拳种大都受到这种文化的影射，它从中反映的正是人们对于拳种起源本应当如何源自的一种广泛见解与文化心理认同，这种文化影响可以说已经深入岭南各拳种传承人的心底深处，化为了一种难以觉察的心态流露。无论是在20世纪80年代的全国挖掘整理所调查的李家教老拳师，还是当今访谈的现代传承人，他们都对李家教的起源与少林僧人相连，我们难以寻找李家教起源的文献资料或文物可以考证。这些只在民间广大传承群体中的传说或相传的难以确定，从另一个角度来看，再一次显示了地域武术文化心态的弥足珍贵，也正是我们研究地域武术文化的深刻意义所在，即使时光流逝，历史已无法再现，但那个时期所遗留而潜藏在人们内心的心理、心态却可以保留，并在当今人们的言行举止之间无意中流露出来。

李氏一家为发展传播李家教，先后都来到潮汕一带，其中要算李光壬先生对传播和发展李家教贡献最大。李光壬少时即随其父前来潮汕，先后住过汕头市、揭阳、揭西、普宁、惠来、潮安、潮阳等县，授徒数以千计，其中知名者有：洪义安、庄大海、韦罗坐、余开国、陈飞凤、李素千等。于1933年前后曾携爱徒洪义安前往暹罗（泰国）参加擂台赛，载誉而归，是当时汕头国术社的中坚人物。③ 1935年平远人黎华通随李光壬到普宁洪阳镇，在洪阳与流沙一带开设了16间武馆④，可见当时李家教传播的盛况。黎华通武师功夫老练到家，不拘泥于原有功架而自成一格，套路活泼多变，沉马长桥，开放大方，形成李家教的一个新流派，为当时武

① 曾昭胜：《广东武术史》，广东人民出版社1989年版，第187—188页。
② 2008年7—8月在广东担任传统武术比赛副总裁判长的汕头李家教传人郭伟杰，当笔者问及李家教的起源时，他称李家教源自南少林。
③ 陈炳益：《谈点李家教》，《武林》1984年第2期，第17页。
④ 曾昭胜：《广东武术史》，广东人民出版社1989年版，第187—188页。

术界所瞩目。黎华通武师原于汕头市警察局任职，日寇侵华，汕头沦陷，他即随李光壬到普宁县的洪阳镇，致力于授拳，开办了洪阳至流沙一带的普宁十六馆，为发展李家教拳作出了新的贡献。学者为纪念黎武师及其有别于原套路内容，于是对黎武师所授的套路都冠以"新"字，如现在流传于汕头、普宁一带的"新吞吐"、"新驰步"等，也有人称此为新李家教。①

李家教流传于五华、兴宁、丰顺、平远、汕头、揭阳、揭西、普宁、惠来、潮阳、潮安以及香港等地，更远播泰国及东南亚各国。目前从调研来看，李家教在汕头地区最为流行，开展得最好，几位有代表性的传承人都在大力推广李家教，他们大多出自陈俊雄（曾为广东省武术协会副主席）一脉。李家教在中小学开展得较好，有的是学校的传统体育项目，在个别中小学有的竟已经开展了长达三四十年，二三十年前在中小学习练李家教的顽童，如今成为该校的年富力强的教练，又在培养新一代的李家教传承人，并在国内外传统武术比赛中频频获奖。② 这显示了民间传统武术的强大绵延力，也反映出这些民间默默无闻的传承人在为传统武术的传承与传播作出的无私奉献。正是传统武术的薪火相传，才使得传统武术得以代代有承，薪火不尽。他们是民间传统武术长堤的守望者，这些传承人对武术的那种"情结"才是最深厚的，始终热情如初地保持着对所学拳派的那份忠诚与信仰。

（二）李家教的拳派体系及风格

李家教拳以其独特的运动风格、完整系统的套路形式而立于岭南武林。它不图花哨的架子而立足于实用，是一种套路短小、轻灵，善攻能守，以攻带守，稳打稳扎，进退有方的优秀拳种，它包括套路、器械、对打、拍打功等方面。李家教套路多以步法、手法、劲法而命名，如吞吐拳、驰步拳、鹅剪拳等。

李家教拳派的体系包括套路、器械、对练及功法。套路主要有吞吐拳、双山月拳、驰步拳、鹅剪拳、接步拳、插挤拳、吊插拳、软打拳、接

---

① 陈炳益：《谈点李家教》，《武林》1984 年第 2 期，第 17 页。

② 2009 年 5—6 月期间，笔者在汕头拜访李家教代表传人邱显达，他带领笔者在晚上参观了李家教的两个训练基地：一个是在一座古老的善堂；一个是在邱显达曾经就读的存心小学，二十年前邱显达在这个小学跟随其师原广东省武术协会副主席陈俊雄学习李家教，现在他是母校聘请的武术教师，据称这所小学开展李家教已经长达三四十年之久。

手拳等①；器械主要有十八虎桩棍、蝴蝶双刀、大马刀等；对练套路有拳术对练及棍对练等；功法练习主要为拍打功。对打形式主要培养习武者的技击意识及灵活性。拍打功则是对练基础上的另一种辅助形式，目的是增强打击力及手肘各部分的硬度及身体的柔韧性。

（三）李家教的技法、理论文化特色

1. 李家教主要手型、手法②

李家教的主要手型有凤眼拳、叉指、梅花指、擒手，手法主要有枝半手、剪手、弹手、鼓手、剪腕等。

图7-22-1　凤眼拳

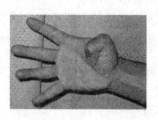
图7-22-2　叉指

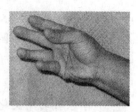
图7-22-3　梅花指

图7-22-4　擒手

图7-22-5　枝半手

图7-22-6　剪手

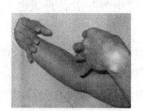
图7-22-7　弹手

---

① 吴玉华：《客家体育——中华传统民俗体育》，中国经济出版社2007年版，第188页。

② 李家教主要手型、手法由汕头李家教代表传人邱显达先生示范。

图 7－22－8　鼓手

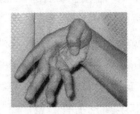
图 7－22－9　剪腕

李家教的手形及手法有的很独特，为岭南武术中独具特色的，在国家推广南拳时，其中吸收了李家教的一些手型、手法，如叉指。据南拳大师陈昌棉先生说，为了增加南拳的表演及观赏性，在创编南拳套路时，有意识地吸收了客家拳中的一些东西，其中就吸收了李家教的叉指、发声及短促发劲等特色。①

2. 李家教套路文化特色

李家教拳的套路结构严整，动作紧凑刚劲，发劲饱满，进攻技击性强。每个套路一般都遵循一定的起收势，李家教有"驰步头"、"吞吐尾"之说。李家教其中以手法命名的"吞吐"、"双山月"和"鹅剪"等几个套路，动作简单朴实而实用，需久练而后知真谛，有"三年吞吐，四年鹅剪"之说，可见其在李家教中的重要地位。"驰步"、"接步"是以两个步法而命名的套路，动作较多，是李家教的必修套路，有"吞吐练得起，驰步练至死"之称。最后是以劲法而命名的"插挤"、"吊插"、"软打"三个套路。这三个套路是主修挤、吊、插及柔化之功，特别强调"中节"之劲，"中节"者，丹田也。有"吊地支"、"插下盘"、"吊肛门"、"插丹田"、"吊腰背"、"插肩膀"诸法。吊为升为发，插为沉为蓄。套路演练时的吞发劲，可经辅助功法的击打腹肌以鼓荡丹田之气，需久练者方可得其奥妙。

李家教的器械有大马刀、虎桩棍等，根据李家教传人演练的鹅剪拳及大马刀套路，李家教的套路多短小，其发劲短促，以声助力，节奏快速，并有跌扑滚翻动作，套路演练无雕琢修饰，技击攻防动作简单、朴实。这些特点是与客家的生存环境相适应的，客家人多生活在山区，山路狭小、

---

① 根据 2009 年 5—6 月笔者访谈陈昌棉先生录音整理。

崎岖，使得客家拳发劲短促，活动范围不大，并带有跌扑滚翻动作。客家人即使在生活的围龙屋里，其狭小的空间也是可以施展拳脚。从总体上看，李家教的技术风格带有浓郁的客家生活的环境烙印，与岭南腹地的其他拳种有明显的区别，无论是与长桥大马的洪拳，长、短、中桥结合的蔡李佛拳，还是与短桥窄马的咏春拳相比，李家教既带有岭南南拳的共同特点如发声促力、短促发劲，也带有客家拳独有的特色，如短小快灵、跌扑滚翻等。客家拳无论是外省传入还是本地发展的，它在发展中都必然接受所处的环境的重重障碍的洗刷，不适应本地需要的，将在拳种的发展中被淘汰，也正是客家生存的环境不断地在改造客家拳的技术风格，才使得客家拳与岭南其他拳种既有岭南大环境的共同特点，亦有客家环境所具有的独特技术风格。地域环境对拳种的影响正表现在拳种初期发展阶段，而这阶段更是奠定了拳种今后的技术风格，随着时间的流逝，地域环境可能会发生大的变化，但拳种产生之初所形成的风格却依然保留下来，这正是地域武术文化研究的意义所在。

　　3. 李家教理论文化特色

　　李家教有流传的歌诀、拳论，它形象地概括了李家教身型、身法及练习时的要求，语言朴实、言简意赅。

　　　　虎颈碑身瓦楞腰，沉肩落节手短桥。坐下不丁不八马，三盘四度自主张。立胸沉气固中节，一吞一吐两相宜。预得其中真妙法，苦磨苦练得天机。①

　　拳论第一句对李家教习练时头颈、身躯、腰背均做出了要求：抬头挺颈，目视前方，如猛虎状，身则指整个身板中正如石碑一样，腰背挺而内含，犹如瓦楞之状；第二句是对习练时肩、肘、桥的要求：肩要下沉，落节即是坠肘之意，掀肩抬肘为李家教所忌，为练拳之病，桥为短桥，李家教对桥的要求是肘离怀约一拳位，指尖约平眉梢。第三句是对马及桥法的要求：李家教的桩马是不丁不八，即重心后移成前三后七之马，三盘是指上中下三个防守位置，四度是指上下左右四方面的变化。上变多指身法、手法，下变多为马法、步法，右移左发而变化莫测，故也称作"三盘手"

　　① 陈炳益：《谈点李家教》，《武林》1984年第2期，第17页。

或"四变手"。第五句是对劲法的要求：中节指丹田，就是要身正胸空，将劲蓄于丹田。第六句是对劲力的要求：吞即是蓄，主柔，吐即是发，主刚，一吞一吐即指李家教的蓄发要刚柔并济，方能达到克敌制胜，这是李家教技击的奥妙所在。最后一句即是指李家教拳法的技击方法需要苦磨苦练才可以深得其中的真妙法。

从李家教的拳论可以看出其简洁明了的文化表达，语言朴实，并没有太多的深奥秘诀，但却极其简练地表达了李家教拳的各种习练要求和方法。

第五节　岭南武术的独特练功器具——木人桩①

一　南派功夫最优秀的练功器具——木人桩

木人桩为岭南南派功法训练最优秀及独具特色的练功器具，它是用木制成的具有一定机械反应的木人桩、木马桩、沙包桩、棍桩等，运用简易木制机械人作为假象敌手来训练技击方法与提高功力的辅助练功方法。各拳派根据本门技法的不同设计出各具本门功法训练手段的木人桩，是岭南南派各拳种作为本门训练技击实战的特效功法，也是本门向来视为珍宝的秘技不轻于传授，这更增加了各派木人桩法的神秘及在各拳派中的重要地位。

木人桩在冷兵器时代发挥了训练技击所需要的实战功力，在当今时代它经历代宗师的不断完善，也适应于现代人的锻炼需求，目前世界上最为流行的咏春拳木人桩，就是咏春拳叶问宗师在香港时对木人桩进行了大量改进，如根据香港的习武者家庭练习的空间及楼房练习实际，将木人桩改进为悬挂式，减小了安装空间及对四邻的影响等。

根据调研及有关资料显示，岭南拳派中有木人桩的有：洪拳的木人桩、咏春拳的木人桩、蔡李佛拳的木人桩、莫家拳的木人桩以及与咏春拳木人桩同源的粤剧红船木人桩及其他拳派的奇形木人桩。多数拳派的木人桩都和人体类似，都有头、身、手、脚等，其中洪家拳的木人桩没有设脚。

---

① 木人桩，在岭南拳谱上写为"木人椿"。"椿"是"桩"的岭南粤语发音，这是独特的地域语言习惯称谓，本书中统一为"木人桩"、"桩"。

二 岭南各家木人桩探奥

虽然各家的木人桩外形大同小异，但木人桩是各家训练技击手法的器械，必须配合本门的技法练习，故而在设计上各家都有独特与细微之差别。岭南各家木人桩的形制及其练法展示了各自流派独特的技击训练方式，其中与各自流派的技术文化是密切联系的。

（一）铜马铁桥之洪家木人桩

洪拳以铜马铁桥著称，其所设立的木人桩也以锻炼稳固的马步及坚硬的铁桥为主。洪拳的木人桩与其他各家拳派的木人桩不同首先表现在外形上，其木人桩并不设有伸出之脚，而是在木人桩离地二尺三寸处挖有一个洞，所谓之"木人裆"。[①] 其桩高约七尺，桩头类似人头，桩的左右轴安有两臂约二尺左右，其前后轴安有一臂，约长一尺五寸，桩埋于地下。

洪拳的木人桩主要练习洪拳的桥手硬度，用洪拳中的个别招式进行击打木人桩练习，如金剪手、分金拳、牛角槌等，尤其是练习洪拳中的象形拳技法，如虎形中的虎爪、鹤形的鹤嘴。传统洪拳的木人桩以洪拳的十虎形（虎形十势）、十绝手（虎鹤十绝手）为主，主要练习虎爪及鹤嘴的硬度。

图 7-23 洪拳木人桩　　图 7-24 咏春拳木人桩　　图 7-25 粤剧红船木人桩
　　　　　　　　　　　　　　（叶问堂藏品）　　　　　　（粤剧博物馆藏品）

---

① 梁达：《虎鹤门全功秘笈》，岭南美术出版社1996年版，第182—189页。

（二）同源异流：咏春拳与粤剧红船的木人桩

咏春拳的起源与粤剧红船有着极深的渊源，自然咏春拳与工技击的粤剧在武术上也有着难以分割的联系。咏春拳的起源说之一是创于河南嵩山少林弟子一尘庵主，她传给湘昆戏班的武生张五（人称"摊手五"，据称有"一只摊手独步武林"之誉），张五后来落难来粤，落脚于南海县佛山镇大基尾的"琼花会馆"，便将咏春拳传于粤剧梨园弟子①，而粤剧也把张五（摊手五）尊崇为粤剧武行祖师②，故而咏春拳与粤剧红船上的木人桩是同源异流发展的。虽然咏春拳与粤剧起源都难以找到可靠的史证，但木人桩在咏春拳及粤剧红船上的历史事实却直观地说明了二者有着极深的渊源。首先一个拳种与一种艺术都尊崇一个祖师在历史上很稀少，因为各行业的不同一般很难尊崇一个祖师，如果有，那么这二者必然有着非同寻常的渊源，而咏春拳传人与粤剧红船的武生却就是共同尊崇一个祖师——摊手五；第二点，从咏春拳的技法与粤剧红船上武生的表演手势都有许多极为相似的手法，如咏春拳中的"耕、拦、摊、膀"也是粤剧武生对打表演中经常见到的手势，而且更为相似之处就是咏春拳的木人桩练法与粤剧武生为了练习表演中的对练也多练习木人桩，而且其练习方法大同小异。2008年7月笔者到佛山粤剧博物馆调研时，曾看到陈列的著名粤剧小武梁金峰演示的108式木人桩法，与咏春拳的传统108式木人桩极为相似。粤剧红船上的梨园弟子，尤其是粤剧中以工技击为特色，因此，武生在粤剧中的地位很高，武生们的武功自然成为日常必练的功夫，而上肢手臂"桥"的练习也为武生们日常必操之功，可谓"拳不离手"。艺人们可以在泊船系缆后仍可以在甲板上练功，在舱位上装置上桩，供艺人用以练武，当行船时，也可以在舱内米柜头装上桩，这样使得艺人不致中断练功，随时都可以练习，木人桩相传就是粤剧先辈因红船上地方狭窄而专门设计出来的自我练习方法。

咏春拳的木人桩有三只手臂，有上面的两只左右桩手和中间的低桩手，低桩手是假设对手的中间攻击之手，在桩下部又伸出的一只桩脚，是假设对手的腿击。咏春拳的木人桩主要练习咏春拳的基本攻防技法，如耕、拦、摊、膀等手法及几种手法与腿法的配合练习，基本上可以将咏春

---

① 马梓能：《佛山武术文化》（内部资料），2001年，第109页。

② 同上书，第24页。

图 7 - 26　粤剧中的对打

图 7 - 27　著名粤剧小武梁金峰演示 108 式木人桩法（片段）自我练习方法

拳的三套拳法（小念头、寻桥、标指）融入木人桩法的练习中。据说咏春拳传人在跟随师父学技功成后，师父才把木人桩最后传授，就是使其在以后没有同门一起练习时，也可以在木人桩上作为无对手时的自我修炼，所谓"无师无对手，镜与桩中求"①。可见，木人桩这种先辈精心设计出

_____

①　2009 年 7 月笔者在佛山彭南咏春拳馆调研，并参观了拳馆的咏春拳大师彭南的藏品。

的自我练功方法是何等巧妙与独具匠心，也可见木人桩在咏春拳中的重要位置，历来被视为秘技而密而不授。

由于咏春拳木人桩不但可以把三套拳融入桩上练习，在练习木人桩时要"怒目前方视，假设敌当头"①，增加了假设对手的逼真性，并在操练木人桩时将各种手法、腿法等反复在桩上练习，故而可以迅速提高攻防技法的运用熟练程度，长期勤加习练，可以成为一种本能反应，在实战对敌时应对自如，随心所欲地发挥出咏春拳的实战威力。木人桩主要练习坚硬的手桥和腿法，并时刻假想对手在进攻中练习，对于技击攻防具有极其显著的功效。另外，木人桩的木质不同，可以不同程度地提高功力，如坚硬的花梨木，长期在坚硬的木质桩上练习可以提高咏春拳的击打的攻击力。通过木人桩的练习熟练掌握实战搏击方法，实为岭南武学中的一个创举，这也是岭南武术文化的简洁、实用性与地域文化一脉相承的。在岭南过去论及习武者功夫如何时，一般会问他是否"埋过桩"。据广州体育学院的陈耀佳先生说②，所打桩的木质也能反映功夫的高低，打硬度高的花梨木与一般杉木自然高低立见，而且通过击打不同木质的桩可以间接地比试功夫，以避免直接对抗，这也是岭南武术中的一种武德性表现。

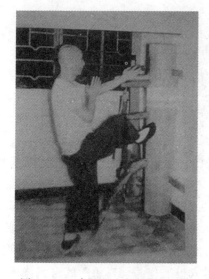

图 7-28　叶问演示咏春拳木人桩

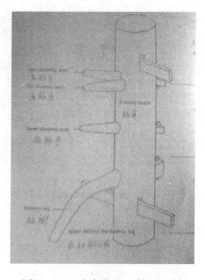

图 7-29　咏春拳木人桩平面图

① 根据 2009 年 7 月笔者在佛山彭南咏春拳馆调研访谈整理。
② 根据 2009 年 7 月笔者访谈广州体育学院陈耀佳先生的录音整理。

（三）种类繁多、功用奇特的蔡李佛木人桩

蔡李佛拳是集三家之长所创新的拳种，它在继承了岭南拳派的技击训练器具木人桩的基础上，又创造了繁多、奇特的各种桩，这也是蔡李佛拳的一大创新，其根据拳派的技法及器械的技击实战需要，为提高拳、器械的实战威力，对桩进行了许多改进，设计出许多不同的桩，其桩的种类之多，设计之奇特，为岭南武林中所罕见。蔡李佛拳的桩有木马桩、木人桩、沙包桩、棍桩、掌桩、秤桩、三星桩等，其桩法的多样，为岭南其他拳派所无，现在除木人桩还较流传其他如棍桩、沙包桩、秤桩，即使识者也不多见，很多桩法已经失传。笔者在 2008 年 7 月前往蔡李佛拳发源地新会崖山京梅村调研时，在京梅村头的"缘福陈公祠"里见到过蔡李佛拳以前留下的棍桩、掌桩等陈列物，在拜访蔡李佛拳第六代传人、国家级非物质文化遗产项目蔡李佛拳代表性传人陈忠杰先生时，他展示了蔡李佛拳手抄本上一些桩的图样，至今已难得一见，有的桩法已经失传。当笔者问及抄本中的桩法是否在当今蔡李佛拳传人中仍然传承，陈忠杰先生坦诚地说，抄本中许多桩仅留有桩图而没有留下具体操作练习法，在蔡李佛拳传人中也没有传承下这些桩的操练方法。我们为蔡李佛拳没有留下其丰富的桩法而深感遗憾与扼腕痛惜。那些仍然保存在蔡李佛传人手中的抄本上的巧夺天工、凝聚了蔡李佛拳先辈们无穷智慧的桩图如同诸葛武侯的木流牛马，徒有图形样制留传下来，使得我们已经无法完全知晓这些桩图的具体习练方法。传统武术的历代传承是依靠人的代代延续，是依靠世代口传心授而得以千古流播，如果丢失了传统武术传承的"香火"，那传统武术遭遇到的就是"薪尽"的厄运。蔡李佛拳丰富多姿、奇特无比桩法的大量失传，其中有历史的必然原因，也与传承的断裂有密切的联系。历史原因大概是由于蔡李佛拳的发展与近代许多革命有关，其拳法及器械的实战都是在战争中不断得到洗礼、检验的，因此蔡李佛拳桩法多是为实战而设立的，如棍桩主练棍的准确及力度，掌桩主练掌的硬度等，其他所创制的桩大多是为了提高步法、拳法及器械的实战能力，故而随着时代的变迁，冷兵器时代的结束，这些桩法因逐渐疏于练习而在传承过程中断裂，在传承中不断被束之高阁而没有得以继承下来。另外一个历史原因可能就是这些桩法还不够成熟或虽被先辈们设计出来，但在实践中并没有得到实战检验，故而其练习方法也就无从继承。这一点笔者在拜访蔡李佛拳著名传人董德强先生时问及蔡李佛拳桩法繁多时，董先生也表达了同样的感想，他说蔡李佛拳桩法确实是岭南拳派中最丰富的，有许多桩是其他门派所没有的。的确，蔡李佛拳在继承南派木人桩上又有许多新的创新，根据练功需要设计了一些对技击实战有特效的桩法，但由于各种原因一些桩法没有传承下来，也许一些桩仅有图样而没有流传下桩的练习方法。当笔者在蔡李佛拳另一重要支流佛山鸿胜馆调研时，发现该馆有正在使用的蔡李佛拳桩。从鸿胜馆流传下来的木人桩外形看与洪拳、咏春拳的木人桩有明显区别，其桩的上部是一只手臂，此手臂可以上下活动，而且此手臂的背部有弹簧与最下部伸出的桩脚相连，中间是两只左右桩手。据鸿胜馆主持馆务的副馆长梁伟永介绍："蔡李佛拳的木人桩上部的手臂有弹簧相连，可上下活动，主要是在练习击打时有弹性，同时也增加了击打的反击力，这种更具有机械性的装置增加了桩手的假想对敌作用，能很好地提高练习者在击打桩时的实战操练。"① 目前蔡李佛的木人桩以鸿胜馆中的这种木人桩习练者为多，较能代表蔡李佛木人桩的特色，而蔡李佛拳其他桩法已经很少能见到。鸿胜蔡李佛这种桩就是在蔡李佛拳桩谱中的秤桩，只不过在岭南内地已经变形，已经无法看到其秤桩的原貌，然而在香港一些民间仍存有蔡李佛拳秤桩的原貌桩样品。秤桩可谓蔡李佛独有的木人桩，桩身高六尺（唐尺），桩手有三支，桩脚一支，而上桩手因可以上下活动，练习者可在桩手后加上不同重量的秤砣，这就是这种桩之所以称为秤桩的原因。秤桩练法一般分为十二式，每式可以左右练习：①走马插槌；②走马捎槌；③连环插槌；④虎爪插槌；⑤按手挂槌；⑥穿手撑脚；⑦穿手扫脚；⑧偷漏插槌；⑨上步迫肘；⑩挂槌撑掌；⑪连环昂掌；⑫转身鞭槌。②

（四）古法自然的莫家拳木人桩③

在岭南各流派中流行的木人桩，除洪拳、咏春拳、粤剧红船及蔡李佛拳等家外，岭南五大名拳的莫家拳也有木人桩。其木人桩取材制作古法自然，一般取木桩埋于地下或安在挖好的洞里，桩的上部左右轴安一支竹相当于两臂，前后轴安一支竹相当于敌手的一只手臂，桩的下部安一只可活

---

① 据笔者 2008 年 7 月访谈佛山鸿胜馆副馆长梁伟永录音整理。

② 香港科技大学学生会：《实战少林武术学会十周年会刊》（内部刊物），2005 年，第 73—74 页。

③ 2008 年 7—8 月笔者在广州拜访莫家拳的嫡传林仲伟前辈，并得到林仲伟先生赠送《莫拳》拳谱。

图 7 – 30 棍桩　　　　　　　　　图 7 – 31 掌桩

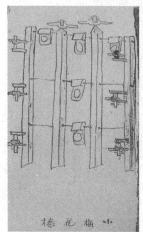

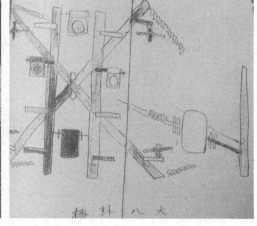

图 7 – 32　陈忠杰抄本展示的小梅花桩、大八卦桩

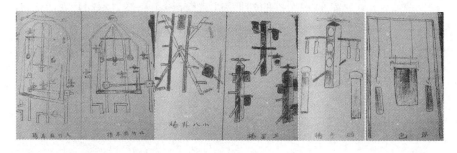

图 7 – 33　陈忠杰抄本展示的大小竹林拳桩、小八卦桩、三星桩、碎手桩及沙包桩

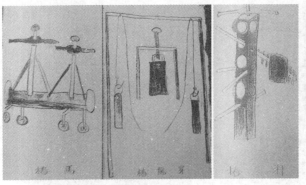

图7-34　陈忠杰抄本展示的马桩、穿龙桩、秤桩　　图7-35　佛山鸿胜馆
使用的木人桩

图7-36　香港存留秤桩（香港龙狮总会，原香港国术总会梁国立演示）

动的桩脚，从莫家拳的木人桩的外形看比较古朴、自然，取材广泛，在木质的选择上除桩体为木质，手臂及桩脚都采用竹制。莫家拳的木人桩主要练习桥手的硬度、腿法等，掌握莫家拳的各种手法及腿法，可发展臂力、腿力和步法的灵活变换能力。①

────────────────

① 林仲伟：《莫拳》，广东人民出版社1994年版，第15页。

图 7 – 37 莫家拳木人桩

图 7 – 38 截肘

图 7 – 39 钩镰腿

图 7 – 40 穿心脚

莫家拳的木人桩还练习肘的硬度，如弓步截肘、马步横肘，练习时一手抓或格挡向前伸出的竹臂，用肘击打桩体；上肢击打配合下部的腿击，如上部横扫掌加下部的钩镰腿；莫家拳的各种腿法，如穿心腿[1]等。在林仲伟先生编著的《莫拳》一书中有关于莫家拳打木人桩拳谱[2]：

1. 放桥初起用穿心；2. 左右过门侧脚临；3. 直进正间双夹掌；4. 回桥带马对胸心；5. 冲掌冲拳兼搭颈；6. 左右双肘姿势沉；7. 过门两度连环脚；8. 不若上桥窃脚先；9. 移步转桥分两边；10. 左右引手须向前；11. 强者摩桥能跌势；12. 无疑后蹬出庭边；13. 前进也应跟一步；14. 方知标脚不迟延；15. 为胜两重双叠掌；16. 难比

① 图 7 – 38 至图 7 – 40，此为莫家拳嫡传林仲伟演示的木人桩截肘、钩镰腿及穿心脚。
② 详见林仲伟《莫拳》，广东人民出版社 1994 年版，第 19—20 页。

擒拿捉脚先；17. 前进冲肩真势重；18. 稳如磐石也无全；19. 退步
不如铁扫镗；20. 重重起脚势冲天。

从莫家拳的桩谱来看，语言通俗，易于理解，基本把莫家拳常用的击
打木人桩方法概括之内，其多为手脚、肘脚、拳掌等，也包括抓握方法等
综合于木人桩的练习，其中腿法练习占有一定比例，如穿心脚、钩镰脚的
练习，这与莫家拳重于腿法有着必然联系。莫家拳在南派中的腿法是一
绝，其腾空腿法也为岭南拳派所罕见，故而在其木人桩练习中其腿法也
是莫家拳功法必操之功。另外，莫家拳的木人桩采用竹子作为桩的臂，
在练习时以拳、掌、肘击打竹臂为多，以练习这些部位的硬度，这与莫
家拳中的另一种功法练习打单支竹有殊途同归妙用。在莫家拳的打单支
竹功法练习时可以锻炼桥手的抽、挑、劈，肘的臂膀，腿法的拨腿、潭
腿等。① 莫家拳的单支竹为大茅竹埋于地下，并可在茅竹上段竹节开空放
入 2—3 枚铜钱于竹筒内，在击打茅竹时铜钱发出声音，根据铜钱发出的
响声判断击打力的大小，既提高习练者兴趣，又可以检验习练者功力的提
高的程度。

（五）岭南香港奇桩遗存——黑虎门九齿磨盘桩②

岭南除洪拳、咏春拳、蔡李佛拳及莫家拳几家常见的木人桩外，还有
一些流派奇特的木人桩，为中国武林甚至岭南腹地所罕见。在香港黑虎门
有一种很奇特的桩——九齿磨盘桩，此桩桩身不是用木制造，而是由麻石
或三合土倒模而成，加上九支桩手所组成，头顶一支，上盘四支，中及下
盘又各有两支。头顶之桩手可上下摆动，代表敌方从上而下之捎或挂槌，
中盘四支桩手可左右转动，代表敌方之左右桥手，九齿磨盘桩可单人或双
人对练，特别是双人对练时，一方推动桩手就会使另一方之桩手转动，故
另一方之练习者需要立即做出反应，或控制或闪避桩手之攻击，这就更增
加了练习时的应变反应，更接近实战练习，故而变化多端有别于其他木人
桩。可见，黑虎门之九齿磨盘桩不仅形制奇异，而且其练功辅助功效也是
极为奇特，实为岭南腹地或中国内地所罕见。黑虎门之九齿磨盘桩应为岭

---

① 林仲伟：《莫拳》，广东人民出版社 1994 年版，第 4 页。

② 香港科技大学学生会：《实战少林武术学会十周年会刊》（内部刊物），2005 年，第 73—
74 页。

南或中国内地流派传到香港的遗存，这种奇特拳派木人桩能得以在香港遗存，正印证了香港作为岭南武术文化"边缘"所特有的武术文化特征。

图 7 – 41　黑虎门九齿磨盘桩（前香港国术总会梁国立演示）

　　南派武术练功方法中最为优秀、独具特色的器具当数木人桩，它是一种用木制成的模仿人体的练功器具，用以模拟对敌时技击方法的练功器具，用作锻炼技击训练的辅助特效手段，并将本门拳法的基本手法、步法融入其中，实为练功的得力助手。岭南各拳派有着自身门派特色与形制不同的木人桩，实为中国武术文化中的奇葩，木人桩应是中国武术中体现先辈们为追求武学而创造的一个具有训练特效的练功器械珍品，在中国及世界武技史上都是独创的，这也体现出岭南武术文化的简洁、实用及勇于创新。

本章小结

　　本章主要对岭南武术的四个典型拳种——洪拳、蔡李佛拳、咏春拳及客家拳的李家教及岭南武术器具——木人桩进行个案分析。主要分析了四大典型拳种产生的不同历史文化背景及其对各自拳种技术风格的影响，分析了四大拳种各自不同的文化特色：神秘的洪拳、刚猛的蔡李佛拳、深藏的咏春拳以及古朴的客家拳李家教，并对各拳种的技法、套路、文化特色、技击攻防及个别独具特色的器械进行了解读。虽然岭南四种典型拳种的技术风格迥异，但拳种中都蕴含着岭南浓厚的共同历史文化背景，尤其是社会政治文化背景在拳种中都有不同程度的映射，反映出同一岭南地域武术文化孕育出的不同拳种既有共同的文化印记，又有各自不同的拳种文化特色。

岭南典型拳种中各拳种的历代传承人是岭南武术文化的脊梁，因为岭南武术文化正是由这些拳种的优秀代表共同在弘扬着岭南武术文化的精神，他们的事迹如同岭南武术发展不同时期的溪流汇聚成历史的长河，岭南武术文化的长堤是由各拳种的代代传承人共同守护的，才使得岭南武术的"薪火"流传不灭，并由国内撒播于海外，传布于世界各地，为世界文化贡献了一份文化珍品。

本节还对岭南南派优秀的独特练功器具——木人桩进行了探密与解读。木人桩是运用简易木制机械人作为假想敌手来训练技击方法与提高功力的辅助练功手段。各拳派根据本门技法的不同设计出各具本门功法训练特点的木人桩，如主练铜桥铁马的洪拳木人桩，同源异流的咏春拳与粤剧红船的木人桩，种类繁多、功用奇特的蔡李佛拳木人桩，古法自然的莫家拳木人桩及黑虎门的九齿磨盘桩。木人桩作为岭南南派各拳种作为本门训练技击实战的特效功法，也是本门向来视为珍宝的秘技不轻于传授的特效练功秘技。木人桩是岭南武林历代宗师为追求技击实战训练技能而创造的中国武术优秀练功辅助器械，它是先辈们智慧的结晶，也是岭南武术文化中追求创新、讲究实用的一个重要体现。

第 八 章
岭南武术文化地域特征、
文化心理及理论构建

第一节 岭南武术文化的地域特征

岭南武术文化作为文化的一种，其产生和发展离不开地域文化的影响。正如艺术家丹纳所言："不管在复杂的还是简单的情况下，总是环境，就是风俗习惯与时代精神，决定艺术品的种类；环境只接受同它一致的品种而淘汰其余的品种；环境用重重障碍和不断的攻击，阻止了别的品种发展。"① 丹纳对艺术所依赖的地理环境的精彩论述，在论及地域与拳种风格形成时也是十分贴切的。在岭南特定的地域内孕育发展的岭南武术在发展的不同时期，尤其是在武术发展初期，岭南的生存环境、人们的生存方式对岭南武术技术风格及其文化特色的形成有着特定的限制，也正是那个时期的地域影响给岭南武术文化的演进留下了深刻的地域烙印，并决定了今后岭南拳种技术风格的大致走向，使得其即使随着时代及环境的沧桑巨变，也依然会体现在岭南武术文化中。

一　岭南武术文化形成的历史分期

在特定地域内形成的文化（包括武术文化）是受该地域自然、社会以及人文等内外部各种复杂条件的交替影响而不断演进的，影响文化发展的外部因素，无论是地理环境、社会经济，还是人文政治，对文化的生成与演进的任何一元论解释，都既有其深刻片面性的一面，也会有与普适性常识的相悖之处。岭南武术文化的发展过程也是一个内外部影响交替施加作用的历史过程，要正确对待武术演进过程中内外界因素影响的历史

---

① 丹纳:《艺术哲学》，傅雷译，安徽文艺出版社 1991 年版，第 84 页。

性，要着重对武术发展中特定历史时段的显著的外界因素影响特征加以研究，而各历史时段中显著的外界因素施加影响具有随自然、社会及人文环境条件变化而变化的特征，故而在分析岭南武术文化地域特征时就需要对岭南武术文化进行一个历史分期。① 这种分期主要是排除外界影响因素普遍性的不合理性，充分吸收其合理的历史性，避免一元决定论从而尽量辩证历史地看待岭南武术文化的形成、演进过程与历史走向。

（一）岭南武术文化的发轫期

这个时期正处于岭南地域文化萌芽阶段，此时具体的地域范围也不确切与稳定，但考古及文明发源的相关资料显示出产生于岭南这块地域内的器物具有一致性。从一些有关岭南南越民族的形成、先民们的生存方式的早期文献及传说中，可以推测出岭南先民使用的人与兽、人与人搏击技能是岭南武术可以追溯的原始起源。这一时期相当于秦统一岭南前后的南越部落时期。秦军平定南越时遭遇到的南越族的顽强抵抗以及为此所付出的惨痛代价，从一个侧面反映出了当时岭南早期武技发展的原始水平。

（二）岭南武术文化的邦国期

这个时期正处于岭南地域文化的显现期，南越国时期是岭南邦国时期南越土著自然进化与发展到的邦国时代，它基本上涵盖了其后岭南的大致地域范围，南越（通"粤"）文化也成为岭南邦国时期的文化代指。在岭南的邦国时期，南越各部落成为一个整体邦国，对岭南早期文化的形成具有重要意义。尽管这时期仍然处于部落发展阶段，但邦国时期对于形成具有一致文化式样的岭南地域文化特色而言无疑是历史发展的必经时段。这一时期南越王赵佗将南越先民的"好相攻击之俗"引入正轨，使得南越先民的好勇斗习开始转向有约束的武技。在考古文物中发现的钺匕首等带有岭南轻灵风格的兵器即表明这一时期岭南先民的兵器及技能，因为武器在武术早期发展中一定程度地表明了先民武技的一方面。

（三）岭南武术文化的史载期

这一时期指邦国消失后融入民族历史文化统一体中，岭南地域中的部

---

① 文选德：《湖湘文化古今谈》，湖南人民出版社 2006 年版，第 34—35 页。

分优秀文化有的上升为岭南文化的精华，成为岭南文化的一种象征，这时期区域文化并没有随之消失，而是转换了形式，进入了以地方行政区划为表征的史载阶段，区域文化的内容主要通过人文心理、民情风俗、生活方式等方面体现出来。在这时期，有些岭南武术文化的武术早期形式显现在统一的武术文化中，如早在宋代就有关于岭南枪手的记录，《宋史》卷一百九十记载有："广南东西有枪手……"① 这应是岭南地域内善于使用枪术在当时军队的反映。岭南武术文化进入史载阶段大致在汉以后，自汉以后"岭南"作为地域之称开始在文献记载中出现。

对岭南武术文化进行历史划分，便于在岭南地域文化的历史坐标下考察其武术发展演进。岭南武术文化是岭南地域文化的一个分支，其孕育、发展及演进自然离不开文化母体的历史背景。岭南武术文化在中华文化一统下的地域内不断演进形成了岭南南派风格，因此需要辩证认识岭南不同历史时期的自然地理、历史文化对武术的影响。一般而言，其时期越早，地域环境对武术技术风格的影响越大；时期越晚，地域环境对武术技术风格的影响越小，但技术风格的文化内涵却愈丰富；岭南武术技术风格在受自然地理及人文影响形成的不同历史时期尽管地域因素影响虽然越来越小，但却内在地规定了今后岭南拳派技术风格与文化内涵的历史走向。

二　岭南武术技术特征形成的地域文化影响

岭南武术文化是指岭南地域内习武者历史沿袭、积淀而形成的一切与武术有关或相关的物质、精神产品的有机复合体，它是岭南地域内人们的一种生存和发展方式。岭南武术技术特征的表现是由于长期生活在岭南地域习武者中凝聚起来的思维方式、行为方式、生活方式在拳种技术风格上的外在表现，其内隐的是岭南习武者所生活、生存在岭南的地域惯习②及地域环境在武术技术风格的映射。

---

① 引自《宋史》卷一百九十，文渊阁四库全书电子版，上海人民出版社与迪志文化出版社1991年版。

② "惯习"的概念，详见皮埃尔·布迪厄、华康德《实践与反思》，李猛、李康译，中央编译出版社1988年版，第17页。

（一）岭南地域惯习①：岭南武术技术风格表达的内塑过程

1. 生产惯习：岭南武术技术风格形成的实践来源

人类要生存就必须要生产，而人类首先要依靠制造、使用工具维持必需的生存。原始群体采集、狩猎的生产技能，以及在其中重复实践的最为成功、有效的技能逐渐形成为人的一种惯习，而岭南武术技术也是在岭南先民不断演进中形成的一种技能，自然其中也不可避免地带有岭南地域内生产惯习的痕迹。从岭南古南越各族的"好相攻击"到有史志记载的军中著名的"使枪手"，无不带有这种生产惯习所留下的踪迹，并在以后岭南武术技术风格上有所展现，岭南先民的生产惯习在武术上也成为习武者必然遵守的自然规则。岭南武术技术上的注重下盘桩马的稳固而桥手的多变与岭南"耕三渔七"的生产条件密切关联。桑基渔田的水网阡陌纵横，其田间多狭窄之路可行，这种惯于舟船的生产生活方式，使得习武者注重下盘的稳固而上肢多变；岭南武术器械多为日常农具，如大耙、南刀（由岭南一种农具演化而来）、藤牌等，反映在岭南握持器械方式上，就是岭南武术器械中的长器械是以右手为前锋手，许多传统器械的起势也是右手持器械，这些器械样式及日常握持工具的惯习即是岭南生产惯习在武术技术风格的一个反映。

2. 生活惯习：岭南武术技术风格形成的意识来源

生活惯习是长期生活在岭南地域内的人们在与环境的互动中养成并且长期为人们所共同恪守而形成的。由于地域内群体长期得以共同参与，生活惯习已经化作一种内在的"教化"。生活惯习的内在意识可以制约人们的实践活动，岭南武术技术也当然会受到这种生活惯习的制约与支配。这种生活惯习会凝聚成人们的一种共识而被认同传承下来，违反这种生活惯习者会遭到人们的排斥。如岭南武术的长器械使用时都是右手在前的右锋手，如果岭南武术习练者持握长器械起势在左手边或左手作为前锋手在前，会被认为不是"正统"的岭南传统

---

① 法国布迪厄的社会学理论认为："惯习（habitus）不是习惯（habit），惯习是深刻地存在性倾向系统中的技艺性的能力，具有情景性，即由场域型塑而成的，是知觉、评价和行动的分类图式构成的系统，而习惯只是由行为的重复而形成的行为模式，惯习是由积淀于个人身体的一系列历史的关系所构成，其形成是知觉、评价和行动的各种身心图式。"故而斟酌再三，在此"惯习"一词更能表达岭南武术技术内塑的内涵。"惯习"不仅仅是"习惯"的文字次序调换，其表达的内涵更贴近本书所要表达的意思。

技术风格。岭南人们的生活惯习在习武者内心深处已经形成既定的观念体系与既成的意识，在岭南习武过程中自觉约束着其练习秩序。

3. 语言惯习：岭南武术技术风格形成的传承来源

人类任何一种技能的传承都需要语言来交流与传递，岭南武术技术的传承就是岭南历代各拳派宗师在传承中不断创造的结晶。语言可以超越时空被代代口传心授，使岭南武术技术被岭南习武群体所习得与继承。岭南武术技术风格中保留有许多只有语言惯习才能够得以传承的东西，也只有运用岭南本地方言才可以表达其内涵的独有风格。如岭南洪拳传统套路的铁线拳中的发声，只有运用广州方言才可以发出，并配合手法，从而表达岭南南派那种以声助气、以气助力、以声助威的粗犷刚猛的拳术风格；蔡李佛拳的独特发声，常见发声为"益、的、哗"，在岭南武林中也有"闻声而知蔡李佛派也"之说。另外，岭南各拳派的拳法拳论多以本地方言写成，极富有岭南地域语言特色。有的岭南武术的语言惯习已经成为岭南武术文化的重要符号，并在国内外具有广泛的传播辐射影响，如"功夫"一词即是岭南珠江三角洲地域对武术的民间俗称，随着这一词被传播到国外，如今"功夫"已经成了中国武术在国际上的文化符号，并几乎成了中国武术的代称，足以显示岭南语言惯习所具有的强大文化传播与辐射作用。另外，咏春拳的对练形式"黐手"也是岭南语言惯习中对咏春拳这一练功方法的称呼，"黐手"几乎已成为咏春拳的特定用语。岭南武术流派中的一些器械也是岭南人的语言惯习称谓，如岭南人的"大耙"即北方的"钢叉"等。在岭南武术技术风格中彰显的这些语言惯习给予了岭南武术特定的文化内涵，它是岭南习武群体世代依靠语言传递给下一代人，并在习武实践中反复实践，通过语言表达的惯习传承岭南武术文化，并在技术风格中有所孑遗。

（二）岭南地域环境：岭南武术技术风格形成的外化过程

岭南南派武术流派虽多，但拥有相近的演练技术风格与历史文化底色。技术风格展现为：桥（南派上肢手臂称为桥）法多变，重视马（南派下肢称为马）的稳固，宽阔扎马，吸蓄闭气，呼气发声，以声助威，气势雄浑；注重桩马的稳固与桥手的硬度与灵活多变；少于跳跃，轻于起腿，技击动作朴实无华，攻防讲究实用。① 文化特色展现为：兼容并蓄之风、刚猛之气、融会之举、开拓之貌及务实之性。② 这些岭南武术技术特征及文化特色都明显带有岭南地域文化影响的烙印。地域环境是影响岭南武术文化的物质与前提条件，但也不是唯一条件或决定条件，地域环境仅是为岭南武术技术风格及文化特色的形成提供了一种可能，因此，我们既不可对地域环境的影响过于夸大，从而导致"环境决定论"，亦不可对地域环境对岭南武术文化形成，尤其是在早期阶段塑造定型的意义置之不顾。岭南地域环境是岭南武术技术风格形成的外化过程。③

1. 岭南地域自然地理环境

岭南地域北隔五岭、南阻大海的自然地理环境，一方面限制了岭南与岭内中原大地的文化交流，但同时也有利于与海外来往。地域自然地理环境使得岭南武术文化既具有远儒性，又表现为强烈的中外文化交融性。与受儒家文化影响较深的北方拳种相比，岭南武术拳种在文化上明显缺少儒家文化的痕迹，而更多地表现为受下层民间底层文化与海外文化的影响较深。

岭南内部不同的自然地理环境对拳种技术风格的影响也有所差异。岭南的东北部（广东东北部）及西部（广西东部）是客家及少数民族聚居地，多为一些山地或丘陵，生产方式多为在山岭、坡田或狭窄浅滩进行农业生产。这里是客家人与本地土族共同生活的地区，土地与人口的矛盾十分突出，土客之间的械斗经常发生，加之远离政府统治中心，盗匪时常出没。这客观上强化了人们保家护族的生存需要。孕育在这里的武术拳种与当地的生产、生活有着密不可分的关系。山地、丘陵及浅滩之间，既是人们日常生产之地，有时也是发生搏斗的场所。行走在崎岖的山间小路或居住在客家围龙屋中，随时都不可避免地遇到盗匪出没。因此，这一地区的客家拳技术风格多展现为动作短小，发劲短促，运动幅度较小，并有跌扑滚翻，强调下盘稳固，而且器械多为日常生产工具，如大耙、马刀等。岭南的中部腹地为广阔的珠江三角洲，这里水网交织，土地肥沃，生产方式

---

① 李吉远、牛爱军：《南拳文化探究》，《体育文化导刊》2008 年第 11 期，第 45 页。

② 李吉远、牛爱军：《从非物质文化遗产视角探究广东南拳形成的地域文化》，《武汉体育学院学报》2008 年第 6 期，第 77 页。

③ 参见拙文《南拳文化探究》，《体育文化导刊》2008 年第 11 期。

为耕三渔七、桑基鱼田。人们的日常交通工具为舟船，农业生产为水稻种植及渔业，无论是水稻种植还是捕鱼，上肢运用较多，而下肢主要是稳定重心。在岭南腹地发展的拳种技术表现为桥法多变，十分重视桥的力量与硬度，下盘马步要求开阔的四平大马（如洪拳早期的四平大马）或占地不大的窄马（如清晚期传入的咏春拳的"二字钳阳马"）。

岭南内部不同的地域自然地理环境对拳种技术风格的影响程度虽各异，但都对拳种技术风格的形成，尤其是对较早时期的武术风格的形成有着一定的外部塑型作用。

2. 岭南的社会政治环境

岭南相对封闭的自然地理环境，长期地处历代统治中心的"庙堂"之远，每当岭内阶级斗争出现，发生政治动乱或天灾人祸时，岭南多成为岭内民众向外流动的避难之所，岭南历史上有过多次移民。在移民迁移及流动过程中，习武防身护家成为其本能的需要，"客人多精技击"便是这种移民迁徙的真实写照。当到达一个安身之地，又面临与当地土族及家族之间的弱强之争，卫家强族又是习武的内在驱动，因此，岭南民间浓厚的习武习俗、民风强悍与历代移民迁徙有着一定的渊源。在语言不通、人多地少、弱小就要灭亡的生存逼迫下，也许对抗是最直接、最有效的解决手段。

岭南在历代也是失意政客、贬官及政治集团失败一方的选择之地，自唐以来，可谓不胜枚举。这些失意人物或失败的政治集团的到来，对岭南文化（包括岭南武术文化）的影响是极为深远的，主要是对岭南文化的深层心态文化的影响。如宋末帝赵昺迁于新会崖山蹈海而死，随后几十天海面浮尸数万，尤为惨烈；明末的永历、隆武、绍武灭亡于岭南，使得反清复明思想在岭南影响极为深远，反清暴动持续整个清朝统治期间，并孕育了秘密会社的渊薮"天地会"（又称"洪门"）。岭南地域内积淀起来的那种"宋亡而为宋遗民，明亡而为明遗民"的亡国之痛，可谓铭心刻骨，不时激发起地域内潜藏的那股强烈的民族义慨，岭南民间忠义节烈之士代不乏人。社会政治环境对岭南武术文化的影响，使得岭南武术文化带有了某种"刚烈之气"，岭南内暴动、会党迭起，尤其是近代反帝反封建的民族革命中，岭南武术在其中均发挥了历史作用。岭南许多拳种均与反清思想有着渊源，如洪拳、咏春拳、蔡李佛拳等，在技术风格上多表现为拳势刚烈、刚猛气势，这与岭南地域社会政治环境长期积淀的深层文化心态有着密切联系。

3. 岭南地域身型体态特征

人类生存的各种自然地理及社会人文环境的不同，造就了人类的身型体态特征的不同。中国武术中流传的"南拳北腿"，体现了不同地域内人们身型体态特征制约下发展的不同武术技术风格：北方人高大，腿脚较长，善于以腿击敌；南方人相对体型较为矮小，发挥手法多变，快速进攻，长于拳斗。"南派拳术多工于细腻，讲究近身短打、沉桥大马、步法沉稳、以声催力，讲究贴身近战取胜。"① 从人类学上分析，这是由于自然地理环境对人的体质影响的结果，使南方人体态相对于北方人普遍矮小。② 岭南地域内由于身型体态特征增加了搏斗的一些不利因素，使得岭南武不得不寻求其他方面予以弥补，利用重心降低、宽阔扎马以求稳固，增强腰马功夫以腰马合一，锻炼桥手硬度和多变以求快速进攻，运用吐气发声以内劲鼓气，克服自身体型上的不利，以追求破敌求胜。岭南拳派在技术演练风格与技击理论方面均有着浓厚的地域特色。

三 岭南武术套路蕴含的地域文化密码

武术套路形式是文化负载量和武术文化负载量最大的形式，是中国武术文化形态的代表。③ 武术套路形式在一定程度上也反映出地域潜藏的文化密码，分析岭南武术文化的地域特征自然可以从岭南武术文化形态的代表套路形式上入手。

中国武术的套路形式在不同历史时期其套路结构及器械使用方法都不相同。随着历史条件的演进，武术套路形式更是在原地理环境、民俗文化等基础上发展起来的武术文化相互交流、融合而不断变化的综合结果，使得其中受地域文化影响的痕迹更是难以甄别。毕竟中国武术千百年来始终是不断交流融合的，故而即使我们用历史的眼光认真审视岭南武术套路蕴含的地域文化密码，也是建立在一种站在不同历史时期、多种文化影响程度显现不一的立场，来研究岭南武术套路形式在经过长期传承、积淀、变

---

① 程大力：《论生态类型与传统体育》，《成都体育学院学报》2004 年第 1 期，第 17 页。

② 梅杭强、邱丕相：《武术套路形成根源的人类社会学研究》，《天津体育学院学报》2005 年第 1 期，第 33 页。

③ 程大力、黄静：《关于中国武术继承、改革与发展的思索——竞技套路是保存与发展中国武术的重要形式论》，《成都体育学院学报》1998 年第 1 期，第 19 页。

异和演进而体现出的地域文化密码。为了对岭南武术套路形式有个历史时期的限定，这里将岭南武术套路及中国北方武术套路限定为清代以前流行的传统套路，并借以历史文献记载及同时期中国北方武术套路形式进行比较来审视岭南武术套路形式蕴含的地域文化密码。下面仅以岭南武术套路的起势方向、运行路线及器械持握为例，来推论潜藏在岭南武术套路中的地域文化密码。

　　根据在岭南调研期间的传统武术演练及观摩、走访有关专家及阅读文献拳谱发现①：岭南武术多数拳种的传统套路起势方向一般为向前运动，其运行路线为向前进方向运行的"十"字形、"工"字形、"T"字形及"士"字形等前后方向为主，中间穿插左右小幅度运动，收势是向后右边收势；器械起势及持握均从右侧，长器械持握多以右手作为前锋手，左手握后把，其运行路线大致同拳术套路一样为前后运行；在器械种类特色上表现为多为日常生产工具，如大耙、条凳、马刀等；器械的技术风格表现为动作刚猛的实用器械，而技巧性较高、轻灵的器械则极少，如剑、枪，许多拳派的枪法融会于棍法中，即所谓"枪棍"，而岭南拳派中的剑术则罕见。岭南南派拳术套路起势方向、运行路线及器械持握与北方拳种有着明显的不同：北方多数拳种套路形式的起势多为右边起而后向左运行，其套路运行的路线也是多为左右来回，称为"趟子"，如劈挂拳有"十二大趟"；形意拳的"五行"、"十形"及"十二大形"都是趟子；北方的传统长拳如查拳的"十路潭腿"、"十二路潭腿"都为左右来回往返的趟子，收势也大多是从左边向右边收势，有的是先向前运动后再向左运行，如北方中原大地河南中州的陈式太极拳是先以"金刚捣碓"向前起势，接着经"懒扎衣—六封四闭"至"单鞭"结束后，从第二个"金刚捣碓"开始向左运行；也有的是从右起势后一直向左运行，并在左边收势。为此笔者专门咨询了东北的关铁云教授，他称传统翻子拳有一套路叫"翻子一

---

　　①　2008年7—8月及2009年5—6月笔者两次深入岭南调研，曾观摩了广东传统武术比赛的四个赛区（茂名、顺德、汕头、广州）的传统拳术、器械套路，并拜访了陈昌棉、董德强、陈耀佳、彭正庭、黄建刚及洪拳、蔡李佛拳、咏春拳、李家教等拳派代表传人。也通过查阅岭南传统套路图谱，对岭南拳种套路的起势方向、运行路线及器械握持等与北方拳种作一对比，进行其地域文化密码的探研。为了比较与北方拳种套路运动特点，还专门咨询了部分精于北方拳种的武术大师及武术史学专家，如蔡龙云先生、导师郭志禹教授、沈阳关铁云教授及远在日本武道大学的林伯原教授。

去不回头"，即是一直向左运行并在左边收势，而在咨询远在日本的林伯原教授时也证实了这一点，他也提到传统翻子拳有"翻子一挂鞭"之说。但综合而论，北方拳种套路运行以左右运行为主，并间或有小范围前后运行。北方拳种短器械的持握一般多在左边，运行路线亦多为左右来回路线，尤其是长器械持握时以左手在前的左锋手为主，右手握于把端，北方一般称为"正把（手）"，反之则称"反把（手）"。当然也不排除北方拳术套路有打四门的方向、走圆（八卦掌）等其他套路演练的运行路线和其他个别器械运用的特殊情况，这都属于事物的个别现象。南北武术在套路运动形式上存在的这些差别，其内在必然蕴含着深厚的地域文化基因密码，揭示套路形式所潜藏的地域文化密码无疑对我们认识岭南武术文化尤其是文化负载量最大的套路，意义是十分重大的。作为地域文化的基因密码会一代代在岭南武术中传承下去，对今后岭南武术文化的发展有着极为重要的历史意义与现实意义。但鉴于套路形成的历史因素复杂以及不同时期影响因素的轻重之别，在此我们只能尽量从合乎历史逻辑的角度加以阐述。

　　岭南南派套路是以向前运动为主，间或小范围的左右运行，恰似"十"字形、"工"字形、"T"字形及"士"字形等前后方向为主。究其原因，一方面是要考虑岭南地域早期的地域环境因素。水网密布，基堤纵横，耕三渔七，桑基鱼田是珠江三角洲典型的农业生产方式。早期的人类搏斗，有的即是舟船相向而进行的搏击。产生在这里的岭南武术套路运行与器械的选择和使用方法与人们的生存、生活、生产方式有着密切的关系。武术是与岭南人的日常生产、生活方式相联系的。因此，岭南的这种南方农业生产方式是我们在分析岭南武术文化的一个历史出发点，也是一个理论逻辑起点，岭南南拳的一些最初的特点与这种早期的生活方式是有着一定的联系的。在水稻田埂间的生产方式及以船为家的生活环境条件，使得在使用拳术时只能以向前运动为主，间或有左右移动。即使在其他地方习练拳术，岭南地域生活条件限制了其活动范围，使得岭南拳术在发展中朝着以向前运动的攻防技击动作为主，收势也是与起势相呼应向后收势，如岭南历史早期产生的洪拳传统套路三展拳、铁线拳，咏春拳的小念头、寻桥及标指等套路形式。器械的运行路线也大致如此，而且其向前表现更突出，尤其是长器械，因为长器械的攻击部位就在前端，无论南派的单头棍、大把等，还是藤牌碟这样的独特器械，主攻方向也是向前。在岭南地域的生活方式养成了其器械、拳术的运行路线及攻击目标就是前方的惯习，加之南派武术多讲究简洁、实用，自然在拳术、器械套路表现上呈现出其"十"字形、"工"字形、"T"字形及"士"字形等前后方向为主的运行路线，在器械的选择上则重于简单、实用的日常生产工具，如大耙、南刀、单头棍等，而对轻巧、灵活的剑之类则轻于选择，这也是与岭南武术的重实用、轻花法的文化心理有着必然的联系。

　　另一个方面就是岭南南派武术的远儒性造成的。岭南长期远离中华文化的社会政治文化中心地带，在武术文化上也更多地表现在儒家文化无处不浸，而在岭南却较少涉及而有所体现，包括作为民间民俗文化一部分的武术文化。远儒性在岭南武术文化中的重要表现就是岭南武术套路的起势及其运行路线。南派拳术的起势更多地暗含了本派拳术的内涵思想，如蔡李佛拳、洪拳的起势含有反清复明思想，其地域文化影响极为深远。在拳术及器械套路运行路线也没有采用北方儒家文化右为尊为上的右起向左运动方向，包括持短器械手也是没有以左手开始，而是从实用出发的右手持械及实用器械，从人的生活方式出发解释是一方面，传统套路的编定更多的受文化的影响。由此可以推测，越是远离中华社会政治文化中心的边缘地带，这种现象越明显。在西南边陲的广西，即使是拳术、器械套路都是很短的，也多为常用攻防技击动作组成①，更无法顾暇向左、左手持械等。这一般仅服从于人们的生产、生活惯习，较少涉及儒家正统文化熏染。反观北方拳种套路运行多为右起向左运行的来回运行轨迹，这大概与北方中原地域及历史文化有密切联系：北方地域辽阔，地势平坦，且与游牧民族地域相接，自先秦以来，中原大地即战争频仍，从早期的战车来回纵横驰奔至战马往返拼杀，均为大范围内的左右运行路线，故而北方流传的八极、劈挂、翻子、通臂、戳脚、螳螂、燕青、查拳、红拳、少林、三皇炮锤、太极、形意等大多数拳种流派的套路运行多是在大范围内的左右往返运行路线，这是受北方中原大地的地域环境及历史文化影响形成的武术套路特征。北方拳种套路的起势、收势也受北方传统文化的熏染很深，

―――――――――

①　关于岭南广西与广东拳种的技术风格，笔者在岭南调研期间曾专门问过陈昌棉先生及董德强先生，他们对广东、广西拳种的技术风格是相当熟悉的。两位先生均称在技术风格上无多大差异，以广东拳术风格为多，因为先前广西西部均属于广东，广西的拳种也与广东拳种大致相同，这一点在两省的拳种统计上可以看出，除了少数民族的拳种，如壮拳为广西本地拳种。广西的壮拳，据陈昌棉先生称多为短小套路，其动作以技击攻防动作为主。

并在其中有所体现：北方传统文化古以右为上、为尊位，故而拳势多从右起向左运行后再往右打，成一种来回往返的"趟子"或"路"运行轨迹，其器械亦是将器械先放左手，起势后才将器械交到右手，就像在进行一项重要的仪式时右手为尊位，右手起势后才开始持器械进行演练。而持长器械也是左手做前锋手，左手做前后滑动应变，而右手为尊持后把端掌舵，显示其至尊位置。当然北方拳种套路运行路线也受到北方民间民俗、艺术的影响，如与武术有着密切联系的戏曲形式。北方戏曲各地均有，如中州的豫剧，齐鲁的梆子、柳子戏（流行于济宁、菏泽、徐州一带），燕赵的京剧等，其舞台表演形式一般都是从上（右）场门上台进场，下（左）场门退场，也是从右（进）左（出）的运行路线。而武术本来就是生存在广大下层民众中的民俗文化之一，民间戏曲艺术形式与武术套路运行路线的不谋而似，也许这不仅仅是一种历史的巧合与偶然，其中既显示了武术套路与民间下层群体的审美情趣的相通，也表明武术与民间各种文化形式的交融，在不同历史时期吸收了多种中国传统文化式样。这也显示了武术套路形成的文化历史因素的复杂性，研究其蕴含地域文化内涵的困难。故而我们只能从岭南武术套路与北方武术套路的比较中做一些力所能及的历史索骥，以加深对岭南武术套路形成的地域文化印记的认识。

第二节　岭南武术文化形成的深层文化心理

如果说地域对岭南武术文化心理的影响属于表层、浅层，那么岭南社会政治对岭南武术文化心理的影响则深入到内层、深层。岭南社会政治对岭南武术文化心理的影响对象是广大下层群体，这种在岭南广大民间群体中隐藏的文化心理，已经成为地域群体中的一种潜意识。它不是依靠上层政治的权力及文化统治力量自上而下灌输，而是凭借潜在的巨大习惯——潜意识支配着地域内习武群体的态度与行为。在岭南不同的历史时期当自身生存条件发生震荡、受到外族入侵等波及自身利害时，这种文化心理驱使着这些群体自觉爆发出来，担负和应对社会时代的裂变。

一　宋、明两朝灭亡及其移民众多、民族冲突与融合

广府文化作为岭南文化的三大文化之一，是岭南文化的核心区，岭南文化的基本精神也在这里形成，因此，它在岭南文化中占有绝对的地域广

度及民族心理优势。作为广府文化一个组成部分的武术文化也深受其影响。在广府文化孕育下的广东五大名拳及咏春拳、蔡李佛拳等在岭南武术中具有举足轻重的地位，其影响有的辐射整个岭南武术文化，甚至海内外。广府武术文化中的刚烈、勇于开拓、善于吐故纳新、讲求实效的特点，凝聚成岭南武术文化的精神内核。而尤以刚烈之气在岭南武术文化中最为鲜明，这与移民众多、民族冲突有着密切的历史渊源，其中以宋、明两朝灭亡的影响为重。宋、明两朝灭亡均以岭南为历史舞台，岭南人民宋亡为宋遗民，明亡为明遗民，这在岭南人民心里蒙上了一层切肤亡国之痛，亡国之后沦为遗民的民众不断反抗，又演绎了一出出历史上可歌可泣的英雄壮举，有的演化为民间故事，对岭南武术文化有着深刻的影响，如洪拳的由来及其传说。这些都增强了其民族意识，而武术在其中扮演着非常重要的角色，这与后来岭南大地上接连出现一系列的反抗异族历史事件是一脉相承的，有着因果联系，而重要的是由此形成的深藏于内的民族心理。

1. 宋亡及其移民带来的民族冲突与融合

宋德祐丙子二年（公元 1276 年）三月，元兵入临安（今杭州）。在其后南宋灭亡的两年多里，南宋的两位皇帝及其臣民被元兵追杀奔波于岭南大地（主要在广东）。凡潮州、惠州、东莞、番禺、新会、阳江、电白、雷州等地及沿海各地，无不有宋室君臣兵民之足迹。宋祥兴二年（公元 1279 年）二月，宋军被元军困于崖山（今新会，蔡李佛始祖地附近），元军切断宋军汲水道，宋军坚持十日，军人乏水渴饮海水，呕吐病泻，最后陆秀夫负帝赵昺蹈海而死，张世杰突围海上遇风浪覆舟而亡。① 而宋灭亡后的持续数日内，宋遗臣民有数万人蹈海而死，海面浮尸数里，其状惨烈，比汉时田横岛五百壮士集体自杀惨烈千百倍，此后不断激起岭南人民的不少义举。由于宋室军臣在广东沿海一带的艰难困苦，漂泊流离，其欲保持半壁江山以御外族入侵的悲壮义烈之气，遂激起岭南人民不少义慨。"裂裳为旗，荷矛为兵，所在为群，动辄万数"，② 正是人民反抗之真实写照，尤其是宋室灭亡之地的广府一带，如东莞的熊飞、香山的马

---

① 陈振：《宋史》（中国断代史系列），上海人民出版社 2003 年版，第 513—517 页。
② 周良霄、顾菊英：《元史》（中国断代史系列），上海人民出版社 2003 年版，第 353 页。

南宝、新会的伍隆起等地的义民。① 除此之外，义烈忠勇之士也多有出现，这主要是崖山之役的悲剧感人太深，以至于忽必烈之时（其在位三十五年），岭南祸乱相乘，接连不断，如至元十八年（公元 1281 年）南海李梓之乱，至元二十年（公元 1283 年）新会林桂芳起义②、至元二十至二十一年（公元 1283—1284 年）南海欧南喜之战、新会黎德之乱，至元二十二年（公元 1285 年）潮惠二州之乱③，等等。在以冷兵器为主的时代，武术在其中起着重要的作用，这些动乱的失败又加剧了反抗意识在岭南人民心里的积聚。岭南人民不仅目睹宋室亡国之痛，而且亲身参与其中，其积淀于民族内心深处的心态可谓受影响深远。

另外，伴随着南宋灭亡的也是一部史无前例的遗民迁移血泪史，这可谓是中原往岭南最大的一次移民。④ 元兵南下，人们仓皇出走的方向都是往南，有的沿海往南，有的逾岭往南，把岭南看作是托命安身之所，当时有南宋君臣举室南迁，还有大批的中原人士南迁。南迁过程中时常遭遇元兵追杀及盗匪侵扰，习武防身立命自然成为必要的手段。据史书记载，卫王赵昺在崖山时的宋军民、在雷、化二州两地的军民有 20 万之众，随着南宋的灭亡，这些移民与当地粤人在民族文化各方面进行着交融。广府人多自称他们的祖先来自南雄珠玑港，应为中原南来岭南的中转集中地，然后再迁移到岭南各地。南迁移民从陆路主要从江西经梅岭或从湖南经骑田岭而来，水陆主要经福建沿海而来。随着移民的迁入，作为防身保家的外地武术也自然随着传入岭南，如客家拳中的岳家教传说为岳飞死后其后裔迁往岭南带来的，刁家教从江西传入，咏春拳自福建传入，少林拳自河南传入。当然这些传入岭南的拳种并非伴随南宋时移民始传入，但至少表明大批的移民活动促进了外地拳种传入岭南。而南宋时这次较大规模的移民对岭南文化的影响是巨大的，它促进了中原文化与岭南文化各方面的交流，武术文化的交流也是其中一个方面。在那个兵荒马乱的年代，虽然史籍留下的记载较少，但我们依然能看出外地拳种传入岭南也是一个渐进的

---

① 黄尊生：《岭南民性与岭南文化》，民族文化出版社 1941 年版，第 5—7 页。

② 同上。

③ 周良霄、顾菊英：《元史》（中国断代史系列），上海人民出版社 2003 年版，第 357 页。

④ 晋末五胡乱华永嘉之乱时的移民多集中在江左，即所谓衣冠江左，那时南迁的移民以长江下游为集中地，其间仅有一小部分不辞劳苦逾岭南来百粤。而南宋灭亡时的南来移民则都是以逾岭渡海到岭南为躲避之地，无论是移民的规模还是对岭南的影响都是晋末所无法相比的。

过程。通过长期的历史观察，我们可以推测出一些外地拳种传入岭南的大致途径。总之，南宋灭亡，伴随着大批移民南迁，对岭南的思想、文化，尤其是民族意识的影响深远。

2. 明亡及岭南反清复明思想的流播

明朝灭亡的惨痛对于岭南的影响实在不逊于南宋，其不同在于南宋灭亡最后一幕完在岭南的广东，而明亡分为几个不同的地点，多幕悲剧同演一个灭亡的主题，其悲剧更甚，影响更广。而最后的永历、绍武相继败绝于岭南，其间忠义节烈之辈众多，如张家玉，任侠好击剑，常与草泽英雄往来，故英雄豪杰纷纷归附，分编其部为龙虎犀象四部抵抗清军，后被清兵围攻失败后自投野塘而死。明亡后，忠勇义烈志士多逃之深山大谷，有的隐居山林，有的削发为僧隐入寺院，以图他日复兴之计，因此海幢、华林诸寺，粤北丹霞山之别传寺，澳门望夏之观音堂等一度成为明亡后末路英雄的托身之地。① 清初入关奉行狭隘的"独尊满洲"的民族主义，其惨绝人寰的屠城（如扬州、嘉定、江阴、广州之屠城）、剃发易服等暴政带来的激烈的民族矛盾，使得清统治较弱的岭南成为反清民族义士积聚之地。而清初统治者为了防止汉族的反抗，曾多次下令民间禁武活动，并派人焚烧藏匿明朝遗臣义士的寺院，对寺僧采取赶尽杀绝的残酷镇压，迫使许多深怀绝技的武僧流落四方民间。这些表明日后洪门传说并非空穴来风，有其历史背景，客观上使许多武术拳种在岭南各地得以广泛传播。其实在明末清初，对故国坚持忠诚的遗民，形成了非常可观的人群数量，在"明遗民"群体中，刚烈而起者乃至以死明志者不在少数，这显示了一种文化心态的持久性弥漫。在清朝统治的禁武时期，民间习武无法得以公开传授，只能秘密传授，或在夜晚，或在秘密组织中传授，这使得岭南的许多拳种都带有反清思想，如早期的蔡家拳、佛家拳、李家拳及综合而成的蔡李佛拳。

二 宋、明两朝灭亡积淀的深层岭南武术文化心态

宋、明两朝的灭亡，对岭南人民的心态有深刻的影响，同时也是一种悲壮的刺激。它孕育了岭南一种非常强烈的民族精神，表现在岭南武术文化上就是此后岭南成为两百多年的洪门会党的大本营，继而成为中国会党的渊薮。岭南五大名拳之首的洪拳与之有着密切的关系。洪拳对岭南几乎

---

① 黄尊生：《岭南民性与岭南文化》，民族文化出版社 1941 年版，第 18 页。

所有拳种都有影响，许多拳种都与之有着千丝万缕的联系。洪门由广东传布海内外美洲南洋各地，经过百余年的孕育，产生了惊天动地的太平天国运动。太平天国起义中有许多洪门中人，将领中武艺超群者不乏其人，岭南的许多武术高手也参与其中，如三元里抗英首领周春，后来为太平天国的怀王。南王冯云山师从蔡李佛始祖陈享首徒龙子才，陈享也曾为翼王石达开的幕僚，而蔡李佛拳也是以反清为宗旨，蔡李佛拳的起势就含有反清复明之义。

太平天国虽然后来失败了，但洪门等秘密会党仍然继续存在了一段时间，甚至有的发展到海外，许多华侨华人也受到洪门影响。之后中国革命的又一壮举辛亥革命也与洪门有联系，孙中山先生就曾利用洪门作为革命的基础，这也可以看作前史的继续。接着而来的起义不断，如广州起义的黄花岗七十二烈士，其中有13位就是深怀武功的烈士。

明亡后的那种亡国惨痛及反清情绪，初期在士大夫阶层表现得最为强烈。但在清朝的残酷镇压及广施科举制的功名利诱下，清政府依靠武力与文治俘虏了广大文人，那种强烈的反清复明民族血气思想开始在文化精英阶层逐渐消退，而更多的是沉淀于广大社会下层的民间。尤其是在中央政治统治的文化边缘地域，岭南的这种社会下层反清思潮表现得更为持久与强烈。士大夫阶层逐渐失去了早期高涨的反清情绪，于是那种种族感及可贵的民族精神便逐渐离开了士大夫阶层，独存于下层阶层。以下层社会作为生存空间的岭南武术便成为这种可贵的民族精神的载体，得以在岭南大地上广泛传播，并走出国门，在华侨华人中成为承载故土乡情的情感纽带。这也使得岭南武术在海内外习武者中广泛传播的同时，依然在潜移默化地传承着那种可贵的民族精神，在默默地传递着那种强烈的反抗外族入侵的民族大义的文化心态。

我们将岭南历史上这些事件联系起来看，也许会对岭南大地上为什么会成为近代革命的策源地、反抗异族的大本营有一种豁然开朗的省悟。这其中有一条历史线索、一脉相传的文化渊源，有着地域民族心态的历史积淀。我们应该清楚岭南的祖先有一部分是南宋的遗民、明亡的遗民，岭南武术文化的刚烈之气，并非朝夕所为，而是经过长期的地域文化积淀，才成为岭南习武者内在的一种心态。它时而表现为会党、起义、暴动云起，时而表现为抵抗外辱侵略的民族气概。历史的变化是合乎逻辑的，历史逻辑可以帮助我们舍去遮挡视线的偶然因素，直扑历史迷宫的中心殿堂。岭南武术文化深层的文化心理（或心态）正是我们要探求的岭南历史长河链条上的那一个个动人故事背后的历史演变逻辑。

　　岭南武术的这种心态文化的存在不依赖于个体的经历，它是根本不可能由个人感知的，而是与其地域内群体的往昔紧紧联系在一起，并通过获得性遗传而代代积累下来。由于有这种世代文化心态的积淀，人们的行为就采取与自己的先人大体同样的模式来把握世界和作出反应，在作为种族记忆的集体潜意识之中，保留着人类辈辈代代适应生存环境而积累下来的生产、生活经验，构成了现实人们认识世界、改造世界的最深层的价值取向和行为判断。这种先天的形式含有地域群体的社会历史经验，是人的社会特质表现为人的个体性的结果。在这里，"理性"积淀为"感性"，集体决定着个体，社会塑造着个人。

第三节　岭南武术文化心理的外在表现

　　岭南武术文化心理的首要特征就是具有强烈的反抗性。当历史上的民族危机与阶级统治对岭南习武群体造成的苦难与高压超过了岭南习武群体所能够承受的文化心理底线时，这种潜藏的内在群体意识就会在适当的社会时机爆发。这种自觉的爆发就是潜藏在岭南习武群体内心深处文化心理的剧烈反应与自发应对，它并不是一种偶然现象，而是地域内长期潜在的一种文化心理在外界社会条件影响下的本能应对，其爆发具有难以确定性，并具有正反两方面的历史影响。

一　负面：暴动迭起与会党云涌

　　岭南武术文化心理爆发的负面影响就是暴动迭起及会党云涌，此指会党的负面，因为会党在不同历史时期有正、负两面性。会党的正义与反叛往往只有一步之遥。洪门在不同历史时期其宗旨也有所不同，从早期"反清复明"的反叛政府统治，到外敌入侵时的"扶清灭洋"的忠义、爱国民族大义，正反映了会党在不同历史时期当民族矛盾与民族存亡两难时所选择的民族大义及其所体现出的民族精神。清代岭南各地习武群落迸发出层出不穷的暴动、宗族械斗，洪门更是被称为中国会党的渊薮。洪门几乎困扰清代始终。咸丰四年（公元1854年）广东洪兵起义爆发，陈开在佛山起事，李文茂领导的粤剧梨园弟子起事，何六等在东莞起事，陈松是广东洪兵起义的最高领袖和策划者，而这些人均为深怀武技之人。[①] 蔡李佛始祖陈享也在1854年曾随其师兄陈松年参与在江门狗山发动的"天地会"起义（又名"扯旗起义"）。[②] 而从咸丰四年（公元1854年）至同治六年（公元1867年）绵延十六年之久、遍及十七县的岭南土客械斗更是由于各种历史原因造成的暴动，表面看来民间械斗是民间私事，其实是在国家统治削弱及失控下，民间群体文化心理的爆发。[③] 岭南土客械斗困扰了清政府多年，最后不得不运用移民、安插等手段得以平息。纵观岭南清代及近代，暴动迭起、会党云涌，尽管政府反复镇压，但仍然如原上野草，枯而复苏，繁衍不绝。这正是潜藏在广大岭南民间习武群落中的那种绵延的文化负面心理诱因使然。

二　正面：抵御外辱的反帝斗争与民主革命

岭南武术的文化心理正面积极的展现就是抵御外敌入侵的反帝斗争与争取民族独立的民主革命。这是岭南武术文化在近代最为闪亮的地方，也是岭南武术文化心理在历史条件下的正面引导与进步。强烈而直接的反抗精神是岭南武术文化的一大特色。这种特色在近代反帝反封建的革命斗争中展现得淋漓尽致。肯定岭南武术文化具有的反帝爱国基色是研究其文化心理具有正面积极意义的出发点之一。离开了这一点，对文化心理及其民族意识的考察就缺少了基本的历史情境，种种文化心理因素在正面反映历史的例证就会明显缺乏必然的逻辑上的理由。

从英勇的三元里人民吹响了近代反帝反侵略的第一声嘹亮的强劲号角，到湛江人民寸土寸金的抗法，到七十二位反清志士碧血倾洒黄花岗，以及在抗日战争及国内革命战争时期，岭南武术志士都踊跃参与，岭南习武者从习武的卫家护族的狭隘思想升华到保家卫国的爱国主义精神，用他们自己的一双铁拳或棍、耙、钩、镰等来捍卫国家的每一寸领土。深藏在岭南群体内的那种民族意识（即文化心理）蕴藏着一种威力惊人的能量。在它的驱动下，让岭南习武群体怒不可遏地以简单的刀、矛甚至不惜以自

---

① 马梓能：《佛山武术文化》（内部资料），2001年，第21—22页。

② 梅伟强：《五邑人与中国武术在海外的传播》，《五邑大学学报》（社会科学版）2008年第10卷第1期，第13页。

③ 刘平：《被遗忘的战争——咸丰同治年间广东土客大械斗研究》，商务印书馆2003年版，第87—89页。

身血肉之躯敢于抵御外敌的枪炮火器，英勇悲壮，可歌可泣。这能量源自长期积淀在岭南人民尤其是广大习武者的文化心理中。岭南武术在近代革命中显现出的参与力度、人数及壮烈程度为其他地域武术文化所不及，这是岭南武术的文化心理迸发出的敢于反抗压迫、勇于战斗的特性，岭南武术人的命运是与国家、民族的血脉相连的，在民族危机国家危难之际，岭南武术文化表现出更敢于为先的反抗精神。

岭南武术文化在近代反帝斗争与民主革命中所迸发的民族精神几乎是一部中国近代史的缩影，岭南武术人参与其中的一件件悲壮事迹有助于后人了解中国近代发展历程。习武本意首在保家，而当这种家的意识扩大时，即到宗族及民族遭受危难时，这种保家意识就会升华为捍卫宗族繁衍、民族存亡的民族爱国精神。这在武术史上表现为涌现出了众多不屈不挠、以身殉国的武林英雄人物，谱写出了惊世骇俗的伟大壮举。岭南武术人在近代所体现的富于反抗的爱国主义精神、民族大义已经升华为中华民族精神的重要组成部分。

岭南习武群体激起的暴动与会党及参与的近代革命斗争在世界近代史上也是令人叹为观止的，岭南各拳派弟子通过绵延不断、多种多样的斗争形式贯穿于那个历史时代的始终。故而深刻认识岭南武术深层的文化心理机制对于我们今后弘扬岭南武术文化的积极作用与化解其消极因素无疑是具有深远意义的。

第四节　岭南武术文化的多元理论构建

在对岭南武术文化从微观的历史事件的角度论述及抽象的深层文化心理分析的基础上，发现、探寻这些在微观历史事件中隐藏起来的武术文化规律，在断崖残壁的历史尘封中，细心地勾勒出岭南武术文化发展的历史脉络，抽象出武术发展的动力机制和演化规律，并上升为理论，成为指引今后岭南武术文化的历史走向的向导，也为中国武术文化的发展提供若干借鉴，是岭南武术文化的研究目的。

一　"中心与边缘"——岭南武术文化圆周理论

（一）地理位置及文化区位彰显的最佳"边缘"研究单位

"中心—边缘"概念首先表现为一个地理概念，中心与边缘也是相对而言的，"中心—边缘"是特指在以政治中心为根据的国家版图时，才会有所谓"边缘"的概念。同时，"中心—边缘"还存在一个群落文化认同的"中心"与"边缘"概念。回顾中华民族的多元一体过程，其"中心—边缘"的理念传承了几千年，植根于有着悠久传统的华夏文明与坚持着文化认同的炎黄子孙"中心"历史记忆的中原大地，才有所谓被称作"四夷"的边缘地区，而岭南即是被称为"蛮夷"之地的边缘地域。正是处于地理边缘与文化边缘地带的岭南武术文化却显现出许多相对于"中心"而特有的"边缘"特色。岭南相对于中原腹地是边缘，客家、港澳相对于广府也是边缘。对于一个地域空间而言，其地域内的历史人文与人民迁移是变化的，仿佛容器与所容之物：容器不变，内容却在变化。地域空间相对不变而地域内的历史人文却在不断变化。如果把岭南地域比作一个容器、一个"常量"，那么岭南地域内所发生的武术历史文化变迁就是所容之物，是一个"变量"，而后者正是前者的逻辑前提与历史依据。"中心—边缘"实际就仿佛是一个圆周，在这个圆周内的历史人文变迁复杂，而圆周边缘却得以凸现。正如王明珂先生对"边缘"研究时指出："在族群关系之中，一旦以某种主观范准界定了族群边缘，族群内部的人不用经常强调自己的文化内涵；反而是在族群边缘，族群特征被强调出来。因此，边缘成为观察、理解族群现象的最佳单位。"① 岭南武术文化即是在岭南这个特定地域内的特定群落——习武群落中形成的文化，岭南相对中国版图也处于东南一隅的边缘地带，而香港、澳门也是处于岭南地域的边缘，岭南南派武术在国际上的传播与香港作为岭南对外武术文化交流的窗口，这都从一定程度上显现出"边缘"地带是武术文化的研究与观察武术文化的最佳单位。岭南武术文化也可以作为处于中国武术文化圆周的"边缘"最佳研究单位，在对外传播中国武术文化，加强国际武术文化交流方面，理应发挥先锋作用，香港作为岭南的中外武术文化交流的枢纽，应积极发挥其作为岭南武术之风的对外"窗口"。岭南武术文化由于其所处的地理位置与文化区位，在中国武术文化的发展中应更加凸现南派武术文化特征，继续发挥其在国际上中国"功夫"的武术文化符号辐射力。

① 王明珂：《华夏边缘——历史记忆与族群认同》，社会科学文献出版社 2006 年版，第45 页。

（二）岭南武术文化圆周理论——岭南武术文化的形成、传承与国内外传播

岭南武术文化在历史变迁与形成过程中，范围由大逐渐缩小，即岭南武术文化从边缘向一个核心区集中、凝聚，这是岭南武术文化核心精神及价值逐渐形成、升华的演进过程，最终岭南武术文化的基本特质及精神价值核心层在岭南武术文化的主体中心得以形成。从岭南武术文化的中心向四周边缘看，岭南武术文化事象呈现出以中心为核心向四周逐渐减弱的圆周状，其文化特征逐渐减弱。另外，边缘地带也因受中心地带的影响较小而保留了该中心地带武术文化式样的大量传统特征、技法。这一理论如果从大的中国地域武术来看，岭南武术及边疆少数民族地域等偏远地域的武术文化属于边缘地带，故而保留了中国武术原始初态的许多文化事象，并日益得到人类学、社会学及民族学者的青睐，成为研究"原生态"武术文化的地区。如以岭南武术文化为例，珠三角广府腹地形成了岭南武术文化的核心区，作为岭南南派中兴之地的广府腹地佛山、广州、新会等珠三角地区成为岭南武术文化的核心区，许多岭南拳派在这里发扬光大，并由此走出国门向海外传播。岭南武术文化由此向外逐渐扩散，在岭南的客家、潮汕及广西东部这些距离岭南广府中心较远的边缘地带存留了大量岭南特色的传统武术文化，在香港也保留了珠三角地区较多的传统武术，如咏春拳的传统技法、练功方法、器械及制度方面的传承和早期广东精武体育会传播的一些北方拳种等。

岭南武术文化的边缘由于受本地域核心区影响较小而具有文化滞后性，即在核心区发生变动时，边缘地带的变化明显滞后于核心区，因此保留了该地域许多核心区演化掉了的传统武术文化式样，但边缘地带却易受到相邻地域武术文化的熏染，从而表现出与相邻地域武术文化较多的相似的特色及技术风格。如岭南潮汕武术因与闽地泉漳二地相近，故其宗族械斗之风及拳种技术风格均与闽地泉漳两地有极深的渊源。地理环境对此有着影响，如岭南北有五岭之隔，使得客家与广西的武术拳种、技术风格受邻近地域武术文化影响却很小。岭南广西西部与荆楚相邻，南面与泰国、越南相接，因山脉阻隔而并没有受其多大影响。但其负面影响却使得岭南武术文化向这些相邻地域传播、交流较为困难，这种地理（域）影响至今存在。在当代，这种地理环境的不利因素正逐步得到克服，充分利用这种地缘优势，将会使广西在推动中国武术文化的对外传播与交流中发挥前

所未有的历史作用。

　　岭南武术文化传播受地理环境影响：越是较封闭的地理环境越难于向外传播，而若地理环境有一处对外通道，便呈现出一种犹如水从高处向低处流的势能惯性。如岭南北因五岭阻隔而不便于向中原传播，南临大海开放，使得岭南武术文化表现为一种向外强势传播的势能，如同水从高处向低处流的势能惯性力，而绝少表现出向北的传播。历史上有中原武术穿越巍巍五岭通道而传播到岭南大地，如近代精武体育会的北拳南传的广东精武会第一次南北武术交流，并有"五虎下江南"之美谈。而岭南武术在历史上却无北上传播之举，即使在国术馆时期，当时名家辈出，也鲜有南派名家。相反，岭南武术传播表现出向外传播的巨大势能惯性力，香港、南洋各国及美洲大地，到处都有岭南武术者之足迹。这种地域环境长期形成的传播历史惯性即使在当代也没有改变：太极拳、劈挂拳、螳螂、长拳等北方拳种得以在岭南大地风行，广泛传播，而岭南名拳如洪拳、咏春拳、蔡李佛拳等却在北方鲜有传播，可见这种地理、历史文化等各种原因形成地域环境历史惯性力在当代仍然存在。这些历史规律为当今武术国内外传播提供了理论视野，也为今后武术发展、继承、传播提供了理论支撑与分析问题的理论工具。

　　岭南武术文化的全息图景必须由时间与空间两个坐标轴来表现。岭南武术文化的形成演进显示了在地域武术文化产生初期，就奠定了地域武术的基本技术特征，即使在日后有所变化，也只是一定程度的变化。地域最初的地理环境决定了其今后历史发展的方向、技术风格轮廓及文化内涵，历史的时间越近其技术风格变异越大，越受当代武术文化的影响。如岭南南派拳种多数的技术风格表现为重视下盘稳固，桥法多变，吐气发声，以声促力等，其在长期地域生产、生活惯习中养成的器械使用、握持方法都奠定了岭南南派技术风格，即使在新中国成立后岭南武术风格仍然具有强烈的岭南南派技术风格，并在20世纪七八十年代代表着南拳套路演练的最高水平。但在近年，其套路规则不断变化，逐渐失去其南派套路演练的优势，这既与规则的修订有一定联系，也与当代竞技南拳套路逐渐偏离岭南南派技术特征有密切关联：当代竞技南拳提高了难度动作，而岭南南派技术特征重要的是追求演练时的神似；竞技南拳加大了跳跃等技术难度，而岭南南拳基本技术风格是重视下盘，而少于蹿蹦跳跃。在当今发展竞技南拳的历史潮流下，岭南南拳逐渐失去了其在竞技赛场的传统南拳优势，是地域特色让位于统一规则的一种现象。

岭南武术文化圆周具有共质异形及不均质特征。岭南拳种虽同风异格，但在受"反清复明"思想以及这一大背景下的文化底蕴却是同源的，洪拳、咏春拳、蔡李佛拳等拳种都深受这种思想的浸润并在拳派技术上有所展现。无论是产生较早的洪拳的硬桥硬马、咏春拳的短桥发劲以及蔡李佛拳的集三家之长——长、短、中桥结合，均是在岭南不同历史时期的地域土壤及文化背景中产生、发展的，形（技术风格）虽异而质（文化底蕴）相近，不同是必然的，其中不均质的地域武术文化土壤孕育出的不同果实也绝非历史偶然，印证了地域武术文化的历史土壤仅为拳种的产生提供了一种可能性与前提条件。

岭南武术文化圆周理论对指导地域武术研究提供了理论视野，从目前的中州、齐鲁、吴越、陇右、荆楚等地域武术文化研究成果中可以得以验证。如岭南武术相对于中州武术这一中国地域武术文化核心区就是处于边缘地带，从整体看岭南也是处于中国武术文化边缘地带，而在地理环境上则处于开放边缘，成为中国武术较早地广泛地对外国际武术传播的窗口，岭南具有对外武术传播的地域便利，这也是今后我们从理论到实践上学习都需要总结及重视的。

二　岭南武术文化结构的"四层分"理论

《武术理论基础》借用流行的"文化三层次"说，将武术文化形态的结构分为"物器技术层"、"制度习俗层"及"心理价值层"，即把武术文化分为物质文化、制度文化和精神文化。文化结构的三层分法是目前最为合理，并得到学界公认的权威分法，也有学者将文化结构分为四层。[①] 但正如复旦大学历史学教授周振鹤所言："虽然任何分法都有其不足之处，但毕竟于研究有方便之处——可以分而治之。"[②] 正是为了突出岭南武术文化的心理（态）层的研究便利，现尝试将岭南武术文化形态结构分为物质文化、制度文化、行为文化及心态文化。

在岭南武术文化结构的四层中，物质文化层、制度文化层为浅（显）文化层，行为文化层、心态文化层为深（隐）文化层。

① 冯天瑜、何晓明、周积明：《中华文化史》，上海人民出版社1997年版，第31页。
② 周振鹤：《中国历史文化区域研究·序言》，复旦大学出版社1997年版，第1页。

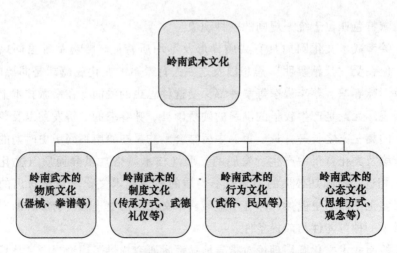

图 8 - 1　岭南武术文化四层分法的组织结构图

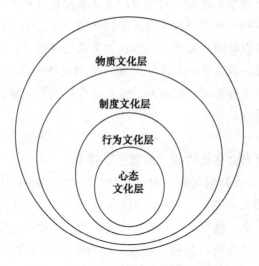

图 8 - 2　岭南武术文化结构四层圆周图

　　岭南武术物质文化层是指与岭南武术器物有关的总和，是可触知的具有物质实体的文化事物，是构成岭南武术文化深层的物质基础。如岭南地域内有关的武术器械（如单头棍）、练功器具（如木人桩、练武石）、拳谱等。

　　岭南武术制度文化层是指受各种岭南社会影响而形成的武术规范等行为文化，如武术传承方式、传播形式、武德礼仪、规范等。如岭南武术的商业化（如功夫电影）、海外传播等。

岭南武术行为文化层是指岭南武术中日常反映的精神状态和道德面貌，如岭南人们习武的要求、愿望、情绪、风尚等，并以礼俗、民俗、风俗形态出现的见之于武术的一些行为，如富有反抗精神、好相攻击之俗、保家卫国等。

岭南武术心态文化层是指在岭南地域内长期历史文化积淀的武术实践与意识活动中孕育出来的价值观念、审美情趣、思维方式等深层的文化。它往往历时悠远而不衰，是一个在特定的社会环境中孕育出来的，随着自然与社会环境的改造，随着心态文化层中理性部分的变异造成的影响，作为"潜意识"或"集体无意识"在不断演化和重建，这是岭南武术文化的核心。

一般而言，岭南武术文化的物质文化、制度文化及行为文化可能和其他地域的文化有许多相同、相近或相似的地方，而心态文化则是与其他地域有本质区别的。岭南武术文化结构的四层分法主要想通过把握岭南武术中的物质、制度、精神文化，来揭示精深微妙的岭南武术的深层心态文化。

（一）自下而上的文化传播：岭南武术文化心态形成的政治文化传播途径

社会政治文化对武术的影响途径可以分为两种：一种是自上而下通过精英阶层以政治权力方式自上而下传达（如武举制、现代的竞技武术等），这种一般存在于靠近政治文化中心，受政治影响较大的地域（如中州武术中的少林武术，通过协助统治者而受到朝廷推崇，得以弘扬），所受的政治统治文化如儒家文化影响较深；另一种就是通过草根族阶层以民间文化、秘密会社等方式由下而上渗透的，这些地域一般远离政治文化中心（如岭南的洪拳、客家拳等）。而岭南武术文化心态层的形成是得力于自下而上的政治文化传播途径。中国两千余年的封建王朝，分分合合政权更替，占据文化霸权，岭南文化里的中原根基与底色与其说是通过精英阶层以政治话语方式由上而下传达，毋宁讲是由于岭南历史上四次大规模的中原移民的到来，使中原文化由民间从下而上渗透到岭南文化中，并逐渐占据了基础地位。这种自下而上的民间下层文化也体现在岭南武术文化中，那就是岭南武术文化与下层群体的密切联系。一些关于拳种起源、历代宗师的事迹多为岭南民间草根族所津津乐道，在广大岭南习武群落中代代流传，这使得岭南武术文化得以在草根族中流行、传承，饱含了岭南下

层群体对岭南武术"草根英雄"的一种精神寄托与心理暗合。拳种的传
闻故事，反映了一种老百姓的心态与审美心理，折射出的是一种历史文化
信息。一个拳种的流行，必定是拳种背后的文化根基符合或迎合了习练群
体的某种心理需求，并得到习练群体的文化认同，才会使得拳种在不同时
代同样得到广大习练群体的认可与演习。岭南武术文化中的这种心态在下
层文化群体中形成，与文化层次较高的上层士阶层群体所拥有的心态相比
缺乏稳定性与理性，它没有经过文化理论升华，仅处于一种生存本能并且
杂乱的状态。社会底层群体的感受、情绪、意愿及心态所反映出的心理必
然在岭南武术习练群体中得以展现，以戏曲、小说、传闻故事等浓缩了的
各种形式，集中表现或折射在岭南武术文化的历史横断面上。

（二）移民及民族碰撞：岭南武术文化心态形成的群体基础

在岭南武术文化研究中要注意区别从外流入地域内的移民对武术文化
的影响，要准确定位"移民"，正确分析"移民"，才能正确看待移民对
本地域武术的历史贡献。外来迁入地域内的人可分为几种：那种短期居留
在地域的匆匆过客不构成对地域武术影响；那种迁移到地域内并长期居住
在本地，并在生产、生活各方面竭力适应本地域的武术人才是所谓的移
民。只有外来武术人适应本地域的地理、社会人文环境，其所习练的拳种
才会适应本地域而逐渐融入本地域的武术中，才能在各自拳种流派中保存
有本地域的武术文化历史痕迹。移民的人数及势力也是影响其地域依附性
的条件之一，如果外来移民人数较少或势力弱就会被土著文而化之，只有
处于强势的才会对地域武术产生影响。如福建传入岭南的咏春拳，经梁赞
这位咏春拳传人在佛山武林中屡胜高手，并在当地望族中传承后，使得咏
春拳在岭南争得一席之地。岭南走出国门的华侨华人在海外人数众多，其
所带去的岭南武术，以其华侨人数之众及所赋有的岭南特色，才会在当地
彰显出强势岭南武术文化地位，才使得岭南武术在当地征服了国外本地武
技而得以广泛传播，否则就会被当地武技所压制而难有发展空间。另外，
还有借助政治或文化艺术形式的外来拳种对本地武术的影响。如古代武举
制及近现代功夫电影艺术形式等对岭南武术文化都能起到促进作用，这是
上层意识文化形态对地域武术文化的影响。同时，还有下层文化如会党对
拳种的影响，洪门以其强大的历史文化及洪门在海外华侨华人中的影响力
来扩大洪拳的影响，还有戏曲如工技击的粤剧等，这些都会对岭南武术文
化的传播起到促进作用，尤其对岭南武术文化而言，其所处的政治边缘环

境，使得下层草根文化对其传播广泛而深入人心。

（三）民族潜意识：岭南武术心态文化层的升华

岭南武术文化心态层的形成是岭南习武群体在地域内特定历史时期的升华物与结晶体，它是经过长时期的历史积累，才在岭南地域内广大习武群落成员内部形成的共同的、持续的及具有实践性的反映趋向，也是在社会秩序剧烈变化的时代，由于正常释放渠道受压抑而中断而沉淀在群体心理深处形成的一种地域"潜意识"。这种心态文化层可以升华为一种民族的"潜意识"而成为联系和支配群体成员的内在动机，特别是当面临社会危机、民族存亡及外族入侵时，便会激起这种"潜意识"发生作用，自觉地驱使群体成员身不由己地投入到一种集体行动中，如反抗外敌入侵的三元里抗英斗争、土客械斗、起义暴动、会党等。

岭南武术在近代反帝及革命浪潮中所展现的一幅幅波澜壮阔的历史长卷，其内在的动力就是来自沉积在岭南群体，尤其是民间广大习武群落中的心态文化升华而成的民族"潜意识"。当然这种"潜意识"会首先表现在群体中的个别人身上，其最先爆发而成为民族领袖或民族英雄。在"时势造英雄"的背后，既有历史发展的必然趋势，也有"民心所向背"的"潜意识"驱使，而民族领袖或英雄更是最先觉察到这种"潜意识"并将之实施的。黑格尔认为："世界历史性的伟大人物仅仅是那样一些人，在他们的目的和行动中包含着普遍的和必然的东西，他们应当被称为英雄，因为他们的目的和使命不是简单地从静止的、现成的、为现存制度所尊崇的事物过程中吸取来的，而是从其内容尚被隐藏、尚未发展成现有的存在的源泉中，从内在的精神中吸取来的；这种内在精神虽然处于潜在状态，但它必将敲打外部世界这个外壳，并将它打碎……"[1] 黑格尔的表述正是对领袖或英雄人物能够及时把握住潜藏在地域深层的文化心态升华而成的"潜意识"暗涌洪流的描述。无论是在三元里抗英斗争中的韦绍光与"定拳长"颜浩长，还是太平天国运动的洪秀全等都是敏锐地感知到了民族的强烈愿望与要求的领袖或英雄，他们振臂一呼，万人群起而随，其背后的内在文化动因无疑是潜藏在人们内心深处的"潜意识"。当然，这种地域文化心态凝聚、积淀而成的"潜意识"隐蔽性与自发性，其形成和存在是在个体或群体中不自觉地进行的，因而也必然会带来正面积极

---

[1]　王家忠：《论民族潜意识》，《学习与探索》1995年第6期，第61页。

的或负面消极的影响，这就需要我们积极引导正面积极的影响而消除负面
消极的影响。

每一地域内武术文化心态的形成，都有一个漫长的历史过程。初始地
域文化中的许多文化活动式样，随着岁月的流逝已不复再现，但也并未被
抛弃，而是在不断整合后更深深地沉淀、积累在其后的武术文化观念中。
地域武术文化研究的目的就是发掘、弘扬这些地域武术文化观念，以更好
地弘扬当代的地域武术文化精华。

本章小结

本章主要论述了岭南武术文化的地域特征及文化心理。首先对岭南武
术文化进行历史划分，就是便于在岭南地域文化的历史坐标下考察其武术
发展演进。岭南武术文化是岭南地域文化的一个分支，其孕育、发展及演
进自然离不开文化母体的历史背景，因而将岭南武术文化划分为发轫期、
邦国期及史载期。

岭南武术文化技术特征的地域影响包括两个过程：一是生产惯习、生
活惯习、语言惯习等岭南地域惯习对岭南技术风格表达的内塑过程；二是
自然地理环境、社会政治环境、地域人种及体态特征等地域环境对岭南武
术技术风格形成的外化过程。为了更深入地阐释岭南武术文化，从文化负
载量和武术文化负载量最大形式的岭南武术套路进行地域武术文化的密码
揭示，并从多角度进行了中国南北武术套路形式形成的地域文化阐释。

岭南武术深层的文化心理形成的地域社会政治影响表现在宋、明两朝
灭亡及其移民、民族冲突与融合，明亡及岭南反清复明思想的流播。岭南
武术心态文化可以看作岭南社会生产方式及其结构演进在岭南习武群体精
神结构上的某种特定映射。岭南武术文化心理的首要特征就是具有强烈的
反抗性，它时而表现为负面的暴动迭起、会党云涌，时而展现为正面积极
的争取民族革命、抵御外敌入侵斗争，其爆发具有难以确定性，并具有正
反两方面的消极与积极意义。

本章对岭南武术文化进行了"中心与边缘"的圆周理论及岭南武术
文化结构四层分的理论构建。"中心—边缘"概念首先表现为一个地理概
念，中心与边缘也是相对而言的，"中心—边缘"也是在特指以政治中心
为根据的国家版图时，才会有所谓"边缘"概念。同时，"中心—边缘"

还存在一个群落文化认同的"中心"与"边缘"概念。岭南相对于中国版图是东南一隅的边缘地带，而香港、澳门也是处于岭南地域的边缘，岭南南派武术在国际上的传播与香港作为岭南对外武术文化交流的窗口，这都从一定程度上显现出"边缘"地带是武术文化的研究与观察武术文化的最佳单位。岭南武术文化的圆周理论认为，岭南武术文化在历史变迁与形成过程中，范围从大逐渐缩小，即岭南武术文化从边缘向一个核心区集中、凝聚，这是岭南武术文化核心精神及价值逐渐形成、升华的演进过程，最终岭南武术文化的基本特质及精神价值核心层在岭南武术文化的主体中心得以形成。从岭南武术文化的中心向四周边缘看，岭南武术文化事象呈现出以中心为核心向四周逐渐减弱的圆周状，其文化特征逐渐减弱、稀薄。另外，边缘地带也因受中心地带的影响较小而保留了该中心地带武术文化式样的大量传统特征、技法。正是为了突出岭南武术文化的心理（态）层的研究便利，尝试将岭南武术文化形态结构分为物质文化、制度文化、行为文化及心态文化四个层次。岭南武术文化的前三个层次有些随着历史的演进会流失或变得不再那么明显，而心态文化却是随着历史的演进逐渐累积、沉淀在了当代各种岭南武术文化的式样中。

下　篇

合乎逻辑的历史轨迹：
岭南武术文化的当代发展

第 九 章
当代岭南武术文化的革新与发展

第一节　新中国成立后岭南武术文化的新气象

一　新中国成立后武术观摩交流中的岭南民间高手

新中国成立后，20 世纪 50—80 年代在全国及广东各种武术交流观摩会中，岭南民间武术表现出较高的参与热情，并涌现出了许多民间高手，频频在武术交流中获得好评（表 9－1）。

表 9－1　新中国成立后岭南民间武术参与的全国及地方武术交流情况

时间	武术交流	获奖
1957 年 5 月 25—28 日	首届广东省武术交流会（新中国成立后第一次具有规模的武术观摩会）	荣誉奖：梅县张添荣、曾繁道，东莞莫锡，石歧廖崧一 一等奖：番禺黄啸侠，广州叶志森、傅美勤（女），香港赵教、李汛萍 二等奖：广州区汉泉、陈昌棉等
1957 年 6 月 16—21 日	全国武术观摩大会	一等奖：黄啸侠 二等奖：陈昌棉、赵教
1958 年	广东省第二届武术观摩会	一等奖：马志斌（广州）、曾坤（佛山） 二等奖：禤彦光（澳门）、何驹（广州）
1958 年 9 月 7—16 日	第一次全国武术运动会	二等奖：马志斌、曾庆煌、何驹、江铁牛、赵教 三等奖：曾坤、张展明、禤彦光、招丽澄

时间	武术交流	获奖
1959 年 3 月	中国人民解放军第二届体育运动大会	曾庆煌获长器械和对练第一名
1979 年	首届全国武术观摩交流大会（南宁）	一等奖：彭正庭（广州，蔡李佛拳）、朱标（清远，功法）、陈良深（汕头，南枝门） 二等奖：潘六（顺德，洪拳）、邓镇江（广州，侠拳）、江志森（广州，洪拳）
1980 年	第二届全国武术观摩交流大会（太原）	优秀奖：陈俊雄（汕头，洪拳）、黄达雄（广州，洪拳）、庞康娣（湛江，南拳）、冯映红（女，广州，洪拳）
1981 年	第三届全国武术观摩交流大会（沈阳）	优秀奖：郑伯胜（遂溪，洪拳）、张国红（女，广州，洪拳）、吴珠（湛江，洪拳）
1982 年	第四届全国武术观摩交流大会（西安）	优秀奖：李帆风（江门，洪拳）、陈有南（广州，洪拳）、吴美玲（女，广州，洪拳）
1983 年	第五届全国武术观摩交流大会（南昌）	优秀奖：钟军辉、何剑辉
1984 年	第六届全国武术观摩交流大会（兰州）	优秀奖：何伟明（广州，洪拳）、梁小婉（女，广州，侠拳）
1985 年	第七届全国武术观摩交流大会（天津）	优秀奖：刘棉洪（肇庆，蔡李佛拳）、祖小旺（广州，侠拳）

资料来源：据马志斌《岭海武林》，广东人民出版社 2000 年版，第 161—166 页；曾绍胜《广东武术史》，广东人民出版社 1989 年版，第 213—249 页。

在新中国成立后的 20 世纪 50—80 年代，岭南民间武术高手频频在省及全国武术交流观摩大会上得到好评，展现了具有岭南地域风格的拳种，如洪拳、蔡李佛拳、黄啸侠拳等。那个时代活跃的武术高手如今都已近古稀之年，都是岭南武术各流派大师级的代表。他们在几十年的当代中国武术改革与发展中为岭南武术的革新与发展、继承与传播作出了不朽的功绩，是岭南当代武术发展的见证人，如南拳大师陈昌棉，蔡李佛传人董德强、彭正庭，洪拳大师黄达生、黄达雄等。

二　当代岭南武术的革新：竞技南拳

（一）岭南竞技南拳的开展

岭南是全国建立专业武术队较早的地区之一。广西曾在 1971 年与山东组队代表国家在广州的中国出口商品交易会上作武术表演，广东也选拔了黄啸侠、马志斌、曾庆煌、梁士丰、黄达生、黄达雄、陈昌棉等多名高手参与表演。① 这使得广东与广西开始交流发展专业的竞技武术，揭开了新中国成立后岭南武术发展的新篇章。

广西成立专业队大约在 1970 年，是恢复建立专业武术队较早的省区之一，首位教练是周树生，为广西周家拳与鹰爪派传人，以广西周家拳为特色，先后培养了莫少能、曾铁明、苏菲、陈旭红（女）、陈成林、潘汉光等优秀运动员。广东成立专业队于 1972 年，教练为陈昌棉、曾庆煌、马志斌，陈昌棉为教练组长。岭南竞技武术吸收了岭海武林肥沃的养分，并充分选拔优良种子进行培养，终于结出了丰硕的果实：广东在 20 世纪七八十年代保持了全国南拳的优势地位，涌现出了一批优秀的南拳运动员，如邱建国曾连续获得六届全国武术比赛南拳冠军（从 1974 年到 1980 年全国武术锦标赛获冠军），有"南拳王"之称；另外，董德强、陈耀佳、周文超、郑志豪、卢伟棠等人，多次获得全国南拳亚军。1978 年第四届全运会上邱建国与陈耀佳配对获得全国对练冠军。之后，黄建刚获两届全国南拳冠军，杨世文连续获得七届全国南拳冠军，黄铭健获一届全国南拳冠军。广东男子连续 16 年获得全国武术锦标赛南拳冠军，垄断南拳冠军 16 年。女子南拳自 1978 年黄惠贞连续 8 届获得全国女子南拳冠军后，不久陈莉红连续获得三届全国女子南拳冠军，陈惠敏获一届全国女子南拳冠军及两届亚洲女子南拳冠军。广东女子共获得两届亚洲南拳冠军，12 届全国南拳冠军。② 另外，何强曾获得全国、亚洲及世界武术赛男子南拳冠军，梁艳华获得全国、亚洲女子南拳冠军及 1991 年首届世界武术锦标赛女子南拳冠军。③

岭南尤其是广东竞技南拳开展初期在全国长期占据一流地位，离不开

---

① 马志斌：《岭海武林》，广东人民出版社 2000 年版，第 179 页。

② 引自陈昌棉先生赠送的《陈昌棉回忆录》（内部发行）。

③ 马志斌：《岭海武林》，广东人民出版社 2000 年版，第 179 页。

具有深厚的地域传统武术根基的园丁们辛勤的培养。这些全国优秀的南拳冠军多为广东第一代教练陈昌棉、曾庆煌等培养的。而这些教练都是深受岭南传统武术熏染的各流派大师，具有典型的岭南南拳技术文化底蕴，如陈昌棉先生精于洪拳和蔡李佛拳，尤精虎鹤双形拳，其演练风格刚劲、舒展；曾庆煌精于蔡李佛拳，其技术风格形神兼备，节奏灵活多变。洪拳与蔡李佛拳具有岭南南拳的典型风格，在两位具有深厚岭南传统武术技术风格的大师培养下，其弟子在全国乃至国际上长期处于一流水平。在 20 世纪 90 年代以后，广东的南拳水平在全国逐渐减弱，其中与竞技规则的修订有关联，演练向技术难度发展，削弱了南拳演练的形神风格评判要求，也偏离了岭南武术的典型技术风格特点，其在全国的水平有所下降。这其中有着历史发展的必然因素，但广东南拳依然是岭南的优势项目，在国内仍然处于较高水平。

（二）岭南南拳技术的革新

1956 年原国家体委把武术作为正式运动项目，从 1959 年开始每年都举行全国规模的武术竞赛，武术竞赛成为国家运动竞赛制度的一个重要部分。在竞赛开展的初期，由于中国武术流派繁多，而南拳只是南方各省普及的拳种总称，只能作为评奖项目参加比赛，而不是竞赛录取项目。从 1957 年至 1973 年十多年的武术竞赛中，南拳只能参加评奖或夹在长拳竞赛项目中参赛，故而难以取得应有的名次。经过多年的实践与考察，原国家体委终于在 1974 年把南拳列为正式比赛项目，形成了长（长拳）、太（太极拳）、南（南拳）的现代竞技武术比赛格局，并在 1982 年将女子南拳也列为单项比赛项目。[①]

在南拳成为正式单项竞赛项目后，由于原国家体委对南拳竞赛套路规格的手形（拳、掌、爪）、步形（马、弓、虚、跪、独立）、手法、桥法、肘法、腿法、跳跃、跌扑滚翻及演练时间作了相应的规定，以陈昌棉先生为教练的广东武术队面对套路演练规格的限定，对南拳技术进行了一些革新，使得广东南拳在演练风格上出现了新风貌。

1. 弃传统风格之短，采岭南百家之长

岭南各流派及拳种都有其技术风格长处，但也各有其短处，亦难以适

---

① 陈昌棉：《对广东南拳的变革与创新的探讨》，《广东体育史料》1991 年第 2 期，第 52—54 页。

应国家对南拳竞赛的规格要求。传统的岭南南拳多擅长某一拳种技术风格，使得手型、步型、腿法有所局限，如洪拳多桥手，莫家拳多腿法，在套路内容上显得单调，节奏感也不强。为此，广东南拳进行了大胆的革新，突破了岭南传统风格的"拳打卧牛之地"运动范围过小的局限，综合采纳了岭南各派流行的传统拳种的手法、步法、腿法，如洪拳的硬桥硬马、稳扎稳打的刚猛步法及发声，蔡李佛拳长、中、短桥手的多变手法，侠拳动作的大开大合，客家拳的灵活小巧发劲，莫家拳多变的腿法，等等。① 这使南拳的演练风格焕然一新，在继承岭南传统拳种技术风格的基础上有所创新。

2. 套路演练创编及难度的创新

岭南传统南拳的运动范围一般较小，其套路演练的布局、节奏等也不符合现代竞技南拳的竞赛需要，故而需要融合岭南各家套路之长，主要是在套路布局、动作结构及节奏上重新创编，把各家拳种的手法、步型、腿法特长融入套路创编中，运动范围要开阔，以适应竞赛场地的需要，吸收了岭南拳种中长于腿法的蔡李佛拳、莫家拳等的腿法，以改观岭南南拳少于腿法的不足，增加了运动的节奏，创编了一些难度动作，如"腾空侧踹腿"、"腾空旋风脚接跪步"、"腾空旋风脚接双蝶步"、"腾空侧踹腿接后摆腿"、"腾空转身侧踹腿"、"腾空双侧踹腿"等高难度动作。在当时广东南拳套路演练处于全国领先水平，当然也是全国南拳套路竞赛的"众矢之的"，是全国各省纷纷模仿、赶超的对象，这也迫使广东的南拳套路创新无论在套路布局，还是在难度动作上都需要年年创新才可以保持其领先地位。广东南拳套路竞技演练水平在陈昌棉先生及其弟子们的共同努力下，广东武术队涌现出了多位蝉联五六年的全国南拳冠军，其中男子16年、女子12年垄断南拳冠军的历史证明了岭南南拳具有深厚的武术基础，也显示了岭南武术文化在当代具有不断开拓、勇于创新、不断进取的精神。

3. 从广东独秀到各地逐鹿：南拳的推广

在南拳列入全国武术竞赛项目后，每年的南拳套路竞赛一般由广东、广西、福建、浙江、上海等地的十多位运动员争夺南拳冠军，连续几年多由广东、福建或浙江夺得南拳冠军，而且广东多次夺得南拳冠军，形成了广东独秀的南拳竞赛局面。相对于武术其他项目各地的激烈竞争，其发展

---

① 根据2009年5—6月笔者在广州访谈陈昌棉先生的录音整理。

的道路必然会越走越窄。

1978 年冬训时,作为广东武术队教练的陈昌棉先生主动发出邀请函请全国各省队派教练员到广东学习南拳,免费教学,收取微薄伙食费,免费住宿。① 当年就有北京、河南、广西三地各派二人赴广东学习南拳,以后除福建、浙江两地没有派人来学习南拳,其他各省每年都派人来学习南拳。随着南拳在全国的普及开展,国家把竞赛规程规定为各队必须报长拳男、女各两人,南拳男、女各两人,太极拳男、女各两人,共 12 人组成队伍参加比赛。这使得南拳的比赛竞争与其他拳种一样激烈,其更大的意义是促进了南拳的推广,在一定程度上也加快了南拳技术更大的革新步伐。这一举动得力于一代南拳大师陈昌棉先生的勇气与人格魅力。在笔者访问陈先生时,他在谈到当年免费邀请全国各地教练来广东培训南拳时,流露出当时他所面临各方面巨大压力,也显示出陈先生为推广南拳不拘小利而顾全大局的历史责任感。将南拳技术免费传授给各省队,无疑是为广东在南拳比赛中增加了巨大的竞争压力,但此举为中国竞技武术尤其是南拳竞赛提供了广阔的发展天地,从广东的一枝独秀到全国各省的群雄逐鹿,南拳竞赛发展的道路越走越宽,并走出国门,传扬于世界。

新中国成立后,特别是南拳被列为武术竞赛项目后,在体育部门的指导下,"南拳北传"势头较大。20 世纪 60 年代,由陈昌棉先生创编的《虎鹤双形拳》编入全国体育院校通用教材。② 伴随着竞技南拳在全国各地的推广,包括一些岭南传统南拳训练方式、技术风格被传播到全国各地,展现出新时期"南拳北传"的发展方向。当然这一时期并非仅指某一些南派传统套路,而是指南派传统武术技术风格、演练技巧及训练方法得以融入竞技南拳而向全国传播。

第二节 岭南武术学术研究及交流活动

一 捷足先登的广东 20 世纪 80 年代武术挖掘整理

广东省体委科研所所长曾昭胜早在 1978 年 4 月对广东武术进行调查

---

① 根据 2009 年 5—6 月笔者在广州访问陈昌棉先生的录音及先生赠送的《陈昌棉回忆录》(内部发行)整理。

② 全国体育院校教材委员会审定:《中国武术教程》(上),人民体育出版社 2004 年版,第 96 页。

时就会同黄鉴衡、曾庆煌、伍自明等人前往兴宁、梅县、丰顺、汕头、潮州、普宁等地进行武术调研工作。① 1979 年原国家体委发出了《关于挖掘、整理武术遗产的通知》，揭开了新中国成立后第一次规模空前的全国武术挖掘运动。《通知》提出了一些挖掘工作的任务及要求，1979 年 4 月原国家体委武术处处长赵双进会同成传锐、刘万福等到广东省检查工作时，听取了有关人员近年来广东武术调研的汇报，并随同前往汕头、韶关、顺德等地调查。应该说广东的武术挖掘整理工作是捷足先登的，是走在全国的前列的。② 1983 年 5 月全国武术挖掘整理工作会议在江西南昌举行，之后广东随即成立了以曾昭胜为组长，黄鉴衡为副组长，成员有董德强、张侃、陈耀佳，后来又增添了洪永兴、彭正庭、谭毓炜及老拳师区汉泉参与，并于 1983 年 11 月在新兴县举行广东武术挖掘整理工作座谈会。先行一步的广东武术挖掘整理工作取得了丰硕的成果，1984 年 6 月在承德举行的全国武术挖掘整理成果汇报会上，广东展出了普查、图书、器械、图片、录像 5 个品种。普查方面有广东武术简介、拳种分布图、60 岁以上老拳师调查表 200 张；图书有古本武术藏书、挖掘整理出版的书 7 本、《武林》杂志合订本（2 本）24 册、《南拳拳术》普及套路 1—6 路（1 本）、书稿 4 本；器械有湛江抗法时的藤牌及单刀各一把、广州三元里抗英钩镰枪一把（仿制）、东莞大耙一把；图片有挖整情况、蔡李佛图片（包括历史、人物及著作）、桩法及沙包练习、老拳师杰出人物照片、武术器械实物照片；录像有广东五大名拳拳术套路、广东 14 种名拳的拳术套路、广东稀有拳种（蛇拳、鹤拳）、广东各种器械套路、对练套路及普及南拳套路，黄鉴衡、董德强、彭正庭、区汉泉、陈耀佳等人获得先进个人奖资料。在 1986 年全国武术遗产挖掘整理工作总结表彰会上，徐才对广东的挖掘整理工作进行了表扬，黄鉴衡、董德强获得全国先进个人奖。在全国"三献"（献技艺、献文献、献实物）奖中黄鉴衡贡献的宋代《角力记》、清版《古今图书集成》获二等雄狮奖；董德强贡献的蛇舌枪、杨俊标贡献的沙缨（客家器械）获三等雄狮奖。③

① 曾绍胜：《广东武术史》，广东人民出版社 1989 年版，第 159—170 页。
② 2008 年 7—8 月笔者访问董德强先生。董德强先生是 20 世纪 80 年代参与广东武术挖掘整理和资料整理工作。
③ 曾绍胜：《广东武术史》，广东人民出版社 1989 年版，第 159—170 页。

　　另外，岭南的广西也进行了挖掘整理活动，如 1985 年出版了《广西拳械录》；挖掘整理成果之武术专著有胡汉良整理的《南少林龙虎会》、周树生整理的《鹰爪拳》、《罗汉拳》等。①

二　岭南出版的武术著作及报纸杂志

（一）岭南出版的武术著作

　　据《广东武术史》介绍，广东的武术古籍存量不大，约有 157 种（本），其中中山图书馆藏 50 种（本），中山大学图书馆藏 11 种（本），广州武术界存 86 种（本），各市县民间拳师存 10 种（本）。② 但据查阅有关文献发现，真正属于武术古籍的极少，近代较有代表性的是 1930 年左右林世荣及其弟子朱愚斋合著的被誉为洪拳"三宝"的《虎鹤双形拳》、《工字伏虎拳》、《铁线拳》及《岭南武术丛谈》、《南派拳术》；陈公哲及陈铁笙的精武著作，如陈公哲的《精武五十年中兴史》、《武锋》、《吴陈比武》、《精武粤传》，陈铁笙的《精武本纪》、《国技大观》、《合战拳》、《潭腿十二路挂图》、《功力拳》等；李佩弦为佛山精武中坚人物，在 20世纪五六十年代著有《潭腿挂图》、《硬锤挂图》、《五虎枪》、《少林合战拳》、《易筋经》、《八段锦》。

　　20 世纪 80 年代武术挖掘整理的成果之一就是出版武术著作，多为拳种流派的拳械套路及史料，如作为挖掘整理成果出版较早的《广东武术史》（1989 年），《南拳拳术》、《南拳棍、耙、刀》（曾庆煌、黄鉴衡著），《南拳对练》（邱建国、陈耀佳著），《武术入门》（陈耀佳著），《南拳》（周文超著），《综合南拳》（陈昌棉著），《粤海武林春秋》（黄鉴衡著），《黄啸侠拳法》（黄啸侠著），《武林拾趣》（郑树荣著），《洪拳》（庞康娣著），《侠拳》（邓锦涛著），《初级南拳套路》（曾庆煌等合著），《六合八法》（梁士洪著），《龙行八卦掌》（傅永辉著），《莫拳》（林仲伟著），等等。

　　香港是岭南乃至中国对外交流的窗口，在武术著作出版方面也表现出其作为武术文化对内对外交流枢纽的重要地位，其一方面出版了大量中国内地含岭南的武术著作，将中国武术及岭南各拳派的武术广泛传播于海

---

① 《广西武术史料》（内部资料）。
② 《广东省志·体育志》，http://www.gdsports.net。

外，另一方面也出版了海外其他国家的武技，香港成为中外武技交流的中转站。香港出版了许多中国内地少有的武术著作，如《形意拳械教范》（黄柏年著）、《太极拳使用法》（杨澄甫著）、《邹家八卦棍图》（潭汉著）、《苌氏武技书》（苌乃周著，徐震编订）、《十字战拳图解》（赵连和著），等等①；出版了一些海外武技，如《西洋拳击秘密》（美国·祖路易著）、《系东流空手道》（陈进虎著）、《泰国拳之秘密》（李英昂著）等。② 香港出版的武术著作量是很大的，许多中国内地拳种著作在内地很少出版，但在香港仍然大量出版。这使得在中国内地难以寻觅的武术著作却可以在香港轻易找到，这也印证了处于岭南及中国"边缘"的香港所具有的"求之诸野"的武术文化特征。早期在精武体育会流传的一些拳种，有的经其在香港的传人整理出版著作而得以流传，如在日本学者松田隆智著的《图说中国武术史》里有介绍："广东人黄汉勋曾把罗光玉传授的螳螂拳技术和理论整理成三十多种螳螂拳书出版。"③ 黄汉勋一个人出版 30 多种螳螂拳书，可以说是著作等身了。结合有关文献，现将黄汉勋出版的螳螂拳书共计 37 种列表如表 9 - 2。

表 9 - 2　　　　　　　　　　黄汉勋出版的有关螳螂拳著作

序号	书名	出版时间	出版地点
1	武林闻知录一集	1953	香港
2	武林闻知录二集	1954	香港
3	螳螂拳术阐秘	1946	香港
4	螳螂拳术随笔	1949	香港
5	崩步拳术图解	1954	香港
6	螳螂拳谱	1953	香港
7	躲刚拳图解	1954	香港
8	插槌图解	1954	香港
9	十八叟拳图解	1954	香港
10	重订崩步拳图解	1968	香港

---

① 马志斌：《岭海武林》，广东人民出版社 2000 年版，第 228—233 页。

② 同上。

③ 松田隆智：《中国武术史略》，四川科学技术出版社 1984 年版，第 196 页。

续表

序号	书名	出版时间	出版地点
11	螳螂拳术随笔续集	1955	香港
12	领崩步	1955	香港
13	搏击阐要上篇·心战	1957	香港
14	搏击阐要下篇·术战	1957	香港
15	梅花拳	1957	香港
16	梅花落拳	1958	香港
17	梅花手	1958	香港
18	白猿出洞	1958	香港
19	白猿偷桃	1958	香港
20	大架式拳	1958	香港
21	小架式拳	1958	香港
22	醉罗汉拳	1958	香港
23	躲刚插捶十八叟拳合编	1958	香港
24	四路奔打拳	1972	香港
25	一路摘要拳	1972	香港
26	跌打骨科学（与他人合著）	1968	香港
27	燕青单刀	1956	香港
28	六合双刀	1956	香港
29	子午剑	1958	香港
30	军中大刀术	1955	香港
31	虎尾三节棍	1956	香港
32	十八罗汉功	1958	香港
33	躲刚拳十八叟合编	1980	香港
34	插捶拳螳螂拳谱合编（重版）	1980	香港
35	罗汉功	1980	香港
36	重订崩步拳	1980	香港
37	领崩步拳	1980	香港

资料来源：转引自郑龙《著作等身的黄汉勋——港澳武术点滴》，《广东体育史料》1988 年第 5 期，第 19 页。

从中也表明香港在传播中国武术文化方面的地位。

另外由于香港的电影及录像等手段先进，故而影像也是除著作之外一种重要的武术传播载体与手段，使得岭南武术较早以录像、电影形式向海外传播。

（二）武术杂志创办的先锋——《武林》

《武林》杂志是新中国成立后全国出版最早的武术杂志，也是中华武术有史以来首本公开发行的武术杂志，也曾为全国和世界上销售量最大的武术杂志。《武林》杂志是 1980 年在广东省体委曾昭胜、黄鉴衡等的积极建议下，得到广东省体委主任陈远高赞同下得以创办的。经过一年多的酝酿，于 1981 年 7 月创刊发行（图 9－1）。《武林》杂志在 1981 年 7 月创刊后，当年共发行 3 期，分别在 7 月、9 月及 11 月发行出版，以后每年发行 12 期。《武林》从 1981 年 7 月创刊至 2006 年 9 月停刊，前后经历了 25 年，共发行 300 期。除 1981 年创刊时为 16 开 48 页外，以后为 16 开 64 页发行。

图 9－1 《武林》杂志创刊号（1981 年 7 月）

《武林》杂志创刊后很快就迎来了中国乃至国际的武术热潮，显示了岭南武术文化的开拓、创新精神。《武林》杂志成了为武术热潮到来而鸣锣开道、摇旗呐喊的一面旗帜，也为武术热潮的到来指引了方向。正是在武术发展的历史热潮中，《武林》杂志从最初仅几万份发行量迅速发展为上百万份，曾是全国和世界上销售量最大的武术杂志，月发行量达三百万份以上，可以说创造了武术期刊发行史上不可复制的神话，不但畅销国内各省各地，而且远播美洲、欧洲、东南亚等地的 32 个国家及中国香港、澳门地区。① 《武林》杂志成为一个向国内外传播岭南武术文化及中国武术文化丰姿的"窗口"。《武林》杂志开辟的栏目有：武林故事、挖掘整理、名拳介绍、武林丛谈等。其宗旨为宣传中国武术运动，发掘整理中国武术遗产，团结武术工作者及学习者，交流经验，普及与促进中国武术运动，是学习拳技、交流心得、沟通信息、进行学术探研的园地与平台。

除《武林》杂志外，岭南还创办有《气功与科学》、《真功夫》画刊等期刊。

三　岭南举办的武术擂台赛等交流活动

岭南武林不仅在南拳套路方面曾长期居于全国一流，而且在探索对抗项目散打及积极展开武术交流中得以不断发展，并在全国率先进行过不少尝试与交流。

1979 年前后广东首先采用东南亚一带的对抗形式擂台赛进行尝试武术的对抗练习。这是一种东南亚民间穿上护具的对抗活动，是一种以香港为中心的东南亚国术擂台赛运动形式。它其实在 20 世纪六七十年代即存在于香港等东南亚一带，并流行于民间。香港的这种擂台赛比较活跃。当时中国内地还没有推行对抗项目，而是以套路运动为主导的武术竞赛体系。而香港却流行技击性强的对抗运动擂台赛，对抗擂台赛在香港是大受人们欢迎与认可的。这一点可以从 20 世纪六七十年代李小龙的功夫电影受到人们青睐得到证实，而且在李小龙的电影中也展现了这种擂台赛的形式，如李小龙在《龙争虎斗》开场就展现了一场擂台赛：在地上铺有长方形垫子，李小龙与同门（洪金宝饰）进行比试，两人下身着短裤，手上护具为露指的较厚拳套。电影《龙争虎斗》中所展示的这一擂台对抗

---

① 马志斌：《岭海武林》，广东人民出版社 2000 年版，第 239 页。

比武形式并不是凭空设计的，而是香港及东南亚一带盛行的擂台赛形式，其中也加入了李小龙的设计，反映出香港一带擂台对抗形式的早期流行式样，这要比我国内地从 1979 年开始试行的散打要早很多年。

1979 年在广西召开的全国武术观摩交流大会上，广东的黄兰福、黄兰根兄弟表演了散打（搏击）对抗。1982 年，香港菁华武术会在梁克明师傅率领下到广州进行武术擂台赛交流，首次进行粤港散打对抗赛，规则参照东南亚国术擂台赛，两地战平。这次粤港擂台赛掀起了岭南民间散手交流的热潮，推动广东举行了多次散打对抗赛。1982 年 9 月在北京举行的"全国武术对抗项目表演赛"中李志明、张建国荣获两冠。此后广东散打也步入全国一流之列，先后产生了邓家坚、冯维斌、林健雄、刘德等全国冠军，曾庆峰获世界冠军，邓家坚获亚洲冠军，陈林军获全国冠军、亚洲冠军。① 另外广东武术曾多次到香港、澳门等地进行武术交流活动，如 1979 年受澳门商界邀请前往表演；1980 年应邀赴菲律宾、泰国表演；1984 年去香港参加省港武术会演；1985 年赴欧洲联邦德国、荷兰、瑞士、比利时四国表演；1986 年去澳大利亚及日本表演。② 近几年香港及广东举办了多次国际咏春拳手比赛及中外武技交流比赛，如 2006 年、2008 年在广东佛山明珠体育馆举办的首届及第二届中国国际咏春黐手比赛；2009 年 12 月在广东佛山岭南明珠体育馆举办了"2009 中国功夫对职业泰国"等。广东及香港、澳门在举办国际武术交流赛及传播中国武术文化方面作出了卓越的贡献。

本章小结

新中国成立后具有深厚的民间群体基础的岭南武术，率先得以在全国恢复，并充当了对外交流的文化使者。1971 年，广州为中国出口商品交易会对外宾作武术表演，广东也选拔了多名民间高手参与，揭开了新中国成立后岭南武术发展的新篇章。随后在全国开展的竞技武术南拳改革中进行了大量的南拳革新：弃传统风格之短，采岭南百家之长；创编套路演练及增加难度；从一省独秀到各地逐鹿，使得南拳得以在国内外推广。尤其

① 马志斌：《岭海武林》，广东人民出版社 2000 年版，第 185—217 页。
② 同上。

是广东不计小团体利益顾全大局的南拳推广，为中国武术竞技套路的南拳竞赛提供了广阔的发展天地，南拳竞赛发展的道路越走越宽，并走出国门传扬于世界。岭南在 20 世纪 80 年代的武术挖掘整理工作中走在全国前列，进行了大量挖掘整理工作，出版了一系列挖掘整理成果的武术著作，尤其是香港作为岭南乃至中国对外交流的窗口，在武术著作出版方面表现出作为武术文化对内对外的交流枢纽地位，出版了大量中国内地及岭南的武术著作，将中国武术及岭南各拳派的武术广泛传播于海外，也出版了海外其他国家的武技著作，香港成为中外武术文化交流的中转站。《武林》杂志是新中国成立后全国出版最早的武术杂志，也是中华武术有史以来首本公开发行的武术杂志，也曾是全国和世界上销售量最大的武术杂志。《武林》杂志创刊后很快就迎来了中国乃至国际的武术热潮，显示了岭南武术文化的开拓、创新精神，成为为武术热潮到来而鸣锣开道、摇旗呐喊的一面旗帜。

第十章
当代港、澳武术的发展及香港功夫电影
对武术国际化的影响

一 当代香港、澳门武术的发展①

香港的武术组织主要有香港武术联合会及香港国术总会（2006 年 9 月 1 日更名为香港国术龙狮总会）。香港的武术官方组织为香港武术联合会，成立于 1987 年 8 月，会长为霍震寰。香港武术联合会是全香港唯一获得国际武术联合会、亚洲武术联合会、中国香港体育协会暨奥林匹克委员会认可的武术总会。香港武术联合会"扎根香港，面向世界"，致力于全面推广武术，包括套路（拳术、器械）、散打以及下属各个流派传统武术，以积极为香港武术发展与参与国际交流为己任。香港武术联合会致力于从基层、中层到精英的武术推广。基层的青少年武术推广、中层的青苗武术培养及各区队的精英武术培养，形成了一个较全面的香港武术发展体系。香港每周在全港十八区体育馆举办"青少年武术普及训练班"，每年参与的青少年超过 2000 余人，累积培训五六万人；港九各中小学合作推行的"青少年武术章别计划"首创武术普及计划，分为十个级别的武术基本动作考评以评判学员的武术水平。1992 年开始推动散手（打）运动项目，香港武术联合会自 1998 年开始每年举办全港公开武术散手赛，开展香港的散手对抗运动。2000 年举办第九届全运会散手预赛，2004 年举办中国武术散手香港杯公开赛，加入女子级别，女子散手运动正式开展。2006 年 6 月 30 日鲤鱼门体育馆散手训练场正式启用，为香港开展散手运

① 关于香港、澳门武术发展的详细状况，尽管笔者没能实地赴港、澳调研，只是收集了不少相关的文献资料及一些广东的调研口述资料，但由于港、澳，尤其是香港，与广州距离较近，很多武术流派的传承人经常往返于香港与广州之间，对香港的武术状况较为熟悉，这为本研究提供了便利。另外，香港传统武术习武群落在语言、习俗、传承方式等方面与广东差别较小，而且在保留传统技术风格方面，香港比内地更好，香港在岭南武术文化中的重要地位就在于它是中外文化交流的枢纽。

动提供了一个完备的训练场所，每年举办基层武术比赛，如全港公开新秀武术锦标赛、外展武术比赛等。另外，每年均为不同年龄组合安排传统、竞赛套路、散手及龙狮赛事，如全港公开青少年儿童武术分龄赛、全港公开武术锦标赛、全港公开太极拳锦标赛等，"中国武术散手香港公益杯公开赛"及"散手交流会"，全港公开龙狮锦标赛及武艺大会演等，近年来参与人数日益增加。香港武术积极举办国际武术赛事交流活动，如首届国际太极拳邀请赛、龙腾武聚庆回归武术会演、武术界庆祝香港回归十周年、国际武术观摩会演、亚洲区国际武术裁判班、粤港澳武术邀请赛、第二届亚洲武术锦标赛、第五届世界武术锦标赛、首届亚洲青少年邀请赛、国际散手邀请赛、五角武术邀请赛等赛事。① 这些赛事有力地促进了香港武术的普及与提高，香港武术联合会组队在国际武术比赛中取得了骄人的成绩，同时香港作为中国武术对外交流的窗口发挥了越来越重要的地理区位作用。

香港国术总会，成立于1969年8月8日，于2006年9月1日更名为香港国术龙狮总会，主要是民间组织的传统武术流派组织，以发扬传统国术、团结各门派及推广龙狮技艺为己任。香港主要的传统流派组织有：大圣劈挂门、中国唐手门、中国道教全真龙门派、少林黑虎门、少林铁虎门、中国香港心意拳总会、王氏太极拳、六通拳、北少林、北少林地蹚八卦门、北方少林七星螳螂拳、北螳螂门、白眉派、白鹤派（白鹤体育总会）、佛山刨花莲咏春、吴氏太极拳、希夷门华岳心意六合八法拳、和式太极拳、南少林咏春、东江周家螳螂拳、夏国璋龙狮团—柔功门、周家拳、南少林蔡莫拳、武当拳派、洪佛派、洪拳、香港陈式心意混元太极、孙式太极拳、迷踪派、莫家拳、陈式太极拳、傅式太极拳、西藏密宗喇嘛、咏春派、雄胜蔡李佛派、意拳（香港意拳学会）、杨氏太极拳、董家太极拳、福建咏春白鹤拳、赵堡太极拳、广州咏春、郑式太极、龙形派、鸿胜蔡李佛、罗汉门、谭家三展拳、鹰爪翻子门等，不完全统计为47个分会。② 从这些分会的名称看，既有传统特色的各"门派"，又有充满现代气息的各"分会"，大多为岭南早期赴港人的传人所创立，有的是近年从中国内地传到香港成立的分会，如各式太极拳分会等。香港国术总会在

<hr/>

① 参见《香港武术联会20周年纪念特刊》，第43—44页。
② 同上书，第55—78页。

早期重视擂台赛的推广，如 1971 年主办"第一次中国武术观摩大会"的擂台搏击，为香港开埠百多年来的创举，为港人津津乐道。自 1971 年起，在历届国际性"东南亚国术擂台邀请赛"中，香港国术总会均派队参加，并勇夺不同级别的冠亚军，战绩卓著；1982 年主办"第六届中国武术擂台国际邀请赛"，在香港伊丽莎白体育馆举行，轰动全港及世界各地。① 香港民间具有广泛的擂台搏击群体基础，东南亚擂台搏击形式在李小龙的电影《龙争虎斗》的开始场景即为这一民间擂台搏击形式的武术文化反映，东南亚民间流行的擂台搏击也是岭南传统武术讲究实战的搏击在香港这一岭南地域"边缘"遗存的武术文化事象之一。

虽然无法深入到香港等地进行调研，但由于广东与香港地理邻近，粤港的武术界交流频繁，而且各派渊源极深，因而在岭南调研期间访问有关专家时对香港、澳门的武术发展也进行了相应的考察，了解到一鳞半爪，有的民间各派传人每月往返于粤港之间教授武技。如洪拳的何炳祥师傅（当代洪拳大师黄达生同门师弟）师从洪拳宗师黄飞鸿得意门生林世荣弟子吴少泉学艺数十年，在广州青年公园及香港元朗教授洪拳，这也为笔者了解香港武术发展提供了一些便利。香港的各流派一般在香港都开设有拳馆，且多以自己流派命名拳馆名称，规模一般不大，各家拳馆一般只传授本流派拳术、器械、功法，具有各自流派的风格特色。这在某种程度上较好地保存了本流派的技法及功法，使得本拳派的技术风格得以较好地传承下去，故而香港的武术流派保留了岭南乃至中国内地许多拳派的传统套路演练风格、古朴的攻防技法及罕见的练功器械、功法，如洪拳在岭南极少流行的传统套路三展拳、蔡李佛拳派的秤桩、黑虎门的九齿磨盘桩。② 有的源自岭南或中国内地的拳派在岭南和内地已不多见，而在香港却继续发展，并在国际上广泛得以传承。这使香港充分体现了岭南及中国地域的"边缘"武术文化特征，也是其成为岭南与中国武术文化对外交流的窗口与保存传统武术文化的"原生态"地。

澳门的武术官方组织为澳门武术总会，正式成立于 1988 年 6 月 28 日，会址位于澳门得胜马路得胜体育馆。澳门武术总会主要负责宣扬与领

---

① 香港中国龙狮总会 http：//www. hkcmaa. com. hk/b5g/intro/activities. html。

② 香港科技大学学生会：《实战少林武术学会十周年会刊》（内部刊物），2005 年，第 73—74 页。

导澳门武术运动，负责其下各属会组织进行比赛，每年举办本地区联赛，代表澳门参加国际比赛。目前澳门武术总会其下属会有 64 个，约有会员6000 人。澳门武术总会于 1987 年 9 月加入亚洲武术联合会；1990 年 10 月加入国际武术联合会。[①] 澳门武术总会属会主要有：澳门罗梁体育总会（1938 年，主要教授蔡李佛拳）、澳门重光体育会（1980 年，主要教授蔡李佛拳）、澳门鸿劲体育会（1973 年，主要教授蔡李佛拳、木人桩及狮艺）、澳门建华文娱体育会（1955 年，主要教授山东太极螳螂及太祖拳械）、澳门业余体育会（1967 年，主要教授传统拳械、木人桩）、忠信体育会（1973 年，主要教授传统狮艺）、友乐文娱体育会（1953 年，主要教授蔡李佛拳及狮艺）、陈式太极拳健身会（1990 年，主要教授传统陈式太极拳）、黄昌国术体育会（1924 年）、澳门工人康乐体育会（1960 年，主要教授蔡李佛拳）、澳门工人武术健身班（1951 年，主要教授蔡李佛武术）、白眉派毅成体育会（1972 年，主要教授传统白眉武术）、加义体育会（1985 年，主要教授南、北传统武术）、友乐体育会（1958 年，主要教授蔡李佛及南狮）、澳门闽南五祖体育会（1988 年，主要教授传统南少林五祖武术）、修武体育会（1980 年，主要教授传统武术及龙狮艺）、杨兴体育会（1982 年）、联乐体育会（1984 年，主要教授传统白鹤派武术及龙狮）、澳门英杰太极拳社（1957 年，主要教授传统太极拳）等属会[②]。澳门武术总会属会多为岭南传入的各拳派传人所创立，会中教习的拳术多为传统拳术及南派龙狮。

香港是中国武术走向世界的窗口，尤其在改革开放初期，在当代中国武术国际化推广中的地位无可替代。应积极发挥其对外进行中国武术国际传播的前沿交流平台作用，作为中国武术文化的宣传使者，树立良好的中国武术对外形象，创新、开拓中国武术对外传播的新思路与途径。虽然香港、澳门曾经在外国文化的笼罩下，但人们的风俗习惯及民族文化心理依然带有深厚的岭南文化痕迹，表现在武术上就是香港、澳门的拳种流派均为岭南或精武体育会南传的拳种，并且保留有浓厚的岭南传统武术风格，许多拳种的传统技术风格、器械及功法得以很好的保留，有的在岭南及中国内地已经难以寻觅，却在香港、澳门等地依然流传。

---

① 澳门武术总会编印：《2002 年澳门武术运动年刊》，第 28 页。

② 澳门武术总会 http：//www. aamcm. org. mo/assoication. html#。

二　岭南武术文化传播的艺术天使——香港功夫（武侠）电影

香港这块中国功夫传播的热土，除了其独特的中外文化交汇之地理文化便利外，借助现代电影艺术形式形成的新片种——功夫电影，对岭南及中国武术文化国际传播作出了不可替代的历史贡献，还涌现出了大批世界顶级功夫电影巨星，如李小龙、成龙等，尤其李小龙成为与美国好莱坞合作的第一人，并创造了好莱坞一个新的片种——功夫片。李小龙将中国功夫通过电影艺术向世界展示了中国武术文化，中国武术正是通过香港功夫电影这种艺术形式在国际上日益得到人们的了解，在客观上极大地推动了中国武术文化在世界的传播与影响。由于香港功夫电影早期大多展现的是岭南拳种，如洪拳、咏春拳、蔡李佛拳及南狮技艺，这都极大地促进了岭南拳种在世界上的传播与交流。而谈论香港功夫电影都无法避开一位世界功夫大师及国际顶级功夫电影巨星李小龙及成龙、洪金宝、元彪等一批在国际功夫电影上的璀璨功夫明星，正是这些功夫巨星利用电影向世界展示了中国功夫、中国武术文化，传扬了中国武术中蕴含的自强不息的民族精神。

（一）功夫电影的国际开拓者：功夫之王李小龙

李小龙 1940 年 1 月 27 日出生在美国三藩市，成长在香港，其父为粤剧名伶李海泉，李小龙幼年曾随父学习太极拳，13 岁拜在咏春拳一代宗师叶问门下，系统地刻苦习练咏春拳，还学习过洪拳、节拳、潭腿等拳种。1959 年到美国学习，在求学期间李小龙潜心苦修，以中国传统武术咏春拳为基础，并在兼收并蓄中国传统武术各家之长的基础上，吸取各国武技精华，如拳击、柔道、空手道、泰拳道等，参以中国道家哲学思想为理论指导，创立了"截拳道"。1971 年回到香港发展，一生主演拍摄了四部半功夫电影：《唐山大兄》（1971 年）、《精武门》（1972 年）、《猛龙过江》（1972 年）、《龙争虎斗》（1973 年）、《死亡游戏》（1978 年完成，李小龙仅拍摄过 15 分钟武打镜头）。在 20 世纪 70 年代初，中国功夫影片的狂潮席卷世界，李小龙这个响亮的名字震撼全球。1973 年 7 月 20 日，李小龙突然在香港逝世，年仅 33 岁。李小龙的一生虽然短暂，但他却如同一颗耀眼的流星划过国际武坛的上空，对现代武术技击术和电影表演艺术的发展作出了巨大的贡献。随着李小龙主演的功夫片风行海外，中国功夫也随之传播世界各国。李小龙所带来的功夫电影的流行使得外文字典和词典里都出现了一个新名词："功夫（kung fu）"。在外国人的心目中，中国武术就是功夫，李小龙也成了功夫的化身，李小龙已经成为中国功夫的一个国际武术名片与武术文化符号。

李小龙六岁即开始从影，他在童年和少年时代就已经参与拍摄了十多部电影（1946—1960 年），其中《细路祥》、《人之初》、《雷雨》及《人海孤鸿》获得好评。李小龙小时候的电影拍摄经历既显示了其电影表演才华，也为他以后借助电影宣传中国功夫并成为国际顶级功夫电影巨星打下了深厚的基础。1971 年，李小龙旅美回到香港拍摄了第一部以中国武术为题材的《唐山大兄》，公演创下了香港开埠以来的电影最高票房纪录，达到了 300 万港元；1972 年，李小龙拍摄《精武门》，在片中李小龙痛打日本人时喊出的那句亿万中国人为之喝彩的"中国人不是东亚病夫"，树立了其光辉的民族英雄形象，引起更大的轰动并打破了亚洲票房纪录；1973 年，李小龙自编、自导、自演了《猛龙过江》，这是李小龙自组"协和公司"后拍摄的第一部电影，并向世界发行，"以简练、明快的技击动作，使中国武侠电影成为开拓国际电影市场的先锋片种"①；1973 年，《龙争虎斗》由李小龙的"协和公司"与美国好莱坞华纳电影公司联合拍摄，也是李小龙正式进军好莱坞国际影坛的一部电影，《龙争虎斗》在美国放映，总票房达到 2 亿美金，从此好莱坞一种新的片种——功夫片诞生了；《死亡游戏》是李小龙本应在《龙争虎斗》之前完成，仅拍摄了 15 分钟的武打镜头，因李小龙的突然离世成为李小龙未能完成的遗作，算作半部电影，后来电影公司多方努力，寻找许多替身演员进行补拍而于 1978 年才最终完成，但剧情与李小龙原来构思相距甚远。②

李小龙通过电影艺术形式向世界展示了中国功夫、中国武术的民族精神，在电影中既有其精湛的功夫如寸拳、李三脚、两节棍及偷漏手等成名的绝技展示，也闪烁着李小龙个人对武术的哲学思考。他是运用电影这种艺术形式来表达他的武术思想，如在《龙争虎斗》开场设计的搏击擂台场景（图 10 - 1）、比武所使用的分指手套与紧身短裤，及比武之后他与其师父对话所吐露出的武学最高境界思想，都是李小龙通过电影这种艺术

---

① 贾磊磊：《中国武侠电影史》，文化艺术出版社 2005 年版，第 76—77 页。
② 廖锦华：《写真李小龙》，北京体育大学出版社 2003 年版，第 282 页。

形式传达了在武术格斗样式及其个人的武学思想。李小龙尽管以高强的真功夫征服了观众，但更为震撼观众的是李小龙在其电影中所彰显的鲜明的民族英雄形象及其所代表的那种自强不息、奋发图强和逆境求存的中华民族的优良传统。

图 10 - 1　《龙争虎斗》开场的搏击擂台场景（左为洪金宝，右为李小龙）

尽管李小龙已经离开我们四十多年了，但李小龙依然是功夫的代言人，成为海外华人中的精神偶像，他的武学才华，他的英雄正气，他的电影艺术辉煌，都已成为一份无法拷贝的神话。33 岁、四部半功夫电影，三次打破香港票房纪录，足以令划过星空众多的璀璨流星黯然失色，不知何时再会有人创造这样一份东方传奇。从影功夫片生涯极短暂，只有两年；电影作品非常之少，仅有四部半，但他却能在世界影坛放射出耀眼的光芒……李小龙身上那种强烈的民族精神、民族尊严，使他获得了世界声誉和尊重！由于在武术和电影等方面卓越的贡献，李小龙先后在 1971 年和 1974 年两度被国际权威武术杂志《黑带》评为世界七大武术家之一，1972 年还被香港评为十大明星之一，美国报刊把他誉为"功夫之王"，日本人称他为"武之圣者"，香港报纸赞誉他为"当代中国武术及电影史上的奇才"，在李小龙逝世后许多机构都对他在武术及电影的巨大成就给予高度评价。

李小龙掀起的世界性的中国功夫热，堪称 20 世纪的文化奇观。他被誉为中国功夫第一名人。他强烈的民族自尊心和百折不挠的精神令世人叹服，他是一位罕见的、同时脚踏武学和电影两座高峰的世纪巨人，1998年11月获中国武术协会颁发的"武术电影巨星奖"，他作为唯一入选的华人被美国《时代》杂志评为"20世纪的英雄与偶像"。李小龙充满生命力的33年人生，如同一颗流星划过国际武坛和影坛的上空，虽然短暂却无比耀眼！正是他主演的功夫电影，创造了好莱坞一个新片种而风行海内外，中国功夫也伴随着功夫电影的传播而扬名于世界各地。而作为人们心目中的功夫偶像、文化偶像和精神偶像，《李小龙传奇》电视剧的播出再次成为国人和世界龙迷们关注的一个文化热点。据电视剧《李小龙传奇》中李小龙扮演者陈国坤讲述，只有到美国才会体会到人们对李小龙的狂热，美国几乎每一家音像店都可以买到李小龙的全套电影，在李小龙去世后的四十多年里，几乎每天都有许多人到他安息的墓地看望他，他从来没有感到寂寞过，他的墓前每天都没有断过鲜花！① 这就是李小龙的魅力，也是中国功夫电影的魅力！李小龙通过电影让世界认识了中国的功夫、中国的武术！他通过电影以自身的功夫魅力所带来的中国武术在世界的传播影响力，足以令我们深思如何超越！

李小龙虽出生于美国且为美籍华人，但其早期生活在香港，学习的是中国传统武术咏春拳，到美国留学期间也刻苦修炼中国各家传统武术，广泛吸收世界各种武技，以咏春拳为基础，参以中国传统道家哲学思想而创立"截拳道"，其"以无法为有法，以有限为无限"的武学思想既是中国道家哲学思想在武学上的哲学提炼，同时也是咏春拳"无招胜有招"的另一种哲学思想的提升与表达。李小龙坚持中国习武者那种奋发图强、逆境求存的中华民族爱国精神，始终把追求武学作为其人生的最高宗旨。李小龙首先是一个武术家，然后才是一位电影功夫演员。他一生中的大部分时间都以研究、习练及传授中国传统武术咏春拳为职业，并出版了其示范的武术著作《中国基本拳法》，死后留下了多本武术习练笔记。李小龙在武学上的成就给予我们许多启示，笔者以为有以下几点值得世人深思：第一，李小龙在研究中国传统武术中睿智地甄别并抓住了中国传统武术的技

---

① 李小龙墓地位于美国西雅图湖景墓地。李小龙的墓碑是绛红色的，上面有他的照片、英文名字 BruceLee 以及中文原名李振藩。在他墓碑的下方是一块黑色的类似一本翻开的书的石雕。左面一页刻有中国传统文化符号的黑白太极图。图两侧用中文刻着这样一句话："以无法为有法，以无限为有限。"

图 10 - 2　李小龙墓地

击，吸取了各家传统武术技击精华，并进行了去伪存真的扬弃。香港处于
岭南武术文化圈的边缘地带，是武术原始技击性保存较多的地区，远离了
早期新中国成立后套路运动发展的影响，故而李小龙强化了对传统武术技
击实用的搏斗功能，而李小龙接受的岭南传统咏春拳就是以实战技击为价
值取向的拳种，其淡化套路、重于实战功法的技术特点，为李小龙提供了
坚实的技术及武学思想基础，使得李小龙紧紧以技击实战为中心博取传统
武术各家之长，并对一些与技击性相关少的因素进行了舍弃，将岭南武术
文化中的简洁、实用特征发挥到极致，表现为一种重于实战的真功夫，而
这种实战性的真功夫在美国又正好迎合了人们搏击实战的心理需求。李小
龙经过个人刻苦修炼及与海外各武技家交流、学习，创立了新的拳派

"截拳道"。"截拳道"中咏春拳的技术基础及中国道家哲学思想的痕迹依稀可见，这也是一种岭南武术文化的创新、开拓精神的展现。第二，李小龙的武学基础及理论思想都是来自中国传统武术及中国哲学思想，并成为李小龙武学创新的源泉。李小龙系统学习咏春拳，并在海外广泛吸收海外各武技的精华，然而他始终坚持以中国传统武术为基础与核心，并坚持自己是中国人，自己所创的是中国功夫。同时不遗余力地在世界推广中国功夫，为彰显中国功夫的民族主义精神，一是不断致力于中国功夫在世界不同种族与国籍群体中传播，二是通过电影艺术宣传中国功夫与中国武术的民族精神，极大地振奋了海外华人的民族自尊心与自豪感，成为海外华人的民族精神偶像。李小龙通过电影艺术对中国功夫在世界的传播改变了世界华人尤其是海外华人的地位，正如一些华人所言："在海外改变华人们的地位的两位伟人，一是毛泽东，一是李小龙。"① 足以印证李小龙在海外的影响。第三，李小龙的英年早逝给世界武学与电影艺术带来了不可估量的损失，他的早逝与他刻苦追求武术技击的最高境界不无关系，值得世人对中国传统武术系统地"打"、"练"、"养"的深入思考。李小龙在其短暂的 33 个春秋，经过超负荷练功及不间断地与各国武技高手切磋，迅速提高了技击实战能力，积累了丰富搏击实战经验，并进行了大量的武术技术创新、练功辅助器械创制与武学理论升华，也进行了广泛的传拳授徒，可以说在武术系统的学习、创新、实战与传授方面都做得十分完美，极大地挖掘了中国传统武术的文化宝库，尤其在传统武术技击及传统文化思想方面，作出了跨时代的创新。然而，也许是时代及社会环境各方面因素的影响，李小龙这位武学天才却在无限制追求中国传统武学技击性的过程中忽视了中国传统武术的"养"。中国传统武术应是一个"打（搏击实战）"、"练（套路演练）"、"养（养生健体）"三位一体的全面体系，过分地追求传统武术的一个方面而偏离了其他方面必将导致个体修炼传统武术机体内部系统的失衡，对身体造成了极大损害，尤其对李小龙这位武学天才，具有惊人的长期超负荷锻炼的毅力，却忽略了自身"养"的一面，无形中对其自身的内部机体平衡造成了破坏。我们在对李小龙这位璀璨的武学与电影艺术明星过早陨落无限惋惜的同时，也对中国传统武术文化的深邃产生无限憧憬与敬畏。

---

① 马志斌：《岭海武林》，广东人民出版社 2000 年版，第 53 页。

（二）香港七小福：戏曲与香港功夫电影结缘，"元"家班孕育的功夫电影璀璨群星

中国武打电影受到武术与戏曲的影响很深。一方面戏曲中的武打，尤其是岭南粤剧以工技击为主，武打更是其重要部分。岭南戏曲艺术、武术文化的下层草根文化性更加大了二者的结合。戏曲在有限的舞台运用出神入化的武打技巧进行高超的程式化舞台表演时可以创造出丰富的艺术形象，时间纵横千百年，空间横跨山川、湖泊、天上、人间，戏曲都可以运用高度凝练与抽象写意化的武打艺术，把这些场景淋漓尽致地表现出来。中国武术运用于戏曲艺术表演，在民间有祭祖、庆典、庙会仪式上的舞龙、舞狮、舞剑，戏曲舞台上武术与舞蹈、演唱、表演很早就结合起来。尤其在元朝时，武术由于统治阶级的压制而隐藏于下层民间戏曲艺术之中，并在中国戏曲艺术元杂剧的舞台上顽强地保存着，使得武术的单练、对练等技术在元杂剧剧目中创造出精彩的艺术表演形式，而且武术也进一步程式化。[①] "作为与中国戏曲结下不解之缘的中国武侠电影，最初的电影记录中大都有京剧中的武打场面。"[②] 由于中国电影与舞台的"武打"动作表演的不解之缘，使得香港电影演员大多出自戏曲（如京剧、粤剧）演员，他们在电影中演出武打场面如同在戏曲舞台表演，必须有真功夫，精通武术，至少可以说精通戏曲舞台上的武打表演。

20世纪70年代，香港从一个半中半西、半新半旧的殖民地贸易集散地，逐渐演变为一个具有经济实力的现代商业都市，城市群体娱乐的趣味与兴趣开始发生改变，以前的戏曲表演开始被迫让位于电影艺术。随着戏曲观众的日益流失，许多戏曲演员尤其是一些武生纷纷转入电影，担任武师、龙虎武师等武打演员。而成立于20世纪60年代的由京剧大师于占元[③]创办的"中国戏剧研究学院"被迫解散，其门下号称"香港七小福"的著名弟子多进入电影谋生，这就是继李小龙之后香港功夫电影涌现出的一批功夫群星。"七小福"就是当今香港影坛赫赫有名的洪金宝（元龙）、成龙（元楼）、元彪、元奎、元华、元武、元泰七人，尤以洪金宝、成

---

① 郭志禹：《中国武术史简编》，人民体育出版社2007年版，第101—102页。

② 贾磊磊：《中国武侠电影史》，文化艺术出版社2005年版，第41页。

③ 于占元（1905—1997），香港著名动作演员（洪金宝、成龙、元彪、袁和平等）的老师，生于1905年乱世中的京师顺天府（今北京）。年轻时是京戏名伶，后来赴港后既上台唱戏又在银幕上演戏，因为生活所迫创办了"中国戏剧研究学院"。

龙、元彪等国际功夫巨星而著名。他们都在于占元门下经历过严格的京剧打斗表演、特技训练等武打功夫的训练，为他们以后从事功夫电影演出奠定了扎实的基础。其中洪金宝、元奎、成龙都曾与功夫巨星李小龙一起拍摄过电影（如洪金宝、元奎在《龙争虎斗》中，成龙在《精武门》中担当替身演员），当时他们仅作为替身或配角，但毕竟他们有幸参与李小龙功夫电影的拍摄与合作。成龙后来一改李小龙功夫片风格而形成一种功夫电影中的特有类型——谐趣武打片。①成龙的功夫电影具有明显的"成龙印记"，那就是拍摄电影谨守的不用替身、不用电脑特技、不用花拳绣腿而运用真打实战场景，他是在用生命创造电影。成龙早期拍摄的武打影片中都带有明显的岭南南派功夫，如《蛇形刁手》、《笑拳怪招》、《师弟出马》《龙少爷》等影片中的武打设计多为岭南洪拳风格。成龙后期武打电影转向了喜剧武打电影方面，但成龙设计的惊险、激烈的武打始终是其功夫电影的一个精彩风格与独特风格。由于香港功夫电影所处的文化土壤与社会商业化、市场化刺激，也使得成龙功夫电影不断创新，以适应香港功夫电影的需求。而成龙这种吞吐百家、兼收并蓄的功夫电影品格其实也是岭南武术文化不断追求创新的一种体现。成龙对功夫电影的创作精神也是岭南武术文化在电影艺术上的一种体现，这种在功夫电影中所体现的执着与中国武术文化传播精神和李小龙功夫电影是一脉相承的，是在香港功夫电影不同发展时期在不同功夫电影人身上的不同映射。成龙在功夫电影中塑造的人物，使得成龙的英雄形象在电影的历史空间和生活的现实空间里共同闪烁出耀人的光彩！②

　　香港功夫电影中的中国功夫表演的文化真实是现代电影技巧所不能替代的，以李小龙、刘家良、刘家辉等为代表的简单化动作美学之技击功夫电影的魅力背后有它更为厚重的中国传统文化内涵。功夫电影只有以背后厚重的中国传统文化为依托，才会成为中国武术文化的一张名片。香港功夫电影在这块最没有文化归属感的土地上找到了它的归属之地，不仅是一种商业化的市场运作的经济法则所致，更深层的是功夫电影所表达的那种英雄、豪侠民族胸襟慰藉了港人的中国心，是在特定的历史条件下对大众群体集体想象的一种文化心理的精神缝合与民族情绪抚慰。

---

①　贾磊磊：《中国武侠电影史》，文化艺术出版社 2005 年版，第 97 页。

②　同上书，第 101 页。

　　中国功夫电影的文化功能不可低估，中国功夫电影展现给世界的中国功夫形象及其对中国武术文化形象的推广更是功不可没，中华武术、禅宗文化、传统哲学等中国文化元素镶嵌在这些功夫电影中，引领出一股股世界中国功夫热潮、传统文化热浪，极大地促进了中国武术文化在国际上的传播。功夫电影对武术文化功能的塑造会是如此之强，香港功夫电影艺术强大的传播力尤应引起武术文化研究者及推广者的重视。

本章小结

　　本章主要对香港及澳门武术发展概况进行简要论述，由于文献资料的缺乏，仅能从所掌握的有限资料进行阐述。香港是中国武术走向世界的窗口，尤其在改革开放初期，其地位无可替代。香港应积极发挥其中国武术国际传播的前沿交流平台作用，作为中国武术文化的宣传使者，树立良好的中国武术对外形象，创新、开拓中国武术对外传播的新思路与新途径。

　　香港这块中国功夫传播的热土，除了其独特的中外文化交汇之地理文化优势，借助现代电影艺术形式形成的新片种——功夫电影，对岭南及中国武术文化国际传播作出了不可替代的历史性贡献。香港功夫电影中的中国功夫表演的文化真实是现代电影技巧所不能替代的，以李小龙、洪金宝、成龙、元彪等香港功夫影星在电影艺术中所展现的中国武术的简单化动作美学技击魅力，仍将会成为中国武术文化向国际展示的艺术形式。香港功夫电影的背后有它厚重的中国传统文化内涵，只有以背后厚重的中国传统文化为依托，香港功夫电影才能仍为中国武术文化对外交流与传播的一张文化名片。中国功夫电影对中国武术文化形象的推广更是功不可没，香港功夫电影艺术传播力尤应引起武术文化研究者及推广者的重视。

第十一章
岭南武术文化对外交流与武术
国际传播综合创新论

　　中国武术文化源远流长，是中国辽阔各地域、各民族武术发展的共同结晶，也是中国传统文化奉献给世界文明的一份珍品。位于五岭之南、地处中外文化交流前沿、涵盖粤港澳地区的岭南武术文化，是中国武术文化的一个重要分支。尤其是岭南腹地珠三角地区，曾是清末南派武术的中兴之地，海外人士对中国武术的认识，也正是从南派"功夫"开始逐渐认识中国武术的。"功夫"一词是广东珠三角地区人们对武术的俗称，传播到海外，外国人就把武术称为功夫（Kung fu）。"功夫"已经成为一种中国武术的文化符号，深深地烙印在每一位挚爱中国武术的人的内心深处。因此，"功夫"一词在中国武术国际化推广中具有中华传统文化符号的意义。岭南珠三角地区作为地域武术文化，以其所处的地理及历史人文优势，在弘扬中国武术文化，促进中国武术国际化传播中理应发挥更大的历史与现实作用。

第一节　岭南武术文化的对外交流及其文化心理

一　岭南珠三角武术的地域传承

　　岭南是古代百越民族聚居之所，因处于五岭之南而得名。其中越城岭、都庞岭、萌渚岭大体位于广西境内，骑田岭、大庾岭大体位于广东境内。① 岭南在历史上大致相当于两广地区，在今天行政区上大致涵盖广东、广西东部、海南及香港、澳门。珠三角地区处于岭南广府文化腹地，广州、佛山、新会及香港等地曾是岭南武术重镇及对外传播的前沿阵地，至今在岭

---

　　① 《广西通志卷十三·山川》记载："百粤阻五岭而粤西擅五之三：曰骑田，曰萌渚，曰越城。"

南武术传承及海外传播方面具有得天独厚的地理优势和深厚的历史人文底蕴优势。

（一）近海楼台：岭南珠三角武术对外传播的地理区位优势

岭南虽五岭阻隔，但在五岭连绵的群山峻岭之中，间或形成低谷、断裂盆地、分水岭等，有的低矮易于翻越。这些遂成为早期沟通五岭内外交往的天然岭道。正是这些群山岭之间可供南北来往的通道，中原文化、荆楚文化、吴越文化、闽南文化等其他地域文化才得以与岭南土著文化交流、融合，从而在一个相对封闭的地理环境下形成具有共同特质的岭南文化。自秦汉以来，中原大地群雄逐鹿，战乱纷呈，导致大批民众南迁，历史上的几次南迁都以岭南为最终归宿地。从魏晋南北朝时少数民族政权的更迭纷争，两宋时期金人南下及蒙古族席卷中原，到明末清军南下，中原人士纷纷避往岭南。五岭过岭的通道可以和不同的地域相连，这使得南下迁入岭南的移民来源不一，带来了不同的文化、民俗、技艺，当然这其中不乏深怀各种武术流派绝技的人来到岭南。这些拳传入岭南后有的保持着原来的技术风格，有的在技术风格方面发生了变化，形成了具有岭南地域风格的拳派，这其中当然离不开人文地理环境的熏染。这表明早期岭南武术的形成过程中就带有了地域武术文化传承的历史印记。

岭南珠三角腹地的佛山是中国南派武术重镇，一提到岭南南派武术，人们便会想到一代洪拳大师黄飞鸿、林世荣，咏春拳宗师梁赞、叶问。佛山在中国武术史上是占有一席重要地位的。清末民初佛山名震海内外的名家高手辈出，人们习武蔚然成风，成为我国南派武术的中兴之地。而佛山成为岭南南派武术的中兴之地，并非源自本地拳种的兴盛。目前佛山流行的洪拳、咏春拳、蔡李佛拳均非佛山本地拳种，而都是外地流入到佛山，在佛山扬名，并从佛山传入香港，传扬于世界的。其他流派兴盛的地域武术多为一种或几种拳种的发源地，如中州的少林拳、陈氏太极拳、苌氏武技，燕赵大地的劈挂、八极拳等。而佛山的许多拳种、流派非发源于此，却在佛山得以盛行、光大，有的拳种却在其发源地默默无闻，甚至渐渐消亡，致使近些年许多门派的海内外弟子只得到佛山来寻根问祖。佛山可谓一座铸炼的武术熔炉，吸收四方来此的矿铁，经过这里的烈火熔炼，变成了光辉熠熠的金子。它荟萃四方来此的外地武术精华，经过萃炼得以升华，并走出佛山，传播到香港、澳门及世界。

武术作为一种文化，其对外传播必然受到地理环境的影响。虽然随着时间的推移，现代地理环境对文化的影响已经越来越小，地理环境的因素也不大引起人们的重视，但深思地理环境因素对当今武术文化的对外传播仍然是不无裨益的，甚至可为我们提供一种崭新的视野。从岭南的内部看，广西与越南（清嘉庆前称安南）接壤，也与南洋各国距离比广东要近。照常理推断，广西到南洋应比广东方便，然而事实是广东到南洋的人多，就是与广西接壤的越南也是广东的华侨多，而且就是与距离南洋更远、毗邻广东的福建相比，广西到南洋的也比福建少。因此流传到南洋的岭南武术是以广东南拳为多，这主要是广西与越南之间有山脉阻碍，影响了其对外交流。这种地理造成的影响至今仍存在。而广东的海上交通便利，与南洋各国往来频繁，使得岭南武术文化较早出国门。至今而论，传播到香港及海外的拳种仍多以广东武术为主即是此原因。广州自唐置市舶使、宋设市舶司起，直至明清仅广州一处对外通商口岸，使得中外文化在这里交汇，澳门、香港都先后成为中外文化的交流枢纽。因此，在历史上广州、澳门、香港是以地理、人文区位优势成为岭南武术对外交流的窗口。这种对外武术文化交流有着深厚的历史人文基础，也有着坚实的群体基础和文化认同。岭南武术文化的对外交流应充分发挥这些中外武术文化交流的区位优势与窗口作用。而这三地正位于珠江三角洲，当今在国际上流行的"功夫"一词就是珠江三角洲地区对武术的民间俗称。这一俗称能得以在国际上流行，并在世界上具有很广的中国武术文化符号辐射意义，绝不仅仅是偶然的巧合，而是有着很深远的历史积淀和武术文化传统，也显示出岭南珠三角武术对中国武术国际化传播的历史意义。以珠江三角洲为窗口来推广岭南武术乃至中国武术在国际上的传播值得我们思考。

（二）文传笔记：早期岭南武术海外传播的历史传统

岭南面向南海，向来有易得风气之先的地理优势，广州历史上就是中国对外交流的门户，也是中外文化交流的窗口，岭南武术也得风气之先，较早就走出国门。

广东地处沿海，对外通商早，先人善于行舟，故而历史上很早就记载有粤人到海外谋生，其中有深怀武技的人。据谢清高述、杨炳兰录《海录》之"息力大山诸国"条记载："罗方伯，昆甸国（今印度尼西亚加里曼丹岛西北部的坤甸）……乾隆中，其人豪侠，善技击，颇得众心。是时，尝有吐蕃窃发，商贾不安其生，方伯屡率众平之。"① 乾隆中概指公元1765年左右；"戴燕国，在昆甸东南。乾隆末，国王暴乱，粤人吴元盛因民之不悦，刺而杀之，国人奉以为主，华夷毕取决嫣。元盛死，子幼，妻袭其位，至今犹存。"② 戴燕国其实也是印度尼西亚加里曼丹岛中的一个岛，吴元盛被人奉为王的时间大约是乾隆末期，推算约在公元1795年。吴元盛应是精通岭南早期拳术的粤人，他以武功杀死国王而被推为王，死后其妻继续做王，所谓的"至今犹存"，应指文献记载的时代，大概为嘉庆二十五年，即公元1820年前后。明郑若曾在《江南经略》卷八上有"南拳似风似蔽似进似退凡四路"。据清陆凤藻在《小知录》记载，明代有"使拳之家十一"，其拳有"赵家拳"、"南拳"、"勾挂拳"、"披挂拳"等。③ 其中所记的"南拳"，当是流行于广东、广西、湖南、湖北和福建等地的拳术总称。由此可见，广东南拳在四百多年前已被载入史册。这也表明岭南早在清乾隆时期就有深怀武艺者到海外，自然这些深怀武艺的拳师也会把武功流传到海外，这是有历史根据的。

（三）拳播五洲：岭南武术海外传播的人文基础

岭南在地理上南临南海，故而人们易于漂洋过海到海外谋生，加之岭南人民向来富有开拓精神，先民很早就有到海外谋生的传统。另外由于岭南处于历代中央统治的政治边缘地带，当岭南发生较大的政治风云时，一些迫于政治或生存压力的政治人物及大量的华工便可以随时流往海外，故而南洋及大洋彼岸的美洲都是他们的落脚之地，其中包括一些各派深怀武技、学有所成的拳师，之中不乏一派宗师，他们在海外把本派的武功传给当地的华侨华人作为防身自卫的武器，也成为联系群体的感情纽带。尤其是清朝取代明朝后，在岭南民间的"反清复明"活动异常活跃，岭南的许多拳种都带有这种思想或深受这种思想的影响。早期以岭南五大名拳之首的洪拳为最，洪拳即是反清复明民间秘密会社洪门（即天地会）内传习的拳种，后来洪门组织经移民带往海外，逐渐蔓延到东南亚和美洲的华侨、华人中传播。晚清许多洪门人漂泊到海外，洪门中人多习练洪拳，这无疑大大促进了洪拳在海外的传播。流往海外的洪门中人在当地发展迅

---

① 郑树荣：《罗方伯》，《广东体育史料》1985年第3期，第61页。
② 郑树荣：《吴元盛》，《广东体育史料》1988年第2—3期，第22页。
③ 曾昭胜：《广东武术史》，广东人民出版社1989年版，第40页。

速，成为一股强大的社会力量，对帮助海外华侨、华人及支持国内革命力量都曾作出过积极的贡献。革命先行者孙中山在革命实践中认识到欲收革命宣传之实效，必借助于洪门之帮助，曾于 1903 年在美国洪门致公堂加入洪门，并被封为"洪棍"，洪门中人便尊称孙中山为"孙大哥"，孙中山在美国曾得到洪门致公党的大力支持与帮助。① 在辛亥革命时期，海外"洪门致公党"曾动员洪门成员和海外华侨，积极为孙中山领导的革命提供经济及人员上的帮助，为推翻腐朽的清王朝统治作出了重要贡献。

受"反清复明"思想影响深远的拳种还有清末岭南最大的流派蔡李佛拳，由于蔡李佛拳从创拳时就深受其师承的"反清复明"思想影响，因此对反清政治活动积极参与，包括洪门起义、太平天国运动。在这些政治活动中都有蔡李佛弟子积极参与的身影。当太平天国失败后，蔡李佛弟子不得不流往海外避难，包括蔡李佛始祖陈享在内。陈享早在 1854 年就曾随其师兄陈松年参与在江门狗山发动的"天地会"起义（又名"扯旗起义"）②，随后又在太平天国翼王石达开手下做募客，主要将蔡李佛拳传授给起义军，提高太平军的作战力量。太平天国失败后陈享不得不逃往香港，后应美国三藩市陈氏联宗会之邀请，前往美国传授蔡李佛武艺，后又辗转到南洋各地，在新加坡的广东会馆、福建会馆等华侨组织担任武术教师，以行医、传拳授艺谋生。这使得蔡李佛拳的种子撒遍美洲大地，播撒南洋各国。如今蔡李佛拳在世界五大洲的美国、加拿大、委内瑞拉、澳大利亚、新加坡、马来西亚、印度尼西亚、日本、英国、法国、德国、南非及中国香港、中国澳门、中国台湾等 50 多个国家和地区设有蔡李佛功夫会，习练者达 300 万人。③ 目前，蔡李佛拳已经与咏春拳一样成为海外流行的拳派。2008 年蔡李佛拳成功申报为国家非物质文化遗产，这将为蔡李佛拳的进一步国际传播与加强传承保护提供了有利条件。其他蔡李佛鸿胜馆创始人张炎及其历代传人多到香港、美洲传拳授艺，并在海外有许多传人，包括蔡李佛拳始祖陈享的嫡传后人目前还有在海外弘扬蔡李佛拳，如陈享第五代嫡孙陈永发旅居澳洲悉尼，一直致力于蔡李佛拳的国际推

---

① 秦宝琦：《洪门真史》，福建人民出版社 2000 年版，第 359 页。

② 梅伟强：《五邑人与中国武术在海外的传播》，《五邑大学学报》（社会科学版）2008 年第 10 卷第 1 期，第 13 页。

③ 文志华：《蔡李佛拳墙内开花墙外香》，《南方日报：江门观察》2007 年 4 月 13 日。

广。2001 年 12 月，他亲率来自世界 14 个国家和地区的 96 名洋弟子，到新会寻根拜祖并举行国际武术观摩活动，来自港澳及广州、中山等内地的蔡李佛拳传人 500 多人参加了活动。这是蔡李佛拳开创 165 年来规模最大的一次盛会。2006 年 12 月，新会区政府和蔡李佛拳始祖纪念会在京梅村举办纪念蔡李佛拳创立 170 周年和陈享诞辰 200 周年国际武术文化交流活动，来自世界 16 个国家和地区的 200 多名洋弟子参加了这次空前的盛会。这次活动说明，蔡李佛拳在世界武术界已享有盛誉。① 被称为"咏春使者"的咏春拳宗师叶问到香港后对咏春拳的世界传播作出了卓越贡献，叶问在香港传有多名成名弟子，包括著名的弟子李小龙等，这些弟子又分赴海外各国传播咏春拳。

除了岭南民间武术个人及组织对岭南武术海外传播作出了自觉或不自觉的贡献外，岭南的一个重要的社会武术团体广东精武体育会为岭南武术海外传播也起到了极大的推动作用。广东精武体育会于 1919 年成立，成立后广东精武体育会积极向香港及东南亚国家推广武术，为岭南武术走出国门，广泛流传香港，进而流传南洋各国作出了卓越贡献。自 1920 年起广东精武体育会罗啸傲等即前往南洋各国调研筹备建立了精武分会，在当地华侨华人的热心支持下，先后在越南西贡、新加坡、马来西亚吉隆坡等地建立精武分会，1946 年 12 月，在马来西亚成立"南洋中国精武总会"。②

总之，清代的"反清复明"政治活动及鸦片战争后岭南民众大量出洋谋生，以赴东南亚等南洋各国及美洲为多，也使得岭南武术随之传遍世界五大洲。岭南武术成为海外文化交流中的重要一项内容。从岭南到海外的华侨把岭南的一些民俗也带到了国外，而这些民俗中有的包含武术内容，如深受海外人喜欢的南狮。南狮本来就是武狮合一的，因此海外南狮的盛行，也促进了南拳的传播。早期的华侨到海外谋生，因无法享受到当地社会的关怀，难以形成稳定的群体，他们寒冷衣单则蜷躯以求暖，身遭威逼欺凌则相帮互助以图存，习练南拳不仅是保家防身，而且还是联系乡情的感情纽带。这些都促进了岭南武术在海外的生存与传播。

---

① 梅伟强：《五邑人与中国武术在海外的传播》，《五邑大学学报》（社会科学版）2008 年第 10 卷第 1 期，第 13 页。

② 曾昭胜：《广东武术史》，广东人民出版社 1989 年版，第 123 页。

香港是一个中西文化交流的地方，也是中国武术对外交流的窗口，岭南的许多拳种便是从这里走向海外，并广泛得以传播。近代以来岭南武术更是插上了香港功夫电影的翅膀，以电影的艺术形式向海内外传播，岭南珠三角地区俗称的"功夫"在海外几乎成了中国武术的代名称。

二　情感纽带：海外华侨华人传播武术的文化心理

海外华侨华人对岭南武术的海外传播是具有重大贡献的，早期华侨华人把岭南南拳带到海外，无论是早期作为谋生手段的传拳授徒，习练南拳作为免遭当地人欺凌的防身利器，还是当今海外华侨华人习练岭南南拳作为一种异国他乡的民俗活动，寄托对祖国的思念之情，成为联系祖国的情感纽带，他们都在自觉不自觉之中传承着岭南武术文化。岭南武术文化在海外华侨华人群落中的长久持续的传播，早已脱离了早期作为养家糊口而教拳授徒的谋生手段。即使现在，也仍有许多华人把教授拳技作为谋生手段，也已把教拳传艺作为了一门事业，一门肩负传承中国传统文化的事业来做。"我们必须牢牢记住，对文化来说，文化联系本质上是一种心理过程。"① 因此，我们应深刻认识到海外华人在自觉传播岭南武术时，其中蕴含了丰富的文化心理，如果仅仅将传拳授徒作为谋生手段，当今的商品经济浪潮已不足以吸引华人从事这项事业，更深层的是一种文化事业与爱国及对祖国文化深厚的文化认同心理。正是这种文化心理认同才是华人海外传播岭南武术得以弥漫持久的内在动力。

我们可以毫不夸张地说，阳光永远照在东方华人的脸上，无论东半球，还是西半球，无论你走到哪里都可以见到华人，而海外华侨华人中尤以原籍广东为多。可以说广东是中国最大的"侨乡"。据不完全统计，祖籍广东的华侨华人约有 2000 多万人，港澳台同胞约有 1000 多万人，广东全省归侨侨眷、港澳台同胞亲属约有 2000 多万人。根据 2002 年广府有关城市侨办、侨联的统计，广州市有华侨华人 106.1 万人，港澳同胞 87.7 万人，分布在 105 个国家和地区；深圳市有华侨华人 35 万多人，香港同胞 30 多万人，分布在 60 多个国家和地区。② 在江门、潮汕地区、梅州及泉州这四个中国最大的侨乡中，广东占据了三个，可见广东海外华侨华人

---

① R. R. 马雷特：《心理学与民俗学》，张颖主译，山东人民出版社 1988 年版，第 81 页。
② 陈伟明：《区域传承与海外传扬》，《中国发展》2007 年第 1 期，第 91 页。

的数量之多，而且这四个侨乡的华人原籍分布也不同：潮汕地区、梅州及泉州的华侨多分布在东南亚，江门的华侨多分布于美国、加拿大及澳大利亚。这更显示了广东华侨华人在中外文化交流中的重要地位。因为东南亚一带仍属于中华文化圈，而美国、加拿大及澳大利亚则属于西方文化圈，这使得潮汕地区、梅州及泉州三地交流的文化仍属于中国传统文化的延续，而江门则属于中外文化的交流。反映在岭南武术文化的对外交流上则表现为潮汕地区、梅州等客家拳多流往东南亚一带，如客家拳早期的一些传人多到泰国、马来西亚等东南亚地区，而江门的武术多与美国、加拿大及澳大利亚交流，故而江门一带珠江三角洲地区拳种较早走出国门，传播岭南武术文化，如蔡李佛拳、咏春拳传播到美国、澳大利亚等，为中国武术文化的中外交流与传播作出了历史贡献。这一点尤为值得当代中国武术国际化推广与传播借鉴。岭南珠江三角洲一带具有中国武术文化中外交流天然的地理区位及人脉优势。岭南武术文化已经随华侨华人遍布海外五大洲，岭南武术在海外有着深厚的文化土壤，当代也迫切需要在海外华侨华人新生一代中加强对中国武术文化的认同。

　　人类的历史文明进程一再地表明，具有稳定的与共同的心理不仅是一个群落的重要标志，更是维系一个群落的重要纽带，也是该群落生存与发展中最活跃的动因，它是无处不在、无时不有地表现在民族和族群文化中的精神之底蕴。① 海外华侨华人虽然生活在另外一个文化国度里，衣食住行与岭南有所不同，但很多华侨华人依然保持着岭南家乡的风俗，如节庆舞龙舞狮子、打功夫、欣赏粤剧，其心理依然与岭南民性相近，作为打功夫、舞龙舞狮子、粤剧艺术等岭南武术文化的物质载体，对于保留华侨华人的族群文化心理有着重要的意义。物质才是文化及民族文化心理的载体，如果皮之不存，精神、文化心理等将何以附焉。因此，海外华侨华人中保持岭南民俗中的武术文化就有着不可忽视的历史与现实意义。

　　岭南地处沿海，与海外通商早，这使得岭南武术很早就走出国门在海外广泛流传。在国家大力推广武术国际化之前，据前国家体委有关部门的多次海外考察表明，当时世界各大洲练习武术的拳种以习练南拳者为最

---

① 黄淑聘：《广东族群与区域文化研究》，广东高等教育出版社1999年版，第476页。

多，其次才是太极拳及国家推广的长拳。① 虽然这仅是大体上较为粗略的考察所得出的结论，但至少向我们透露了这样一个信息，那就是岭南武术较早地走出国门得以在海外流传是有深厚的地理、历史人文渊源的。

岭南籍的海外华侨华人由于具有岭南文化同源性，因此具有了共同的岭南武术文化样式与文化心理认同，使得岭南武术在海外特定的华侨华人群体中得以历代传承，这些岭南籍的华侨华人在共同的岭南武术文化认同的情感纽带基础上表现和表达出他们对母体岭南武术文化相对稳定、难以割舍的忠诚。在世界经济、文化发展中，越来越多的国家对各自的区位优势极为重视，如今的岭南珠三角地区的经济已成为中国经济改革的试验田和对外窗口，并取得了世界瞩目的成就，然而作为中外文化交流的窗口的区位优势还没有上升到国家意识。作为中国传统文化的代表并积极向世界推广的武术文化，岭南武术应积极充当中国武术国际化传播的先锋，岭南珠三角地区应积极探索作为中国武术国际化推广的前沿阵地，让岭南珠三角这片曾经为中国武术的海外传播作出历史贡献的"功夫"热土，在新一轮的中国武术国际化传播中作出更大的贡献，这是历史赋予岭南武术文化得天独厚的时代责任与历史使命！

第二节　综合创新——武术文化国际传播论

岭南是中国武术对外交流与国际传播较早的前沿地带，具有天然的地理位置之利与文化心理群体认同之源。岭南武术为中国武术的国际传播奠定了拳种传播典范，积淀了丰厚的中国武术国际传播理论，有待于我们在岭南武术历史发展的长河中寻求实践与理论的结合，求索我们中国武术对外推广与传播的历史启迪，为今后中国武术的国际化推广提供理论指导。

有学者对于中国武术传播的历史走向概括出三条出路："一是全盘西化的竞技武术发展之路；二是保持传统的传统武术发展之路；三是折中的武术教育发展之路。"② 这种表达基本上是任何一种民族文化在面对当今世界各种文化挑战所可能选择的出路，却都是没有前途的出路：全盘西化

---

① 广东地方史志编纂委员会：《广东省志·体育志》，广东人民出版社 2001 年版，第188 页。

② 郭玉成：《中国武术传播论》，复旦大学出版社 2008 年版，第 200 页。

的竞技武术发展，等于抛弃其文化母体固有的传统武术，那将是无源之水，难以走远，也是不应该的；保持传统的传统武术发展等于故步自封，无法与世界交流，也是没有前途的；折中的发展道路又是难以平衡二者之间的动态发展，造成了一方对另一方的挤压，也是越走越难，是一种二元思维模式的出路。

中国武术国际传播既有在国际上广为传播的典型拳种样式为我们提供可以分析的实践，岭南的咏春拳、蔡李佛拳以及以咏春拳为母体创新的截拳道在世界的广为流传；又有中国传统文化哲人为寻求中国文化发展之路提供的文化哲学作为理论指导，中国武术文化国际传播应走一条综合创新的发展之路，这需要从文化哲学理论与现实实践加以阐述。

中国著名哲学家张岱年先生在学习、继承毛泽东"古今中外法"辩证历史观的基础上，分析了中国全盘西化、保守主义的儒学复兴文化发展之路，进一步运用辩证思维的方法，立足于多维广阔的传统文化背景，超越中西对立、体用二元的思维模式，提出了马克思主义的综合与创新的中国文化发展之路。[①] 张先生提出的文化综合创新是建立在对文化结构进行辩证分析基础上的，文化之所以能够进行综合创新是基于文化系统完整结构中的文化要素、文化层面与系统存在可离与不可离、相容与不相容特性。文化系统结构（图11－1）可以分解为不同的层面（如物质文化层、制度文化层等），每一层面又可以分解为若干要素。文化的完整结构是一个动态系统，其内的文化要素与系统存在可离与不可离、相容与不相容特性[②]：一个文化系统所包含的文化要素，有些是不能脱离原系统而存在的，有些则可以经过改造而容纳到别的文化系统中去；前者意味着一个文化系统所包含的一些文化要素具有不可离的关系，后者意味着一个文化系统所包含的一些文化要素，具有不可离、相容的关系。因此文化系统中具有不可离和可离的文化要素之间相辅相成，起到保持文化系统相对稳定的机制，而文化系统中的不相容、可离的文化要素则是隐伏系统崩溃的契机，并可以成为代之而起的新系统要素。在空间上并存的不同文化系统包含一些共同的文化要素，也各自包含一些不同的文化要素。前者表现了文

① 张岱年、方克立：《中国文化概论》（修订版），北京师范大学出版社2006年版，第363—365页。

② 同上。

化的普遍性而后者表现了文化的特殊性，不同文化系统的要素之间也存在可离与不可离的关系、相容与不相容的关系，这既是不同文化系统具有相对独立性的根据，也是二者相互吸收、相互融合的根据。

图 11 - 1　文化系统

资料来源：根据张岱年、方克立《中国文化与文化论争》，中国人民大学出版社 1986 年版，第 5—6 页。

张先生提出的中国文化综合创新是一种文化发展的哲学方法论，对中国武术文化的国际传播同样具有重大的方法论指导意义。结合岭南武术文化在世界传播的实践，这一理论为中国武术文化国际传播的综合创新论提供了理论支撑。中国拳种纷呈、流派繁多，要想把中国武术文化推向国际进行广泛传播，需要选择具有一定代表、具有系统理论、带有浓厚中国传统文化基础的拳种加以挖掘整理、综合创造。由于每一拳种流派都是中国传统文化的组成部分，而且拳种流派中保留和传承的传统文化总与传播者的理念及其历史时期文化背景不可分割，因而需要结合其产生的文化渊源，从历史文化的深层次进行研究开发及国际传播、推广。

从岭南蔡李佛拳集三家所长综合创造而成及李小龙以咏春拳为基础集中外各家所长而创造的截拳道来看，它们在当今世界各地的风靡，显示了这种综合创新强大的生命力与国际传播辐射力。综合创新即包含有同一文化系统或不同文化系统中元素的可离与不可离、相容与不相容。蔡李佛拳所吸收的蔡拳、李家拳、佛家拳可以说是同一中国武术文化系统，蔡李佛拳综合吸取了各家不可离的与相容的拳法长处，对一些可离与不相容的要素也进行了创新，如创新了许多腿法，使得南拳北派化这一相容的武术文化要素得以创新；李小龙的截拳道可以说是中外两种不同文化系统的融合，截拳道把中外两个武技文化系统中中国武术文化的不可分离与相容的要素，如咏春拳的技击手法、理论及各家中国传统武术精华、中国传统哲学的武术思想加以综合升华，而将两文化系统可以分离、不相容的要素，如中国传统武术中的套路表演、各国武技中的精华，如拳击的步法、跆拳道腿法、西方的力量训练等加以摒弃与吸收创新，并赋予了中国传统武术文化中的哲学思想，使得截拳道既符合西方习练者简洁的文化认知，同时也蕴含着中国传统武术哲学思想，经由李小龙一生不遗余力的推广及借助功夫电影的宣传而传播于世界。再来审视韩国的跆拳道、日本的柔道等，也可以有力地说明综合创新拳种强大的生命力，这些武技均非传统武技，而正是结合传统武技并加以综合创造而成的。关键是对其进行了系统的技术、理论及文化内涵的挖掘，并赋予了新的时代意义，才使得它们得以进入奥运会，在世界上广为流行。当然对其在综合创新时对本国武技的一些传统古法的舍弃也多有褒贬，使得这些武技的一些传统古法在本国民间的传承遭到威胁。这值得我们在综合创新时引以为鉴。

中国武术文化的传播离不开其弘扬中国传统文化与时代发展的需要，当今要弘扬民族文化，武术应承担这一时代的历史使命与责任。从当今岭南拳种在海外的传播来看，凡是流传广泛的拳种，其背后都有各自中国传统文化的深厚内涵作为支撑，同时也与时代发展结合非常紧密。如咏春拳，以简单、实用为特色，正迎合了海外人士的学习需要，简单的套路（三套拳、六点半棍及八斩刀）、快捷的实用技法（黐手练习），套路、实战及功法结合，再加上独具特色的练功器具木人桩的练习。另外其著名弟子李小龙的功夫电影的影响也无疑促进了咏春拳在世界的广泛传播。

中国武术文化国际传播的综合创新，要注重中国武术文化的象征性及文化结构层面和要素的发扬，如果仅注重中国武术的一些特征或元素，就等于把这些象征或元素当成了中国武术的一些"小挂件"，只能是可以拆下来的、不成片断的文化符号。不论是中国武术文化象征还是中国武术文化元素，重要的是背后有更深远的历史精神贯穿，没有这个精神贯穿，表面上样样都是中国武术，内涵恰恰不是中国武术。中国武术文化是一种有历史和精神背景的，在国际传播时不能仅注重碎片化的武术象征与元素，传播出去的是一种没有精神内涵的武术。要使中国武术在国际上更好地传播，我们当然要了解西方人愿意看或喜爱中国武术的什么，但是我们绝不能按照西方人的口味来包装出一个"给外国人看的中国武术"。

本章小结

岭南与南洋及海外联系较早，一些深怀武技的拳师或一派宗师由于生活压力外出谋生，把岭南武术传播到海外。当岭南某些历史时期人们迫于政治或生存压力时，一些身怀各拳种流派武技的拳师或劳动力流往海外，这在一定程度上促进了武术的对外传播。另外海外华侨华人中祖籍岭南的占有大多数，岭南武术早期曾经作为这些海外华侨华人教拳授徒的谋生手段，在新的历史时期传承与传播岭南武术已经成为他们一种深厚的祖国文化心理的认同，岭南武术文化的物质载体如舞狮、打功夫已经成为联系华侨华人与祖国情感交流的桥梁与纽带。岭南的海外华侨华人为岭南武术的国际传播作出了卓越贡献。

任何地域的拳种都有支流创新出现，但拳种传承中的创新成为一个地域武术文化中群体长期沿袭的一种文化精神，在武术文化的传承中不断涌现创新正是岭南武术文化才具有的。

岭南的咏春拳、蔡李佛拳以及以咏春拳为母体创新的截拳道在世界广为流传，这些在国际上广为传播的典型拳种样式为我们提供了实践分析，借助中国传统文化哲人为寻求中国文化发展之路提供的文化哲学作为理论指导，中国武术文化国际传播应走综合创新发展之路。

结　　论

本书以岭南地域内武术文化与相关文化为研究对象，沿着岭南地域内武术文化演进的历史轨迹，以"追根溯源"、"岭南武术文化形成的地域特征及其文化诠释"及"合乎逻辑的历史轨迹：岭南武术文化的当代发展"为研究主线，对岭南武术文化的历史发展作了尽可能多方位、多角度及多层次的阐述，力求较全面地论述岭南武术文化形成的历史文化源流，深层次地总结与提炼岭南武术文化的理论特色，以期为中国地域武术文化贡献一份理论成果。通过研究最终得出以下结论：

一　岭南武术文化概念

岭南武术文化是岭南地域内习武者历史沿袭、积淀而形成的一切与武术有关或相关的物质、精神产品的有机复合体，它是岭南地域内人们的一种生存和发展方式，是内涵于长期生活在岭南地域习武群体中凝聚起来的思维方式、行为方式、生活方式、文化心态、价值取向等精神成果，以及这些精神成果的物化部分。

二　岭南地域环境对岭南武术文化的原始塑型

岭南特定的蛮烟瘴雨、蛮夷宝地，相对封闭而又开放的自然地理及化外之地，相对安定、宽松的社会政治环境对岭南武术文化的原始形成与发展提供了必要条件。主要表现在岭南南拳技术特征形成初始阶段，考察岭南武术文化的性质和特征涉及岭南武术赖以生存的地理及社会政治环境，是它奠定了岭南武术今后技术特征的发展和文化内涵。

在岭南特定的地域内孕育发展的岭南武术在发展的不同时期，尤其是在武术发展形成期，岭南的生存环境、人们的生存方式对岭南武术技术风格及文化特色的形成有着特定的限制，正是那个时期的地域影响给岭南武术文化演进留下了深刻的地域烙印，并奠定了今后岭南拳种技术风格的大致走向，即使随着时代及环境的沧桑剧变，其地域文化的历史钤记依然会显现在岭南武术文化的各个层面。地域环境是影响岭南武术文化的物质条件与前提条件，当然不是唯一条件或决定条件。地域环境仅是为岭南武术技术风格及文化特色的形成提供了一种可能，我们既不可对地域环境的影响过于夸大，从而导致"环境决定论"，亦不可对地域环境对岭南武术文化形成，尤其是在初期塑造定型的意义置之不顾。

三　岭南武术文化形成的历史尺度：粤人好技击、武俗民风式样、战争洗礼及民族碰撞中的武术演进

岭南民间"武"俗、野史透露的岭南"武"林、少数民族之"武"俗、文物映射的岭南"武"风及吉光片羽中的岭南古代武将、建功立业的科举武将、巾帼不让须眉的岭海武林巾帼英雄等多历史角度真实展现了粤人好技击的岭南民性；武狮合一的南狮武技、武戏结合的梨园子弟、客家民俗中的武术遗踪、潮汕传统民俗中的英歌、壮族图腾崇拜中的蚂拐武术文化遗存都是武俗民风映射的岭南武术式样；壮族武术在抗倭战争及其与相邻地域文化的交流、太平天国起义中的武术均为经过战争洗礼的岭南武术文化体现；岭南南派武术中兴之地佛山确立的广府武术兴盛、修文讲武的客家武术形成的历史渊源、好勇斗械的潮汕武术文化形成与发展的内在动力使岭南武术文化在移民、民族碰撞中得以演进。这些岭南武术文化由民俗、器物、人物及历史事件构成了岭南武术文化演进的一种历史尺度。

四　岭南地域由于长期在统治阶级视野之外，使得岭南这块土地上的民众富有传统的群体反抗精神，尤其表现在岭南习武群落保持着族群的独立及强烈的反抗外来压迫的民族精神

岭南武术文化具有强烈的反抗特征，岭南先民骨子里有一种反抗压迫的民性。反映在岭南武术文化上，特别是在近代反帝反封建的革命浪潮中，岭南人民运用武术作为一种手段，在近代革命中谱写了一幕又一幕可歌可泣的英勇壮举！从英勇的三元里人民吹响了近代反帝反侵略的第一声嘹亮的强劲号角，到湛江人民寸土寸金保卫国土的抗法斗争，到七十二反清志士碧血倾洒黄花岗，到抗日战争及国内革命战争时期岭南武术志士都踊跃参与，岭南习武者从习武的卫家护族的狭隘思想升华到保家卫国的爱国主义精神，他们用自己的一双铁拳及棍、耙、钩、镰捍卫国家的每一寸领土。岭南武术在近代革命中显现的参与力度、人数及壮烈程度为其他地域武术文化所罕见。岭南习武群体在近代反帝反封建革命浪潮中以极大的热情参与其中，体现了国家兴亡、武夫有责的高度爱国精神。

岭南武术文化反抗精神的主要展现就是抵御外敌入侵的反帝斗争与争取民族独立的民主革命，这是岭南武术文化在近代最为闪亮的精神，也是岭南武术文化在历史条件下的正面引导展现出的历史积极意义。强烈而直接的反抗精神是岭南武术文化的一大特色，这种特色在近代反帝反封建的革命斗争中展现得尤为淋漓尽致。

五　岭南武术深层文化心态积淀具有负面消极与正面积极的历史作用，其正面积极的历史意义使其在近代民族革命中独树一帜，成为弘扬岭南武术文化精神的一面历史旗帜

一种地域内文化的形成，离不开地域环境及其在演进过程中地域民众文化心理的积淀。在它的形成过程中，必然带有地域文化的烙印，其民俗文化式样也在最大程度地反映出该地域的人民大众心理。岭南武术心态文化可以看作岭南社会生产方式及其结构演进在岭南习武群体精神结构上的某种特定映射。

岭南武术文化心态的首要特征就是具有强烈的反抗性。当历史上民族危机与阶级统治对岭南习武群体造成的苦难与高压超过了岭南习武群体所能够承受的文化心理底线时，这种潜藏的内在群体意识就会在适当的社会时机爆发。这种自觉的爆发就是潜藏在岭南习武群体内心深处文化心态的剧烈反应与自发应对，并不是一种偶然，而是地域内长期潜在的一种文化心理在外界社会条件的刺激下的本能应对，它时而表现为负面的暴动迭起、会党云涌，时而展现为正面积极的争取民族独立、抵御外敌入侵的斗争。

深藏在岭南群体内的那种民族意识（即文化心态）蕴藏着一种惊人的能量，在它的驱动下，曾让岭南习武群体怒不可遏地以简单的刀、矛及不惜以自身血肉之躯敢于抵御外敌的枪炮火器，其英勇悲壮，可歌可泣。这种能量源自长期积淀在岭南人们尤其广大习武群体的文化心态。这是岭南武术的迸发出的敢于反抗压迫、勇于战斗的特性，岭南武术人的命运是与国家与民族的命运相连的，在民族危机国家有难之际，岭南武术文化表现出更敢于为先的反抗精神。

历史的变化是合乎逻辑的，历史逻辑可以帮助我们舍去遮挡视线的偶然因素，直扑历史迷宫的中心殿堂。岭南武术文化深层的文化心态正是我们拨开岭南历史长河链条上的那一串串动人故事的历史演变逻辑。岭南武术的心态文化只不过是未被人们明确察觉到的社会生产方式及其结构演进在人们精神结构上的某种价值取向。这种特殊的隐性的价值选择，是群体生产、生活经验的另一种社会传递方式。

每一地域武术内的武术文化心态的形成，都有一个漫长的历史过程。初始地域文化中的许多文化活动式样，随着岁月的流逝已不复再现，但并未被抛弃，而是在不断整合后更深深地沉淀、积累在其后的武术文化观念中，岭南武术文化研究的目的就是发掘、弘扬这些地域武术文化观念，以更好地弘扬当代的地域武术文化精华。

六　拳种传承的创新成为岭南武术群体长期沿袭的一种武术文化精神

任何地域的拳种都有支流的创新出现，但拳种传承中的创新成为一个地域武术文化中群体长期沿袭的一种文化精神，在武术文化的传承中不断涌现创新正是岭南武术文化具有的特性。岭南武术文化所具有的拳派风格的兼容并蓄之风、拳势演练的勇猛刚烈之气、拳种传承的传统保守与创新并举及拳派传播的开拓与务实等特色是以岭南武术深层文化心理为底蕴的。

岭南武术拳种的发展历史证明：越是有不断支流发展、创新的拳种，其绵延力及影响力越强，其传播的范围越广。从蔡李佛拳融三家之所长而创造、咏春拳的支流不断涌现，到近代咏春拳传人李小龙以咏春拳为基础、融合中外武技创造的截拳道，都无不有力地证明了拳种在发展中支流创新的强大生命力。这一历史启示也是指导今后中国武术发展的重要理论之一，在新的时代要求与传承中华武术的历史使命与责任下，中国武术的发展需要在传统武术拳种的基础上创新，这才会使得中国武术更好地走向世界，为世界人民贡献上中华优秀的传统文化。

七　岭南武术文化地域特征在技术及深层文化上均留有不同程度的历史印记

岭南武术文化技术特征的地域影响包括两个过程：一是生产惯习、生活惯习、语言惯习等岭南地域惯习对岭南技术风格表达的内塑过程；二是自然地理环境、社会政治环境、地域人种及体态特征等地域环境对岭南武术技术风格形成的外化过程。岭南拳派风格在地理环境影响下展现出了兼容并蓄之风、岭南拳势演练的勇猛刚烈之气、岭南拳种传承的传统保守与创新并举、岭南拳派传播的开拓与务实。社会政治影响表现在宋、明两朝灭亡及其移民、民族冲突与融合、明亡及岭南反清复明思想的流播，均体现了岭南武术深层的文化心理形成的地域特征。

八　岭南武术文化形成、传承与传播的"中心/边缘圆周理论"

岭南武术文化在历史变迁与形成过程中，范围逐渐缩小，即岭南武术文化从边缘向一个核心区集中、凝聚，这是岭南武术文化核心精神及价值逐渐形成、升华的演进过程，最终岭南武术文化的基本特质及精神价值核心层在岭南武术文化的主体中心得以形成。从岭南武术文化的中心向四周边缘看，岭南武术文化事象呈现出以中心为核心向四周逐渐减弱的圆周状，其文化特征逐渐减弱、稀薄。另外，边缘地带也因受中心地带的影响较小而保留了该中心地带武术文化式样的大量传统特征和技法；边缘地带由于受本地域核心区影响较小而具有文化滞后性，即在核心区发生变动时，边缘地带的变化明显滞后于核心区，因此保留了该地域许多核心区演化掉了的传统武术文化式样，但边缘地带却易受到相邻地域武术文化的熏染，从而表现出与相邻地域武术文化较多的相似的特色及技术风格。

岭南武术文化传播受地理环境的影响：越是较封闭的地理环境，越难以向外传播，而一定区域中的对外通道，便呈现一种犹如水从高处向低处的势能惯性传播。岭南武术文化表现为一种向外（海外）强势传播的势能，如同水从高处向低处的势能惯性力，而绝少表现出向北（内地）的传播。历史上中原武术曾经穿越巍巍五岭通道而传播到岭南大地，如近代精武体育会的北拳南传，广东精武体育会的第一次南北武术交流，及国术馆时期"五虎下江南"之美谈。而岭南武术在历史上却无北上传播之举，即使在中央国术馆时期，当时名家辈出者，也鲜有南派名家。相反，岭南武术的传播表现为向外传播的巨大势能惯性力，香港，及南洋各国，美国、加拿大、澳大利亚等国，到处都有岭南武术者之足迹，这种地域环境长期形成的传播历史惯性即使在当代也没有完全消失。

岭南武术文化圆周具有共质异形及不均质特征。岭南拳种虽同风异格，但在受"反清复明"思想影响及在这大背景下的文化底蕴却是同源的，洪拳、咏春拳、蔡李佛拳等拳种都深受这种思想的浸润并在拳派技术上有所展现。无论是产生较早洪拳的硬桥硬马、咏春拳的短桥发劲，还是蔡李佛拳的集三家之长，长、短、中桥结合，均是在岭南不同历史时期的地域土壤及文化背景中产生、发展的，形（技术风格）虽异而质（文化底蕴）相近，不同是必然的。其中不均质的地域武术文化土壤孕育出的不同果实也绝非历史偶然，印证了地域武术文化的历史土壤仅为拳种的产生提供了一种可能性与前提条件。

岭南武术文化的全息图景必须由时间与空间两个坐标轴来表现。岭南武术文化的形成与演进显示了地域武术文化产生初期就奠定了地域武术的基本技术特征，即使在日后有所变化，也是一定程度的变化。最初的地域环境规定了其今后的发展方向与技术风格轮廓及历史文化内涵；历史的时间越近，其技术风格变异越大，越受当代武术文化的影响，如岭南南派拳种多数的技术风格表现为重视下盘稳固，桥法多变，吐气发声，以声促力等，其长期地域生产、生活惯习养成的器械使用、握持方法都奠定了岭南南派技术文化的底色。

九　岭南武术文化结构的"四层分"理论

为了研究岭南武术文化心理（态）层的便利，本研究将岭南武术文化形态结构分为物质文化、制度文化、行为文化及心态文化四层。

一般而言，岭南武术文化的物质文化、制度文化及行为文化可能和其他地域的文化有许多相同、相近或相似之处，而心态文化则是与其他地域有本质区别的。本研究对岭南武术文化结构的"四层分"主要是想通过把握岭南武术中的物质、制度、行为文化，来揭示精深微妙的岭南武术的深层心态文化。

中国两千余年的封建王朝，分分合合的政权更替，全面控制民众思想的儒家礼教和瘟疫、战争、旱涝等天灾人祸并没有给岭南地域造成多大影响，岭南文化里的中原根基与底色与其说是通过精英阶层以政治话语方式由上而下传达的，不如说是由于岭南历史上四次大规模中原移民的到来，使中原文化由民间自下而上渗透到岭南文化中，并逐渐占据了其基础地位。

岭南武术文化心态层是岭南习武群体在地域内特定历史时期的升华物

与结晶体，它是经过长期的历史文化积累，形成岭南地域内广大习武群落成员共同的、持续的及具有实践性的反映趋向，也是在社会秩序剧烈变化的时代，由于正常释放渠道受压抑而沉淀在群体心理深处成为一种地域"潜意识"。这种心态文化层可以升华为一种民族的"潜意识"而成为联系和支配群体成员的内在纽带，特别是当面临社会危机、民族危亡及外族入侵时，便会激起这种"潜意识"，这个群体的成员身不由己地投入到一种集体行动中。

岭南武术文化在漫长的发生和发展演进过程中，在人们内心深处形成了一种武术文化心态。这种武术文化心态具有历史的稳定性，无论在海内外何地，只要一见到打功夫、舞狮子（南狮），就会想到岭南武术，想到中国的功夫。这正是岭南武术所凝聚成的一种文化归属感，这种归属感使这种武术文化心态得以存留于人们心中，尤其是岭南籍的华侨华人心中。这就是岭南地域武术文化在历史上形成的、得以群体认同的特有的稳定性。

十　岭南武术文化国际传播"综合创新论"

中国文化综合创新是一种文化发展的哲学方法论，对中国武术文化的国际传播同样具有重大的方法论指导意义。中国拳种纷呈、流派繁多，要想把中国武术文化推向国际进行广泛传播，需要选择具有一定代表、具有系统理论、带有浓厚中国传统文化基础的拳种加以挖掘整理、综合创造。由于每一拳种流派都是中国传统文化的组成部分，而且拳种流派中保留与传承的传统文化总与传播者的理念及其历史时期文化背景不可分割，因而需要结合其产生的文化渊源，从历史文化的深层次进行研究开发及国际传播、推广。

岭南蔡李佛拳集三家所长综合创造而成、李小龙以咏春拳为基础集中外武技所长而创造的截拳道在当今世界各地的风靡，显示了这种综合创新的强大生命力与国际传播辐射力。

香港功夫电影中的中国功夫表演的文化真实是不可能为现代电影技巧所能替代的，功夫电影只有以其背后厚重的中国传统文化为依托，才会成为中国武术的一张传统文化名片。中国功夫电影的文化功能不可低估，中国功夫电影展现给世界的中国功夫形象及其对中国武术文化形象的推广更是功不可没。

中国武术文化是一个有历史和精神背景的文化系统，在国际传播时不可仅注重碎片化的武术象征与元素，如果这样传播出去就是一种没有精神内涵的武术。中国武术如何在国际上更好地传播，我们当然要了解西方人愿意看或喜爱中国武术的什么，但是我们绝不能按照西方人的口味来包装出一个"给外国人看的中国武术"。

主要参考文献

同类参考文献以书中引用的先后顺序排列。

一 书籍类（包括电子版书籍）

[1] 冯天瑜、何晓明、周积明：《中华文化史》，上海人民出版社 1997 年版。

[2] 郭志禹：《武术文哲子集》，现代教育出版社 2010 年版。

[3] 司马迁：《史记·孙子吴起列传》，太白文艺出版社 2005 年版。

[4] 李权时主编：《岭南文化》，广东人民出版社 1993 年版。

[5] 钱穆：《中国历史研究法·序》，三联书店 2001 年版。

[6] 司徒尚纪：《岭南历史人文地理》，中山大学出版社 2001 年版。

[7] 张岱年、程益山：《中国文化论争》，中国人民大学出版社 2006 年版。

[8] 李炳全：《文化心理学》，上海教育出版社 2007 年版。

[9] 林剑鸣：《秦汉史》，上海人民出版社 2003 年版。

[10] 宁可主编：《岭南文化志（中华文化通志·地域文化典）》，上海人民出版社 1998 年版。

[11] 徐续：《岭南古今谈》，广东人民出版社 1992 年版。

[12] ［汉］班固撰、［唐］颜师古注：《汉书·地理志卷二十八下》，中华书局 1975 年版。

[13] 胡兆亮、阿尔斯郎、琼达等编著：《中国文化地理概述》，北京大学出版社 2006 年版。

[14] 司徒尚纪：《广东文化地理》，广东人民出版社 1993 年版。

[15] 李孝聪：《中国区域历史地理》，北京大学出版社 2004 年版。

[16] ［唐］李吉甫：《元和郡县图志》卷三十五之"岭南道"条，文渊阁四库全书电子版，上海人民出版社和迪志文化出版社 1999 年版。

［17］［宋］周去非著，杨武泉校注：《岭南代答》，中华书局 2006 年版。

［18］范晔：《后汉书·郑弘传》卷六十三，列传二十三，文渊阁四库全书电子版，上海人民出版社和迪志文化出版社 1999 年版。

［19］曾昭璇：《岭南史地与民俗》，广东人民出版社 1994 年版。

［20］［汉］袁康：《越绝书卷八》，文渊阁四库全书电子版，上海人民出版社和迪志文化出版社 1999 年版。

［21］［汉］刘安：《淮南子·齐训俗》，文渊阁四库全书电子版，上海人民出版社和迪志文化出版社 1999 年版。

［22］杨万秀、钟卓安：《广州简史》，广东人民出版社 1996 年版。

［23］黄现璠、黄增庆等：《壮族通史》，广西民族出版社 1988 年版，第 36 页。

［24］［汉］班固撰，［唐］颜师古注：《汉书》（卷六十四下严朱吾丘主父徐严终王贾传第三十四下），中华书局 1975 年版，第 2809 页。

［25］吴绮等撰：《清代广东笔记五种》，林子雄点校，广东人民出版社 2006 年版。

［26］刘志文主编：《广东民俗大观（下）》，广东旅游出版社 1993 年版。

［27］徐珂：《清稗类钞》，中华书局 1996 年版。

［28］《全唐诗》卷 391—9，《中华传世藏书》，北京银冠电子出版有限公司出版。

［29］周纬：《中国兵器史稿·序言》，百花文艺出版社 2006 年版。

［30］李龙章：《岭南地区出土青铜器研究》，文物出版社 2006 年版。

［31］国家体委武术院编纂：《中国武术史》，人民体育出版社 2006 年版。

［32］苏韶芬：《八桂边塞的民俗与旅游》，旅游教育出版社 1996 年版。

［33］曾昭胜等编著：《广东武术史》，广东人民出版社 1989 年版。

［34］黄留珠：《秦汉历史文化论稿》，三秦出版社 2003 年版。

［35］上海古籍出版社编：《宋元笔记小说大观》，上海古籍出版社 2001 年版，第 111 页。

［36］屈大均：《广东通志》，文渊阁四库全书电子版，上海人民出版社和迪志文化出版社 1999 年版。

［37］［清］张廷玉等撰：《明史》，中华书局 1974 年版。

［38］王鸿鹏等撰：《中国武状元》，解放军出版社 2002 年版。

［39］吴兆奇、李爵勋：《冼夫人文化》，广东人民出版社 2006 年版。

［40］［唐］魏征等撰：《隋书》，中华书局1973年版。

［41］吴兆奇、李爵勋：《冼夫人文化》，广东人民出版社2006年版。

［42］［明］冯梦龙：《太平广记钞》，团结出版社1996年版。

［43］马明达：《说剑丛稿》，兰州大学出版社2000年版。

［44］吴殳：《手臂录》，山西科技出版社2006年版。

［45］［明］谢肇淛：《五杂俎》，上海书店出版社2009年版。

［46］马志斌：《岭海武林》，广东人民出版社2000年版。

［47］陈耀佳、林友标：《南狮》，广东科技出版社2007年版。

［48］刘习良：《歌声中的20世纪——百年中国歌曲精选》，中国国际广播出版社1999年版。

［49］邓富泉：《黄飞鸿传略》，宁夏人民出版社2007年版。

［50］马梓能、汪佐中：《佛山粤剧文化》，广东经济出版社2005年版。

［51］（同治）《南海县志》，第19卷。

［52］李燕：《港澳与珠三角文化透析》，中央编译出版社2006年版。

［53］佛山市地方志编纂委员会办公室编：《佛山史话》，中山大学出版社1990年版。

［54］广州市政协文史资料研究委员会粤剧研究中心合编：《粤剧春秋》，1990年。

［55］马梓能、汪佐中：《佛山粤剧文化》，广东经济出版社2005年版。

［56］佛山市地方志编纂委员会办公室编：《佛山史话》，中山大学出版社1990年版。

［57］广东省佛山市委员会文史委员会：《粤剧史研究》，佛山文史资料第八辑，1988年。

［58］钟文典：《广西客家》，广西师范大学出版社2005年版。

［59］罗香林：《客家研究导论（影印本）》，上海文艺出版社1921年版。

［60］谭元享：《千年圣火——客家文化之谜》，江苏古籍出版社2002年版。

［61］曾祥委：《田野视角：客家的文化与民性》，黑龙江人民出版社2005年版。

［62］陈泽泓：《潮汕文化》，广东人民出版社2006年版。

［63］陈泽泓：《潮汕文化概说》，广东人民出版社2001年版。

［64］［英］R.R.马雷特著：《心理学与民俗学》，张颖凡、汪宁红译，

山东人民出版社 1988 年版。

[65] 陈泽泓：《潮汕文化概说》，广东人民出版社 2001 年版。

[66] [法] 赖明著：《民族进化的心理定律》，张公表译，上海文艺出版社 1991 年版。

[67] 农冠品、过伟等选编：《壮族民间故事选》，广西民族出版社 1992 年版。

[68] 丘振声：《图腾——壮族图腾考》，广西教育出版社 1992 年版。

[69] 徐才主编：《武术学概论》，人民体育出版社 1996 年版。

[70] 谢崇安：《壮侗语族先民青铜器文化艺术研究》，2007 年。

[71] 黄现璠、黄增庆、张一民：《壮族通史》，广西民族出版社 1988 年版。

[72] 蒋炳钊、吴绵吉、辛土成：《中国东南民族关系史》，厦门大学出版社 2007 年版。

[73] 马明达：《说剑丛稿》（修订本），中华书局 2007 年版。

[74] 《广西通志》卷九十二《诸蛮》，文渊阁四库全书电子版，上海人民出版社和迪志文化出版社 1999 年版。

[75] 韦晓康：《壮民族传统体育文化研究》，中央民族大学出版社 2004 年版。

[76] 《粤西丛载》卷二十四《土官瓦氏》，文渊阁四库全书电子版，上海人民出版社和迪志文化出版社 1999 年版。

[77] [明] 戚继光著：《止止堂集》，王熹校译，中华书局 2001 年版。

[78] [明] 郑若曾：《江南经略》卷八下《调狼兵记》，文渊阁四库全书电子版，上海人民出版社和迪志文化出版社 1999 年版。

[79] 中国历史研究社：《倭变事略》，神州国光社 1946 年版。

[80] 黄佩华：《抗倭女杰瓦氏夫人》，接力出版社 1991 年版。

[81] 中国历史研究社：《倭变事略》，神州国光社 1946 年版。

[82] 郭志禹：《中国武术史简编》，人民体育出版社 2007 年版。

[83] [明] 叶权撰：《贤博编》，中华书局 2008 年版。

[84] [明] 李时珍：《本草纲目》，文渊阁四库全书电子版，上海人民出版社和迪志文化出版社 1999 年版。

[85] 汪森：《粤西丛载》，文渊阁四库全书电子版，上海人民出版社和迪志文化出版社 1999 年版。

［86］［明］戚继光撰：《纪效新书》（十八卷本），曹文明、吕颖慧校释，中华书局 2001 年版。

［87］范中义：《戚继光传》，中华书局 2003 年版。

［88］凌善清：《太平天国野史》卷七，文明书局 1923 年版。

［89］潘钟瑞：《苏台麋鹿记》卷上，《太平天国》五，上海人民出版社 1957 年版。

［90］黄鉴衡：《粤海武林春秋》，广东科技出版社 1982 年版。

［91］盛巽昌：《太平天国文化大观》，广西民族出版社 2004 年版。

［92］罗时铭、崔乐泉：《中国体育思想史》，首都师范大学出版社 2008 年版。

［93］李新、董谦：《图说近代中国》，光明日报出版社 1991 年版。

［94］体育学院专修教材：《武术》（上），人民体育出版社 1991 年版。

［95］《太平天国金田起义》，人民出版社 1975 年版。

［96］凌善清：《太平天国野史》卷二十，文明书局 1923 年版。

［97］罗香林：《客家研究导论》，上海文艺出版社影印本，1992 年。

［98］葛剑雄：《中国移民史》（第一卷），福建人民出版社 1997 年版。

［99］刘平：《被遗忘的战争——咸丰同治间广东土客大械斗研究》，商务印书馆 2003 年版。

［100］《郭嵩焘奏折》，岳麓书社 1983 年版。

［101］蓝鼎元、蒋炳钊、王钿：《鹿洲全集》，厦门大学出版社 1995 年版。

［102］成都体育学院体育史编著：《中国近代体育史资料》，四川教育出版社 1988 年版。

［103］曾昭胜等编著：《广东武术史》，广东人民出版社 1989 年版。

［104］黄鉴衡：《粤海武林春秋》，广东科技出版社 1982 年版。

［105］蔡少卿：《中国秘密社会概观》，江苏人民出版社 1998 年版。

［106］《花县志》，广东人民出版社 1995 年版。

［107］梁达：《虎鹤门全功秘笈》，岭南美术出版社。

［108］朱愚斋著：《铁线拳》，香港陈湘记书局 1997 年版。

［109］林世荣著：《虎鹤双形拳》，香港陈湘记书局 1997 年版。

［110］秦宝琦：《洪门真史》（修订本），福建人民出版社 2000 年版。

［111］中国功夫杂志社主编：《广东咏春拳大观·概述拳术篇》，香港：

天和传播有限公司 2007 年版。

[112] 吴玉华等著:《客家体育——中华传统民俗体育》,中国经济出版社 2007 年版。

[113] 丹纳著:《艺术哲学》,傅雷译,安徽文艺出版社 1991 年版。

[114] 文选德:《湖湘文化古今谈》,湖南人民出版社 2006 年版。

[115] 曾广锷、张侃:《洪拳》,广东人民出版社 1985 年版。

[116] 陈振:《宋史(中国断代史系列)》,上海人民出版社 2003 年版。

[117] 周良霄、顾菊英:《元史(中国断代史系列)》,上海人民出版社 2003 年版。

[118] 黄尊生:《岭南民性与岭南文化》,民族文化出版社出版,1941 年 10 月出版。

[119] 王明珂:《华夏边缘——历史记忆与族群认同》,社会科学文献出版社 2006 年版。

[120] 周振鹤:《中国历史文化区域研究·序言》,复旦大学出版社 1997 年版。

[121] [日本] 松田隆智:《中国武术史略》,四川科学技术出版社 1984 年版。

[122] 贾磊磊:《中国武侠电影史》,文化艺术出版社 2005 年版。

[123] 廖锦华:《写真李小龙》,北京体育大学出版社 2003 年版。

[124] [英] R. R. 马雷特著:《心理学与民俗学》,张颖主译,山东人民出版社 1988 年版。

[125] 黄淑聘:《广东族群与区域文化研究》,广东高等教育出版社 1999 年版。

[126] 广东地方史志编纂委员会:《广东省志·体育志》,广东人民出版社 2001 年版。

[127] 郭玉成:《中国武术传播论》,复旦大学出版社 2008 年版。

[128] 张岱年、方克立:《中国文化概论(修订版)》,北京师范大学出版社 2006 年版。

[129] 张岱年、程宜山:《中国文化与文化论争》,中国人民大学出版社 1986 年版。

二　期刊论文及其他（内部资料、报纸、网络资料等）

［1］左鹏军：《岭南文化研究的立场与方法》，《华南师范大学学报》（社会科学版）2007 年第 5 期，第 13 页。

［2］张磊：《岭南文化的演变走向及其基本特征》，《史学集刊》1994 年第 4 期，第 50 页。

［3］刘益：《岭南文化的特点及其形成的地理因素》，《人文地理》1997年第 1 期，第 44—45 页。

［4］汪松涛：《试论岭南文化特质》，《学术研究》1994 年第 3 期，第 94—98 页。

［5］刘斯奋、谭运长：《岭南文化的独特价值在哪里》，《同舟共进》2007 年第 6 期，第 6 页。

［6］叶岱夫：《岭南文化区域系统分析》，《人文地理》2000 年第 10 期，第 5—9 页。

［7］柯汉琳：《岭南文化研究的三个问题》，《华南师范大学学报》（社会科学版）2007 年第 5 期，第 8—11 页。

［8］刘伟铿：《西瓯史考》，《岭南文史》1996 年第 4 期，第 47—48 页。

［9］郑树荣：《"南拳北腿"小考》，《广东体育史料》1985 年第 1 期，第38 页。

［10］马廉祯：《广东的四大武状元》，《中华武术》2006 年第 12 期，第44—45 页。

［11］李宗英：《忆文武双全的武状元李威光》，《广东体育史料》1986 年第 3 期，第 17 页。

［12］蔡泽文：《古代练武石的作用》，《广东体育史料》1988 年第 2—3期，第 23 页。

［13］余添泉、程卫平：《饶平县的清代练武石》，《广东体育史料》1985年第 3 期，第 42—43 页。

［14］汪叔子：《岭南武术历史发展的若干反思——读〈（光绪丙申）大清搢绅全书·御前侍卫〉札记》，《岭南文化研究》2002 年第 5 期，第 97—98 页。

［15］尹河森：《肇庆武术历史概况》，《广东体育史料》1988 年第 2—3期，第 82—83 页。

［16］陈学均：《封开县古代武术》，《广东体育史料》1988 年第 1 期，第 53 页。

［17］黄鉴衡、莫冠海：《新兴县武科举名单及其调查方法》，《广东体育史料》1986 年第 3 期，第 46 页。

［18］罗远玲：《主客位视野中的冼夫人文化及其符号意义》，《学术研究》2005 年第 8 期，第 122 页。

［19］马明达：《瓦氏夫人》，《中国体育报》，1989 年 6 月 18 日。

［20］白耀天：《瓦氏夫人述论》，《广西民族研究》1995 年第 4 期，第 33、39 页。

［21］李辉南、黄家源：《瓦氏夫人的武术、兵法、功绩》，《广西武术》（内部资料）。

［22］马梓能主编：《佛山武术文化》（内部资料），第 36—37 页。

［23］李吉远、谢业雷：《体育人类学视野下的客家武术文化探析》，《武术科学》2007 年第 3 期，第 12 页。

［24］宋德剑：《历史人类学视野下的客家武术文化》，《中南民族大学学报》（人文社会科学版）2004 年第 3 期，第 46—47 页。

［25］陋芾：《英歌起源札记》，《潮汕文化研究》2006 年第 6 期，第 67 页。

［26］白耀天：《瓦氏夫人述论》，《广西民族研究》1995 年第 4 期，第 36 页。

［27］李辉南、黄家源：《瓦氏夫人的武术、兵法、功绩》，《广西武术》（内部资料）。

［28］太平天国前期武术活动，引自《广西武术》（内部资料）。

［29］易才卓：《太平天国的军事体育》，《广东体育史料》1988 年第 4 期，第 13—14 页。

［30］太平天国前期武术活动，引自《广西武术》（内部资料）。

［31］黄卫红：《佛山何以成武术之乡?》，《武林》2006 年第 7 期，第 8 页。

［32］王炎：《离异与回归——从土客对立的社会环境看客家移民的文化传承》，《中华文化论坛》2008 年第 1 期，第 23—24 页。

［33］伍天慧、谭兆风：《粤东客家武术特点形成的缘由》，《体育学刊》2005 年第 3 期，第 65 页。

[34] 冷东:《戚继光视野下的明代潮州社会》,《广州大学学报》(社会科学版) 2004 年第 3 期,第 26 页。

[35] 蔡泽文:《三元里人民武术活动在抗英斗争中的作用》,《广东体育史料》1986 年第 3 期,第 20 页。

[36] 赵善性:《黄花岗七十二烈士中的武术爱好者》,《武林》1982 年第 12 期 (9),第 24 页。

[37] 郑志林:《孙中山观看武术表演》,《广东体育史料》1985 年第 2 期,第 18 页。

[38] 黄鉴衡:《孙中山与武术》,《广东体育史料》1982 年第 4 期 (1),第 15 页。

[39]《近代广东民间武术馆社》,《广东体育史料》1990 年第 1 期,第 11 页。

[40] 向晖:《广东精武体育会简介》,《广东体育史料》1985 年第 1 期,第 36 页。

[41] 郭裔、马廉祯:《从广东精武会的创办管窥民国广东武术运动的发展》,《体育文化导刊》2006 年第 8 期,第 87 页。

[42] 邝震球:《精武体育会和它在广州的实况》,《广州文史资料存稿选编》(七),http://www.gzzxws.gov.cn/gzws/cg/cgml/cg7/200808/t20080826_ 4544_ 11. htm。

[43] 陈公哲著:《精武会五十年武术发展史》(五),《武林》1986 年第 1 期,第 8—9 页。

[44] 郑龙:《著作等身的黄汉勋——港澳武术点滴》,《广东体育史料》1988 年第 5 期,第 19 页。

[45] 周伟良:《武术文化与会党文化语境中的福建南少林研究》,《首都体育学院学报》2006 年第 6 期,第 8 页。

[46] 关文明:《黄飞鸿在广州》,《武林》2005 年第 8 期,第 16—17 页。

[47] 梅伟强:《五邑人与中国武术在海外的传播》,《五邑大学学报》(社会科学版) 2008 年第 10 期,第 13 页。

[48] 梁伟明:《粤派咏春拳的几个支系 (中)》,《武林》2003 年第 3 期,第 16 页。

[49] 谭兆风、伍天慧、伍天花等:《近代粤东北客家武术发展》,《体育文化导刊》2009 年第 2 期,第 120 页。

[50] 伍天慧、谭兆风:《粤东客家武术特点形成的缘由》,《体育学刊》
2005 年第 2 期, 第 64—65 页。

[51] 陈炳益:《谈点李家教》,《武林》1984 年第 2 期, 第 17 页。

[52] 李吉远、牛爱军:《南拳文化探究》,《体育文化导刊》2008 年第 11
期, 第 45 页。

[53] 李吉远、牛爱军:《从非物质文化遗产视角探究广东南拳形成的地
域文化》,《武汉体育学院学报》2008 年第 6 期, 第 77 页。

[54] 刘益:《岭南文化的特点及其形成的地理因素》,《人文地理》1997
年第 1 期, 第 46 页。

[55] 程大力:《论生态类型与传统体育》,《成都体育学院学报》2004 年
第 1 期, 第 17 页。

[56] 梅杭强、邱丕相:《武术套路形成根源的人类社会学研究》,《天津
体育学院学报》2005 年第 1 期, 第 33 页。

[57] 程大力、黄静:《关于中国武术继承、改革与发展的思索——竞技
套路是保存与发展中国武术的重要形式论》,《成都体育学院学报》
1998 年第 1 期, 第 19 页。

[58] 韩强:《精神心理文化与岭南人的价值支柱 (上)》,《岭南文史》
2008 年第 1 期, 第 5 页。

[59] 刘斯奋、谭远长:《同舟共进》, 2007 年第 6 期, 第 7 页。

[60] 王家忠:《论民族潜意识》,《学习与探索》1995 年第 6 期, 第
61 页。

[61] 陈昌棉先生赠送的《陈昌棉回忆录》(内部发行)。

[62] 陈昌棉:《对广东南拳的变革与创新的探讨》,《广东体育史料》
1991 年第 2 期, 第 52—54 页。

[63] 文志华:《蔡李佛拳墙内开花墙外香》,《南方日报:江门观察》,
2007 年 4 月 13 日。

[64] 《广东省志·体育志》, http://www.gdsports.net。

[65] 《香港武术联会 20 周年纪念特刊》, 第 43—44 页。

[66] 香港中国龙狮总会 http://www.hkcmaa.com.hk/b5g/intro/activi-
ties.html。

[67] 香港科技大学学生会:《实战少林武术学会十周年会刊 (内部刊
物)》, 2005 年, 第 73—74 页。

［68］ 澳门武术总会编印：《2002 年澳门武术运动年刊》，第 28 页。

［69］ 澳门武术总会 http：//www. aamcm. org. mo/assoication. html#。

［70］ 郑树荣：《罗方伯》，《广东体育史料》1985 年第 3 期，第 61 页。

［71］ 郑树荣：《吴元盛》，《广东体育史料》1988 年第 2—3 期，第 22 页。

［72］ 陈伟明：《区域传承与海外传扬》，《中国发展》2007 年第 1 期，第 91 页。

［73］ 陈振勇：《巴蜀武术文化探骊》（学位论文），上海体育学院，2006 年。

［74］ 郭守靖：《齐鲁武术文化研究》（学位论文），上海体育学院，2007 年。

［75］ 丁丽萍：《吴越武术文化研究》（学位论文），上海体育学院，2007 年。

［76］ 申国卿：《燕赵武术文化研究》（学位论文），上海体育学院，2008 年。

［78］ 张胜利：《陇右武术文化研究》（学位论文），上海体育学院，2008 年。

［79］ 王家忠：《荆楚武术文化研究》（学位论文），上海体育学院，2009 年。

附　　录

一　访谈提纲

1. 访谈者姓名、年龄、地址、联系方式，从事拳种（流派）及其时间。

2. 该拳种（流派）的历史起源、发展，代表人物及其传说、事迹。

3. 该拳种（流派）是否有拳谱、抄本。

4. 该拳种（流派）代表性套路、器械、功法及其辅助练功方法。

5. 该拳种（流派）传人参与的重大社会、政治活动（如起义、民族革命等）。

6. 该拳种（流派）的传承方式、海内外传播情况。

二　调研录音及访谈整理笔记（部分）

1. 陈耀佳（广州体育学院）

步型、步法是南狮中最基本和最主要的基本功，它对舞狮的整体形态起着重要的作用。

所打桩的木质也反映功夫的高低，打硬度高的花梨木与一般杉木自然高低立见，而且通过击打不同木质的桩可以间接地比试功夫，以避免直接对抗。

2. 黄达生（洪拳一代宗师）

明朝被清朝取代后，明朝的将领走到民间去，他们的拳法与兵器都类似于现在军队中刺杀的动作，比较简单，注重力量，我们都是抛石锁，练石担，洪拳都是团肩。

"文化大革命"时都把我的洪拳拳谱抄去了，香港有出版的洪拳三宝（铁线拳、虎鹤双形拳、弓字伏虎拳）。

以前我们洪拳拳师文化都不高，都是劳苦大众。

现在广东、广西的洪拳风格差不多一样，洪拳都说是洪熙官传的，但找不到这个人。这个故事是从《火烧少林寺》演化来的。我们小时候练的洪拳很硬，我们叫抽筋拳。

打桩，打木人，叠罗汉，一个人要叠五六个人，一般六个人，主要练习马步，练腰力、马步。

老师傅都说洪拳是从福建来的，从福建到广东，在船上练习，与浙江船拳动作差不多。

林世荣因清追杀跑到香港，有很多徒弟。

狮子是洪拳的副产品，每一个武馆都有一头狮子，每一个祠堂都有一个狮子，都练武，都练狮子，狮子与武馆、祠堂分不开的。

南方的狮子和北方的狮子不同，北方的狮子是杂耍，我们南方的狮子是武馆，打功夫，是功夫狮子。

南方狮子有一个角，番禺和东莞即珠三角都耍麒麟。

广东有句话：东莞佬耍麒麟，乱舞乱窜。广东的"佬"是大个子的人，是一个俗语，广东人特有的，意思是干哪一行的人。狮子是独角兽。

洪拳的木人桩和咏春拳的木人桩不一样的。

洪拳有短桥、中桥、长桥，长桥是蔡家、李家、蔡李佛；中桥是龙行、白眉、莫家拳；短桥是咏春，洪拳长短桥都有。

长桥阔步，短桥中步，洪拳讲究四平大马，讲究桥，开步约三步半宽，步是内扣的，进步错马，吃马，吃住对方的马（马步），偷马（偷步），马是步型：子午马、四平大马、一字马、二字马、二字钳羊马、吊马（高虚步）、跪马（蔡李佛单蝶步）、歇马。

佛山桩：慈祥、大方、威武；鹤山桩：嘴较长；威武桩：凶狠、嘴巴长；马来桩是把鹤山桩缩小了一些，轻巧，是鹤山桩的变种，轻。

洪拳的棍较长，丈八，两米多。现在南棍较短，叫双头棍，两头打。长的叫单头棍，与北方的大杆，单头棍和枪合一，棍要圈、点，枪要圈。未学拳脚，先学跌打。

铁桥三的墓在白云山没有，其他洪拳支流的老一代拳谱记载有铁桥三其人。

我老家是罗定县。

林世荣给刘永福当教练，广州有句话叫"刘永福打番鬼，越打越好睇"，睇是好汉的意思。湛江有洪拳，何强的故乡，以前的南刀没有这么长，和肘一样长，南派的枪棍合一，剑很少。

粤东有李家教、朱家教。

南狮的头上有一个角，早些时候还有的是用铁造的呢，在舞狮中可以攻击对手。

3. 阮纪正（广东社会科学院研究员）

佛山南派武术的贴身短打、近身发力也与这些"机房仔"的职业环境不无关系。

洪拳是随着一个历史传说就爆发出来了，听文学所的人讲在粤剧行里也有洪熙官的说法。

佛山蔡李佛拳在各个历史时期都起过正面的作用，人数参与非常巨大。

拳种与行业有关，佛山的陶瓷、机房仔，在那里练拳肯定有影响。

南拳多贴身短打，短促发力。

我比较擅长理论分析，岭南文化对岭南武术有影响，因为任何活动都是在这个社会背景下发展的。

米机就是加工米的，很多是行业内练拳的，如林世荣是卖猪肉的。

我一直把武术作为一个文化形态来研究中国文化。

在史料上很难有突破。

海南大多是湛江流传过去了，广西也受广东影响极深。

由于文化下移，武术与下层民俗文化结合紧密。武术主要在社会最底层，边缘。香港武术主要是珠江三角洲的拳种，主要是蔡李佛拳、咏春拳等，占主流。

4. 佛山鸿胜蔡李佛馆副馆长梁伟永

蔡李佛拳及器械都是为在实战中用的，器械也是随手可拾，都可以用作武器，在实战中随手拿到什么都可以当武器用，因此蔡李佛便创编了许多日常生活中的常见器械套路，如桥凳（大的、小的、长的、短的）、手扇、九龙叉、大耙、藤牌碟、马刀、锄头、雨伞、扁担等。

蔡李佛拳的木人桩上部的手臂有弹簧相连，可上下活动，主要是在练习击打时有弹性，同时也增加了击打的反击力，这种更具有机械性的装置增加了桩手的假想对敌作用，能很好地提高练习者在击打桩时的实战操练。

曾担任过孙中山卫士的吴勤是钱维芳的弟子，武艺高强，有"武胆"之称，受过孙中山先生的嘉奖。

1937 年逃亡到香港的鸿胜馆钱维芳、吴勤回到佛山，在鸿胜馆内开设杀敌大刀教练班，并在佛山市内各学校教授武艺。在十九路军与日寇在上海激战期间，时任鸿胜馆国术部主任的陈艺林应中华国术总会邀请到上海演示大刀杀敌术，其演练的大刀杀敌术被选中向全国推广。

5. "米机王"咏春拳嫡传黄念怡先生

咏春拳是概念武术，并非招式武术。即是说传授过程是用三套拳教会习练者三套原理（由特殊到一般），并逐步使习者对这些原理能下意识地运用（而不是下意识运用招式），然后抛弃招式。如小念头初练习动作规范外，还通过意念活动达到养气效果，增强招式协调性，更重要的是练习接手，培养对敌的距离感；沉桥利用手桥进步发出长劲，沉即重的意思，重就是长，这里不单指距离长短，亦指时间，桥重即可以留住对方的劲，达到控制对方的目的，沉桥一定要寻到对方的力点（即重心所在），故亦有人称为寻桥（寻找的意思），但光用寻找的意念达不到发出打飞人的长劲；标指是练短劲，短距离、瞬间爆发力，如果说沉桥的长劲能打飞人，那么标指所练的就是打断对方手脚和骨骼的穿透性的短劲。

6. 佛山彭南咏春拳馆

"黐手"的"黐"是什么意思？"黐"是一种佛山地区的方言，也即是黏的意思，那么"黐手"训练就是练习如何黏住对方的方法。

怒目前方视，假设敌当头。

7. 陈昌棉先生

为了增加南拳的表演及观赏性，在创编南拳套路时，有意识地吸收了客家拳中的一些东西，其中就吸收了李家教的叉指、发声及其短促发劲等特色。

在竞赛开始的早期，由于中国武术流派繁多，而南拳只是南方各省普及的拳种总称，只能作为评奖项目参加比赛，而不是竞赛录取项目。从1957年至1973年的十多年武术竞赛中，南拳只能参加评奖或夹在长拳竞赛项目中参赛，故而难以取得应有的名次。经过多年的实践与考察，（前）国家体委终于在1974年把南拳列为正式比赛项目，形成了长（长拳）、太（太极拳）、南（南拳）的现代竞技武术比赛格局，并在1982年将女子南拳也列为单项比赛项目。

8. 广州武术馆长黄标、广州体育学院教授李朝旭

黄标：

广州的传统拳都有代表人，民间传统的代表人我较清楚，我这里

有"十八路诸侯"（十八家代表人物）。黄啸侠拳是 129 个拳种之一，至于哪一年不清楚，没有文字资料。今天是黄啸侠拳协会成立 25 周年，黄啸侠是广体的教授。能和代表人物聊到什么程度，就是你个人的造化。

我这里广州武术协会成立五十周年时，十八家代表人物都做了表演。

广东洪拳是反清复明时的东西，形成了广东特有的洪拳。其实洪拳是一个通称，与北方的红拳不同。

李朝旭：

这四个赛区你可以了解很多。

9. 董德强（参与 20 世纪 80 年代武术挖整工作，蔡李佛拳一代宗师，曾任广东武术协会副主席）

当代竞技武术中演练的南刀就是以当年寸金桥抗法战士手中的大刀为原型设计的。我们 1979 年就开始武术挖掘整理，我们武术挖整是走在全国前面的。

当时挖整的资料大多放在《广东武术史》这本书中，推出作为一个省的武术史是全国最早的。

我当时运动员退役后（九运会）就在体委机关工作，有关武术资料都是我写的。

南刀最初的设计是砍马刀，湛江有寸金桥就有当地民众使用的南刀，寸金桥公园里有战士塑像，当时就是当地人民打仗用的。我就是根据塑像手中的南刀，略作了夸张，稍薄了些。

广东的大多数拳与福建渊源很深，但广东南拳与福建拳种各有特色。

南棍棍法比较细腻，技法比较犀利，注重圈、点。单头棍有个叫"左棍"，一般都是右手，左手很少。

右手在前，便于防守、攻击。南派拳主要以阵地站为主，桥来桥去，正面进攻。

南派拳多正面硬碰硬，广州体院黄啸侠号称"铁臂鸳鸯手"。

汕头一带，靠近江西，与福建技术风格较近，如李家教与福建的五祖拳较劲，广东的龙形拳多类似福建五祖拳的发劲。

明朝末，洪拳在花县，古老的洪拳套路，后来发展到湛江一带，至今湛江洪拳与花都有差异，后期洪家拳在佛山一带。广州早期一部分属于南海。

铁桥三确有其人，方世玉、洪熙官在方志、祖谱均找不到。

广西的南拳，20 世纪 30 年代日本侵华时，广东的师父到广西、梧州一带，北海、合浦、南宁往南一带，都属于广东。

以前从北方来广东有两条路：一是从广西柳州、湖南来，一是从韶关进入。广西大多数讲粤语，一般是广西东南部，早期的肇庆府管辖范围一直到北海、南宁一带。

香港的绝大多数拳均是从广东流传过去的，多以拳会存在，澳门（武术总会，1988 年成立）、香港（武术联会）都成立武术会。香港武术保持了许多传统特色。

澳门总会下面有蔡李佛拳、五祖拳等，总会把下面的拳会管理起来。

香港的武术与澳门不同，香港武术联会主要搞竞技武术，传统武术主要是由国术总会管理。

我和蔡老师（蔡龙云先生）曾到新会蔡李佛拳发源地。蔡李佛拳当时资料比较齐全。当时有些手抄本有价值，蔡龙云先生（1983 年、1984 年）曾随我到蔡李佛拳故乡看过一些资料。蔡李佛拳在国内练习的水平不太高，而国外如欧洲练习得很好。

蔡李佛拳的一些桩可能不能用，有的是可以用的，棍桩、刀桩可以用，有的是转抄的。

当时挖掘了一些资料套路，我们跟随第三代传人学习了有十多套，对练套路。

佛山鸿胜馆对中国近代革命是有贡献的，包括广州起义，新会蔡李佛拳在后期参加过革命。

广东南拳有好几家都学习自罗浮山，龙形拳与白眉拳技术风格大致一致，是两表兄各自发展的，是一个拳的两支分支，技术风格、动作大同小异。龙形摩桥是龙形拳的代表套路，白眉拳称九步推。

洪家拳最有代表性的拳是三战（展）拳。虎鹤双形拳是林世荣创的，最有科学，从慢到快、从单到双、从简到繁，流传较广，对体格有好处，我最先学习虎鹤双形拳。后来全国流传的南拳就是陈昌棉先生在北体大从虎鹤双形拳改编的。

洪家拳单头棍有个套路称铁包金最有代表性，洪家拳里面有周金彪练习的周家拳。

周树生老师主要搞训练，广西挖掘整理资料较少。

10. 程大力（华南师范大学体育科学学院）

客家、潮汕人保持了较多的中原人的特征，骨架都较南方人大。

拳种调研是基础，目前大量的拳种在流失。

地域对拳种的影响会越来越不明显，社会的发达，对武术的影响很大。

体格影响，北方人高大，南方人矮小。现代社会的变化，北方的寒冷与南方的热对人的影响变小。人的体质在改变，建立在这个基础上的武术就会变化。

南方人赤膊练习拳术，不完全是天气原因，北方拳谱上也多赤膊，主要是为了展示动作的画图准确。

武术口头史包括拳种的起源、武术故事、技法等。

整体香港的武术单独做一个论文都很好，澳门更少，最好去香港一次，感受一次会不一样。

文史基础是靠时间磨，写的过程就是提高的过程。

过去历史学的创新主要指新资料、新方法、新观点，创新有一点就可以，有三点最好，找到新资料也是可以的，新资料也很重要。史学界有"孤证不立"，发现一个新资料很重要；新方法很难说，方法的突破很难。新观点还是很重要的，新观点不一定建立在新资料上，更为难得的是建立在平常资料上的新角度、新结论，个人的认识达到一定的程度，就会有新的观点。

思想、考证是两大武器。

广东武术拳派的渊源及人物故事资料不一定在正式刊物上，有的就在报纸、通俗刊物及文学作品上。所有的材料都需要考证。在方志、笔记小说中发现广东武术资料，大量存在于口述史中，调研的人物不一定年龄多大，口述史的流传是很准确地流传下来。

11. 陈忠杰（新会蔡李佛会会长）

新会匪患比较严重，新会县令搞了个"攻匪徒保良策"，每个村都出人，这是一个民间的自保组织。当时广东林则徐准许"攻匪徒保良策"实行。正好蔡李佛拳祖师在1836年，有记载祖师曾到广东帮助林则徐训练水勇。鸦片战争失败后，提出"以武强族"，经过策划，在广东、广西开设了44家馆。那时是太平天国早期发展时期，冯云山是蔡李佛拳弟子，当时太平天国起义军中有许多蔡李佛拳弟子。

辛亥革命时，蔡李佛拳弟子多参与革命。国外的洪门会里也多练习蔡李佛拳。广州起义、香港大罢工都有蔡李佛拳弟子参与。

目前如果看哪一个流派向海外传播，蔡李佛拳应是最早的。

蔡李佛拳的攻防范围较大，有北派化。具有南派、北派风格，拳法有南方特点，腿法有北方特点。

历代拳谱有许多弟子流传、转抄下来的，拳术有49套，初级、中级、高级。现在练习套路有193套，蔡李佛拳最有特色的是十八木人桩。有些桩已经失传了，桩有的练习棍、刀、步、马等。

12. 彭正庭（广东省蔡李佛拳总会会长）

在这些资料中一些蔡李佛拳源流、技法、传承代表人物都比较全了。

蔡李佛拳桩礼的思想内涵，在资料里都有了。

13. 粤剧博物馆

一些传统粤剧中的武打碟片我们馆里不多，可能在广州书城等专门卖碟片的地方较多。

三　岭南武术文化导览

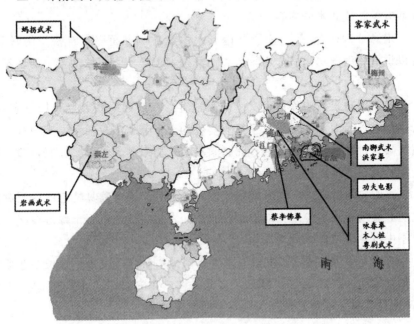

岭南武术文化导览图

简介：

岭南本体武术文化

洪拳为清代民间秘密会社洪门内传习的拳术，为岭南五大名拳之首，在岭南具有广泛的影响，岭南多数拳种受其影响。广州花县为洪拳早期流行之地，代表了洪拳的传统技术风格。

咏春拳为清代福建流入广东并得以发扬的拳种，显于佛山梁赞，并以佛山为中心，传播到香港及海内外。

蔡李佛拳为广东新会陈享所创，有"南拳北派化"之称，清末风行于岭南各地，并取代了洪拳成为岭南最流行的拳种。

南派武术练功方法中最为优秀、独具特色的器械当数木人桩。它是一种用木制成的模仿人体的练功器具，岭南各拳种中均有各自拳派风格的木人桩，以咏春拳木人桩最为流行，以佛山、香港等地较为多见。

岭南相关武术文化

广西壮族自治区的宁明、龙州、崇左和扶绥等县的花山岩画，反映了早期有关壮族武术的内容。

南狮"武狮合一"，南狮和南派武术在各个方面都有着密切的联系，可以说习练南派功夫必学习舞狮，而舞狮者也必学习南派功夫，两者不可缺一。

壮族图腾崇拜中保留有武术文化遗存，在广西一些壮族聚居县东兰、天峨、南丹等地每年正月里举行蚂拐节的大型节日庆祝活动，其中有一些图腾崇拜舞蹈，还保留了一些图腾崇拜演化而来的象形拳，如蚂拐拳、蚂拐棍、蚂拐刀等蚂拐武术。

粤剧艺术中融入了南派武功表演，舞台表演中有独具特色的南派对打武功。粤剧吸收了岭南各地拳派的技法，将这些技法运用于舞台表演，在粤剧中也称为"南派武功"。

客家是中原衣冠之族几经迁移而形成的一个汉族民系，在长期迁徙中遗留有浓郁的尚武习俗。客家人多分布在广东东北部，梅州被称为"客都"。在客家人聚集的地区保留有一些客家武术。

功夫电影中的岭南武术。香港由于地处中外文化交流之地，其电影艺术中的功夫电影在世界形成了一个电影新片种。早期香港电影中多以洪

拳、咏春拳等岭南武术为题材，在客观上极大地促进了岭南武术在世界的
传播。

四　岭南武术拳种概况

广东、海南、香港、澳门（#表示本地拳种，*表示外地传入拳种）

序号	地区\拳种	广州	佛山	韶关	汕头	江门	湛江	茂名	肇庆	惠州	梅州	汕头	潮州	揭阳	云浮	香港	澳门
1	洪家拳#	▲	▲	▲	▲	▲	▲	▲	▲	▲	▲	▲	▲	▲	▲	▲	▲
2	刘家拳#					▲		▲									
3	蔡家拳#						▲	▲									
4	李家拳#						▲			▲							
5	莫家拳#	▲	▲														
6	蔡李佛拳#	▲	▲			▲										▲	
7	咏春拳*	▲	▲						▲							▲	▲
8	侠家拳*	▲															
9	龙形拳#	▲	▲							▲							
10	白眉拳#		▲						▲	▲					▲		
11	佛家拳#	▲		▲		▲			▲						▲		
12	岳家教*										▲						
13	刁家教*										▲						
14	李家教#										▲	▲					
15	朱家教*										▲						
16	钟家教*										▲						
17	昆仑拳*	▲									▲			▲			
18	南枝拳#												▲	▲		▲	▲
19	刘凤山派#										▲	▲	▲				
20	儒家拳*			▲			▲										
21	黄啸侠拳#	▲														▲	

广西（#表示本地拳种，*表示外地传入拳种）

序号	地区＼拳种	南宁	柳州	桂林	梧州	北海	钦州	玉林	百色	贺州	河池	来宾	崇左
1	洪家拳*	▲	▲	▲	▲	▲	▲	▲	▲	▲	▲	▲	▲
2	壮拳#				▲				▲				▲
3	瑶拳#					▲						▲	
4	苗拳#		▲										
5	侗拳#		▲										
6	梁家拳#		▲										
7	刘家拳*		▲										
8	蔡家拳*		▲					▲					
9	李家拳*					▲							
10	佛家拳*	▲							▲				
11	蔡李佛拳*	▲							▲				
12	咏春拳*				▲								
13	洪兼蔡拳*			▲									
14	周家拳#		▲										
15	陈拳#	▲											
16	杨家拳*	▲											
17	狮形拳*					▲							
18	八扣拳#	▲				▲							
19	小马梅花拳*		▲										
20	南八卦拳*						▲						
21	查拳*		▲										
22	花拳*		▲										
23	鹰爪翻子拳*	▲		▲									
24	八极拳*	▲						▲					
25	太极（杨、吴式）*	▲		▲									
26	华拳*	▲											

续表

序号	拳种	南宁	柳州	桂林	梧州	北海	钦州	玉林	百色	贺州	河池	来宾	崇左
27	王家齐式拳*		▲										
28	红拳*											▲	
29	太祖拳*		▲										
30	形意拳*	▲		▲									
31	八卦*					▲						▲	
32	通背拳*		▲										
33	鸡心锤#		▲										
34	罗汉拳*	▲							▲				
35	潭腿*	▲						▲					
36	虎彪拳*			▲									
37	七星螳螂门*	▲	▲	▲	▲	▲	▲	▲	▲	▲	▲	▲	▲
38	峨眉门*	▲	▲										
39	少林拳*	▲	▲	▲	▲	▲	▲	▲	▲	▲	▲	▲	▲
40	广西南拳*	▲	▲	▲	▲	▲	▲	▲	▲	▲	▲	▲	▲
41	画眉拳*			▲					▲				
42	南蛇过洞*					▲							
43	八宝拳*										▲		
44	鹤拳*					▲		▲					
45	白眉潭腿拳*					▲							
46	扦拳*			▲									
47	北流拳*			▲									
48	中华新武术*			▲									
49	功力拳*	▲	▲	▲	▲								
50	练步拳*	▲											
51	满江红*		▲										
52	哈萨克拳*	▲											

续表

序号	地区\拳种	南宁	柳州	桂林	梧州	北海	钦州	玉林	百色	贺州	河池	来宾	崇左
53	白马露蹄#			▲									
54	神佛掌*			▲									
55	伏犬拳*					▲							
56	炮拳*		▲										
57	梳桩拳*		▲										
58	形意猫拳#								▲				
59	虎步拳*										▲		
60	飞（青）龙爪*					▲							
61	岳家拳*			▲									

五　岭南特色武术文化——海南黎族武术

海南黎族武术

　　海南岛是中国第二大岛，1988 年从广东省分离出建省，其岛上居民以黎族为主，其祖先是从广东雷州半岛及广西一带因种族压迫或生存艰难迁居到岛上，风俗、民性同属于岭南文化地域，尤其与雷州半岛民风习俗相近。海南及广西黎族武术在岭南武术文化上具有独特的少数民族特色，弩及钱铃双刀是黎族的特色武术。

　　海南黎族少数民族因民性及生存环境造成了尚武习俗，而且其武技、武器也与中原大不相同，具有鲜明的岭南地域特色，所谓"北弓南弩"，黎族武术中的弩则更好地体现了这一地域武术文化特色。宋代周去非曾对生活在广西的黎族弩技作过描述："道间麏兴于前，能合而取之；鸢飞于天，能仰而落之"，[1] 可谓弩无虚发，生动再现了黎族祖先的精湛射技场景。元马端临在《文献通考》卷三百三十《四裔考·南》中有记载："其械器有桶子甲、长枪、手标、偏刀、山弩、竹箭、桃榔箭之属"，又"以劲木为弩，聚毒传矢，中人立死"。黎族先民使用弓弩、药箭，宋代发展

──────────────

① ［宋］周去非著，杨武泉校注：《岭南代答》，中华书局 2006 年版，第 135 页。

到一定程度，当时有竹弓、黎弓、黎刀、蛮弩、瑶弩等。宋范大成在《桂海虞衡志·志器》中记载①：

竹弓，以熏竹为之，筋胶之制，一如角弓，惟揭箭不甚力。

黎弓，海南黎人所用，长梢木弓也，以藤为弦，箭长三尺，无羽镞，长五寸，如茨菰，以无羽故射不远三四丈，然中者必死。

黎刀，海南黎人所作，刀长不过一二尺，靶乃三四寸织细藤缠来之，靶端插白角片，长尺许，如鸱鸮尾以为饰。

蛮弩，诸侗瑶及西南诸蕃，其造作略同，以硬木为弓，桩甚短，似中国猎人射生弩，但差大耳。

瑶人弩，又名偏架弩，无箭槽，编架而射也。

药箭，化外诸蛮所用，弩虽小弱，而以毒箭濡箭锋，中者立死。药以蛇毒草为之。

又称"南丹弓弩最精，其弓上等为加木，次为石木，又次之为黄速木，最差为燕脂木。箭木浸药，见血必死"。关于毒矢，《赤雅·毒矢》记述："射鸟捕蛇，以合百草。炼时日，作毒矢。仰射飞走，透肤及骨，百不失一。"文献记载曰："短兵相接，倭贼甚精，进能制之者，惟湖（南）广（西）兵的钩镰枪弩之技"。

在广西钦州生活的黎族后来由于种族压迫等历史原因迁移到海南，黎族人民长期以来生活在崇山峻岭中，常有多种野生动物栖息、出没，加上自然灾害的影响，所以他们的生活条件十分恶劣。黎族人为了生存与自身的发展，就必须获得生活资料，弓箭渔猎就成为他们谋生的重要手段。清人张庆长的《黎岐纪闻》载："黎岐无不能射者，射必中，中可立死。每于溪边伺鱼之出入，射而取之，以为食。"在历史上，黎族人民曾饱受统治阶级的压迫和欺凌，为了求生存、反压迫，举行过多次的反抗斗争，弓箭、弩则成为锐利的武器。

弩是一种小巧、便于携带的工具。在早期黎族祖先用弩捕杀猎物，用以生存需要。随着环境的变化，黎族弩也可以成为反抗封建压迫及抵御外

① ［宋］范成大：《桂海虞衡志》，文渊阁四库全书电子版，上海人民出版社和迪志文化出版社1999年版。

敌侵略的有利工具，演变成为具有岭南武术文化特色的武术器具。黎族弩的小巧、短灵，便于携带，机动性强的特性，与岭南南派武术技术特征的多上肢运动、发力短促的整体运动特征亦是一脉相承的。

钱铃双刀为海南黎族传统特色武术，一般一人举双刀，一人持钱铃，为古老黎族传承下来的对练套路，演练时节奏明快，动作勇猛剽悍，具有黎族传统的武术风格。① 钱铃双刀由海南黎族民间原始祭祀舞蹈演化而来，具有古朴、浓厚的民族风格。钱铃一般是用长约 50 厘米、直径 3 厘米的青竹制成，并在竹筒的两端挂满钱铃，北方俗称"霸王鞭"。② 钱铃双刀演练时，舞者一般光脚赤身，一般要配合锣鼓曲乐伴奏，对练时，手持双刀者先一脚抬起震脚，挥动双刀向一侧刺刀，手握钱铃者将钱铃在左右腿上有节奏地敲击，然后双方边绕圈边虎视对方，逐渐靠近，进行对练。双方一进一退，步法灵活，对打配合激烈，双刀与钱铃时而相击，场面粗犷、惊险刺激，具有海南黎族独特的民族特色。

---

① 王翠娥：《试谈海南黎族传统体育》，《南方文物》2005 年第 1 期，第 106 页。

② 符积积：《黎族史料专辑》（续），海南出版公司 1994 年版，第 270—273 页。

后　记

从儿时怀着的一个武术梦，到如今跨进武学研究的大门；从学术基础较差的专科起点，到攻读体育学的最高学位；从体育教育训练学跨学科到民族传统体育学……经过坎坷的求学之路，我终于一脚踏进了我一生挚爱的武术事业之门。感谢上海体育学院武术学院给予我求学的机会，感谢在这一过程中给予我帮助的恩师及诸多良师益友。

首先，感谢我敬爱的导师郭志禹教授，是导师把我引入了我挚爱的武术学习及科研之门。没有导师的信任与关爱，我无法得列恩师门墙之内，无法进入我挚爱的武学殿堂；没有导师严格的学术教导与精心的指引，学术积淀浅薄的我也许无法顺利完成博士论文。论文二十余万字，撰写历时近半载。在恩师的督促及严格的多次修改下终于完成，其间凝聚了恩师的大量心血，论文许多地方都留有恩师斧凿过的痕迹。在跟从恩师求学的三年里，恩师对我严谨的学术指导及培养是学生一生受用不尽的宝贵财富；从每学期开学之始的学期计划，到学期结束的学期小结；从每周固定的学习汇报，到每学期恩师定期的学术讲课及同门的研究进展汇报；从平时的技术传授到不断的学术规范指导；从每周学习的笔记，到各学期作业布置、检查；从查阅资料，到深入实地调查，恩师对我的悉心关怀、严谨的学术指导，从来都是风雨无阻，令我无限感激、一生铭记。恩师以身躬行治学典范，是学生一生工作、学习的楷模。值论文得以资助出版之际，恩师在国庆假期间不吝赐序，以勉励学生，学生岂能忘怀！

在论文的开题及论文研究过程中，我得到了武术学院蔡龙云教授、王培琨教授、邱丕相教授、赵光圣教授、刘同为教授的热心指导。感谢出席论文答辩的评委康戈武教授、张云龙教授、虞重干教授，他们为论文的进一步完善提出了诸多宝贵建议。在三年求学期间，受到邱丕相教授、赵光圣教授、虞定海教授、姜传银教授的颇多教益。对于能得到武术学院各位教授们在技术、学术上的点滴指导，以及学院给予的各种便利，学生心存感恩之心，难以释怀。

　　感谢我的太极拳技艺授业恩师谢业雷先生。从 2003 年的硕士求学至今，业师在陈式太极拳的技艺传授、日常工作生活及求学的道路上，给予我许多无私的关怀与帮助，难以用言语可以表达、可以言谢。业师在我博士求学期间，不仅在太极拳技上时刻督促，在生活学习上多方关怀，还多次利用到香港教学、出访之便，为我搜集有关香港的武术影像资料，为我的论文提供了许多宝贵材料。业师是我拳技传授的引路人，他始终常年不断地刻苦修炼太极拳技艺，诠释着一位真正中国武术人的本色。

　　在深入岭南大地调研期间，我感受到了这块曾经孕育了一代洪拳宗师黄飞鸿、功夫之王李小龙热土的丰厚，更是得到了众多武术前辈、师友及民间拳师们的鼎力相助。广东省武术运动管理中心的梁艳华、黄建刚主任为我提供了传统武术比赛的参观便利，并把我引荐给各流派的代表传人；洪拳宗师陈昌棉先生不仅欣然接受了在传统武术比赛期间的访谈，并多次接受我登门拜访，还不忘将其新近撰写的《回忆录》托学兄牛爱军博士转交，对我的论文颇有帮助，实令我感激万分；曾经参加过 20 世纪 80 年代的广东武术挖掘工作，又是蔡李佛一代宗师的董德强先生不仅欣然接受访谈，还惠赠有关武术资料；另外广东省蔡李佛总会会长彭正庭先生、洪拳宗师黄达生先生、广东社科院阮纪正先生、广州武术馆馆长黄标先生和广州体育学院的李朝旭教授、陈耀佳先生以及咏春拳传人黄念怡先生等前辈或师友们，或提供资料，或接受访谈，在此向他们表示衷心的感谢。在深入岭南各地调研期间，尤其是在岭南武术各地调研时，各地的师友都为我提供了许多便利，有的赠阅抄本或赠送珍贵史料，佛山鸿胜馆长梁伟永、新会蔡李佛代表传人陈忠杰先生、汕头李家教传人郭伟杰及邱显达先生等人均给予了多方帮助，向他们表示衷心感谢。

　　学兄牛爱军博士在岭南调研期间给予了诸多帮助。在几次岭南调研期间，或提供安排住所，或协助联系调研专家，或利用工作之便为我搜集岭南武术资料，并不时给予我一些研究上的启示，使我有许多意想不到的收获。牛兄的学习精神与治学风范也是我学习的榜样。

　　在论文撰写过程中，我有幸得到华南师范大学体育学院博士生导师程大力教授在论文研究方法、调研等方面的指导，在有困惑时还时常通过邮件向程老师请教，获益良多。在赴岭南各地调研中还得到华南师范大学体育学院郭裔博士的多方协助，方可得以方便访谈岭南一些武术传人或各流派拳师。在此向郭兄表示感谢。

在读博期间，非常感谢复旦大学的著名历史学家葛剑雄教授，从开题及论文撰写过程，我均受到葛教授的点拨与启发。作为学术大家，葛教授不弃学生冒昧，通过电话、邮件等方式及时回复、解答我的困惑，提出了不少宝贵建议，给予鼓励。我还有机会在复旦随堂聆听葛教授有关历史地理学的讲课，其中区域文化地理及历史地理学方面的许多思想对我研究地域武术文化有着很大的启发。在此，向葛教授表示万分感谢。

作为学界卓有建树的良师益友周伟良教授在读书学习、学术研究等方面均给予我诸多教益，在学术研究方面，时时给予我鼓励与鞭策，谨此表示感谢。

有过一面之缘的日本武道大学的中国武术史学者林伯原教授，虽处异国他乡，亦欣然为我解答有关研究中的疑惑，令我敬佩万分。

感谢上海体育学院研究生处老师们在日常工作、学习中的热心帮助，并在我论文研究中期给予雪中送炭般的上海体育学院研究生教育创新项目基金资助。在此表示衷心感谢。

感谢我的同门师兄弟张胜利、徐烈、杜舒书、朴一哲、张银行、郭振华、史有为、种松，我们在一起学习技术，探讨学术，相互交流心得，在不知不觉中度过了美好的时光，永远值得回忆。

在三年的学习期间，我与民族传统体育学 2007 级的各位学兄建立了难忘的友谊。难忘深夜里向杨建营兄学习六合大枪，在每天的下午与漆振光兄学习散打、摔跤，间或与汝安、康德强兄讨论学习进展。尤其是建营兄刻苦治学、勇于探索的学术精神值得我不断学习。

在十多年的不断求学过程中，我始终不忘远隔千里之外的父母的默默支持。长期学习、工作在外，使得作为儿子的我无法在父母身边照顾，心中总有愧疚之情，也感谢我的妹妹及妹夫时常在父母身边照顾，解除了我的后顾之忧，愿能以论文的顺利出版回报父母及我的家人多年对我的养育、支持之情。

感谢浙江省社科联将本书列为全额重点资助项目，使得书稿顺利出版，并列为 2013 年浙江省哲学社会科学规划一般项目。感谢浙江省社科联的"之江青年社科学者"资助计划，使得一批青年社科学者得以安心从事社科研究，本人即是资助受益者之一。

本文是在我博士论文基础上修改而成，在参与导师国家社科基金及苏州大学博士后研究期间，补充修正了一些相关材料。值此出版之际，又对文中的引文出处及格式进行了规范校对。本书是我学术之路上的第一本著作，由于本人学术根基尚浅，书中难免多有疏漏之处，敬请师友们指正。

李吉远

2010 年 3 月于上海体育学院

2013 年 10 月 4 日修改于吴越古城临安

2015 年 7 月修改于杭州下沙